MARKETING DIGITAL

MITSURU HIGUCHI YANAZE

EDGAR ALMEIDA

LEANDRO KEY HIGUCHI YANAZE

ORGANIZADORES

MARKETING DIGITAL

CONCEITOS E PRÁTICAS

saraiva | saraiva uni
EDUCAÇÃO

Av. Paulista, 901, Edifício CYK, 3º andar
Bela Vista – SP – CEP 01310-100

SAC | Dúvidas referentes a conteúdo editorial, material de apoio e reclamações:
sac.sets@saraivaeducacao.com.br

Diretoria executiva	Flávia Alves Bravin
Diretoria editorial	Ana Paula Santos Matos
Gerência editorial e de projetos	Fernando Penteado
Aquisições	Rosana Aparecida Alves dos Santos
Edição	Neto Bach
Produção editorial	Daniele Debora de Souza (coord.)
	Cintia Aparecida dos Santos
	Estela Janiski Zumbano
Preparação	Fernando Alves
Revisão	Maurício Katayama
Diagramação	Join Bureau
Capa	Tiago Dela Rosa
Impressão e acabamento	Edições Loyola

DADOS INTERNACIONAIS DE CATALOGAÇÃO NA PUBLICAÇÃO (CIP)
VAGNER RODOLFO DA SILVA - CRB-8/9410

M345   Marketing Digital: conceitos e práticas / Mitsuru Higuchi Yanaze, Edgar Almeida, Leandro Key Higuchi Yanaze (Orgs.). – São Paulo : SaraivaUni, 2022.

360 p.

ISBN 978-65-8795-814-9 (Impresso)

1. Marketing. 2. Marketing digital. 3. Planejamento de Marketing. 4. Mídias Digitais. 5. Redes Sociais. 6. Comunicação Digital. 7. Pesquisa de Marketing. I. Yanaze, Mitsuru Higuchi. II. Almeida, Edgar. III. Yanaze, Leandro Key Higuchi. IV. Título.

CDD 658.84
2022-377   CDU 658.8

Índices para catálogo sistemático:

1. Marketing digital   658.84
2. Marketing   658.8

1ª edição

COD. OBRA 706096   CL 651955   CAE 791559

APRESENTAÇÃO

Temos a honra de apresentar o livro *Marketing Digital: conceitos e práticas* como uma obra de referência neste segmento. Trata-se de um livro com capítulos conceituais e pautados nas práticas de agências, mas também sob a perspectiva de pesquisadores, professores e profissionais de destaque no marketing e, sobretudo, no marketing digital.

Cada capítulo é fruto de expertises nos mais diversos assuntos pertinentes ao marketing digital e apresenta definições e estilo de redação de acordo com a visão individual de seus autores. Coube aos organizadores deste livro levantar os temas de relevância e ordená-los em capítulos para propiciar a leitura em uma sequência lógica.

O livro é composto inicialmente por capítulos de conceitos, como planejamento de marketing digital, comunicação digital e comportamento do consumidor. Depois, aprofunda em capítulos específicos sobre ferramentas e estratégias de marketing digital, como *inbound marketing*, *Search Engine Optimization*, copywriting, marketing de influência, redes sociais, canais digitais, Ads, entre outros. Também apresenta as discussões complexas (mas muito necessárias) sobre os impactos da nova Lei Geral de Proteção de Dados Pessoais, a relevância das métricas de marketing e a importância do marketing pessoal no ambiente digital.

Agradecemos a todos os autores e coautores dos capítulos que contribuíram com seus conhecimentos e experiências para que este livro alcançasse o nível de excelência no aprofundamento sobre as discussões dos conceitos e práticas do marketing digital.

Agradecemos em especial pela parceria e apoio da ABRADi (Associação Brasileira dos Agentes Digitais) que, além de indicações de conteúdo, permitiu trazer *cases* relevantes e de sucesso que dão o tom de aplicação prática nos capítulos.

Agradecemos também ao CEACOM (Centro de Estudos de Avaliação e Mensuração em Comunicação e Marketing da Escola de Comunicações e Artes da Universidade de São Paulo), que vem apoiando a relação entre os ambientes acadêmicos e corporativos através de ações de pesquisa, cursos, consultoria e parcerias.

Por fim, agradecemos a você, leitor, pela confiança. Que a leitura seja enriquecedora e possa ajudá-lo no seu desenvolvimento profissional.

Mitsuru Higuchi Yanaze
Edgar Almeida
Leandro Key Higuchi Yanaze

PARCERIA DA ASSOCIAÇÃO BRASILEIRA DOS AGENTES DIGITAIS (ABRADI)

Este livro traz como diferencial uma parceria inédita com a ABRADi. A entidade que representa centenas de agências de marketing digital e outros atores contribuiu com a seleção e indicação de estudos de casos reais de seus associados, de forma que o(a) leitor(a) terá acesso a exemplos práticos, brasileiros e inéditos da aplicação dos conceitos contidos no livro, inclusive com vários portes e segmentos de empresas. Nosso agradecimento especial à diretoria da ABRADi-SP.

ABRADi REGIONAL SÃO PAULO
Rodrigo de Oliveira Neves
Presidente ABRADi Regional São Paulo
CEO e Fundador VITAMINAWEB
Letícia Pinto Brandão
Coordenadora Executiva ABRADI

ABRADI NACIONAL
PRESIDENTE
Carolina Morales – ICOMUNICAÇÃO

VICE-PRESIDENTE
Marcelo Sousa – MARKETDATA
Daltro Martins – SALES IMPACT
Marcos Moraes – RPMA
Paulo Henrique Ferreira – CLICKWEB

DIRETORES
Bernardo Castello Branco – CASULO
Carlos Paulo – UM_DIGITAL
Claudia Boaventura – BCOMB

Fábio Trindade – DIGITAL BUSINESS
Flávio Horta – DIGITALKS
João de Andrade – BRIVIADEZ
Sandro Alencar Fernandes – ÁREA LOCAL
Paulo Centenaro – DIRETOR EXECUTIVO ABRADI

SOBRE OS ORGANIZADORES

Mitsuru Higuchi Yanaze

Graduado em Publicidade e Propaganda pela Escola de Comunicações e Artes da Universidade de São Paulo (ECA-USP), especialista em Administração de Empresas pela Fundação Getulio Vargas (FGV), mestre em *Master of Business Administration* pela Michigan State University e doutor em Ciências da Comunicação pela USP. Atualmente, é professor titular do departamento de Publicidade, Relações Públicas e Turismo da ECA-USP. É coordenador do Centro de Estudos de Avaliação e Mensuração em Comunicação e Marketing (CEACOM) da ECA-USP. Autor dos livros: *Gestão de marketing e comunicação: avanços e aplicações – 3. ed.; Retorno de investimentos em comunicação: avaliação e mensuração – 2. ed.; e Marketing fácil.*

Edgar Almeida

Foi executivo de marketing e comunicação em grandes empresas por mais de 15 anos e liderou projetos de transformação digital. Mestre em Comunicação Mercadológica pela Universidade Metodista de São Paulo (UMESP). Produtor de infoprodutos e sócio-diretor da MKT Treinamentos (www.professoredgaralmeida.com). É professor convidado em cursos de pós-graduação na FGV, USP e no SENAC, com disciplinas de Marketing Digital. Coautor do livro *Marketing hospitalar.* Possui curso de extensão de Conteúdo para as Redes Sociais pela University of California, Berkeley, e Gestão de Crise nas Redes Sociais pela Curty University, Sidney, e premiações como: Profissionais do Ano Rede Globo 2012 e TOP ADVB-PR de Marketing 2012. Associado à ABRADI (Associação Brasileira dos Agentes Digitais).

Leandro Key Higuchi Yanaze

Formado em Arquitetura e Urbanismo pela Faculdade de Arquitetura e Urbanismo da Universidade de São Paulo (FAUUSP), é mestre pela Escola de Comunicações e Artes da Universidade de São Paulo (ECA-USP) e doutor pela Escola Politécnica da Universidade de São Paulo (POLI-USP). Tem pesquisa nas áreas de Comunicação Digital, Jogos Digitais, Realidade Virtual e Aumentada, Educação a Distância e Tecnologias Educacionais. É líder do Grupo de Pesquisa em Comunicação, Design e Tecnologias Digitais da Unifesp (CODE) e pesquisador pelo Centro de Estudos de Avaliação e Mensuração em Comunicação e Marketing (CEACOM) da ECA-USP.

É autor dos livros *Redes digitais e sustentabilidade: as interações com o meio ambiente na era da informação* e *Tecno-pedagogia: os games na formação dos nativos digitais*. É professor convidado no curso de Gestão de Comunicação e Marketing da ECA-USP e professor adjunto da Unifesp no Curso Superior de Tecnologia em Design Educacional.

SOBRE OS AUTORES

Alexandre Balaguer Abramo
Global Partnership Director na Hotmart, jornalista formado pela PUC Minas, com pós-graduação em gestão estratégica da comunicação pelo Instituto de Educação Continuada da própria PUC Minas. Trabalhou com comunicação institucional, assessoria de imprensa e comunicação corporativa e inteligência de mercado em empresas como Gerdau, Votorantim, Fiat e Direcional Engenharia, até se tornar uma pessoa de negócios em tecnologia na Hotmart.

Caetano Haberly Jr.
Doutor em Sistemas de Informações e Comunicação pela Universidade Nova de Lisboa e ECA-USP. É mestre em Administração com linha de pesquisa em marketing pela Universidade Metodista de Piracicaba. Coautor do livro *Marketing contemporâneo: novas formas de gestão*. Nas investigações de mercado, tem habilidades com métodos quantitativos e qualitativos. Responde técnica e gerencialmente pelo Índice de Confiança do Agronegócio FIESP/OCB.

Carolina Bazzi Morales
Presidente da ABRADi, sócia e diretora de Relacionamento com Clientes da IComunicação Integrada. Possui MBA em Gestão da Comunicação Empresarial (ABERJE) e já atendeu clientes como Sebrae Nacional, Sistema CNI, Banco do Brasil, Bancorbrás, Subaru Brasil e Caixa Econômica Federal.

Daniel dos Santos
Gerente de marketing digital na Digiteau Technologies (Ontário, Canadá). É jornalista formado pela Unilago, com pós-graduação em Comunicação Midiática pela Cásper Líbero. Trabalhou como jornalista, redator publicitário, produtor executivo e em publicidade por mais de 16 anos, até descobrir o Marketing Digital.

Edna de Mello Silva
Jornalista diplomada e licenciada em Letras pela Universidade São Judas Tadeu, possui mestrado e doutorado em Ciências da Comunicação pela ECA-USP e pós-doutorado com pesquisa sobre história do telejornalismo pela UFRJ. Atualmente, é docente do Curso Superior de Tecnologia em Design Educacional da Universidade Federal de São Paulo (Unifesp). Docente

colaboradora do PPGCOM/UFT. Coordenadora do GP de Telejornalismo da Intercom. É líder do CODE/CNPq/Unifesp. Vice-líder do Grupo de Pesquisa Jornalismo e Multimídia (CNPq/UFT). Tem experiência na área de Comunicação, atuando principalmente nos seguintes temas: telejornalismo; linguagem e produção audiovisual; narrativas jornalísticas em ambientes multiplataforma; produção televisiva e conteúdos para web; educomunicação.

Eduardo Sani
Formado em Publicidade e Propaganda pela Faculdade das Américas (FAM), com pós em Gestão de Marketing na FAAP. Atua há 16 anos com marketing digital e mídia online, sendo especialista em Mídia Programática. Empreendedor serial, já teve sete empresas, entre elas, Uselink, Nightmap, Vuvuzela do Brasil, Programmatic EveryWhere, Trive, EM2 e atualmente é sócio-fundador da startup de mídia programática Adsplay, localizada em São Paulo.

Eric Carvalho Martins
Graduado em Comunicação Social – habilitação em Jornalismo. Com MBA em Gestão de Marketing pelo Pecege – USP Esalq. É especialista em Tráfego Pago, Google Ads e Facebook Ads. Diretor na agência Gaster de São José do Rio Preto/SP e atua como gestor de tráfego em mais de 10 marcas em setores diferentes do mercado.

Felipe Chibás Ortiz
É o representante do Comitê Regional para América Latina e Caribe da UNESCO MIL Alliance e consultor do Escritório Regional da UNESCO em Montevidéu, Uruguai. Professor livre--docente, doutor e mestre pela Universidade de São Paulo (USP). Autor de livros publicados em várias línguas, como *M@rketing pessoal.com*. Também da Metodologia das 20 Barreiras Culturais à Comunicação e Criatividade e do aplicativo MIL Cities Metrics, ambos recomendados pela UNESCO. Coordena o grupo de pesquisa Toth-CRIARCOM e o Encontro Internacional CRIARCOM.

Felipe Morais
Sócio-diretor da FM Consultoria (www.felipemorais.com) e autor dos livros: *Planejamento estratégico digital*; *Transformação digital*; *Planejamento de marcas no ambiente digital*; e *Ao mestre com carinho: o São Paulo FC da era Telê*. Passou por empresas como Neogama, Publicis, Ponto Frio, Grupo TV1, Giuliana Flores e Cappuccino Digital, onde atendeu clientes como Coca-Cola, Pirelli, Puma, Bradesco, Mercedes-Benz, Danone e Sanofi. Professor de MBAs na Belas Artes, ESPM, Faap, Trampos Academy e Allura Cursos. Colunista mensal de sites como Mundo do Marketing, Adnews, Innovation Insider, E-commerce Brasil, A Nova Escola de Marketing e Digitalks.

Fernando Viberti

Líder do Comitê de Marketing de Conteúdo da ABRADi Nacional e diretor de educação da ABRADi SP. Formado em Comunicação Social, com especialização em jornalismo, pós-graduado em Propaganda e Marketing pela ESPM, é sócio-diretor da Conteúdo Online, agência pioneira em marketing de conteúdo.

João Castanheira Filho

Mestre em Comunicação e Mercado pela Faculdade de Comunicação Social Casper Líbero. Pós-graduado em Gestão Mercadológica de Turismo e Hotelaria pela ECA-USP, Gestão Avançada em Recursos Humanos pelo INPG e em Administração de Empresas para Executivos também pelo INPG. Especialização em Novas Tecnologias em Marketing e Comunicação pela University of Florida. Professor de graduação e pós-graduação. Consultor em desenvolvimento e orientação de carreiras do Programa PROTON, do curso de Gestão de Comunicação e Marketing da ECA-USP, e Pesquisador do CEACOM – Centro de Estudos de Avaliação e Mensuração em Comunicação e Marketing da ECA-USP.

Marcelo Sousa

Diretor da ABRADi. Data Marketeer, com experiência em *customer analytics* e *data driven marketing strategies*. Design e implementação em projetos CRM CI para companhias como Renault, Claro, Santander, Nextel, PagSeguro, Vivo e GVT. Diretor executivo no grupo WPP.

Maurici Junior

Autor e organizador do livro *Marketing digital de alta performance*. Membro do Conselho Administrativo da Associação Brasileira de Comércio Eletrônico (ABCOMM) e consultor de e-commerce para empresas como Honda, Diesel, Kipling, Jornal Gazeta do Povo e Bemol. Sócio-diretor da ComSchool e Head da Fábrica de Empresas, tendo atendido como consultor mais de 300 projetos de negócios digitais. É palestrante e professor de cursos in company, com experiência em grandes empresas e eventos, como Click Summit Portugal, Unilever, Carrefour, Natura, Samsung, Sony, Itaú, Netshoes, Centauro, Comgás, Bosch, Mahle, Volkswagen, Herbalife, Cielo, Santander, Banco do Brasil, entre outros.

Mauro Arruda

Managing director e ECD na FCB Health Brasil. Tem mais de 20 anos de experiência como redator, diretor de criação, CCO e CEO. Depois de uma sólida experiência em Rx e consumo com sua boutique criativa em São Paulo, Mauro ingressou na rede Havas Health em 2008 para cofundar o hub LATAM da rede, onde permaneceu como managing director até 2018. Entre os prêmios de criatividade que recebeu estão Cannes Lions, CLIO Health, LIAA, Epica e The One Show, em áreas como mobile, digital, música e áudio. Mauro fez parte do júri inaugural de Pharma do Cannes Lions Health em 2014 e foi palestrante na edição de 2016. Também já foi jurado no CLIO e no Medical Marketing & Media Awards, e participou em 2018 do júri do Global Awards.

Rodrigo de Oliveira Neves

Presidente da ABRADi-SP. CEO e Fundador da VitaminaWeb. Possui mais de 14 anos de experiência com tecnologias para internet. Foi sócio-diretor de uma empresa de telecomunicações e datacenter.

Rubens Yoshida

Pós-graduado em Gestão de Comunicação e Marketing pela ECA-USP; pós-graduado em Marketing Intelligence pela Universidade Nova IMS Lisboa; especialista em Gestão Estratégica de Negócios pelo Instituto Nacional de Pós-Graduação (INPG) e bacharel em Comunicação Social pela Universidade Anhembi-Morumbi. Pesquisador do CEACOM-ECA-USP e professor dos cursos de pós-graduação Gestão de Comunicação e Marketing e EAD Comunicação e Marketing Digital da ECA-USP. Sócio fundador das agências de comunicação wellComm, LiveResults e NeoClick, também atua como consultor empresarial nas áreas de comunicação e marketing digital. Atende a clientes com a necessidade de presença digital, vendas eletrônicas e posicionamento de marca na internet.

Rui José de Oliveira

Doutor e mestre em Ciências da Comunicação pela Escola de Comunicações e Artes da Universidade de São Paulo, especialista em Marketing pela ESPM-SP e em Planejamento e Marketing Turístico pelo SENAC-SP e bacharel em Administração de Empresas pela PUC-SP. Professor de pós-graduação na ECA-USP, Universidade Metodista, Centro Universitário Senac, Universidade Cruzeiro do Sul e também na graduação na Universidade Mackenzie. Profissional de marketing na Ford Motors Brasil por mais de 10 anos.

Vitor Andrade Morais

Advogado. Doutor em Direito pela PUC-SP. Foi coordenador do Curso de Direito da PUC-SP. Membro do Conselho de Ética da Autorregulação Publicitária – CONAR; conselheiro independente do Sistema de Autorregulação das Telecomunicações (SART); membro do Conselho Nacional de Proteção de Dados (CNPD-ANPD); conselheiro na ABRAREC e vice-presidente do Instituto de Pesquisa Sociedade e Consumo IPS-Consumo. Foi coordenador geral do Departamento de Proteção e Defesa do Consumidor do Ministério da Justiça.

William Cerantola

Doutor em Ciências da Comunicação pela ECA/USP. Mestre em Administração de Empresas pela Faculdade de Economia e Administração da Universidade de São Paulo (FEA-USP) e pós-graduado em Comunicação Organizacional e Relações Públicas pela Escola de Comunicação e Artes da Universidade de São Paulo (Gestcorp ECA-USP). Graduado em Ciências Biológicas pelo Instituto de Biociências da Universidade de São Paulo (IB-USP). Membro do CEACOM ECA-USP.

SUMÁRIO

CAPÍTULO 1 – PLANEJAMENTO DE MARKETING DIGITAL 1

1.1 DEFINIÇÃO E CONCEITOS DE MARKETING 1

1.2 FLUXOGRAMA SISTÊMICO DOS 3 PUTS 2

1.3 MODELOS DE ANÁLISES MERCADOLÓGICAS 4

   1.3.1 O Modelo Multifatorial GE 4

   1.3.2 Matriz de Crescimento e Participação (MCP) 5

   1.3.3 Análise Ambiental 6

   1.3.4 Análise dos Pontos Fortes e Fracos dos 3 Puts (releitura do SWOT tradicional) 6

1.4 A COMUNICAÇÃO E O MARKETING 6

1.5 PLANEJAMENTO DE MARKETING E COMUNICAÇÃO DIGITAL 8

1.6 OS 14 OBJETIVOS DA COMUNICAÇÃO 8

1.7 COMUNICAÇÃO DIGITAL E COMUNICAÇÃO INTERNA E EM REDE 10

1.8 COCRIAÇÃO: UMA PONTE ENTRE A COMUNICAÇÃO ANALÓGICA E A DIGITAL 13

1.9 DIÁLOGO NA COMUNICAÇÃO DIGITAL 15

1.10 A COMUNICAÇÃO INTEGRADA AOS 14 OBJETIVOS DA COMUNICAÇÃO 15

1.11 A COMUNICAÇÃO DA EMPRESA PARA SEUS CLIENTES E INTERMEDIÁRIOS 19

1.12 PESQUISA DE MARKETING NO AMBIENTE DIGITAL 21

   1.12.1 *Cloud computing* – computação em nuvem 22

   1.12.2 *Big data analytics* (BDA) – análises de grandes dados 22

   1.12.3 Industry 4.0 – indústria 4.0 23

   1.12.4 *Internet of things* (IOT) – internet das coisas 23

   1.12.5 *Artificial intelligence* (AI) – inteligência artificial 24

   1.12.6 *Data Science* – Ciência de Dados 25

   1.12.7 Sondagens, investigações e pesquisas de marketing – o que muda no ambiente digital? 26

1.13 POSICIONAMENTO, SEGMENTAÇÃO E FOCO. O QUE MUDA NO UNIVERSO DIGITAL 27

   1.13.1 Segmentação de mercado 27

   1.13.2 Posicionamento 29

1.14 A PROPOSTA DE VALOR ONLINE 30

1.15 PERSPECTIVAS DO MARKETING E COMUNICAÇÃO NO AMBIENTE DIGITAL 32

APÊNDICE A: MODELO DE BRIEF PARA PLANEJAMENTO DE COMUNICAÇÃO 37

CAPÍTULO 2 – COMUNICAÇÃO DIGITAL E CULTURA EM REDE **41**

2.1 ASPECTOS TEÓRICOS DA COMUNICAÇÃO DIGITAL.................................... 41

2.2 CROWDSOURCING COMO ESTRATÉGIA DE INTELIGÊNCIA DE MARKETING 47

2.3 COMUNICAÇÃO INTEGRADA DE MARKETING ONLINE E OFFLINE.................... 49

2.4 DESIGN THINKING COMO BASE DO PLANEJAMENTO DA COMUNICAÇÃO
INTEGRADA.. 51

2.5 *BLUEPRINT* DE COMUNICAÇÃO DIGITAL... 53

2.6 BRAND PERSONA: A CONEXÃO EMPÁTICA ENTRE EMPRESA E MERCADO............ 55

CAPÍTULO 3 – COMPORTAMENTO DO CONSUMIDOR ONLINE **57**

3.1 O NOVO CONSUMIDOR.. 57

3.2 NETNOGRAFIA.. 59

3.3 *SOCIAL LISTENING* NA PRÁTICA 60

3.4 *BUYER PERSONA* 61

3.5 JORNADA DE COMPRA DA PERSONA.. 65

3.6 O FUNIL DE VENDAS ONLINE 66

CAPÍTULO 4 – MARKETING DE CONTEÚDO E *INBOUND MARKETING* **69**

4.1 O QUE É MARKETING DE CONTEÚDO?.. 69

    4.1.1 Por que eu trouxe esses conteúdos? 71

    4.1.2 Planejamento... 72

    4.1.3 Elaboração das personas 73

    4.1.4 Criação de conteúdo.. 74

4.2 CONTEÚDO RELEVANTE É O REI 75

    4.2.1 Storytelling precisa de relevância 76

    4.2.2 *Inbound marketing* 77

    4.2.3 Conhecimento.. 77

    4.2.4 Consideração... 77

    4.2.5 Tomada de decisão 77

    4.2.6 *Buyer persona* 78

    4.2.7 *Inbound marketing* é longo prazo....................................... 78

    4.2.8 Plano de longo prazo 78

CAPÍTULO 5 – *Search Engine Optimization* (SEO) **81**

5.1 SEO: UMA ESTRATÉGIA ORGÂNICA... E SE É ORGÂNICA, FAZ BEM PARA A
SAÚDE DIGITAL.. 81

CAPÍTULO 6 – COPYWRITING **87**

6.1 ESCREVER É HUMANO.. 88

6.2 ESCREVER É UM PROCESSO.. 90

6.3 ESCREVER É MUSICAL.. 91

6.4 ESCREVER É PRECISO... 92

6.5	ESCREVER É ETERNO	93
6.6	ESCREVER É DIVERTIDO	94
6.7	*PODCAST* – O QUE É E COMO CRIAR CONTEÚDO QUE GERE ENGAJAMENTO	95

CAPÍTULO 7 – MARKETING DE INFLUÊNCIA **105**

7.1	O QUE É MARKETING DE INFLUÊNCIA	105
7.2	O MERCADO DE INFLUÊNCIA	109
7.3	CRIANDO UM PLANEJAMENTO DE MARKETING DE INFLUÊNCIA CONSISTENTE	111
7.3.1	Passo 1 do planejamento de marketing de influência: quem é o responsável?	112
7.3.2	Passo 2 do planejamento de marketing de influência: como será executado?	112
7.3.3	Passo 3 do planejamento de marketing de influência: briefing do conteúdo.	114
7.3.4	Passo 4 do planejamento de marketing de influência: influenciador não é TV	114
7.3.5	Passo 5 do planejamento de marketing de influência: escolhendo os influenciadores	115
7.3.5.1	Passo 5.1: Tipos de influenciadores digitais	116
7.3.5.2	Passo 5.2: Histórico do influenciador	117
7.3.5.3	Passo 5.3: Rede social × influenciadores	117
7.3.6	Passo 6 do planejamento de marketing de influência: relacionamento de longo prazo	118
7.3.7	Passo 7 do planejamento de marketing de influência: quanto vale um influenciador	118
7.3.8	Passo 8 do planejamento de marketing de influência: definindo metas e métricas de performance	120
7.3.9	Passo 9 do planejamento de marketing de influência: implementação e controle	122
7.3.10	Passo 10 do planejamento de marketing de influência: lições aprendidas	122
7.3.11	Passo 11 do planejamento de marketing de influência: boas práticas	122
7.4	COCRIAÇÃO DO CONTEÚDO E A AUTONOMIA DO INFLUENCIADOR × POSICIONAMENTO DAS MARCAS	124

CAPÍTULO 8 – GESTÃO DE REDES SOCIAIS **125**

8.1	FLUXO DE TRABALHO	126
8.2	ESCOLHA ADEQUADA DA REDE SOCIAL	128
8.3	CRIAÇÃO DE CONTEÚDO	129
8.4	WORKFLOW	132
8.4.1	Monitoramento	137
8.5	QUEM É O DONO DAS REDES SOCIAIS?	137
8.6	VARIÁVEIS PARA O SUCESSO NAS REDES SOCIAIS	139

CAPÍTULO 9 – PLANEJAMENTO DE REDES SOCIAIS................................... **143**

9.1   REDES SOCIAIS E O MARKETING TRADICIONAL.. 143

     9.1.1   Para que serve o marketing? 143

     9.1.2   Para que servem as mídias sociais? 144

9.2   OBJETIVOS DAS REDES SOCIAIS 145

9.3   MÍDIAS SOCIAIS E A JORNADA DO CONSUMIDOR 145

     9.3.1   Redes Sociais não são catálogos online! 146

     9.3.2   *Inbound marketing*: o mapa da jornada do consumidor 146

9.4   MAPA DE CONTEÚDO 148

     9.4.1   O dilema do engajamento 149

     9.4.2   Qual tipo de conteúdo criar? 152

9.5   PLANEJAMENTO DE MÍDIAS SOCIAIS 153

     9.5.1   Briefing 154

     9.5.2   Pesquisa 155

     9.5.3   Ação 156

     9.5.4   Mensuração e melhorias 157

9.6   PLATAFORMA DE GESTÃO DE REDES SOCIAIS 157

     9.6.1   Mapas Mentais 157

     9.6.2   Produtividade 158

     9.6.3   Gestão Integrada das Redes Sociais 158

     9.6.4   Monitoramento de Redes Sociais 159

CAPÍTULO 10 – SMM – *SOCIAL MEDIA MARKETING* (MARKETING EM MÍDIAS SOCIAIS) **161**

10.1   7 DICAS PARA MONTAR UM PLANEJAMENTO DE SMM 162

10.2   SOCIAL MEDIA OPTIMIZATION (SMO)... 163

CAPÍTULO 11 – TÁTICAS PARA AS REDES SOCIAIS................................... **169**

11.1   ESTRATÉGIAS PARA REDES SOCIAIS 169

11.2   INSTAGRAM 171

11.3   FACEBOOK 172

11.4   TWITTER 173

11.5   YOUTUBE 174

11.6   LINKEDIN 175

11.7   WHATSAPP E TELEGRAM 176

     11.7.1   WhatsApp 176

     11.7.2   Telegram 177

11.8   BLOGS 177

11.9   TIKTOK 177

11.10   OUTRAS REDES 178

     11.10.1   Spotify 178

11.10.2	Strava	178
11.10.3	Reddit	178
11.11	TÁTICAS PARA AS REDES SOCIAIS	179

CAPÍTULO 12 – CANAIS DIGITAIS DE MARKETING **181**

12.1	PRESENÇA DIGITAL	181
12.2	DIAGNÓSTICO DA PRESENÇA DIGITAL DE UMA MARCA	182
12.3	WEBSITE	183
12.4	LANDING PAGE	185
12.5	SQUEEZE PAGE	186
12.6	E-COMMERCE E MARKETPLACE	186
12.7	E-MAIL MARKETING E SEUS BENEFÍCIOS	187

CAPÍTULO 13 – TRÁFEGO PAGO **193**

13.1	TRÁFEGO ONLINE PAGO	193
13.2	BENEFÍCIOS E IMPORTÂNCIA DO TRÁFEGO PAGO	195

CAPÍTULO 14 – MÍDIA PROGRAMÁTICA **199**

14.1	DATA MARKETING	200
14.2	MÍDIA PROGRAMÁTICA: ESTRATÉGIA, PRECISÃO E EFICIÊNCIA	201
14.3	DMPS E DSPS: CRIANDO UM ECOSSISTEMA DIGITAL DE SUCESSO	204
14.4	TIPOS DE CAMPANHA	206
14.5	*NATIVE ADS* – OS ANÚNCIOS NATIVOS	207
14.6	REMARKETING E RETARGETING: INVESTIMENTO ESTRATÉGICO	208
14.7	DICIONÁRIO RÁPIDO	211

CAPÍTULO 15 – GOOGLE ADS **215**

15.1	AS ESTRATÉGIAS	215
15.2	AS FERRAMENTAS	216
15.2.1	Google Ads	216
15.3	BUSCA POR PALAVRAS-CHAVE	216
15.4	DEFININDO AS PALAVRAS-CHAVE	217
15.5	CRIANDO OS ANÚNCIOS	220
15.6	REDE DE DISPLAY	221
15.7	REMARKETING	223
15.8	OUTROS FORMATOS	224

CAPÍTULO 16 – SOCIAL ADS – AS REDES SOCIAIS E O TRÁFEGO PAGO **225**

16.1	IMPULSIONAMENTOS	226
16.2	CONFIGURAR O SEU GERENCIADOR DE NEGÓCIOS	227
16.3	PARTINDO PARA AS ESTRATÉGIAS	228
16.4	RECONHECIMENTO	230

16.5 CONSIDERAÇÃO 230
16.6 CONVERSÕES 232
16.7 EXPERIÊNCIA INSTANTÂNEA 233
16.8 PIXEL 233
16.9 IOS 233
16.10 PÚBLICO 234

CAPÍTULO 17 – TECNOLOGIAS DIGITAIS, INTERATIVIDADE E CONECTIVIDADE 237
17.1 CONCEITO DE INTERATIVIDADE E CONECTIVIDADE 237
17.2 REALIDADE VIRTUAL (RV) E REALIDADE AUMENTADA (RA) 240
17.3 METAVERSO: UNIVERSOS VIRTUAIS 244
17.4 APLICATIVOS E WEB APPS 245
17.5 TECNOLOGIAS CONECTIVAS (IOT) 247

CAPÍTULO 18 – INFOPRODUTO 253
18.1 CONCEITO HISTÓRICO 253
    18.1.1 2005 253
    18.1.2 2021 254
18.2 DESENVOLVIMENTO DE INFOPRODUTOS 255
    18.2.1 Processo básico de lançamento de um infoproduto para micro
         e pequenas empresas 257
    18.2.2 Etapas do ciclo de vida de um produto 260

CAPÍTULO 19 – MARKETING DE AFILIADOS 261
19.1 2011 261
19.2 VOCÊ SABE O QUE É A ECONOMIA DA PAIXÃO? 262
19.3 O CONTEXTO, A IDEIA DOS FUNDADORES 263
19.4 VALORES DESSE MERCADO 264
19.5 APRENDA O QUE QUISER, ENSINE O QUE SOUBER 265
19.6 A ESPECIALIZAÇÃO E O AUMENTO DA PERFORMANCE DOS PRODUTORES
    E AFILIADOS 266
    19.6.1 O Afiliado Árbitro 267
    19.6.2 O Afiliado Autoridade 267
    19.6.3 O Coprodutor 267
19.7 E AS PESSOAS, O QUE BUSCAM? 267
19.8 A FORÇA DAS COMUNIDADES 268
    19.8.1 Os *Masterminds* dos Produtores 268
19.9 NEUTRA, ABERTA, SEM CURADORIA: COMO LIDAR? 269
19.10 HISTÓRIAS DE TRANSFORMAÇÃO 270
19.11 2031 270
    19.11.1 Personalização 271
    19.11.2 Interações digitais mais humanizadas 271
    19.11.3 As discussões éticas 271

CAPÍTULO 20 – DATA-DRIVEN MARKETING NO NOVO CONTEXTO DA PROTEÇÃO DOS DADOS PESSOAIS (LGPD) – ABRADI 277

20.1 A LEI GERAL DE PROTEÇÃO DE DADOS 277

    20.1.1 Proteção de Dados – Panorama Geral 278

    20.1.2 A Lei Geral de Proteção de Dados do Brasil (LGPD) 281

        20.1.2.1 Aplicação 281

        20.1.2.2 Princípios fundamentais da LGPD 282

        20.1.2.3 Bases Legais – Requisitos para Tratamento de Dados Pessoais 284

        20.1.2.4 Categorias especiais de Dados Pessoais 286

        20.1.2.5 Direitos dos Titulares 287

    20.1.3 Como a LGPD afeta a comunicação entre marcas e consumidores 287

    20.1.4 As responsabilidades e papéis na LGPD 287

        20.1.4.1 Controlador e Operador 287

        20.1.4.2 O Encarregado de Dados (DPO) 288

        20.1.4.3 Stakeholders 289

        20.1.4.4 As penalidades previstas na Lei 289

        20.1.4.5 Quem é o responsável pelo monitoramento e cumprimento da lei? 290

    20.1.5 Passo a passo para estar em Compliance com a lei 290

        20.1.5.1 Comitê Técnico 290

        20.1.5.2 Premissas 290

        20.1.5.3 Diagnóstico 291

        20.1.5.4 Projeto de Compliance 291

        20.1.5.5 Implementação 292

        20.1.5.6 Revisão 292

        20.1.5.7 Prevenção 292

    20.1.6 Dicas rápidas sobre LGPD 292

        20.1.6.1 O que acontece diante da ocorrência de um incidente de segurança da informação? 292

        20.1.6.2 Quais são as certificações de segurança da informação que atendem a lei? 293

        20.1.6.3 Quais são as informações obrigatórias que devem constar dos termos de consentimento do usuário? 293

        20.1.6.4 Será possível usar dados de geolocalização dentro dos critérios da lei para realizar campanhas de marketing digital? 293

        20.1.6.5 Dados capturados em redes sociais, como WhatsApp e Facebook, são considerados pessoais? 294

        20.1.6.6 Cookies e IPS de máquina são considerados dados pessoais perante a lei? 294

        20.1.6.7 Posso continuar a comprar dados externos para enriquecimento? 294

        20.1.6.8 Ainda posso fazer Mídia Programática utilizando DMPs? 294

20.1.7 A evolução do uso de dados em marketing.. 295

  20.1.7.1 A importância dos dados em marketing.................................... 296

  20.1.7.2 Estratégia de dados corporativa.. 297

CAPÍTULO 21 – MÉTRICAS DE MARKETING ONLINE E OFFLINE......................... 301

21.1 PRINCIPAIS MÉTRICAS OFFLINE.. 302

 21.1.1 ROI – Retorno sobre os investimentos em marketing............................... 303

21.2 PRINCIPAIS MÉTRICAS ONLINE... 303

 21.2.1 CAC... 303

 21.2.2 Taxa de Conversão 303

 21.2.3 Taxa de Rejeição.. 303

 21.2.4 Ticket Médio 304

 21.2.5 Custo por Lead... 304

 21.2.6 Custo por Mil.. 304

 21.2.7 Custo por Clique.. 304

 21.2.8 Custo por Dia.. 304

 21.2.9 Alcance... 305

 21.2.10 Engajamento 305

 21.2.11 Seguidores 305

 21.2.12 Tráfego 305

 21.2.13 Menções à marca 305

CAPÍTULO 22 – MARKETING PESSOAL DIGITAL 307

22.1 PALAVRAS PRELIMINARES.. 307

22.2 DEFINIÇÕES DE MARKETING PESSOAL 308

22.3 DEFINIÇÃO DO MARKETING PESSOAL DIGITAL 311

22.4 DEFINIÇÃO DAS BARREIRAS CULTURAIS À COMUNICAÇÃO 314

22.5 BARREIRAS CULTURAIS À COMUNICAÇÃO E MARKETING PESSOAL DIGITAL....... 315

22.6 O CICLO DO MARKETING DIGITAL: FERRAMENTA PARA A CONSTRUÇÃO DA MARCA INDIVIDUAL... 321

22.7 CONSIDERAÇÕES 326

REFERÊNCIAS 327

PLANEJAMENTO DE MARKETING DIGITAL

1

Autores:

Caetano Haberli Junior

João Castanheira Filho

Mitsuru Higuchi Yanaze

Rui de Oliveira

William Antônio Cerantola

1.1 DEFINIÇÃO E CONCEITOS DE MARKETING

Marketing pode ser entendido como o conhecimento e a definição de determinado bem ou serviço e a forma como eles são elaborados e disponibilizados no mercado. Marketing, portanto, pode ser definido como o planejamento adequado da relação produto-mercado.

Para que esta relação seja adequada, é necessário conhecer o mercado e seu grau de atratividade, identificar seus segmentos-alvo, monitorar as ações dos concorrentes, avaliar o ambiente de negócios e todas as variáveis que o afetam positiva ou negativamente.

Marketing é ainda o conjunto de esforços empreendidos pela empresa para a definição e implementação de estratégias para a colocação de determinado bem ou serviço no mercado, com o objetivo de atender e satisfazer às demandas e às necessidades de seu público-alvo, ou seja, seus clientes. Desta forma, trata-se de uma gestão empresarial que envolve todos os setores que compõem uma empresa, comprometida com os investimentos internos e externos e a previsão de seu consequente retorno.

Fundamentados nas informações obtidas por meio dos modelos de análise, que serão apresentados na sequência deste capítulo, os gestores de marketing definem objetivos (o que se procura alcançar com o planejamento) e metas (quantificação dos objetivos), bem como as estratégias a serem implementadas: de Produto (bem ou serviço), de Preço (valor, formas de pagamento etc.), de Distribuição (venda, entrega etc.) e de Comunicação (promoção, publicidade, eventos, comunicação digital etc.).

1.2 FLUXOGRAMA SISTÊMICO DOS 3 PUTS

Para ilustrar o processo sistêmico do marketing, apresentamos o modelo que desenvolvemos com o nome de Fluxograma Sistêmico dos **3 Puts**.

Figura 1.1 Fluxograma sistêmico dos 3 Puts de uma empresa

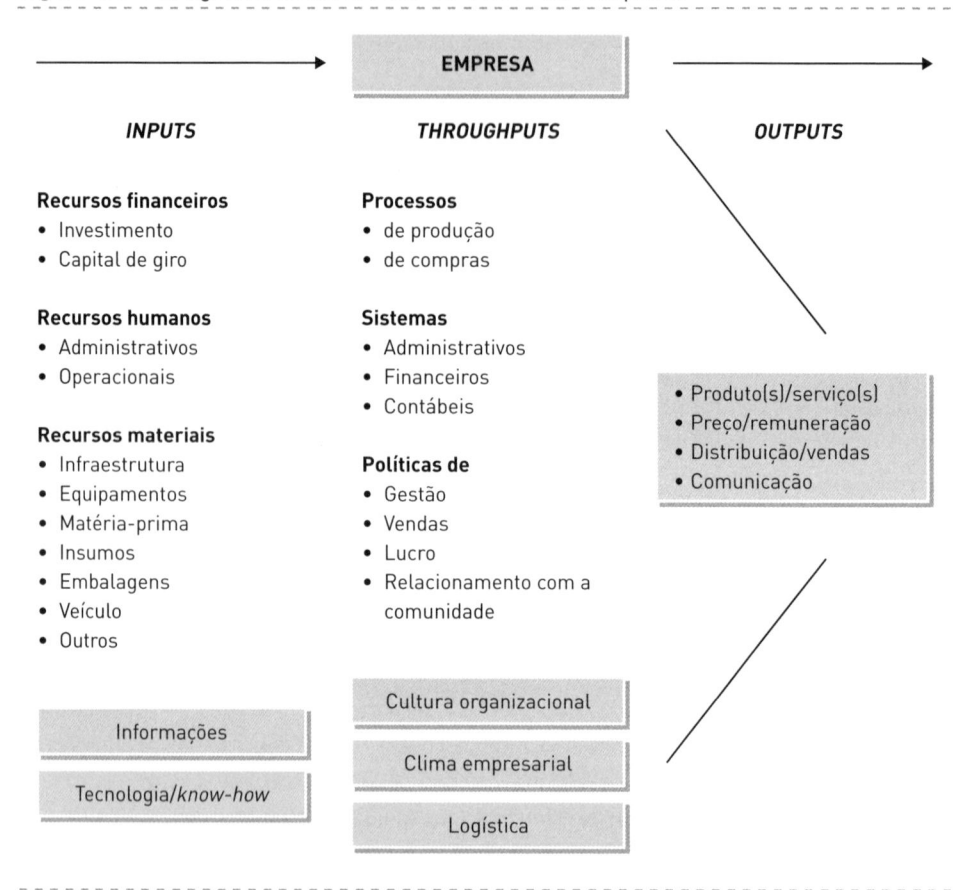

Fonte: YANAZE, Mitsuru H. **Gestão de marketing e comunicação:** avanços e aplicações. 3. ed. São Paulo: Saraiva Uni, 2021.

Inputs são todos os recursos que "entram" na empresa para possibilitar suas operações.

Os **throughputs** indicam a maneira como esses elementos são trabalhados e transformados por meio dos processos, sistemas, logística, políticas, bem como pela cultura e clima empresariais.

Os **outputs** são resultantes da interação dos processos anteriores e que a empresa exterioriza e disponibiliza para o mercado. Nesse sentido, podemos apontar como *outputs*:

- **produtos** (bens e/ou serviços, ideias, programas etc.);
- **preço/remuneração** (valor cobrado, formas e prazos de pagamento etc.);
- **distribuição/vendas** (disponibilização dos produtos);
- **comunicação/promoção** (tornar comuns atributos do produto).

Quaisquer problemas que ocorram nos *inputs* ou nos *throughputs* acabam influenciando um ou mais elementos do *output*. Assim, fica evidente que a atribuição de produzir e oferecer *outputs* adequados é de toda a empresa.

A diferenciação competitiva entre os *players* do mercado, hoje, não se limita ao que eles oferecem em termos de qualidade e adequação dos *outputs*, mas deve focar as percepções que os diferentes públicos têm em relação a seus *inputs* e *throughputs*.

Assim, o desafio atual do marketing exige das empresas a criação, a manutenção e a comunicação de *inputs* e *throughputs* diferenciados, apropriados e que se constituam em fatos comunicáveis, ou seja, decisões, informações e fatos dignos de menção, de se compartilhar junto aos diferentes públicos que compõem o ambiente de negócios da empresa: proprietários/acionistas, colaboradores, fornecedores, distribuidores, governo, sistema bancário, comunidade, imprensa etc.

A aplicação dos conceitos de marketing exige que todos os setores reconheçam que fazem parte de um todo e que há uma dependência funcional recíproca e entendam que suas relações verticais e horizontais dentro do organograma funcional são relações de marketing, ou relações de "produto e cliente", que promovem uma mobilização sistêmica do fluxo dos *inputs* e *throughputs,* que por sua vez resulta em *outputs* adequados. Assim, as estratégias de comunicação interna e integrada, *online* e *offline,* assumem papel fundamental.

A empresa, com todos os seus setores funcionais e de apoio, tem como objetivo o atendimento das necessidades, das expectativas e das demandas do mercado; mas, em suas decisões estratégicas, deve considerar suas próprias necessidades, expectativas e, principalmente, suas capacidades.

Assim, entendemos que a empresa deve buscar o **equilíbrio** da relação representada na Figura 1.2.

As decisões estratégicas relacionadas aos quatro *outputs* que almejam alcançar a relação de equilíbrio só serão possíveis com informações sobre o mercado, a concorrência, os stakeholders, os contextos macro e microambientais de negócio e, obviamente, o monitoramento de todas as mudanças que ocorrem. Pesquisas realizadas no ambiente digital possibilitam este monitoramento.

Figura 1.2 Relação de equilíbrio

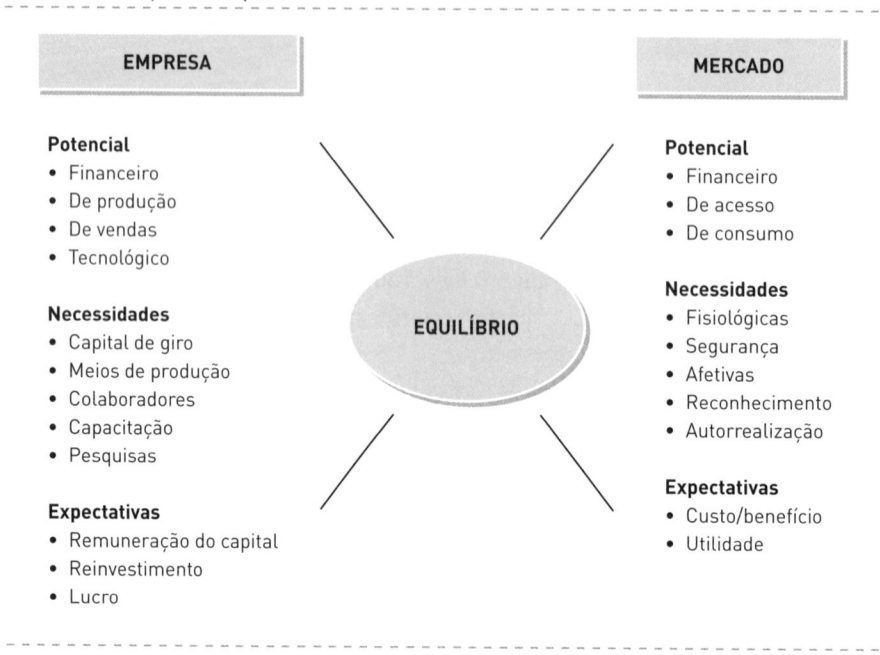

Fonte: YANAZE, 2021.

1.3 MODELOS DE ANÁLISES MERCADOLÓGICAS

A seguir, discorreremos sucintamente sobre quatro modelos de análise que consideramos fundamentais para a obtenção das informações que embasarão decisões equilibradas. Tais modelos já estão disponíveis em plataformas digitais em **matisis.com.br.**

1.3.1 O Modelo Multifatorial GE

Desenvolvido pela McKinsey, considera que o grau de Atratividade de mercados e a avaliação da Performance/Posição do produto da empresa neste mercado podem ser analisados considerando cinco fatores:[1]

- **Fatores de mercado:** que possibilitam a análise focada na situação e na performance dos quatro *outputs* de marketing: produto/serviço, preço/remuneração, distribuição/vendas e comunicação/promoção.

---

[1] YANAZE, Mitsuru H. **Gestão de marketing e comunicação**: avanços e aplicações. 3. ed. São Paulo: Saraiva Uni, 2021.

- **Concorrência:** subfatores que, quando analisados, permitem uma percepção mais aguçada das condições em que ocorre o embate concorrencial e o posicionamento dos produtos/serviços da empresa nos diferentes mercados.
- **Fatores financeiros e econômicos:** análise das variáveis que demonstram que determinados mercados podem propiciar melhores resultados econômicos (retornos e lucros) e financeiros (fluxos de caixa mais adequados) que outros. Permite também uma autoavaliação dos resultados econômicos e financeiros da empresa nos diversos mercados onde opera.
- **Fatores tecnológicos:** subfatores de análise que demonstram o grau de complexidade e de diferenciação tecnológica e as necessidades de investimento em pesquisa que cada mercado demanda das empresas.
- **Fatores do ambiente mercadológico:** análise dos fatores representativos do ambiente legal, sociocultural, econômico e político de cada produto ou unidade de negócio.
- A avaliação deve ser realizada por representantes das áreas que compõem a gestão do produto: compras, produção, vendas, finanças, recursos humanos, marketing, pesquisa e desenvolvimento etc. Os procedimentos desta análise estão detalhados em: **matisis.com.br.**

1.3.2 Matriz de Crescimento e Participação (MCP)

As premissas da Plataforma de Análise Multifatorial permitem propor um modelo mais conclusivo e, sobretudo, **quantitativo** de avaliação: a Matriz de Crescimento e Participação (MCP). Esse modelo reduz a subjetividade das avaliações interpretativas e de julgamento e permite estender a análise a três diferentes níveis:[2]

a) MCP do mercado: análise da posição de cada produto/UEN em seus respectivos mercados em relação aos seus **concorrentes.** Permite monitorar o crescimento de vendas e a participação do produto da empresa e dos seus concorrentes, levando em consideração as médias do mercado.

b) MCP do faturamento: análise de cada produto em relação aos outros produtos da empresa, considerando o crescimento médio e a participação média do **faturamento da empresa.**

c) MCP da margem de contribuição: análise de cada produto em relação aos outros produtos da empresa, considerando o crescimento médio e a participação média da **margem de contribuição,** que é o valor obtido subtraindo-se do faturamento bruto, auferido por um produto, todos os custos e despesas variáveis: descontos concedidos, impostos sobre vendas, custo da mercadoria vendida (CMV) ou custos de produção, comissões sobre vendas, frete, promoções etc. O valor resultante, juntamente com as margens

---

[2] YANAZE, 2021.

obtidas pelos demais produtos, contribuirá para que a empresa cubra seus custos e despesas fixas e indiretas, e componha o lucro. Os procedimentos desta análise estão detalhados em: **matisis.com.br**.

1.3.3 Análise Ambiental

A gestão de marketing exige o monitoramento constante das variáveis mais amplas que compõem o ambiente de negócio de uma empresa, ou seja: sua relação com os stakeholders (instituições, pessoas físicas e jurídicas, privadas e públicas, cujas interações com a empresa a afetam positiva ou negativamente); a atuação da concorrência; variáveis econômicas, políticas, sociodemográficas, tecnológicas e legais que compõem seu macroambiente. O sucesso na conquista do mercado não depende somente da atuação da empresa e do uso competente de suas vantagens competitivas, mas também de suas interações e atuação em seu ambiente de negócios. Os procedimentos desta análise estão detalhados em: **matisis.com.br**.

1.3.4 Análise dos Pontos Fortes e Fracos dos 3 Puts (releitura do SWOT tradicional)

O modelo que propomos tem como objetivos: complementar as informações obtidas dos modelos Multifatorial, Matriz de Crescimento e Participação, Análise Ambiental; compor o cenário mercadológico, com indicações de potencialidades e pontos fracos, ameaças e oportunidades; analisar comparativamente a situação da empresa em relação aos seus principais concorrentes (similares e/ou substitutos); analisar comparativamente a situação dos *outputs* (produto oferecido, preço e condições de pagamento propostos, distribuição e vendas e comunicação) da empresa e de seus principais concorrentes em relação ao que seria ideal e/ou benchmark (modelo de situação desejável); possibilitar a priorização das ações mercadológicas visando ao aprimoramento das condições competitivas; identificar pontos fortes e pontos fracos relacionados aos *inputs e throughputs* e que resultam ou podem resultar em atributos negativos ou positivos dos *outputs;* possibilitar o monitoramento constante das mudanças do contexto dinâmico competitivo.[3] Os procedimentos desta análise estão detalhados em: **matisis.com.br**.

1.4 A COMUNICAÇÃO E O MARKETING

A comunicação, embora seja mais evidente como um dos *outputs* no processo sistêmico dos 3 Puts, faz parte do mix de marketing e está presente em todo processo de marketing.

Marketing, como uma gestão empresarial sistêmica, exige a participação e interação dos sustentadores (stakeholders) e colaboradores, do presidente ao mais humilde funcionário. A comunicação assume, portanto, função basilar neste processo.

---

[3] YANAZE, 2021.

Comunicar é "tornar comum", compartilhar uma mensagem ou informação, de modo a permitir ao interlocutor reconstituir, interpretar e compreender o que foi transmitido. Podemos falar, dizer, informar e não comunicar.

É comum limitar a comunicação à intencionalidade de se promover o produto, de valorizar a marca, de desenvolver e reter clientes, de formar imagens positivas etc., ou seja, a abordagem, na maioria dos livros, restringe a comunicação ao serviço dos *outputs*. No entanto, entendemos que nada disso é plenamente eficaz se não trabalharmos adequadamente a comunicação no âmbito dos *inputs* e *throughputs*. Dessa forma, apropriamo-nos da definição da professora Margarida Kunsch[4] para justificar a relevância do papel da comunicação no contexto de marketing das empresas. Tomamos apenas a liberdade de extrair a **comunicação interna** da classificação porque entendemos que os públicos internos podem, em diferentes circunstâncias, ser destinatários e receptores de mensagens, tanto de comunicação administrativa como mercadológica (negociação de salários e benefícios, ou mesmo para a aquisição dos produtos da empresa em que trabalham) e até institucional (colaboradores, diretores e acionistas devem ter uma boa imagem da empresa). É importante ressaltar que a **comunicação mercadológica** é aquela que relaciona a organização com seus dois mercados, ou seja, o mercado fornecedor (para a compra de matérias-primas, insumos, embalagens etc.) e o mercado comprador (atacadistas, varejistas, clientes, consumidores etc.). Trata-se, portanto, de uma comunicação mais persuasiva e com objetivos voltados à atividade **comercial**, de negociação.[5]

Assim, classificamos a **comunicação organizacional** em três áreas:

- comunicação administrativa – interna e externa;
- comunicação institucional – interna e externa;
- comunicação mercadológica – interna e externa.

Essas três modalidades de comunicação fazem uso de diferentes ferramentas de comunicação, podendo ser analógicas ou digitais, dependendo das circunstâncias e dos públicos envolvidos. As tecnologias digitais permitem o acesso da empresa às melhores fontes de dados e como obtê-las de forma constante e estruturada para criar bases históricas de informação de investimentos, gastos, processos e resultados; promovem e otimizam a troca de dados entre os vários setores de uma empresa e também com os diversos stakeholders e diversas fontes de informação que fazem parte de seu ambiente de negócio. Os dados digitalizados e armazenados em um grande banco de dados conectados em rede (big data) possibilitam o desenvolvimento de plataformas de interface que integram e convertem tais dados em informações que embasarão decisões em tempo real.

No contexto da Comunicação Digital, com plataformas formatadas em códigos e protocolos abertos, mudam-se as estruturas de relação comunicacional. Na "teia digital", o usuário

---

[4] KUNSCH, 2016.
[5] YANAZE, 2021.

não é somente um receptor, mas produtor e emissor de mensagens, e interage com os vários internautas conectados simultaneamente. Desta forma, se estabelece o conceito de comunicação "muitos para muitos".

A comunicação digital não se limita a ser um conjunto de ações que objetivam tornar comum uma mensagem ou anúncio, mas agrega um conjunto de plataformas de trocas de informação e de estabelecimento de relacionamentos.

1.5 PLANEJAMENTO DE MARKETING E COMUNICAÇÃO DIGITAL

O planejamento de marketing e comunicação digital segue o mesmo processo do planejamento tradicional, considerando os atributos do produto (bem ou serviço) oferecido e os segmentos-alvo e suas características de gosto, consumo, tendência de empatia, tipo de conteúdo que gosta e outras informações que ajudarão a oferecer condições de compra às pessoas, com maior probabilidade de se encantar e se surpreender com os atributos oferecidos. Por meio de uma gestão e monitoramento adequados das plataformas digitais é possível entender o mercado em que atua, monitorar seu ambiente de negócio, seus concorrentes e estabelecer relações positivas com seus clientes e stakeholders.

O planejamento de marketing e comunicação digital segue as etapas clássicas:

- definição de objetivos;
- quantificação dos objetivos (metas);
- segmentação de mercado e definição do público-alvo;
- estabelecimento do posicionamento mercadológico;
- definição de estratégias de Produto, Preço, Distribuição e Comunicação;
- implementação das estratégias e acompanhamento;
- avaliação de resultados.

1.6 OS 14 OBJETIVOS DA COMUNICAÇÃO

Para possibilitar a definição dos objetivos das diversas ações de comunicação e, consequentemente, possibilitar sua quantificação (metas), sistematizamos e ampliamos os objetivos do processo comunicacional:[6]

1) **Despertar consciência:** as necessidades são inerentes aos seres humanos, mas, em muitos casos, algumas delas não estão no nível do sentido ou da percepção. Despertar certo grau de consciência das necessidades e carências, relacionadas com o objeto da comunicação, deve ser a primeira etapa do processo de comunicação.

---

[6] YANAZE, 2021.

2) **Chamar atenção:** a pessoa que já tenha certo grau de consciência de suas necessidades e carências, certamente, terá sua atenção despertada com maior facilidade.

3) **Suscitar interesse:** dado grau de consciência prévia direciona a atenção do indivíduo, despertando interesse. Para isso, é importante que os elementos utilizados na chamada de atenção para a mensagem estejam relacionados ao despertar da consciência.

4) **Proporcionar conhecimento:** o receptor interessado está pronto para receber uma informação mais detalhada e obter ou ampliar seus conhecimentos sobre o objeto da comunicação. Nessa etapa, a mensagem deve ser mais informativa e consistente, a fim de facilitar a compreensão.

5) **Garantir identificação, empatia:** as informações devem ser elaboradas e transmitidas levando-se em consideração as características e as possibilidades de percepção do receptor.

6) **Suscitar expectativa:** uma vez que o indivíduo se identifique com as propostas, mensagens e produtos apresentados, o processo de comunicação deve lançar mão de elementos que suscitem expectativa favorável à efetiva aquisição, posse e uso do bem, serviço, ideia ou conceito oferecido.

7) **Criar desejo:** com a expectativa criada, argumentos racionais e/ou emocionais devem ser compartilhados de modo a criar desejo de compra, posse e uso do bem, serviço, ideia ou conceito comunicado.

8) **Conseguir a preferência:** como a empresa emissora da comunicação não está sozinha no mercado, o próximo passo do processo exige argumentos que garantam a preferência do indivíduo, a despeito das ofertas dos concorrentes.

9) **Levar à decisão:** depois de conseguir a preferência do receptor, a comunicação deverá levá-lo a se decidir pela compra ou a realizar aquilo que o objeto da comunicação preconiza.

10) **Efetivar a ação:** vários fatores podem interferir no prosseguimento da sequência: ausência de recursos financeiros para consumar a aquisição; dificuldade de acesso aos locais de vendas; surgimento de outras prioridades etc. A comunicação deve identificá-los previamente e procurar minimizar seus efeitos ou valorizar outros fatores que levem seu público-alvo à ação.

11) **Garantir e manter a satisfação pós-ação:** os Sistemas de Atendimento ao Cliente (SAC) e os serviços de treinamento e orientação ao cliente são alguns dos aparatos à disposição das empresas para manter uma relação positiva com os compradores, mesmo depois da realização da venda.

12) **Estabelecer interação:** as novas tecnologias, principalmente as relacionadas com a internet, possibilitam às empresas estabelecer um fluxo contínuo, de duas mãos, com seus interlocutores. As reclamações e as sugestões, se bem recebidas e processadas, podem se transformar em elogios e em desenvolvimento efetivo dos negócios da empresa, em um processo constante de melhoria de relações com seus públicos.

13) **Obter fidelidade:** manter o cliente constitui um grande desafio para as empresas. Muitas são as razões que podem levar um comprador de determinado produto de uma empresa a passar a adquirir mercadoria de outra. A empresa deverá identificar as razões e estudar como revertê-las. Caso haja argumentos, fazer com que o público se conscientize deles e tenha respaldo — racional ou emocional — para se manter fiel à organização.

14) **Gerar disseminação de informações pelos interlocutores:** o último estágio pressupõe a formação de agentes geradores e disseminadores de comunicação positiva, dentro do seu público-alvo. A empresa deverá estabelecer estratégias de comunicação específicas para incentivar seus clientes satisfeitos a emitir seus sentimentos e compartilhar suas experiências positivas com outras pessoas de suas relações. Assim procedendo, a empresa conseguirá ampliar seus canais de comunicação.

As tecnologias digitais permitem que, por meio de suas variadas possibilidades estratégicas, as empresas percorram com rapidez todos os objetivos do processo da comunicação com todos os seus públicos-alvo.

1.7 COMUNICAÇÃO DIGITAL E COMUNICAÇÃO INTERNA E EM REDE

A comunicação interna, que observa os públicos internos como destinatários e receptores de mensagens, desempenha papel fundamental ao articular elementos da comunicação administrativa, mercadológica e institucional. A comunicação em rede para as organizações surge a partir da progressiva adoção de plataformas digitais de comunicação, que superam os modelos tradicionais, centralizados e assimétricos de comunicação e troca de informações, para uma abordagem eminentemente inovadora, descentralizada, interativa e simétrica.

Para compreender esse fenômeno da comunicação em rede nas organizações é necessário fazer referência ao advento da própria internet, a *world wide web* (www), criada em 1992 por Tim Bernes-Lee no CERN (Conseil Européen pour la Recherche Nucléaire – Organização Europeia para a Pesquisa Nuclear). Essa iniciativa, inicialmente acadêmica, fez surgir um novo espaço de ação social em rede, conhecido como ciberespaço, onde as pessoas não somente podiam acessar informações, dados e se comunicar, mas tornarem-se produtores de informações com novas práticas de cultura digital. Novos usos e sentidos estabelecidos pelas pessoas em suas interações digitais e pela internet passam a estabelecer novos tipos de relações sociais e a assimilação de novas práticas compartilhadas.[7] Esse ciberespaço cria uma cibercultura.[8]

É necessário entender esse roteiro prévio da internet e do ciberespaço para contextualizar a comunicação em rede nas organizações e dar sentido à maneira acelerada de adoção tecnológica, de assimilação de novos comportamentos comunicacionais e de protagonismo

---

[7] HINE, Christine. **Virtual ethnography.** London: Sage, 2000.

[8] LÉVY, Pierre. **Cibercultura.** São Paulo: Editora 34, 1999.

de todas as pessoas nesse novo cenário. Blogs e redes sociais proliferam desde 1997 com o SixDegrees e ICQ, seguidos pelo Second Life (1999), LinkedIn (2003), Orkut (2004), Facebook (2004), YouTube (2005), Twitter (2006), Instagram (2010) e TikTok (2016), entre outros.

O advento de plataformas digitais de comunicação em rede nos espaços organizacionais não foi um acaso. De fato, foi um transbordamento da dinâmica já estabelecida pelas redes sociais e suas práticas digitais no cotidiano das pessoas. Esse fenômeno foi simultâneo fora e dentro das empresas. Plataformas digitais de comunicação em rede para empresas vêm sendo desenvolvidas desde meados dos anos 2000, e apenas para mencionar as duas maiores, o Yammer, da Microsoft, foi criado em 2008, e o Workplace, do Facebook, em 2016.

O espaço digital que ora havia sido povoado por redes sociais e comunidades digitais, apresentando oportunidades significativas para ações de marketing e comunicação digital, agora abria oportunidades para comunidades internas às organizações, como público prioritário e significativo para alinhamento de estratégias, construção de cultura, colaboração, inovação e busca de melhores resultados.

Se, por um lado, a experiência nas redes sociais no mundo fora das organizações traz o benefício de vivência com a dinâmica das redes e o contato com os avanços da digitalização, por outro lado, apresenta o desafio de as organizações entenderem o novo ecossistema digital que pressupõe a participação, inteligência coletiva e protagonismo inato que emergem das conexões. Na prática, falar em comunicação em rede nos espaços organizacionais significa repensar aspectos das relações de poder, estrutura, processos, comportamentos e cultura.

A comunicação interna, a partir da adoção da comunicação em rede, tem implicações do ponto de vista organizacional e de negócios, ao promover melhor fluxo de interações, aprimoramento na execução de atividades e alavancagem de potenciais resultados. Do ponto de vista humano, tende a promover maior grau de compartilhamento, colaboração, participação e retenção de talentos. São duas faces da mesma moeda, onde uma é extensão da outra.[9]

No Brasil, a partir de 2017, empresas de diferentes portes vêm adotando plataformas digitais de comunicação em rede dentro de um processo de transformação digital e inovação. Estudo realizado com nove empresas nativas digitais e analógicas, de diversos setores, tais como varejo, e-commerce, tecnologia, serviços em saúde, higiene e limpeza, apontam que as principais motivações para adoção dessas plataformas digitais de comunicação em rede foram:[10]

- tornar a comunicação mais efetiva, de maior alcance e velocidade;
- *update* das informações relevantes para o negócio;
- unificar a comunicação de forma *mobile* em plataforma amigável;
- descentralizar a comunicação;
- criar um ambiente colaborativo.

---

[9] CERANTOLA, William A. Comunicação interna: conceitos, liderança e alternativas de gestão. *In*: KUNSCH, Margarida K. (org.) **Comunicação organizacional estratégica**: aportes conceituais e aplicados. São Paulo: Summus, 2016.

[10] CERANTOLA, William A.; ALMEIDA, Alessandra. **A reinvenção do trabalho na era da comunicação em rede**. São Paulo: Corall Comm e Facebook, 2017.

Para o sucesso da implementação dessa comunicação em rede, entram em cena vários aspectos. O primeiro deles é o comprometimento da alta liderança, não somente com o suporte de recursos, mas principalmente pelo comportamento de uso e participação nesse espaço digital, que agora estabelece um fluxo direto e transparente de interações. O cuidado com a integração técnica com outros sistemas e a definição de indicadores de sucesso são outros elementos relevantes para que a iniciativa seja bem-sucedida. A definição de grupos por equipes, grupos funcionais e grupos por projetos são críticos para estabelecer as comunidades internas por temas de interesse, onde as interações serão imprescindíveis. Por fim, um time de acompanhamento em conjunto com a área de comunicação permite uma avaliação sistemática de como a comunidade se comporta e atua, além de identificar oportunidades para aprimorar o uso dessa comunicação em rede.

Como resultado da adoção da comunicação em rede, destacam-se aspectos da interação do líder com as equipes, fluxo de informações, colaboração, inovação, protagonismo, emergência de influenciadores e um significativo impacto na cultura organizacional.

Figura 1.3 – Resultados da adoção da comunicação em rede

Fonte: CERANTOLA, 2017.

A transformação na cultura organizacional aponta a direção de uma revisão de valores e comportamentos em favor das conexões, participação, colaboração e valorização do conhecimento individual e coletivo. O ambiente organizacional mimetiza o espaço social digital, onde o protagonismo ganha valor e as relações se redefinem. A percepção por parte dos líderes e equipes é que as oportunidades da comunicação em rede nas organizações são maiores que os obstáculos e desafios.

Enfim, a comunicação em rede é outra vertente do fenômeno de transformação digital, capitaneado por big data, algoritmos e modelos preditivos, que estão revolucionando a forma de fazer marketing e comunicação digital, dentro e fora das empresas.

1.8 COCRIAÇÃO: UMA PONTE ENTRE A COMUNICAÇÃO ANALÓGICA E A DIGITAL

Os processos de transformação digital, que atravessam a sociedade e as diferentes instituições públicas, privadas e do terceiro setor, seguramente demandam cada vez mais conhecimentos e habilidades radicadas no domínio de tecnologias, mas não excluem, senão reforçam, a necessidade de novos conhecimentos voltados a criatividade, comunicação, empatia e outras habilidades do fazer e se relacionar humanos.

Previsões do World Economic Forum para 2025 estimam quatro categorias de habilidades que serão cada vez mais necessárias, dentre as quais destacamos algumas habilidades no contexto da cocriação:[11] aprendizado ativo; criatividade; liderança e influência social; resiliência, tolerância a estresse e flexibilidade.

Figura 1.4 – 10 habilidades para 2025

 Pensamento analítico e inovação

 Estratégias de aprendizagem e aprendizagem ativa

 Solução de problemas complexos

 Pensamento crítico e análise

 Criatividade, originalidade e iniciativa

 Liderança e influência social

 Tecnologia de uso, monitoramento e controle

 Desenho de tecnologia e programação

 Resiliência, tolerância ao stress e flexibilidade

 Raciocínio, solução de problemas e ideação

Tipos de habilidades
- Solução de problemas
- Autogestão
- Trabalhar com pessoas
- Uso de tecnologia e desenvolvimento

Fonte: WORLD ECONOMIC FORUM, 2020.

---

[11] WORLD ECONOMIC FORUM. **Top Skills of 2025**. Disponível em: https://www.weforum.org/agenda/2020/10/top-10-work-skills-of-tomorrow-how-long-it-takes-to-learn-them/. Acesso em: 11 nov. 2020.

É indissociável ter aptidões relacionadas às tecnologias do futuro, mas indispensável ter capacidades tipicamente humanas voltadas a criação, relacionamento e influência. Quando falamos de cocriação e diálogo, estamos trabalhando neste terreno fértil de habilidades voltadas à criatividade e interação social.

Cocriação é um conceito que surge na esfera de marketing e negócios e que trata da inovação associando diversos players no processo, tais como fornecedores, colaboradores e clientes, de tal forma que se obtenham produtos ou serviços customizados ou que ganhem visibilidade por suas ideias. Phrahalad e Ramaswamy[12] foram os primeiros a utilizar esse conceito, pelo qual o resultado coletivo traz uma inovação de valor, conteúdo ou marketing.

Nos ambientes de marketing e comunicação digital, há uma abrangência maior de públicos e ampla variedade de perfis de clientes, ao mesmo tempo que há maior profundidade no seguimento das várias etapas dos processos comunicacionais, como mencionados anteriormente, desde o despertar da consciência até a fidelização e disseminação de informação pelos interlocutores. Na prática, podemos conhecer melhor e antecipar necessidades e comportamentos dos clientes e colaboradores, o que irá demandar habilidades analíticas e comportamentais para melhor responder a estas oportunidades.

Dentre as práticas de cocriação destacam-se o **design thinking** e o **design sprint**, como ferramentas para a solução de problemas através de trabalho coletivo que reúnem levantamento de dados, análise, proposição e prototipagem, em um ambiente de abertura, empatia e colaboração. Surgiram em ambientes híbridos, academia e empresa, na Universidade de Stanford e na consultoria IDEO (design thinking) e no Google (design sprint) como evolução de modalidades de brainstorming.

Por outro lado, a disseminação do pensamento complexo de Edgar Morin[13] tem inspirado o desenvolvimento de conceitos e práticas que observam uma abordagem transdisciplinar para a construção de conhecimento e busca criativa na solução de problemas. Estruturas liberadoras,[14] como um conjunto de conceitos e métodos que estimulam práticas coletivas e criativas na identificação e solução de problemas, inspirados em sistemas vivos, inversão de raciocínio e proposições apreciativas, já fazem parte do repertório de especialistas e consultorias envolvidas em gestão de mudança, desenvolvimento organizacional e capacitação de líderes e equipes. Todos esses conceitos, métodos e práticas de cocriação nasceram nas interações humanas em tempo real, mas vêm sendo apropriadas em sintonia com as modalidades de interação digital e remota.

---

[12] PRAHALAD, C. K.; RAMASWAMY, Venkat. **O futuro da competição**. Rio de Janeiro: Campus, 2004.

[13] MORIN, Edgar. **Introdução ao pensamento complexo**. Porto Alegre: Sulina, 2015.

[14] LIPMANOWICZ, Henri; MCCANDLESS, Keith. **The surprising power of liberating structures**: simple rules to unleash a culture of innovation. Seattle: [s.n.], 2013.

1.9 DIÁLOGO NA COMUNICAÇÃO DIGITAL

A atual realidade que se coloca do marketing e comunicação digital, imersos na esfera das redes sociais, plataformas digitais de comunicação em rede e interações mediadas por algoritmos, apresenta novos desafios para o diálogo e as interações humanas e sociais.

Primeiro, evidências obtidas por estudos nas neurociências indicam que o nível de atenção, memória e retenção é cada vez menor, inversamente proporcional ao crescente volume de estímulos, informações e distrações a que todos são expostos ao acessar seus dispositivos móveis a qualquer hora do dia.

A este se segue a constatação de que a multiplicidade de mídias digitais, canais de comunicação e plataformas digitais permite ampla manifestação e compartilhamento por parte de cada um de nós, tornando-nos sujeitos, numa dimensão nunca antes vista. Entretanto, é tênue a separação entre a livre manifestação e a influência de um vozerio ruidoso e descoordenado. Sem falar nas manifestações que varrem as redes sociais e as fake news que causam impacto pela desinformação e reações desproporcionais de opiniões.

Por outro lado, há o permanente debate sobre a possibilidade, ou não, de se estabelecer espaços de diálogo, como fenômeno de interação humana e social, que pressupõe abertura, disponibilidade para uma relação de troca, reflexão sobre pontos de vista, dentro de um processo de transformação recíproco. De certa forma, o diálogo nos permite reconhecer e nos colocar no mundo.

Entretanto, se concebermos a transformação digital, que atravessa o marketing e a comunicação digitais, como fenômeno histórico, social, cultural e tecnológico, podemos ampliar nosso entendimento de que a adoção das tecnologias deve servir às necessidades humanas e suas circunstâncias, e não o inverso, como sujeição de valores e comportamentos.

Na prática, há precedência da necessidade de interação social e valorização humana no uso das novas tecnologias de marketing e comunicação. Por esse motivo, métodos e ferramentas de cocriação vêm sendo associados a este novo momento, porque reforçam e criam condições favoráveis às práticas de interação, diálogo, criação e colaboração.

Trata-se de um processo em desenvolvimento, muitas vezes sutil e delicado, como o fio de Ariadne, que tece o fio da vida. Nossas escolhas em marketing e comunicação digital trazem a origem daquilo com que vamos lidar no futuro, avanços e retrocessos, possibilidades e limitações, mas, irremediavelmente, parte do que somos e seremos.

1.10 A COMUNICAÇÃO INTEGRADA AOS 14 OBJETIVOS DA COMUNICAÇÃO

É importante que as organizações busquem a integração das três modalidades de comunicação – administrativa, institucional e mercadológica –, de maneira que haja sinergia nas diversas mensagens que determinado público possa receber. Não faz sentido um consumidor ser impactado por uma comunicação institucional enaltecendo os valores da empresa, como respeito, mas, ao ter que resolver um problema administrativo, receber um tratamento de desconfiança e grosseiro, por exemplo.

Assim, cada uma das modalidades de comunicação organizacional influencia e sofre influências das demais, embora seus objetivos possam ser diferentes. Em algumas ações de comunicação, prevalecem efeitos de curto/médio prazo gerando respostas cognitivas, afetivas e comportamentais, enquanto outras têm implicações de longo prazo, promovendo o patrimônio da marca e a reputação da organização.

Figura 1.5 – Influências e efeitos da comunicação organizacional integrada

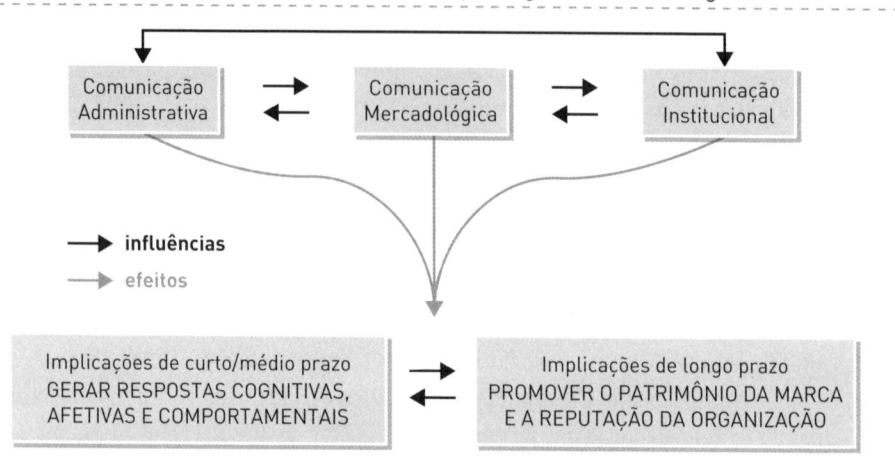

Fonte: YANAZE, 2021.

Para que aconteça verdadeiramente a comunicação organizacional integrada, é necessário que o planejamento seja realizado conjuntamente, que os profissionais envolvidos estejam alinhados nesta perspectiva e que os conteúdos das mensagens possam transmitir uma ideia convergente por meio das diversas ferramentas de comunicação.

A partir do estabelecimento das diretrizes gerais e estratégicas da comunicação, cada um dos setores responsáveis pelas modalidades de comunicação organizacional tem condição de definir os seus próprios objetivos e metas, bem como suas estratégias específicas. Em sintonia, cada uma das ações de comunicação deve contribuir para alcançar os resultados esperados de maneira eficaz e eficiente.

No planejamento das ferramentas e das ações de comunicação, seria adequado estabelecer uma relação com aqueles 14 objetivos/metas de comunicação mencionados anteriormente. Exemplificando com a comunicação mercadológica, seria recomendado desenvolver uma tabela, considerando a contribuição de cada uma das ferramentas online e offline para alcançar os objetivos determinados.

Tabela 1.1 Modelo de tabela relacionando elemento e objetivos de comunicação mercadológica

Objetivos/ferramentas da comunicação mercadológica	Propaganda	Promoção de vendas	Merchandising	Eventos e experiências	Patrocínio	Comunicação direta	Venda pessoal	Relações públicas de marketing	Comunicação digital	Mídia exterior	Product placement	Boca a boca/buzz/viral	Advergaming/Advertainment
Despertar consciência										■			
Chamar atenção	■		■	■				■				■	■
Suscitar interesse	■					■			■	■			
Proporcionar conhecimento	■		■			■			■	■			
Garantir identificação e empatia			■	■				■	■		■	■	
Criar desejo		■	■	■	■						■	■	
Suscitar expectativa		■				■	■						■
Conseguir a preferência		■						■	■				
Levar a decisão		■				■	■						
Efetivar a ação									■				
Garantir e manter a satisfação	■							■	■				
Estabelecer a interação				■		■			■			■	■
Obter a fidelidade			■			■					■		
Gerar disseminação			■	■					■			■	■

Fonte: YANAZE, 2021.

De maneira similar, sugerimos que seja elaborada uma tabela com as diversas ações de comunicação digital, relacionando-as aos 14 objetivos de comunicação. Esta prática visa facilitar a decisão de selecionar as ações de comunicação digital que devem ser implementadas, uma vez que possibilita a visualização geral das ações e suas contribuições para alcançar os diversos objetivos.

Vale ressaltar que nem sempre é necessário fazer uso de todas as ações de comunicação listadas abaixo, pois vai depender muito do tipo de campanha, da situação mercadológica, da categoria de produto, dos públicos que se deseja atingir, entre outros fatores. Também é importante salientar que o exemplo abaixo é apenas ilustrativo, pois seria inviável criar uma tabela que limite a relação objetivo *versus* ações de comunicação digital. É preciso considerar ainda que algumas campanhas visam alcançar apenas alguns objetivos específicos, e não todos os objetivos elencados.

Tabela 1.2 Adequação das estratégias de comunicação institucional

Objetivo da comunicação	Website/Hotsite	Buscadores/SEO	Publicidade Online/Displays	Links patrocinados	Marketing de conteúdo	Marketing de influência	Redes sociais/SSM e SMO	Blog/Flog	Inbound marketing	Mídia programática	Remarketing/Retargeting	Email marketing SMS	Newsletter	TV digital/Web TV	Postcast	Market place/E-commerce	Aplicativos	Realidade aumentada	Inteligência artificial	Marketing de afiliados	Native ads
Despertar consciência																					
Chamar atenção																					
Suscitar interesse																					
Proporcionar conhecimento																					
Garantir identificação e empatia																					
Criar desejo																					
Suscitar expectativa																					
Conseguir a preferência																					
Levar a decisão																					
Efetivar a ação																					
Garantir e manter a satisfação																					
Estabelecer a interação																					
Obter a fidelidade																					
Gerar disseminação																					

Fonte: YANAZE, 2021.

Como pode ser percebido, cada ação de comunicação digital pode abarcar diferentes objetivos de comunicação e, por outro lado, cada objetivo de comunicação pode ser alcançado por distintas ações de comunicação digital. Cabe ao profissional de comunicação selecionar as ações que considerar mais adequadas para alcançar os objetivos estabelecidos na situação mercadológica específica.

A clara definição dos objetivos e metas de cada uma das ações de comunicação digital e a mensuração de seus desempenhos ao longo da campanha permitem uma gestão mais efetiva, na medida em que se sabe exatamente o que se espera das diferentes ações implementadas e o acompanhamento sinaliza se as ações estão ou não alcançando os resultados esperados, a tempo de reforçar as ações que demonstram eficácia e alterar, ou mesmo cessar, as ações que não estejam gerando efeitos favoráveis.

1.11 A COMUNICAÇÃO DA EMPRESA PARA SEUS CLIENTES E INTERMEDIÁRIOS

O ambiente digital possibilita múltiplas conexões e interações que, mal planejadas, não apresentam resultados à empresa. Assim, é fundamental planejar o fluxo de comunicação entre a empresa e seus clientes, sejam eles pessoas físicas ou jurídicas, e seus intermediários, também pessoas físicas ou jurídicas, que fazem parte da cadeia distributiva dos *outputs* da empresa — que são os representantes, agentes, atacadistas, varejistas, concessionários, distribuidores, franqueados etc.

Podemos identificar três tipos de fluxo de comunicação:

1) *Push:* em português, "empurrar". A estratégia *push* é caracterizada pelo fluxo de comunicação que vai da empresa fabricante, passa pelos intermediários, os atacadistas e varejistas, para atingir, por último, o consumidor final.

Figura 1.6 Estratégia *push*

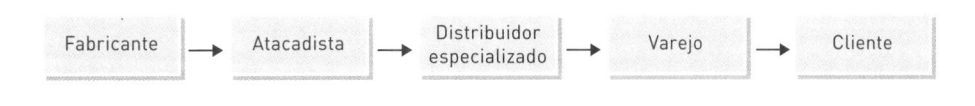

Fonte: YANAZE, 2021.

A estratégia *push* engloba todos os esforços de comunicação que têm como objetivo a colocação do produto da empresa nos canais de venda mais relevantes, disponibilizando-o ao consumidor final. Exemplos de algumas ações de comunicação que fazem parte do fluxo *push*:

- Folhetos eletrônicos técnicos de apresentação do produto que são enviados aos canais de venda.
- Publicação de anúncios e de matérias pagas em veículos digitais de comunicação dirigidos aos revendedores.
- Participação e promoção de lives e webinars cujos públicos-alvo sejam empresas atacadistas e varejistas.
- Desenvolvimento e ativação de concursos virtuais, com o objetivo de premiar os canais e vendedores com os melhores desempenhos na venda dos produtos da empresa.
- Manutenção de sistemas de comunicação online e just-in-time com os canais de venda, para mantê-los informados sobre disponibilidade de produtos, preços, condições de pagamento, novos lançamentos, novos investimentos, informações sobre o mercado do produto etc.
- Criação, produção e veiculação de campanhas digitais publicitárias cooperativas com os canais de distribuição.
- Treinamento online de vendas para as equipes dos canais distribuidores.
- Sistemas de atendimento pela internet, para agilizar os pedidos e registrar as reclamações e sugestões.

2) *Pull:* em português, "puxar". Na estratégia *pull*, as empresas dirigem seus esforços de comunicação mercadológica para o cliente final (consumidor), persuadindo-o a procurar os produtos nos pontos de venda.

Figura 1.7 Estratégia pull

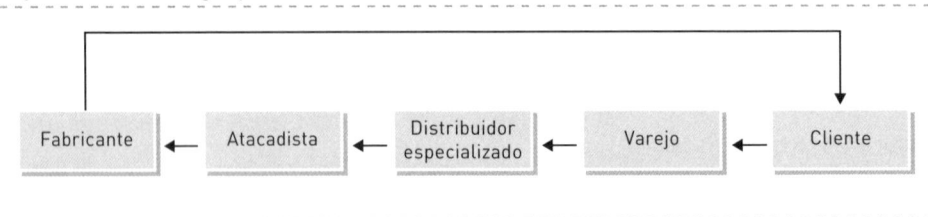

Fonte: YANAZE, 2021.

Todas as ações são concentradas no consumidor-alvo dos produtos e serviços, e podem ser classificadas em: publicidade e propaganda, merchandising e promoção de vendas, que vamos examinar detalhadamente mais à frente.

3) *Push-pull:* trata-se da estratégia que combina os dois fluxos já apresentados aqui, ou seja, a empresa realiza um trabalho nos canais de venda, ao mesmo tempo que se comunica com seus consumidores finais.

Figura 1.8 Estratégia *push-pull*

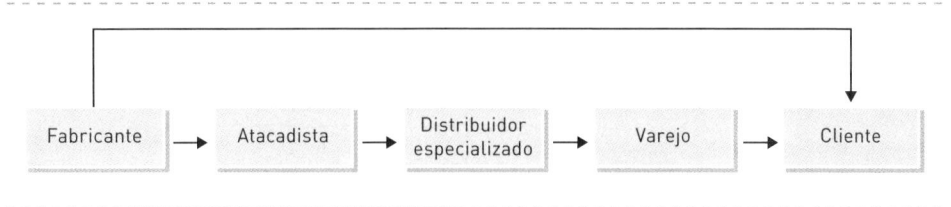

Fonte: YANAZE, 2021.

1.12 PESQUISA DE MARKETING NO AMBIENTE DIGITAL

Vivemos um momento de mudanças que ocorrem em velocidade e em quantidade alucinantes. Provavelmente, proporcionadas pelas redes sociais e o avanço de tecnologias digitais para as organizações e para as pessoas. E elas estão a alterar as relações de marketing entre as empresas e os seus fornecedores, funcionários, engenheiros, designers, distribuidores, consumidores, clientes e concorrentes. Todos os ambientes de mercado estão vivendo uma transformação. Importante ressaltar que os conceitos e teorias de marketing e de pesquisa de opinião não se alteram. O que está sendo modificado são as plataformas pelas quais iremos realizar análises e tomar decisões nesta área.

Estes avanços da tecnologia digital podem ser classificados em: *cloud computing* (computação em nuvem), *big data analytics* (análises de grandes dados), *industry 4.0* (indústria 4.0), *internet of things* (internet das coisas), *artificial intelligence* (inteligência artificial). Este é o universo digital da Ciência dos Dados (*Data Science*).

Quais os impactos do universo das ciências de dados nas pesquisas de marketing e de opinião? A partir desse ponto, desenvolveremos um raciocínio que permitirá avaliarmos com clareza as consequências destes impactos. E isto é muito novo. Poucos estudos e trabalhos estão sendo desenvolvidos. Porém, acreditamos numa explosão de novos métodos em pouco tempo.

Primeiramente, vamos conceituar cada uma das tecnologias digitais para compreender os efeitos e suas aplicações na pesquisa, destacando pontos importantes em cada uma delas.

Em seguida, poderemos avaliar as aplicações contemporâneas em segmentação de clientes, posicionamento de marcas de produtos e serviços, comportamento e atitudes de consumidores e na capacidade dinâmica da empresa para avaliar e conhecer os concorrentes, fornecedores e distribuidores.

Por fim, vamos discutir como estas mudanças poderão proporcionar alterações na criação de vantagens competitivas sustentáveis ao longo do tempo e construir ferramentas de competição mais eficazes, baseadas em sondagens, investigações e pesquisas de marketing.

1.12.1 *Cloud computing* – computação em nuvem

O conceito de computação **em nuvem** não é completamente novo. Porém, é difícil encontrar uma definição universal para esta tecnologia. A computação em nuvem oferece benefícios que vão além do monetário.[15] Estes autores ainda concluem em relação à computação em nuvem:

- oferece acesso fácil a um grande poder de computação a custos baixos;
- é classificada em três tipos: (a) infraestrutura como serviço (IaaS – *Infrastructure as a Service*), em que unidades básicas de capacidade de computação e armazenamento são baseadas em nuvem e disponíveis sob demanda (exemplo: Amazon EC2); (b) plataforma como serviço (PaaS – *Platform as a Service*), em que o provedor de serviços oferece uma pilha de solução integrada para criar e implantar aplicativos da nuvem (exemplo: SalesForce); (c) software como serviço (SaaS – *Software as a Service*), em que os usuários acessam aplicativos hospedados unicamente em nuvem utilizando um navegador web ou aplicativo móvel, sem a necessidade de instalar o software em seu próprio computador[16] (exemplo: Joyent e SalesForce CRM);
- oferece convergência da eficiência da tecnologia de informação e agilidade de negócios;
- é eficiente ao utilizar recursos de hardware e de software escaláveis;
- melhora a eficiência do trabalho e a coordenação entre empresas – o que muda as relações fornecedor-empresa-distribuidor-consumidor final;
- conta com serviços altamente disponíveis;
- responde mais rapidamente às mudanças das necessidades do mercado;[17]
- é ágil, escalável e com custos baseados em uso e eficiência.

1.12.2 *Big data analytics* (BDA) – análises de grandes dados

O conceito de *big data analytics* (análise de grandes dados) surgiu da necessidade de gerenciar com eficácia grandes volumes de dados para melhorar a percepção do negócio e também como um campo de interesse relacionado à inteligência de negócios e pesquisa analítica.[18]

---

[15] OLIVEIRA, T.; THOMAS, M.; ESPADANAL, M. Assessing the determinants of cloud computing adoption: an analysis of the manufacturing and services sectors. **Information & Management**, v. 51, p. 497-510, 2014. Disponível em: https://doi.org/10.1016/j.im.2014.03.006. Acesso em: 25 jan. 2022.

[16] MARTINS, R. *et al.* Firms' continuance intention on SaaS use: an empirical study. **Information Technology and People**, v. 32, n. 1, p. 189-216, 2019. Disponível em: https://doi.org/10.1108/ITP-01-2018-0027; OLIVEIRA, T. *et al.* Understanding SaaS adoption: the moderating impact of the environment context. **International Journal of Information Management**, v. 49, p. 1-12, fev. 2019. Disponível em: https://doi.org/10.1016/j.ijinfomgt.2019.02.009. Acessos em: 25 jan. 2022.

[17] MARSTON, S. *et al.* Cloud computing: the business perspective. **Decision Support Systems**, v. 51, n. 1, p. 176-189, 2021. Disponível em: https://doi.org/10.1016/j.dss.2010.12.006. Acesso em: 25 jan. 2022.

[18] CÔRTE-REAL, N. *et al.* Unlocking the drivers of big data analytics value in firms. **Journal of Business Research**, v. 97 (June 2018), p. 160–173, 2019. Disponível em: https://doi.org/10.1016/j.jbusres.2018.12.072. Acesso em: 25 jan. 2022.

Ainda baseado em Côrte-Real *et al.*,[19] podemos concluir que as *big data analytics* possuem as seguintes características:

- são baseadas em tecnologias como banco de dados e ferramentas de mineração de dados e técnicas como métodos analíticos;
- analisam dados complexos em grande escala para várias aplicações pretendidas para aumentar o desempenho da empresa em várias dimensões;
- auxiliam a empresa a melhorar os seus processos de negócios e a experiência e satisfação do cliente;
- são vitais para empresas que operam em ambientes altamente competitivos;
- apoiam decisões estratégicas.

1.12.3 Industry 4.0 – indústria 4.0

Indústria 4.0 é definida como processos de manufatura altamente digitalizados em que a informação flui entre as máquinas em um ambiente controlado, de forma que a intervenção humana seja reduzida ao mínimo. Castelo-Branco *et al.*[20] diz que a indústria 4.0 está mudando todo o paradigma produtivo e empresarial:

- é um resultado, ainda não concluído, da quarta revolução industrial;
- está a potencializar inovações disruptivas com impactos na produtividade e em novos modelos de negócio;
- apresenta máquinas e dispositivos com comunicação entre si por meio de interconectividade digital ao longo da cadeia de valor;
- permite integração vertical e horizontal no ambiente da indústria;
- facilita a comunicação sobre inovação e modernização entre vários atores;
- traz mudanças com potenciais impactos no panorama competitivo das empresas.

1.12.4 *Internet of things* (IOT) – internet das coisas

Côrte-Real *et al.*[21] definem internet das coisas como o paradigma em que todos os tipos de objetos podem ter recursos de detecção, rede e processamento que permitem que se comuniquem com outros dispositivos e serviços, fornecendo serviços de valor agregado. Em seu artigo, estes autores resumem as funcionalidades da internet das coisas como:

---

[19] CÔRTE-REAL *et al.*, 2019.

[20] CASTELO-BRANCO, I.; CRUZ-JESUS, F.; OLIVEIRA, T. Assessing industry 4.0 readiness in manufacturing: evidence for the European Union. **Computers in Industry**, n. 107, p. 22–32, 2019. Disponível em: https://doi.org/10.1016/j.compind.2019.01.007. Acesso em: 24 jan. 2022.

[21] CÔRTE-REAL, N.; RUIVO, P.; OLIVEIRA, T. Leveraging internet of things and big data analytics initiatives in European and American firms: is data quality a way to extract business value? **Information and Management**, v. 57, n. 1, p. 103-141, 2020. Disponível em: https://doi.org/10.1016/j.im.2019.01.003. Acesso em: 24 jan. 2022.

- permitir que coisas, pessoas e processos sejam conectados a qualquer hora, lugar, com quaisquer outras coisas, pessoas, utilizando qualquer caminho em qualquer caminho de rede;
- processo capaz de integrar a identificação de objetos inteligentes, inteligência ativa, recursos de rede e interação com os usuários;
- uma vez conectadas, essas "coisas" podem enviar dados e interagir com outras "coisas" e pessoas em tempo real;
- é uma fonte importante de *big data*, porém, os dados são caracterizados por heterogeneidade, variedade, ruído, redundância e falta de estrutura;
- provavelmente, em 2030, os dados de IoT serão os big data mais importantes;
- novas estratégias baseadas em dados ajudarão as empresas a melhorar seu desempenho ao coletar e avaliar esses dados;[22]
- as empresas podem, por exemplo, usar os dados para análise de sentimento do cliente, detecção de fraude, gerenciamento de risco;
- o conhecimento extraído pode ser usado para tomar decisões estratégicas;
- otimiza o desempenho de uma fábrica, alterando as configurações do equipamento ou o fluxo de trabalho do processo;
- BDA e IoT aceleram o desenvolvimento de pesquisas e modelos de negócios;
- as empresas estão se esforçando para entender os impulsionadores das capacidades de IoT e seu impacto no desempenho da empresa.

1.12.5 *Artificial intelligence* (AI) – inteligência artificial

Cruz-Jesus *et al.*[23] propõem que big data e inteligência artificial têm recebido grande atenção devido ao seu potencial para gerar desenvolvimento e bem-estar nos níveis individual, empresarial e social, pois, num mundo onde os dados estão amplamente disponíveis, maneiras novas e mais eficazes de analisá-los passam a ser de grande importância.

A inovação representa o tema do desenvolvimento mundial de hoje. Para inovar, a primeira coisa é aprimorar as próprias capacidades científicas e tecnológicas e o aumento do investimento em big data e inteligência artificial, principalmente, é a chave para o desenvolvimento inovador de tais empresas.[24] A respeito de big data e inteligência artificial, estes autores ponderam:

---

[22] MOURTZIS, D.; VLACHOU, E.; MILAS, N. Industrial big data as a result of IoT adoption in manufacturing. **Procedia CIRP**, v. 55, p. 290-295, 2016. Disponível em: https://doi.org/10.1016/j.procir.2016.07.038. Acesso em: 24 jan. 2022.

[23] CRUZ-JESUS, F. *et al.* Using artificial intelligence methods to assess academic achievement in public high schools of a European Union country. **Heliyon**, v. 6, n. 6, 2020, e04081. Disponível em: https://doi.org/10.1016/j.heliyon.2020.e04081. Acesso em: 14 jan. 2022.

[24] LIU, L.; SHONG, Y. C. (2018). Study on innovation performance of big data and artificial intelligence listed companies. **ACM International Conference Proceeding Series**, p. 57-62, 2018. Disponível em: https://doi.org/10.1145/3305275.3305287. Acesso em: 14 jan. 2022.

- métodos de inteligência artificial podem gerar vários benefícios, como desempenho das empresas;
- geram capacidade de inovação, de eficiência de marketing e de educação – treinamento;
- há uma forte tendência para um próximo estágio de transformação. O próximo nível de disruptura ou interrupção é baseado em um uso mais amplo de inteligência artificial em empresas de todos os setores;[25]
- há ainda um caminho a percorrer para que os dados relacionados ao mercado, como interações nas etapas da jornada do cliente com a empresa, venham a ser mais inteligentes e eficazes para formulações de estratégias.

1.12.6 *Data Science* – Ciência de Dados

Como estamos observando até aqui, as iniciativas de transformação digital que foram iniciadas na maioria das empresas são necessárias e úteis para o desenvolvimento de sondagens, investigações e pesquisas de marketing. Mas não são suficientes para chegar a novas soluções inteligentes para o futuro digital.

Com as iniciativas de digitalização, as empresas coletam grandes volumes de dados. Alguns desses dados estão mais relacionados à tecnologia; por exemplo, dados sobre máquinas internas e processos de produção. Outros dados são mais relacionados ao mercado; por exemplo, sobre interações com clientes em vários pontos de contato ao longo de sua jornada com a empresa.[26]

Como resultado, uma nova disciplina conhecida como *ciência de dados* está assumindo um papel central, com o objetivo de derivar conhecimento e informações de dados massivos, incluindo a disciplina de estatística.[27] As tarefas de extrair padrões e tendências importantes e entender "o que os dados dizem" são conhecidas como *aprender com os dados*, o que levou a uma revolução nas ciências estatísticas a partir de 2016.

A análise de grandes conjuntos de dados se tornará uma base fundamental de competitividade, crescimento da produtividade e inovações para as empresas, o que indica várias maneiras de usar ciência de dados para criar valores.

Observem que em todos os campos do universo digital há sempre alguma citação para melhorar informações e eficácia em reconhecer oportunidades, conhecer os clientes, suas experiências e jornadas, os concorrentes, a distribuição e os preços que os consumidores estão dispostos a pagar.

---

[25] LICHTENTHALER, U. Beyond artificial intelligence: why companies need to go the extra step. **Journal of Business Strategy**, v. 41, n. 1, p. 19-26, 2020. Disponível em: https://doi.org/10.1108/JBS-05-2018-0086. Acesso em: 14 jan. 2022.

[26] LICHTENTHALER, U., 2020.

[27] QIN, S. J.; CHIANG, L. H. Advances and opportunities in machine learning for process data analytics. **Computers and Chemical Engineering**, v. 126, p. 465-473, 2019. Disponível em: https://doi.org/10.1016/j.compchemeng.2019.04.003. Acesso em: 25 jan. 2022.

1.12.7 Sondagens, investigações e pesquisas de marketing – o que muda no ambiente digital?

Segundo a American Marketing Association, pesquisa de marketing é:

> A função que conecta o consumidor, o cliente e o público ao profissional de marketing por meio de informações – informações usadas para identificar e definir oportunidades e problemas de marketing; gerar, refinar e avaliar ações de marketing; monitorar o desempenho de marketing; e melhorar a compreensão do marketing como um processo. A pesquisa de marketing especifica as informações necessárias para abordar essas questões, projeta o método para coletar informações, gerencia e implementa o processo de coleta de dados, analisa os resultados e comunica as descobertas e suas implicações.[28]

Hitt *et al.*[29] discutiram as mudanças que o comércio eletrônico, definido como comércio via internet, proporcionou na alteração da administração de estratégias e os seus impactos nas empresas em vários setores. No momento atual, mudanças vêm ocorrendo em número cada vez maior e numa velocidade cada vez mais rápida, impulsionadas pelo universo digital. Acompanhar estas mudanças com análises cada vez mais assertivas deverá ser o grande desafio das empresas.[30]

No entanto, grande parte da evolução do campo de estratégia e análises reflete mudanças no contexto competitivo enfrentado pelas empresas. Desde a virada do século, as empresas em todo o mundo têm sido atingidas por desafios inéditos. Exemplos: a "bolha tecnológica" de 2000, o 11 de setembro, a ascensão da China e da Índia, a grande recessão de 2008, a crise financeira europeia de 2010, a guerra comercial China × EUA, a pandemia. Diante desses desafios as empresas procuram criar formas de inventar novas estratégias.[31]

Especialistas de marketing estão trabalhando mais para acompanhar e entender os ambientes do mercado e observar se suas análises competitivas são consistentes ou inconsistentes com seus produtos, serviços e clientes.

Para que isto aconteça com clareza e com a profundidade que estas análises requerem, é prudente dividir os ambientes de observação em quatro.

---

[28] Apud McDANIEL, Carl D.; GATES, Roger. **Pesquisa de marketing**. São Paulo: Thomson Learning, 2006.

[29] HITT, M. A.; IRELAND, R. D.; HOSKISSON, R. E. (n.d.). **Administração estratégica**. São Paulo: Cengage, 2019.

[30] HASEEB, M. *et al.* Role of social and technological challenges in achieving a sustainable competitive advantage and sustainable business performance. **Sustainability (Switzerland)**, v. 11, n. 14, 2019. 11143811. Disponível em: https://doi.org/10.3390/su11143811. Acesso em: 25 jan. 2022.

[31] BARNEY, J. B. *et al.* Management and organization review special issue "coopetition and innovation in transforming economies". **Management and Organization Review**, v. 13, n. 1, p. 201-204, 2017. Disponível em: https://doi.org/10.1017/mor.2017.22. Acesso em: 24 jan. 2022.

A Figura 1.9 mostra estes ambientes. Ressaltamos que esta é uma tarefa que, em muitos casos, envolve um grande número de dados. Esta forma de avaliar e analisar os ambientes está totalmente interligada com os pontos mencionados anteriormente.

Figura 1.9 A interação dos ambientes de marketing e os fatores críticos de sucesso

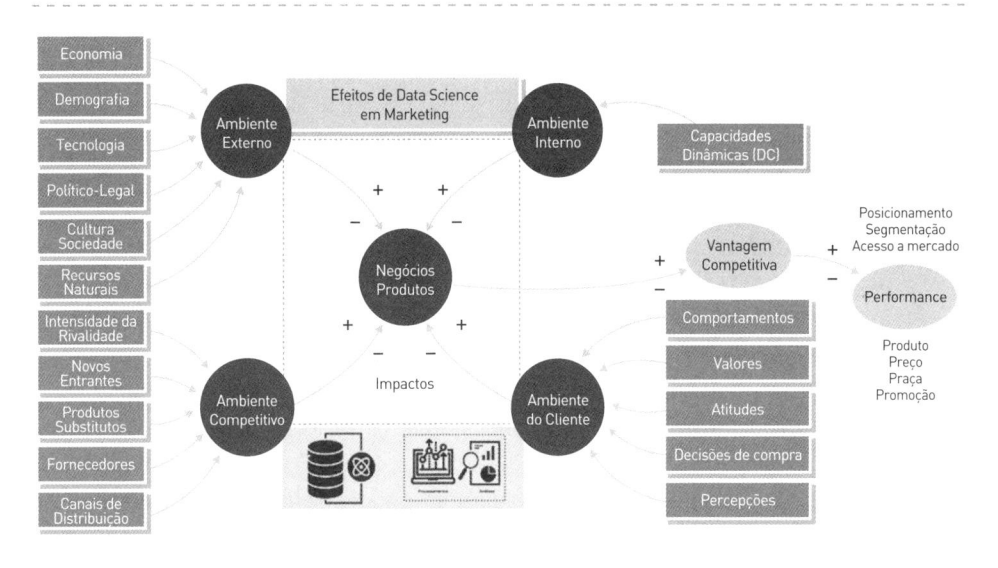

Fonte: elaborada pelos autores.

Apesar de os profissionais de marketing estarem trabalhando mais para compreender os impactos dos ambientes nos negócios da empresa, eles podem também contar com uma velocidade bem maior para realizar as suas sondagens, investigações e pesquisas. Estes serão os efeitos das ciências de dados no marketing e nas estratégias de competição das empresas.

As sondagens dos ambientes externo, competitivo, do cliente e o interno podem ser avaliados numa velocidade que passa de 12 a 15 semanas para, talvez, um ou dois dias ou até em algumas horas. Isto irá depender de como a empresa irá se organizar para implantar as suas pesquisas e desenvolvimentos baseados nestas especialidades.

1.13 POSICIONAMENTO, SEGMENTAÇÃO E FOCO. O QUE MUDA NO UNIVERSO DIGITAL

1.13.1 Segmentação de mercado

É o processo de subdividir um mercado em subconjuntos distintos de clientes que se comportam da mesma maneira ou com necessidades semelhantes. Cada subconjunto pode concebivelmente ser escolhido como um mercado-alvo a ser alcançado com uma estratégia de marketing distinta. O processo começa com uma base de segmentação, um fator específico do produto que reflete diferenças nas exigências ou a capacidade de resposta dos clientes às variáveis de marketing. As possibilidades que podem ser analisadas são comportamento de compra, uso, benefícios pretendidos, intenções, preferência ou lealdade.

Escalas de segmentos são escolhidas com base na sua capacidade de identificar os segmentos, explicar variação na base de segmentação e sugerir uma estratégia competitiva (demografia, geografia, psicografia, tamanho do cliente e indústria). Para ter valor estratégico, os segmentos resultantes devem ser mensuráveis, acessíveis, suficientemente diferentes para justificar uma variação significativa na estratégia, substancial e durável.

Tendo um mercado segmentado, a tarefa é, então, determinar quais segmentos são rentáveis para servir. A empresa pode adotar uma das três estratégias de segmentação de mercado:

1) marketing indiferenciado, em que a empresa tenta ir atrás de todo o mercado com um produto e uma estratégia com apelo de marketing de massa;
2) marketing diferenciado, em que a empresa atua em diversos segmentos do mercado com ofertas e estratégias de mercado sob medida para cada segmento;
3) marketing concentrado, em que a empresa se concentra em apenas um ou alguns segmentos, com a intenção de capturar uma grande parte desses segmentos.

Como no ambiente digital nós podemos capturar grandes dados e realizar análises conforme um planejamento predeterminado, a tarefa de segmentar ficará menos complexa na medida em que as empresas consigam organizar os dados de seus clientes.

Definir os processos de segmentação será crucial para se ter sucesso nesta estratégia tão pouco utilizada pelas empresas. Conclusão: desenhar a "persona" será uma tarefa cada vez mais simples e rápida. O fundamental neste ponto é ter um planejamento e um processo bem estruturado para este desenvolvimento.

O Quadro 1.1 mostra os tipos de segmentação e suas variáveis de controle para o universo digital.

Quadro 1.1 Segmentações e as variáveis de controle

Tipos de Segmentação	Resumo das Variáveis
Geográfica	Região, estados, municípios, densidade/concentração geográfica e populacional, clima, limites políticos, área comercial, localização, transporte e acesso, topografia, tráfego, centro de compras etc.
Demográfica e Socioeconômica ou Sociodemográfica	Idade, sexo, tamanho da família, ciclo de vida da família, geração, número de dependentes, estado civil, status familiar, raça, nacionalidade, religião.
Segmentação Socioeconômica	Renda, ocupação, grau de instrução, classe social, fatores de posse de residência.

Tipos de Segmentação	Resumo das Variáveis
Segmentação Psicográfica	Estilos de Vida – expectativas de vida, uso do tempo, interesses predominantes, participação em eventos e agrupamentos sociais, uso do dinheiro, amizades e relações pessoais. Personalidade – bases culturais, atitudes e valores, liderança. Atitude, valores, percepção, atividades, interesses e opiniões.
Segmentação por Benefício	Assemelha-se a hábitos e atitudes sempre associados a uma categoria de produto ou serviço. Satisfação sensual, prestígio social, emulação a preço favorável, qualidade, durabilidade, redução de custos, atendimento e serviços, procura por modernidade, atualização, busca por marcas conhecidas, rapidez, aparência e características físicas do produto, procura por produtos saudáveis e/ou ecológicos.
Segmentação Comportamental	Ocasião de compra, status de uso, grau de uso ou status do usuário, lealdade/fidelidade, modo de utilização, razão de compra, frequência de compra, local da compra, estágio de atenção para a compra, atitude com relação ao produto.

Fonte: adaptado pelos autores.

1.13.2 Posicionamento

Basicamente, posicionamento é a posição de uma empresa em relação a outras do mesmo setor. Há uma multiplicidade de fatores que contribuem para a posição competitiva e o que pode ser utilizado para medir a competição. As principais categorias são:

1) participação de mercado: posição relativa de mercado, taxa de variação da ação, variabilidade de participação de todos os segmentos, diferenciação de percepção de qualidade/serviço/preço, ampla oferta de produtos e imagem da empresa;
2) econômica e tecnológica: posição de custo relativo, utilização da capacidade, posição tecnológica, tecnologia patenteada para o produto ou processo; e
3) força de gestão de recursos: força de marketing, sistema de distribuição, relações de trabalho, relações com os reguladores.

Em marketing, o posicionamento como o espaço que queremos ocupar na mente de nossos consumidores. Trata-se da personalidade de nossa marca, produto ou serviço de maneira única e diferenciada. Realizar esta tarefa requer muita criatividade, pesquisas e conhecimento do consumidor e cliente. O posicionamento como um conceito de marketing pode ser atribuído às visões iniciais do desenvolvimento da vantagem competitiva.[32]

---

[32] ŚMIGIELSKA, G.; STEFAŃSKA, M. Innovative positioning as a marketing tool of retailers on the food market. **Entrepreneurial Business and Economics Review**, v. 5, n. 1, p. 77-90, 2017. Disponível em: https://doi.org/10.15678/EBER.2017.050105. Acesso em: 25 jan. 2022.

O posicionamento de produtos e serviços é considerado uma ferramenta essencial para a implementação da marca em mercados competitivos.[33] Segundo Fayvishenko,[34] o posicionamento da marca é um processo de criação de sua própria imagem, propriedades distintas, associações positivas e valores na mente dos consumidores, a fim de criar uma imagem de marca comercial sustentável e garantir o apego dos consumidores a essa marca. Este autor também pondera que o desenvolvimento e a implementação da estratégia de posicionamento da empresa incluem nove etapas básicas:

1) análise dos ambientes externo e interno;
2) design de marca comercial;
3) seleção e raciocínio das características de posicionamento diferencial;
4) definição de uma estratégia: descrição do método de posicionamento;
5) definição de metas estratégicas e táticas e previsão para sua consecução;
6) desenvolvimento de um plano estratégico de implementação;
7) implementação da estratégia;
8) avaliação de resultados e controle de implementação da estratégia;
9) ações corretivas.

A implementação de estratégias de posicionamento no ambiente digital se tornará menos complexa e poderá produzir resultados em curto espaço de tempo pela capacidade de coleta de dados e de análises que irão se tornar uma tarefa mais corriqueira nas empresas. Novamente, a complexidade estará no planejamento e na operação dos dados e informações.

1.14 A PROPOSTA DE VALOR ONLINE

O conceito de cadeia de valor, introduzido por Porter,[35] estabelece que o valor é concebido pelo conjunto de atividades e suas respectivas margens como um todo.

As atividades são os meios pelos quais uma organização desenvolve um produto ou serviço valioso para seus clientes, podendo ser divididas em:

- atividades primárias: aquelas envolvidas na criação física do produto, na sua venda, na transferência para o comprador e na assistência pós-venda (logística interna, operações, logística externa, marketing e vendas, serviços);

[33] HARTMANN, P.; APAOLAZA IBÁÑEZ, V.; FORCADA SAINZ, F. J. Green branding effects on attitude: functional versus emotional positioning strategies. **Marketing Intelligence & Planning,** v. 23, n. 1, p. 9–29, 2005. Disponível em: https://doi.org/10.1108/02634500510577447. Acesso em: 25 jan. 2022.

[34] FAYVISHENKO, D. Formation of brand positioning strategy. **Baltic Journal of Economic Studies,** v. 4, n. 2, p. 245–248, 2018. Disponível em: https://doi.org/10.30525/2256-0742/2018-4-2-245-248. Acesso em: 25 jan. 2022.

[35] PORTER, Michael E. **Vantagem competitiva.** Rio de Janeiro: Campus, 1992.

- atividades de apoio: aquelas que sustentam as atividades primárias, fornecendo os insumos, recursos humanos, tecnologia e outros suportes (infraestrutura da empresa, gerência de recursos humanos, desenvolvimento de tecnologia, aquisição).

Já as margens são a diferença entre o valor total e os custos coletivos da execução das atividades desenvolvidas.

Figura 1.10 A cadeia de valores genérica

Fonte: PORTER, 1992.

Essa abordagem continua válida, no sentido de se buscar uma vantagem competitiva e maximizar os resultados organizacionais, e na era digital essas atividades foram impactadas sobremaneira pelas novas tecnologias e interatividade. Tanto nas atividades primárias quanto nas atividades de apoio, as empresas ganharam novas possibilidades para exercerem suas funções, com mais eficácia e eficiência.

Se considerarmos o processo sistêmico do marketing 3 Puts, praticamente todos os aspectos sofreram algum tipo de inovação, ou seja, passaram por alguma iniciativa criativa relacionada a gestão, processos ou modelo de negócios, que trouxeram resultados econômicos para a empresa. Nos *inputs*, as formas de captação de recursos humanos, financeiros, materiais e informações passaram a utilizar diferentes tecnologias, e diversas ferramentas de comunicação digital vêm sendo empregadas. Nos *throughputs*, a transformação dos elementos por meio de processos, sistemas, políticas, cultura organizacional, clima empresarial e logística também foi alterada com as novas ferramentas digitais, modernizando a gestão e trazendo aumento da produtividade. E nos *outputs*, resultado da interação dos processos anteriores, com a utilização das novas tecnologias digitais, puderam ser desenvolvidos inovadores bens e serviços; a distribuição e a logística vêm oferecendo *omnichannel* aos clientes, e também os preços, que puderam ser acompanhados em tempo real, possibilitaram a prática de estratégias de preços dinâmicos.

A comunicação digital, por sua vez, além de impactos nos *inputs* e nos *throughputs*, tanto para os públicos internos quanto para os externos, revelou-se transformadora nos *outputs*, trouxe mudanças no comportamento dos consumidores e no processo de decisão de compra de produtos de várias categorias. Ao invés de uma comunicação de mão única e feita para grandes grupos, a comunicação digital possibilitou maior interação com os clientes, a possibilidade de estratégias ao nível individual em massa, mais precisão nas mensagens e certa facilidade de mensuração dos resultados.

A proposta de valor do mundo online pode ser considerada vantajosa a todos, na medida em que as empresas passaram a desenvolver suas atividades (primárias e de apoio) de maneira mais rápida, adequada e econômica, tornando suas margens mais favoráveis. Do ponto de vista dos clientes, os bens e serviços tiveram condições para serem melhorados, as opções de distribuição aumentaram e estão mais adequadas, os preços puderam ser mais competitivos com a maior produtividade, e a comunicação pode ser menos interruptiva, disponibilizando informações sobre a empresa e seus produtos na quantidade e no momento desejados, além de se tornar interativa, permitindo que o cliente expresse suas expectativas e níveis de satisfação.

1.15 PERSPECTIVAS DO MARKETING E COMUNICAÇÃO NO AMBIENTE DIGITAL

Apresentamos algumas questões que deverão ser sempre respondidas. Com as mudanças que ainda estão por vir, estas questões podem ter relevância para o marketing criativo no ambiente digital.

- O marketing de massa está morto ou ele é ainda válido para se construir marcas rentáveis?
- Como você compara a segmentação demográfica com a segmentação comportamental?
- Qual tipo de segmentação seria mais eficiente para a empresa em que você trabalha hoje?
- Nesta empresa, você conhece os desejos e necessidades dos clientes?
- Qual é a melhor forma de a empresa em que você trabalha hoje se posicionar?
- Como seria o seu projeto de posicionamento? Seria um projeto com um modelo que valoriza uma abordagem estruturada ou um modelo de abordagens não estruturadas que se baseiam em histórias, narrativas e outras representações?
- É melhor uma abordagem mais estruturada ou não estruturada para desenvolver um posicionamento de marca?
- Como o ambiente digital, com as ferramentas de ciência dos dados, poderá ajudar sua empresa a estabelecer vantagem competitiva com resultados acima da média do setor?

Chegamos ao final do primeiro capítulo. Nas próximas páginas, você irá encontrar um case de sucesso selecionado pela ABRADi, como já explicado no início do livro. Neste estudo de caso, será possível contextualizar a teoria apresentada até o momento, com a prática. Durante sua leitura, será possível encontrar outros cases com a mesma finalidade.

Case ABRADi	Agência	Cliente	Período	Categoria
GE LIVEROOM	Agência F2F	GE Healthcare Brasil	2020	Planejamento de eventos virtuais

INTRODUÇÃO

A Agência F2F, sediada em São Paulo, é especializada em projetos digitais que partem de demandas objetivas com soluções criativas tendo foco na comunicação dos seus clientes com seus públicos-alvo. As palavras-chave da agência são: pensamento estratégico e entrega criativa. Em seu portfólio, estão destacados cases da Harley Davidson, Multikids, Apsen e Braskem (https://f2f-digital.com/).
A GE Healthcare é uma empresa multinacional de tecnologia médica especializada em produtos, soluções e serviços de diagnóstico, tratamento e monitoramento de pacientes e no desenvolvimento e fabricação de produtos biofarmacêuticos (https://www.gehealthcare.com.br/). A empresa está presente em mais de 160 países e contou com um faturamento de US$ 17 bilhões em 2019. Para manter-se na liderança, precisa investir em eventos de relacionamento.

PROBLEMA

Em meio à pandemia, como continuar em contato com os profissionais da saúde, levando conhecimento técnico e informações sobre produto que antes chegavam via eventos?

SOLUÇÃO E RESULTADOS

Foi criada uma plataforma-sede para eventos, com transmissão de webinars e hub de armazenamento de conteúdos sobre produtos e serviços, o GE LIVEROOM. Na primeira edição, os resultados foram:
- 2,3 milhões de impressões de anúncios;
- 20,8 mil cliques;
- 35 mil visitantes únicos na página;
- mais de 4 mil inscritos em webinars;
- 2.500 horas de vídeos assistidos.

Após o sucesso do primeiro evento, o GE LIVEROOM sedia o Webinar Series Cardiologia, divulgado no Brasil, na Colômbia, no México e em mais 10 outros países.
Os resultados foram:
- 2,3 milhões de impressões de anúncios;
- 14,9 mil cliques;
- 27 mil visitantes únicos na página;
- 10 mil inscritos em webinars;
- 5.000 horas de vídeos assistidos.

O GE LIVEROOM também sediou a Semana de la Radiología: versão Latam do 1º evento do Brasil.
Resultados:
- 32 mil visitantes únicos na página;
- 25 mil inscritos em webinars;
- 9 mil horas de vídeos assistidos.

A plataforma se torna parte das ferramentas permanentes da GE Healthcare no digital e passa a ser um apoio para futuros eventos presenciais. A plataforma conta com canais temáticos de palestras e ambientes virtuais de showroom.

Segundo a descrição do vídeo institucional da GE Liveroom,

O LiveRoom tem como objetivo levar conteúdo de qualidade aos profissionais da área da saúde, para assistirem quando e onde quiserem! A plataforma conta com um streaming de vídeos, como uma verdadeira "Netflix" da saúde, e também faz uso de experiência 3D – com um estande digital imersivo, recheado de produtos, serviços e soluções GE Healthcare.

Fonte: GE Healthcare | o novo GE LiveRoom. Disponível em: https://www.youtube.com/watch?v=myHJQU_ZdWg.

TELAS DA PLATAFORMA

Tela inicial

Showroom em realidade virtual

Canal de lives (vídeos)

Fonte: GE LIVEROOM. Disponível em: https://geliveroom.com.

DEPOIMENTO DO CLIENTE

"Poderemos ter um viés mais digital em todas as feiras em que participarmos. E mais do que isso, existirá uma integração infinitamente maior entre o online o offline."
Rafael Palombini, presidente e CEO da GE Healthcare para a América Latina.

Fonte: GE do BRASIL. Disponível em: https://www.istoedinheiro.com.br/ge-healthcare-quer-ser-virtual.

PARTICIPANTES DO CASE

Marcelo Bouhid
Chief Marketing Officer na GE Healthcare

Valeria De Luca Penha
Head of Marketing Activation & Strategy LATAM na GE Healthcare

Elena Calderón
Marketing Manager na GE Healthcare

Rafael Rodrigo Leitão
Digital Marketing and eCommerce Manager na GE Healthcare

Mariana Oliveira
Commercial Marketing Leader na GE Healthcare

Beatriz Belloti Lopes
Value Proposition & Branding Leader, Marketing Activation & Strategy na GE Healthcare

Julia Giglio
Gerente de contas da Agência F2F Digital

Frederico Pericini
Sócio-fundador da Agência F2F Digital

CONSIDERAÇÕES

A plataforma GE LIVEROOM, criada pela Agência F2F para a GE Healthcare, é um ótimo exemplo de espaço digital planejado para oferecer uma imersão de conteúdo sobre assuntos de interesse para um público bem direcionado. Através de um planejamento de marketing bem focado no público-alvo do cliente, a Agência F2F criou uma plataforma de referência e que permite se aprofundar no relacionamento e interação.

APÊNDICE A

MODELO DE BRIEF PARA PLANEJAMENTO DE COMUNICAÇÃO

Para Robertson,[36] há uma diferença entre os termos *brief* e *briefing*, sendo briefing o processo de desenvolver e transmitir as informações, enquanto brief seria o documento propriamente dito, que reúne as informações. No Brasil, os termos são considerados sinônimos, embora a denominação briefing prevaleça.

Entendemos brief como um relatório com informações e dados desenvolvido pela empresa-cliente e entregue à agência de comunicação para orientar o planejamento das ações de comunicação, devendo conter informações precisas e detalhadas sobre a organização e seus produtos/serviços, seus objetivos e metas, suas principais estratégias, descrição dos segmentos de mercado de interesse, situação mercadológica, ações dos concorrentes, oportunidades e ameaças, entre outros dados.[37]

Segundo a cartilha *Briefing an agency*, do Institute of Practitioners In Advertising (IPA),[38] os princípios básicos que regem um bom brief são os seguintes.

- Ser claro sobre o que é necessário – a parte mais importante de um brief é a descrição: por que ele foi feito e qual é o objetivo do próprio brief; ainda se faz muita confusão sobre os objetivos da organização, de marketing, de vendas e da marca com os objetivos específicos de comunicação (14 objetivos de comunicação).
- Fornecer informações críticas para a tarefa – às vezes, é necessário um grande volume de material, outras vezes, não; o que importa é fornecer apenas as informações relevantes para a tarefa; além de dados, é fundamental conter análises críticas sobre a situação mercadológica.
- Inspirar e motivar as pessoas a fazerem o seu melhor – além de conter as informações necessárias, o brief também precisa ser escrito com criatividade, destacando-se das demais tarefas e gerando mais empatia com o pessoal da agência.

---

[36] ROBERTSON, Charlie. *In*: COOPER, Alan. **Como planejar a propaganda**. São Paulo: Talento/GP – Grupo de Planejamento, 2006.

[37] OLIVEIRA, apud YANAZE, 2021.

[38] IPA (INSTITUTE OF PRACTITIONERS IN ADVERTISING). **Briefing an agency**: the best practice guide to briefing communications agencies. 2011. Disponível em: https://ipa.co.uk/knowledge/documents/briefing-an-agency-best-practice-guide/. Acesso em: 7 mar. 2019.

O brief deve ser elaborado para a campanha de comunicação como um todo e transmitido para a agência de comunicação encarregada de seu desenvolvimento. Se existir mais de uma agência, aquela que coordena os diversos fornecedores de serviços de comunicação pode ficar responsável por repassar as informações para os parceiros ou convidar os profissionais de planejamento dessas agências especializadas para participarem da transmissão. Não seria recomendado fazer briefs distintos para as ações de comunicação online e offline, uma vez que a decisão sobre as ferramentas de comunicação mercadológica que serão utilizadas na campanha ainda nem foi tomada. Lembrando: para que a comunicação integrada aconteça, o planejamento das ações deve acontecer de maneira conjunta.

Sampaio[39] elenca os principais problemas nos briefs elaborados pelas empresas:

- um brief muito grande é ruim porque é extenso demais e não é seletivo;
- aquele curto demais provavelmente está incompleto e deixa aspectos incógnitos;
- um muito sistematizado torna-o mais importante do que a própria informação;
- e um excessivamente dogmático traz tantas imposições que estrangula a criatividade.

O conteúdo do brief pode ser separado em cinco tópicos de informações: organização, produto, mercado, cliente e comunicação. Optamos por listar os possíveis itens de cada um dos tópicos que devem fazer parte do conteúdo de um brief de comunicação, para que qualquer empresa, agência ou profissional de comunicação possa avaliar a necessidade de incluir os itens que no seu julgamento estejam adequados à sua situação específica.

Quadro 1.2 Modelo de brief de comunicação mercadológica

Modelo de Brief de Comunicação Mercadológica
1. Organização
• Histórico da organização • Estrutura organizacional – principais áreas e divisões • Missão, visão e valores organizacionais • Objetivos estratégicos da organização • Modelo de gestão e cultura organizacional • Setor de atuação no mercado • Categorias e linhas de produtos e serviços • Localização da organização • Capacidade financeira • Imagem e reputação no mercado

[39] SAMPAIO, Rafael. **Propaganda de A a Z**. 4. ed. Rio de Janeiro: Elsevier, 2013.

Modelo de Brief de Comunicação Mercadológica

2. Produtos – bens e serviços para a campanha de comunicação

- Nome/marca
- Breve histórico do produto – bens/serviços
- Principais características, atributos e benefícios – fichas técnicas
- Aspectos favoráveis e desfavoráveis do produto/serviço – posições no portfólio
- Diferenciais diante dos concorrentes, *unique selling proposition* (USP – atributos tangíveis e intangíveis) e posicionamento atual no mercado
- Política de preços, preço de revenda, preço final ao consumidor
- Canais de distribuição utilizados, tipos de atacadistas, intermediários e varejistas
- Organização da força de vendas e regiões de comercialização
- Campanhas de comunicação realizadas nos últimos anos
- Dados de pesquisas desenvolvidas sobre o produto
- Objetivo de marketing em relação a esse produto

3. Mercado

- Breve histórico do setor e categoria de produto
- Dados de vendas e participação de mercado nos últimos anos
- Identificação dos principais concorrentes e descrição das estratégias (destaque para as campanhas de comunicação desenvolvidas nos últimos anos e padrão de atuação em relação às ações de comunicação)
- Resumo da situação de mercado (análise GE, atratividade × posição no mercado)
- Principais problemas e oportunidades do mercado
- Análise comparativa das estratégias dos concorrentes (SWOT: produto, preço, distribuição e comunicação)
- Forças macroambientais, entidades e variáveis, tendências do setor

4. Cliente

- Perfil do público-alvo – clientes organizacionais e consumidores finais (considerar as bases e variáveis de segmentação de mercado), clientes atuais e potenciais
- Estágio atual e evolução dos clientes em relação à marca/produto (aspectos cognitivos, afetivos e comportamentais – 14 objetivos de comunicação – pesquisas)
- Comportamento em relação ao produto – quando compra, quanto compra, onde compra, com que frequência, como consome, benefício procurado, descarte etc.
- Processo de decisão de compra – reconhecimento da necessidade, busca de informações, análise das alternativas, decisão de comprar, uso ou consumo do produto/serviço, avaliação pós-compra
- Hábitos de consumo de mídia, uso da internet, interesses e presença em eventos
- Influenciadores mais relevantes neste tipo de produto

Modelo de Brief de Comunicação Mercadológica
5. Comunicação
• Fato principal ou motivo da campanha
• Problema ou oportunidade a ser resolvido ou aproveitado
• Públicos-alvo prioritários e secundários
• Mercados a serem atingidos (regiões e segmentos)
• Posicionamento desejado na mente dos clientes (imagem desejada)
• Objetivos e metas de comunicação (aspectos cognitivo, afetivo e comportamental – aqueles 14 objetivos tratados anteriormente)
• Tema geral da campanha de comunicação mercadológica (se já desenvolvido)
• Elementos/ferramentas de comunicação mercadológica previstos para a campanha
• Sugestão de plataforma de criação (argumentos para a mensagem)
• Obrigatoriedades, pontos a serem evitados e limitações legais
• Cronograma com os períodos de veiculação e ações da campanha
• Verba disponível para a campanha e para cada elemento do mix de comunicação
• Determinação dos métodos de mensuração e avaliação dos resultados

Fonte: OLIVEIRA apud YANAZE, 2021.

Geralmente, agências novas requerem briefs mais completos, pois não conhecem em profundidade a empresa, o mercado e os potenciais clientes. Em contrapartida, agências que prestam serviços de comunicação para uma mesma empresa há muitos anos requerem briefs restritos aos objetivos de marketing e comunicação, pois já dominam as demais informações mercadológicas.

COMUNICAÇÃO DIGITAL E CULTURA EM REDE

2

Autor:

Leandro Key Higuchi Yanaze

Este capítulo apresenta os aspectos teóricos da comunicação digital, trazendo a reflexão sobre o conceito de tecnologia digital, redes digitais e modelos de comunicação. A partir desses conceitos, apresenta o modelo de negócio reticular do *crowdsourcing,* que inaugura uma nova forma de inovar, empreender e de gerar serviços a partir das potências das redes digitais. No caso das agências de comunicação, tratamos das novas dinâmicas para atender às demandas de comunicação integrada e, para tanto, a importância das ferramentas de design thinking, propondo o *blueprint* da comunicação digital como mapeamento das interações nas plataformas digitais.

2.1 ASPECTOS TEÓRICOS DA COMUNICAÇÃO DIGITAL

Este capítulo tem o objetivo de apresentar alguns aspectos da cultura digital e em rede que são importantes para considerarmos as estratégias digitais de comunicação. Com a intenção de ser aplicados, os conceitos que serão apresentados servem para refletirmos sobre a importância e o impacto das tecnologias digitais nas nossas relações sociais, econômicas e culturais.

O primeiro aspecto a ser desenvolvido é o próprio conceito de tecnologia. Se falarmos sobre o que representa a tecnologia na nossa sociedade, muito provavelmente vamos associar a termos como: *avanço, facilidade, agilidade, conexão* etc. Por outro lado, é possível também falar que a tecnologia "vicia", nos torna dependentes e pode promover o isolamento em relação à realidade tangível.

Nesse sentido, a primeira vez que o termo *técnica* foi concebido também tinha um sentido, de certa forma, pejorativo. Aristóteles é considerado o filósofo que definiu o sentido de *tékne* como o conhecimento instrumental e mecânico que até os animais têm: um pássaro desenvolve, por instinto, a técnica de construir um ninho, por exemplo. Para Aristóteles, a *tékne* é um conhecimento inferior, enquanto a *episteme*, conhecimento abstrato e filosófico, seria o grande diferencial do ser humano, capaz de alcançar um pensamento superior e mais sofisticado. Assim, nesta abordagem aristotélica, a tecnologia é considerada com o conjunto de conhecimentos e técnicas voltados para a produção. As tecnologias têm foco no fazer.

Já em uma abordagem da tecnologia moderna, encontramos em Galileu Galilei, que se autodenominava um *filósofo-matemático*, o encontro da teoria e da prática.[1] Os próprios monges nos mosteiros eram responsáveis pela sua subsistência, ao mesmo tempo que estudavam as escrituras e os textos filosóficos. Voltando a Galileu, através de um instrumento técnico, o telescópio, ele conseguiu elaborar todo um novo conceito de astronomia não geocêntrica. Neste caso, o instrumento técnico e a matemática permitiram avançar na concepção de mundo e de universo. Aqui, a tecnologia pode ser entendida como necessária para descobrir e conhecer mais, pela ciência.

Na era da eletricidade, podemos emprestar o conceito de Marshall McLuhan dos meios de comunicação como extensões do homem.[2] Nesse sentido, a tecnologia estende o ser humano: assim, como uma bicicleta amplia o poder de locomoção das nossas pernas, uma televisão estende a capacidade de visão dos nossos olhos e as tecnologias, de uma forma geral, ampliam a nossa memória e até a nossa presença social. Com um smartphone estamos fisicamente em um lugar, mas, socialmente, estamos em vários espaços de interação simultaneamente. Aqui, a tecnologia é entendida como os artefatos que ampliam as ações e percepções humanas.

Por último, temos o conceito de tecnologia digital, de fato. A partir do conceito de cibernética de Norbert Wiener,[3] a tecnologia pode ser entendida como o conjunto de técnicas que permitem a conexão e hibridização do natural e do artificial, inclusive no ser humano. Nesta linha de pesquisa, todos nós somos ciborgues do código, pois para estabelecer uma comunicação em rede, o nosso código comunicacional precisa ser codificado em bits (zeros e uns) para, via internet, alcançar o dispositivo do nosso destinatário. Existe uma mistura dos códigos humanos e códigos computacionais.

Só para fechar este primeiro ensaio de aspectos teóricos da comunicação digital, podemos entender a tecnologia como o conjunto de técnicas que permitem realizar e produzir (*tékne* aristotélica), explorar e descobrir (tecnologia moderna), expandir as nossas ações e percepções do mundo (extensão do homem) e nos conectar através das máquinas e com elas (cibernética). Sobretudo na questão das tecnologias digitais, estamos vivenciando esta conexão através dos dispositivos tecnológicos, e, com eles, de forma cada vez mais intensa.

---

[1] FELICE, Massimo Di. **As formas digitais do social e os novos dinamismos da sociabilidade contemporânea.** 2012. Disponível em: http://www.abrapcorp.org.br/anais2007/trabalhos/gt3/gt3_felice.pdf Acesso em: 4 jun. 2014.

[2] MCLUHAN, Marshall. **Os meios de comunicação como extensões do homem (understanding media).** 4. ed. São Paulo: Cultrix, 1974.

[3] WIENER, Norbert. O homem e a máquina. *In*: CUNHA, F.; FELIX, M. (org.). **O conceito de informação na ciência contemporânea:** colóquios filosóficos internacionais de Royaumont. Trad. Maria Helena Kühner. Rio de Janeiro: Paz e Terra,1970. p. 69-76.

Ao mesmo tempo, estamos cada vez mais "computadorizados" no sentido de termos as nossas decisões e ações no mundo seguindo padrões e *scripts* muito próximos de uma linguagem de programação de computador. E os computadores estão cada vez mais "humanizados", pois estão conversando nas nossas linguagens, falando e nos entendendo na nossa língua nativa. Além disso, estamos usando o "toque humano" mais para interagir com os smartphones e tablets do que para acariciar outros seres humanos.

Fazendo a ponte com o marketing, este entendimento de que as tecnologias são espaços do relacionamento da empresa com o seu target nos ajuda a compreender o papel essencial que as plataformas digitais têm como lugar de se fazer (negócios), aprender (sobre produtos e soluções), estender a experiência (do usuário com a marca) e conectar (com o prospect e cliente de forma profunda e significativa). No caso das tecnologias digitais, vamos ressaltar esta abordagem de conexão.

Sob esta percepção de tecnologia que promove a conexão entre o físico e o digital, as plataformas digitais se configuram como espaços que dialogam diretamente com os quatro *outputs* de marketing (conforme apresentado no processo sistêmico do marketing, **Capítulo 1**). Os conteúdos e toda a experiência do usuário, além de todo serviço informativo, podem ser entendidos como o *output* de produto, além de, claro, existirem diversos produtos digitais como e-books, produções audiovisuais, games, aplicativos etc. O preço no digital, muitas vezes, não é por moeda financeira, mas pode ser o tempo de atenção, a interação e o envolvimento. Em termos de distribuição, o digital está relacionado com as plataformas e dispositivos de acesso. Já a comunicação está muito associada às estratégias de conteúdo, tanto na comunicação persuasiva (mercadológica) quanto na comunicação institucional (branding).

Outro conceito muito importante da internet e que tem impacto direto nas estratégias de marketing e comunicação está na definição de redes digitais. De fato, a internet pode ser definida como a rede de redes, pois oferece uma estrutura de conexão entre computadores e servidores que apoiam diversas formas de interação. A Figura 2.1 apresenta as concepções de rede analisadas por Paul Baran[4] no momento em que, em plena Guerra Fria, compreendeu a fragilidade e vulnerabilidade das redes centralizadas, ao mesmo tempo que propõe a rede distribuída como um conceito muito mais robusto e consolidado. O modelo de rede distribuída prevê conexões não dependentes de uma estrutura central, o que dá origem às comunicações entre computadores com múltiplas conexões. Vale ressaltar que a internet é, fisicamente, uma rede descentralizada, dependendo de provedores, cabos de fibra ótica, satélites, torres de transmissão etc. No entanto, com os protocolos de endereçamento e empacotamento de informações digitais e as tecnologias de distribuição de pacotes digitais de maneira redundante, consistente e cada vez mais veloz, virtualmente é possível considerar a internet como uma rede distribuída.

---

[4]   BARAN, Paul. **On distributed communications**, 1964. Disponível em: www.rand.org/publications/RM/RM3420/RM3420.chapter1.html. Acesso em: 24 jan. 2022.

Figura 2.1 Sobre comunicação distribuída (*On distributed communications*)

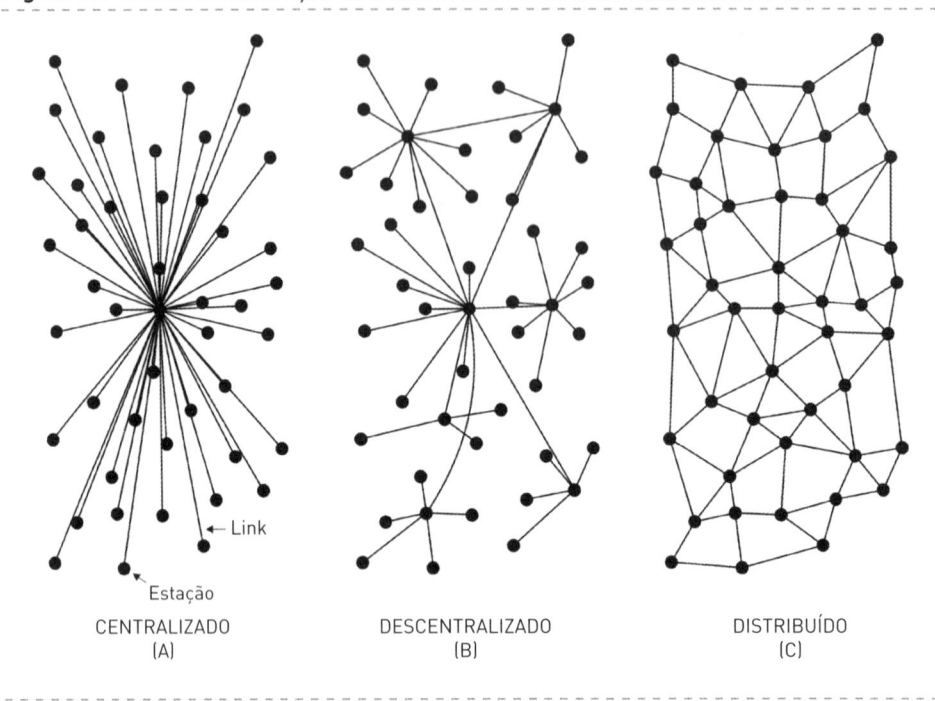

CENTRALIZADO (A)   DESCENTRALIZADO (B)   DISTRIBUÍDO (C)

Fonte: traduzido de BARAN, 1964.

Estes conceitos de redes são importantes porque potencializam uma nova relação entre empresa e mercado. Para fazer um paralelo na comunicação de massa, as relações são tradicionalmente definidas como unilaterais, partindo de um emissor que passa uma mensagem por um meio para os receptores (Figura 2.2).

Figura 2.2 Modelo tradicional da comunicação

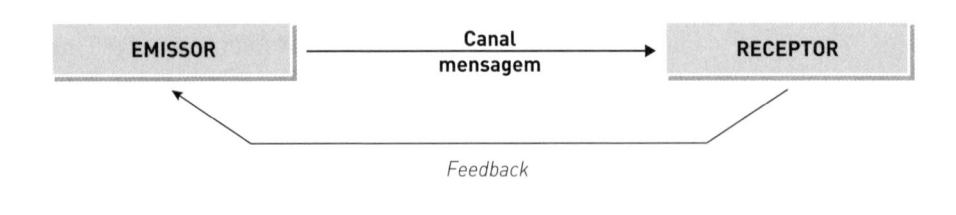

Fonte: elaborada pelo autor.

Este modelo tradicional e analógico é muito bem justificado pelo fato de, até então, ser muito custoso produzir comunicação de massa. No caso de uma rede televisiva, é preciso ter a estrutura de estúdios, profissionais de produção audiovisual, profissionais de transmissão etc. No caso de impressos, é preciso ter jornalistas, editores, ilustradores, imprensa, distribuição etc. O fato é que poucos produzem comunicação para muitos, resultando um empoderamento dos emissores e também dos anunciantes que pagam por espaço publicitário nestes canais.

Com a tecnologia digital e o conceito de rede distribuída, inaugura-se um novo conceito de rede, onde cada ponto de conexão continua sendo um receptor (ao acessar um portal de notícias, por exemplo), mas passa a ser um emissor (quando ajuda a disseminar uma postagem em uma rede social) e até produtor (quando compartilha uma foto de sua autoria ou compartilha um post). Assim, como mostra a Figura 2.3, cada conectado na internet assume um papel híbrido e concomitante de produto, emissor e receptor de comunicação, que pode ser massivo. A comunicação passa a ser de muitos para muitos.

Figura 2.3 Modelo da comunicação digital

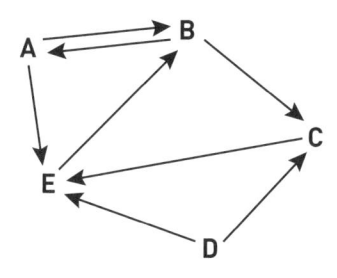

Fonte: elaborada pelo autor.

Este modelo diminui o poder comunicacional concentrado que era exclusivo das poucas empresas que tinham os recursos para investir na mídia offline, pois, nas plataformas digitais, mesmo uma empresa pequena tem muito mais facilidade de encontrar o seu target de forma mais direta e eficiente. Além disso, nessa lógica do muitos para muitos, os próprios consumidores passam a ter uma voz mais ativa, podendo se valer das redes sociais para compartilhar a sua experiência de uso de um produto (conexão direta com os 14 objetivos da comunicação apresentados no **Capítulo 1**).

Assim, no contexto digital, os profissionais de marketing e comunicação precisam considerar e se apropriar desta realidade em que não adianta só "falar", mas em que precisa ter uma escuta ativa sobre o que o cliente e o prospect estão falando sobre a sua empresa e sobre o seu core business. A comunicação deve ser, portanto, sempre de duas vias. Não adianta somente tornar comuns informações mercadológicas do seu produto ou mensagens institucionais sobre a sua marca. É cada vez mais importante escutar o seu target e interagir de forma efetiva para que ele se sinta respeitado e importante para a organização.

Por conta da profusão da tecnologia e da oferta de inúmeros dispositivos midiáticos, a concentração das pessoas de modo geral está diluída entre muitos estímulos. Fica cada vez mais difícil conquistar a atenção e o consequente relacionamento com o seu prospect, pois este se encontra em meio a diversas mensagens, recebidas em diversos aplicativos e dispositivos, com objetivos também diversos. Assim, uma estratégia de comunicação assertiva precisa ser, necessariamente, relevante para que o seu target "aceite" investir tempo e atenção para ouvir e interagir com a sua mensagem e conteúdo.

A relevância da comunicação implica ter conteúdo que acrescente valor na prática profissional do público-alvo, que promova uma reflexão pessoal, sensibilize sobre alguma questão social e até permita um momento de descontração. O fato é que se a comunicação não tiver relevância, ou seja, valor, muito provavelmente será mais uma mensagem descartável no meio de tantas outras que inundam o contexto midiático do seu público-alvo.

Com isso, é preciso compreender que a estratégia da relação comunicacional entre empresa e mercado precisa mudar na sua essência. Na mídia tradicional, baseado nos meios massivos de comunicação, a publicidade tinha uma atitude de "caça": procurar o melhor lugar e horário para, dentro das condições de anúncio publicitário, disparar a sua mensagem para tentar acertar o target. No digital, a estratégia está mais próxima da "pesca": precisar fazer a ceva (que é atrair um cardume através de ração ou outro alimento) para, então, lançar a isca para que o peixe "decida" ser fisgado ou não. Parafraseando este exemplo, o marketing digital precisa considerar atrair o seu target com estratégias de conteúdo (**Capítulo 4**), assimilando o valor social de influenciadores (**Capítulo 7**) e redes sociais (**Capítulos 8 a 11**). Então, joga as iscas através de estratégias de execução digital, *user experience*, serviços digitais e plataformas (**Capítulo 12**) para tentar transformar o prospect em lead e, posteriormente, em cliente e até em divulgador da sua marca e produto (*buzz*).

Nesta lógica de "pesca", o grande desafio é que existem diversos "pescadores" competindo em um oceano repleto de informações e plataformas, com uma disputa muito grande pela atenção do target. Neste sentido, mais do que considerar a comunicação como estratégia de informar e convencer um público-alvo a comprar, é importante conceber ações considerando a comunicação como estratégia de relacionamento para o engajamento com a marca.

Uma estratégia que é potencializada pelas possibilidades dialógicas que as redes digitais propiciam é o envolvimento do target não só como consumidor (receptor), mas ampliando a relação, envolvendo-o no processo também de produção (produtor). Resgatamos os conceitos aqui trabalhados da tecnologia que nos conecta de forma profunda e da rede distribuída onde todos somos produtor, emissor e receptor. Podemos adicionar ainda a ideia do "prosumidor", onde, nessa mesma lógica, o cliente não é um mero consumidor, mas também pode ser parte do processo de produção, ou seja, fazer parte dos *inputs* e *throughputs*. Este processo de envolvimento pode ser considerado como *crowdsourcing*, que se baseia na ideia de o público-alvo participar do processo de criação e produção de um negócio, através de plataformas digitais de uma forma efetiva no planejamento de marketing.

2.2 CROWDSOURCING COMO ESTRATÉGIA DE INTELIGÊNCIA DE MARKETING

Hoje, quando estamos presenciando o surgimento e crescimento acentuado de startups e iniciativas baseadas na economia colaborativa e compartilhada, cada vez mais o papel do consumidor passa a se diluir na cadeia produtiva e de prestação de serviço. Em outras palavras, quando vemos motoristas autônomos se autogerenciando por meio de plataformas como o Uber ou pessoas físicas disponibilizando seus imóveis em serviços de acomodação por meio do Airbnb, ou ainda compartilhando seus eletrodomésticos ou até alugando pontualmente seus carros, estamos vivenciando um novo contexto em que o ato de consumir não está mais atrelado somente à posse, mas, fundamentalmente, ao acesso.

Tal acesso extrapola o acesso aos produtos e serviços (*outputs*), alcançando o nível sobre os processos (*throughputs*) e recursos (*inputs*) das organizações. Ou seja, não queremos somente ter acesso ao produto/serviço que consumimos, mas também queremos ter acesso às informações de como ele é produzido/desenvolvido e a partir de quais recursos (condições de trabalho dos colaboradores, infraestrutura da organização, sucesso financeiro, origem da matéria-prima etc.).

Não satisfeitos em ter acesso a todas informações do processo sistêmico de produção e desenvolvimento dos produtos e serviços, hoje os consumidores também querem participar ativamente deste processo. Indo além da customização ou personalização de produtos e serviços, cada vez mais os consumidores se tornam protagonistas na divulgação, na disponibilização e até na própria produção e desenvolvimento dos produtos e serviços, como vimos nos exemplos citados no início deste capítulo.

Neste contexto compartilhado e colaborativo, surge uma nova base de inovação mercadológica que se aproveita desta característica – e, talvez, necessidade – de ter o consumidor participando ativamente do processo de definição e produção. Estamos tratando do *crowdsoucing* (mistura das palavras inglesas *crowd* – multidão – e *outsourcing* – terceirização de desenvolvimento). Na prática, o termo remete à ideia de que a fonte de desenvolvimento dos produtos e serviços vem da própria multidão (um combinado de consumidores, prospects, especialistas, curiosos, designers etc.). Qualquer um da multidão pode ajudar a conceber novos produtos e serviços, bem como contribuir com ideias para desenvolvê-los, divulgá-los e disponibilizá-los.

Essa nova forma de promoção da inovação difere das propostas tradicionais fechadas de desenvolvimento, baseadas geralmente na propriedade intelectual (patentes) e segredo industrial. O *crowdsourcing* baseia-se na premissa de que os novos produtos e serviços podem (e devem) ser determinados em grande parte pela percepção dos próprios consumidores e usuários sobre as suas necessidades, expectativas e desejos. Além da concepção do produto ou serviço, a multidão também pode (e deve) contribuir em como devem ser feitos, onde estão seus potenciais consumidores e como alcançá-los.

Este envolvimento integral e integrado da multidão permite o desenvolvimento de um engajamento profundo com o produto/serviço (você não compraria um produto que ajudou a desenvolver?) e é muito mais assertivo na sua promoção e disponibilização (a disseminação boca a boca é direcionada aos conectados a essa multidão). Assim, a abordagem do *crowdsourcing* se mostra bastante eficaz como estratégia de inteligência em diversas indústrias, não sendo restrita somente às startups, mas se mostrando muito pertinente na gestão de marketing e comunicação de organizações tradicionais.

Um dos principais exemplos de uso do *crowdsourcing* por uma empresa considerada tradicional é o portal Connect + Develop da P&G (www.pgconnectdevelop.com), onde a famosa marca global, que agrega diversas empresas de alimentos, produtos de higiene pessoal e outros focos, abre espaço para a participação da multidão a partir de seus próprios briefings de desenvolvimento. Assim, se existe um empecilho em alguma parte de pesquisa e desenvolvimento da P&G, um briefing de necessidades é aberto para que outras empresas ou profissionais autônomos da multidão possam contribuir, formando uma parceria, caso a solução apresentada seja relevante. Outra forma de contribuição é a abertura do portal Connect + Develop, onde qualquer um da multidão pode entrar em contato com a empresa para prospectar uma parceria a partir de uma ideia nova ou patente que possa interessar a P&G.

Outro exemplo também bastante icônico de *crowdsourcing* foi a estratégia da Fiat, fabricante global de automóveis, no desenvolvimento conceitual do carro do futuro para o Salão do Automóvel de 2010. A campanha criada no Brasil contou com a contribuição de milhares de pessoas que se conectavam ao portal do projeto para contribuir com ideias sobre como deveria ser o carro do futuro. Foram desenvolvidas diversas propostas de design que incorporavam as milhares de contribuições e, ao final, foi desenvolvido um mockup do carro que foi apresentado no evento. O Fiat Mio continua a ser o ícone da inovação aberta como estratégia de inteligência sobre o entendimento das expectativas e desejos da multidão sobre o carro do futuro, além de promover o seu engajamento com a marca através dessa parceria.

Diversas outras iniciativas que se valem da participação da multidão poderiam ser citadas, como campanhas de desenvolvimento de novos sabores de produtos alimentícios ou desenvolvimento de softwares, entre outros. O importante é notar que os fundamentos do *crowdsourcing* estão cada vez mais sendo aplicado na gestão de marketing, mesmo em empresas tradicionais, pois, além da inovação resultante da participação ativa e protagonista da multidão, o engajamento alcançado se mostra muito eficiente para levar o cliente à identificação, engajamento, fidelização e disseminação boca a boca da marca. Tais objetivos da comunicação são essenciais para alcançar o relacionamento duradouro entre empresa e mercado.

Para isso, as estratégias de comunicação de uma organização precisam necessariamente se consolidar em diversas ações que promovam a empatia, se valendo das diferentes mídias, canais e interações. Assim, passamos a refletir sobre as estratégias de integração da comunicação para uma conexão integrada, considerando as diversas mídias que fazem parte da contemporaneidade.

2.3 COMUNICAÇÃO INTEGRADA DE MARKETING ONLINE E OFFLINE

Provocando uma reflexão sobre estratégias de integração das ações offline e online de comunicação, precisamos considerar algumas definições relevantes. Esta integração pode ser definida em ações *crossmedia* ou transmídia e, muitas vezes, estes conceitos são confundidos. Assim, é importante considerar as diferenças, já que ambas as estratégias se valem do uso integrado de diversas mídias offline e online dentro de uma campanha de marketing e comunicação.

Crossmedia tem origem na palavra inglesa *cross*, no sentido de mídias atravessadas. Nesse sentido, está relacionado a um conteúdo que "atravessa" várias mídias, ou seja, a mesma mensagem sendo adaptada e replicada em diversas ações de comunicação. Neste caso, os mesmos conceitos de campanha tangibilizados em slogan, imagens, ícones e elementos audiovisuais são colocados em diferentes meios de comunicação, respeitando as respectivas particularidades de linguagem.

Já transmídia vem do prefixo latino *trans*, no sentido de ir "para além de" uma mídia específica. Na conceituação de Henry Jenkins, na obra *A cultura da convergência*,[5] a definição de transmídia está relacionada a integrar as diferentes mídias com conteúdos diferentes e específicos em cada plataforma, mas que se complementam de forma a constituir uma narrativa integrada.

Como exemplo de *crossmedia*, uma campanha publicitária pode ter um mesmo vídeo sendo usado como anúncio publicitário na televisão aberta, em canal fechado e nas redes sociais. Sua adaptação em meio impresso usa os mesmos elementos de identidade visual e mesmos textos (slogan).

Já considerando a transmídia, partes diferentes da narrativa são contadas nas diferentes mídias. Um exemplo típico é uma história que tem a parte principal contada por meio de um filme cinematográfico com várias histórias do mesmo universo e até com foco em personagens do filme sendo contados em outras mídias como animações, história em quadrinhos, games etc. No caso de ações publicitárias, uma campanha pode se valer das diversas mídias para passar diferentes conteúdos. Na televisão aberta, um vídeo de sensibilização, no canal do YouTube, um storytelling através de um curta-metragem com maior aprofundamento, enquanto as redes sociais são específicas para aquecer a empatia através de fotos e mensagens humanizadas. Mas toda a campanha está integrada para passar uma mensagem coesa.

Nota-se que, para o caso da transmídia, é muito importante considerar a força de cada canal online e offline, através dos objetivos de comunicação associados às especificidades da mídia e também à cultura de consumo de mídia por parte do target. Recomenda-se o uso da matriz de objetivos da comunicação (**Capítulo 1**), considerando todos os canais à disposição para compor o mosaico de quais mensagens devem ser delegadas para cada meio de comunicação e com tal tipo de linguagem e abordagem.

---

[5] JENKINS, Henry. **Cultura da convergência**. São Paulo: Aleph, 2008.

Tabela 2.1 Exemplo de mapeamento matricial das ações de comunicação online e offline e os 14 objetivos da comunicação

Objetivos / Ações	Portal	E-commerce	Aplicativo	Redes sociais	Canal de vídeos
Consciência				X	
Atenção				X	X
Interesse	X			X	X
Conhecimento	X				
Identificação	X				X
Expectativa	X				
Desejo	X				
Preferência	X				
Decisão		X			
Ação		X			
Satisfação	X		X	X	
Interação			X	X	
Fidelização			X	X	
Disseminação			X	X	

Fonte: elaborada pelo autor.

Para possibilitar e otimizar este processo integrado de comunicação, as agências de publicidade e propaganda precisam se reorganizar em estruturas matriciais e até compor parcerias com outras agências especializadas em um coworking pleno. Essa nova dinâmica exige um esforço de flexibilidade e cumplicidade entre as agências de forma a focar os resultados para o cliente. Neste contexto, surge uma nova dinâmica das agências de comunicação, que precisam integrar as estratégias offline e online de modo a propor campanhas integradas e engajadoras.

As grandes agências de comunicação estão se reorganizando e compondo equipes especializadas nas diversas mídias, incluindo as particularidades de cada plataforma digital e redes sociais. Estas empresas de publicidade são conhecidas como agências 360°, pois acabam se envolvendo com o planejamento e execução de toda a campanha, permitindo uma integração teoricamente orgânica, por se tratar de uma mesma organização, tanto nas estratégias de *crossmedia* quanto de transmídia.

Observamos que a teoria nem sempre se aplica. Mesmo nestes casos de a agência 360° se constituir como uma mesma empresa guarda-chuva, as equipes podem estar desarticuladas se não existe a mesma cultura organizacional em cada equipe. Assim, muitas campanhas podem ficar redundantes com a mesma informação acontecendo em diversas mídias, sem uma estratégia que promova um crescente envolvimento e engajamento do público-alvo, considerando os 14 objetivos da comunicação (**Capítulo 1**).

Além desse modelo de grandes agências 360°, também existe a proposta de joint venture, em que agências diferentes se associam para prestar o serviço integrado em uma campanha. Em vários casos, inclusive, trata-se de agências concorrentes, mas que, em uma campanha para determinado cliente, se alinham e contribuem de forma integrada com as suas especialidades.

Por conta da diversidade de culturas internas dentro de uma mesma agência de comunicação e, no caso, de joint venture, é muito importante ter uma integração otimizada das ações para desenvolver uma campanha multicanal (*omnichannel*) de forma coerente e assertiva. Em muitos casos, estão sendo implementadas técnicas de design thinking para apoiar no desenvolvimento de campanhas de marketing e comunicação de forma integrada, como veremos no tópico a seguir.

2.4 DESIGN THINKING COMO BASE DO PLANEJAMENTO DA COMUNICAÇÃO INTEGRADA

Provavelmente você já ouviu o termo *design thinking*. Talvez já esteja bem familiarizado com o seu conceito e até esteja aplicando algumas das suas ferramentas no dia a dia do seu trabalho. Este tópico tem o objetivo de apresentar o conceito de design thinking como o conjunto de ferramentas de projeto e execução – por exemplo, no planejamento integrado de comunicação –, centralizando o target de forma significativa, multidisciplinar, criativa e inovadora.

Para isso, é importante entender que todo relacionamento bem-sucedido é construído através de um processo comunicacional que considera todos os *touchpoints,* que vão desde chamar a atenção do target, alcançam o chamado à troca (**call to action** – pode ser a venda de um produto, a contratação de um serviço, ou a assimilação de um conteúdo institucional, por exemplo) e se estendem até a manutenção e qualificação deste relacionamento (fidelização e apreciação). Relembre dos 14 objetivos da comunicação (**Capítulo 1**).

Este explicativo sobre comunicação integrada ajuda a compreender o papel estratégico e complexo do setor de comunicação, já que nos mostra que os diversos *touchpoints* comunicacionais (mídias, PDV, redes sociais, canais de atendimento etc.) devem ser construídos de forma inteligente para responder a diversos objetivos de desenvolvimento de relacionamentos bem-sucedidos com seus targets. Por se tratar de integralizar diversas ações, com diversos objetivos para diversos targets (stakeholders), é imediato concluir que a gestão da comunicação integrada exige a constituição de uma equipe multidisciplinar para entender a natureza de cada *touchpoint* e os objetivos da comunicação, apresentando propostas comunicacionais inovadoras para estabelecer o relacionamento de forma eficiente.

Ao trazer uma discussão sobre design thinking, este capítulo inicia uma reflexão sobre o emprego de métodos de criação de projetos inovadores para a gestão eficiente de comunicação integrada. O design thinking é, em sua essência, o conjunto metodológico direcionado para o desenvolvimento criativo de projetos, aliando métodos de promoção da empatia para conhecer profundamente o target e suas necessidades e ferramentas transdisciplinares para aproveitar a contribuição de várias áreas de conhecimento na construção inovadora de soluções.

O design thinking (em tradução livre, "design como modo de pensar") começa a se estabelecer a partir da década de 1970 dentro de processos para a inovação na engenharia mecânica. São os professores da Universidade de Stanford Rolf Faste e David Kelley que formalizam academicamente o conceito e pluralizam a sua aplicação em outros campos, como na administração. Em sinergia aos avanços da Universidade de Stanford para a inovação, Kelley funda, em 1991, a IDEO, empresa de consultoria focada na inovação de produtos e serviços e que se tornou referência da solidificação e disseminação dos processos do design thinking, tendo em seu portfólio clientes como Havaianas, Coca-Cola, Ford e 3M.

É importante ressaltar que o design thinking tem a premissa de apresentar soluções (produtos, serviços e realizações) criativas focando o usuário/cliente e sua necessidade. A criatividade tem como base a composição de equipes multidisciplinares, aptas a ter diferentes olhares sobre o problema do usuário/cliente, encorajadas a pensar, prototipar, testar e aprender com os erros ainda na fase de prototipagem (é mais barato errar antes). Assim, no contexto criativo de design thinking, existe um processo cíclico de desenvolvimento que considera as fases do Quadro 2.1.

Quadro 2.1 Processo cíclico de design thinking

Empatizar	Definir	Idear	Prototipar	Testar
Aprenda sobre a audiência para quem você está projetando	Construa um ponto de vista sobre o projeto baseado nas necessidades e insights do usuário	Brainstorm e desenvolvimento de soluções criativas	Desenvolva um protótipo de uma ou mais das ideias levantadas para mostrar	Retornar ao grupo de usuário original e teste suas ideias para obter feedback

Para cada fase, existem métodos de trabalho, pesquisa e desenvolvimento diversos. O planejamento da comunicação integrada envolve diversas áreas de uma organização e fornecedores e deve ser conduzida por uma equipe de trabalho multidisciplinar composta por gestores de marketing, profissionais de comunicação, agências, profissionais de TI, entre outros. O processo cíclico do design thinking pode auxiliar esta equipe multidisciplinar a trabalhar de forma integrada e criativa para enxergar o target de forma assertiva, considerar *touchpoints* comunicacionais inovadores e integrados que alcancem, no conjunto da obra, os 14 objetivos da comunicação. Destacamos e sugerimos algumas ferramentas já adaptadas do design thinking que podem ser aplicados no planejamento da comunicação integrada:

1) **Persona** é a criação de forma empática que auxilia a entender o target, aprendendo sobre a sua visão de mundo, a sua linguagem e necessidades através da personificação

dos elementos de segmentação. Com base em dados de mercado, cria-se a persona, dando nome e roteirizando sua história, contexto cultural e comportamento de consumo, auxiliando a direcionar a construção dos elementos de comunicação e a validar as ideias e protótipos (detalhado no **Capítulo 3**).

2) *Blueprint* **de comunicação digital** é a aplicação de uma técnica gráfica que descreve a jornada da persona com todos os *touchpoints* comunicacionais possíveis e que auxilia no processo de ideação do planejamento integrado da comunicação. A partir de todos os possíveis pontos de contato entre a organização e o target, estuda-se quais são as ações da persona diante de cada elemento comunicacional, como a organização responde a tais ações e quais são os processos para atender e desenvolver as trocas comunicacionais realizadas. Será mais detalhado a seguir.

3) **Protótipo** das ações de comunicação consiste em utilizar produções ainda não finalizadas (rabiscos em papel, storyboards, versões preliminares de impressos etc.) para testar a efetividade e integralização dos *touchpoints* no alcance dos 14 objetivos da comunicação junto ao target. Com isso, o processo de produção tende a ser mais assertivo, já que problemas poderão ser verificados ainda em fase de prototipagem (versão de teste, muito mais barata que a produção final).

Diversas outras ferramentas do design thinking poderiam ser aproveitadas e adaptadas no planejamento da comunicação integrada. Neste capítulo, procuramos provocar o início de uma reflexão mais profunda sobre a complexidade estratégica da comunicação integrada e como o design thinking se apresenta como um conjunto metodológico de desenvolvimento de projetos criativos que pode auxiliar no aproveitamento dos diversos olhares da comunicação.

Fica o desafio de considerar a comunicação integrada como um campo que necessita de inovação e pluralidade para alcançar a máxima performance.

2.5 *BLUEPRINT* DE COMUNICAÇÃO DIGITAL

O *blueprint* de serviços é uma ferramenta que mostra todos os pontos de contato (evidências físicas) de um target com uma empresa em um serviço prestado. Ajuda a mostrar de forma visual as ações do cliente com esses pontos de contato para identificar as possíveis necessidades de interação por parte da empresa e, para tanto, o que precisa ter de infraestrutura e de sistemas de apoio. É uma ferramenta muito utilizada no design thinking para ajudar a mapear o que um novo serviço demandará de interação e de estrutura humana e tecnológica para que o serviço seja plenamente oferecido.

No caso da comunicação digital, entendendo que ter uma plataforma digital é por si um serviço comunicacional e de interação, propomos uma adaptação do *blueprint* de serviços para o *blueprint* de comunicação digital para mapear as sinergias entre as plataformas e as interações que o target realiza em cada uma delas. Nesta adaptação, definimos:

- plataformas digitais: todas as plataformas digitais que a empresa dispõe publicamente para o seu público-alvo;
- ações da persona: o que a persona pode fazer em cada plataforma e que demanda uma interação ou uma resposta por parte da empresa;
- interações: quando é necessário ter uma interação ou um retorno de algum colaborador interno da empresa;
- ações automatizadas: feedback pré-programado realizado por sistemas digitais da empresa;
- plataformas de suporte: sistemas digitais que apoiam tanto as ações de interação quanto às ações automatizadas.

O *blueprint* da comunicação digital permite acompanhar a persona (público-alvo) em todas as suas ações nas plataformas digitais de uma empresa, mapeando todas as interações que são necessárias. Assim, a persona terá uma experiência completa nas plataformas digitais da empresa, ficando mais suscetível a agir (comprar) e interagir (fidelizar). A Figura 2.4 apresenta o framework do *blueprint* da comunicação digital:

Figura 2.4 Framework do *blueprint* da comunicação digital

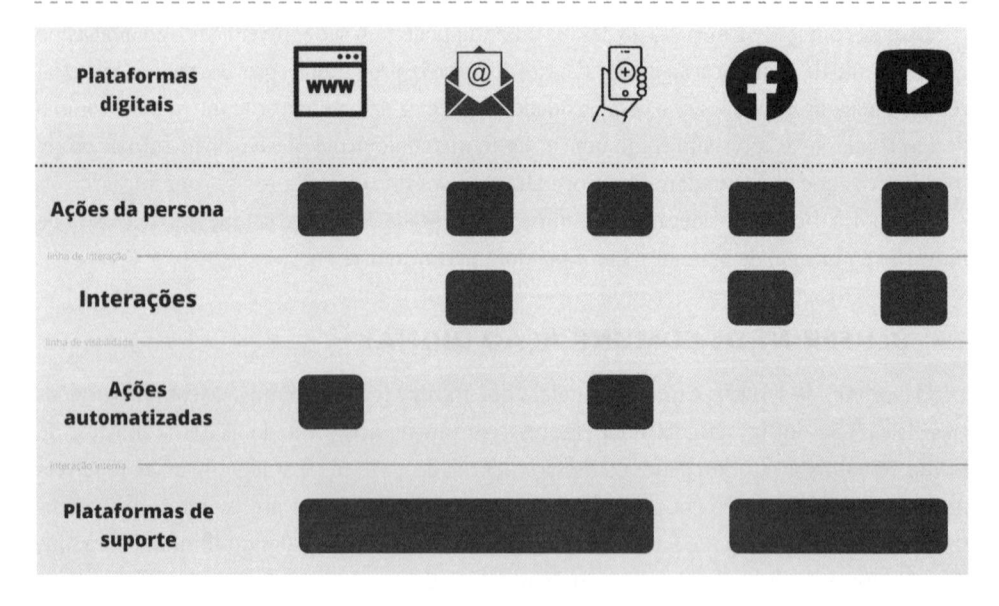

Fonte: elaborada pelo autor.

O *blueprint* da comunicação digital permite planejar e preparar a estrutura da empresa para atender às necessidades de interação com o *target* que surgem nas plataformas digitais, prestando um serviço comunicacional e relacional integrado e eficiente. Dessa forma, a empresa consegue planejar se está interagindo adequadamente com o seu público-alvo e onde estão os pontos de atenção para oferecer uma experiência completa para o usuário. O framework da Figura 2.4 é só um exemplo esquemático e deve ser aproveitado respeitando-se as particularidades e características de cada empresa e de seu relacionamento com os seus públicos-alvo.

2.6 BRAND PERSONA: A CONEXÃO EMPÁTICA ENTRE EMPRESA E MERCADO

Existe o senso comum de que, de maneira geral, é mais caro conquistar novos consumidores se comparado aos investimentos em manter os clientes já fidelizados, e que é ainda mais caro tentar reconquistar um cliente perdido por alguma questão de insatisfação ou sensação de abandono. Assim, o esforço de conquistar, manter e fidelizar os clientes deve ser contínuo e persistente, de forma a evitar perdê-los para a concorrência. O fato é que os esforços de comunicação devem ser contínuos de modo a percorrer os 14 objetivos da comunicação (**Capítulo 1**) de maneira integrada.

A integração da comunicação está diretamente associada a uma coerência de ações que percorrem os 14 objetivos através de mensagens que podem (e devem) ser diversificadas para se adequarem às características específicas de cada mídia, mas devem seguir diretrizes que garantam a coerência da campanha e reforcem os valores institucionais da organização. Principalmente os objetivos de comunicação de identificação, interação e fidelização podem se caracterizar como um dos principais focos das ações digitais de comunicação, que é o "engajamento".

Para a elaboração de estratégias de engajamento, as organizações precisam detectar de forma assertiva quem são os seus *stakeholders*, onde estão, como conversam, quais são as suas preocupações e visão de mundo. Como será detalhado no **Capítulo 3**, a partir de um conhecimento mais profundo do público-alvo, é possível construir personagens fictícios coerentes com as realidade e que representem o público-alvo de forma empática (*buyer persona*).

O outro lado da moeda da empatia está na construção de diretrizes que ajudem a empresa a conversar com as *buyer personas* de maneira assertiva e integrada. Neste caso, a integração da comunicação garante uma percepção de coerência e autenticidade, possivelmente resultando em uma consideração de reconhecimento e admiração mútuos entre empresa e mercado. Para isso, é possível desenvolver a *brand persona,* que é a construção de um personagem ou de diretrizes comunicacionais com personalidade que vão ajudar a humanizar a empresa, inclusive dando um tom de fala coerente e integrada em todas as ações de comunicação.

Brand persona é uma estratégia que permite colocar uma pessoa falando com outra. Na verdade, trata-se de estabelecer uma ponte empática entre a empresa e o mercado, considerando a *brand persona* e a *buyer persona*, respectivamente. Para tanto, a *brand persona* tem a função de humanizar os atributos tangíveis e intangíveis da marca, aproximar o *target* de maneira empática e pessoal, estabelecer a forma de comunicação integrada com a elaboração de diretrizes de linguagem, com o estabelecimento de um tom de fala e uma voz da marca, e apoiar as ações de conteúdo da marca para reforçar o branding.

Para a construção da *brand persona* é possível se valer de um personagem, mascote ou personalidade. Mas para além de um personagem, a *brand persona* pressupõe estabelecer diretrizes de marketing para promover a comunicação com o target de maneira coerente. As diretrizes para a elaboração da *brand persona* partem das bases institucionais da organização, ou seja, missão, visão, valores, pilares, promessa etc.

Assim, a construção da *brand persona* permite estabelecer para a comunicação:

- tom de voz;
- constelação semântica (grupo de palavras mais utilizadas);
- gírias e regionalismos;
- formas de argumentar;
- referências que ela usa ao falar;
- citações e autores que ela admira.

Com este foco no relacionamento empático e profundo entre empresa e mercado, as estratégias de marketing e comunicação precisam considerar estratégias integradas se valendo de diversas ações que ajudam a compor a matriz dos 14 objetivos de comunicação. A comunicação precisa, então, ser integrada de fato para propiciar uma mensagem, uma narrativa e um storytelling coerente. A *brand persona* é o início de um processo que deve estar coerente na ponta – nas peças publicitárias e em todas as ações de comunicação, digitais e analógicas. Assim, é essencial compreendermos o conceito e as estratégias de comunicação integrada de marketing online e offline.

COMPORTAMENTO DO CONSUMIDOR ONLINE

3

Autor

Leandro Key Higuchi Yanaze

3.1 O NOVO CONSUMIDOR

Já é de senso comum afirmar que as tecnologias digitais impactam o indivíduo e a sociedade em vários níveis, inclusive na maneira como interagem entre si, com o ambiente e com os objetos. Assim, também modificam a forma como as pessoas se informam sobre os produtos e serviços, compram, contratam e consomem. Com as facilidades de interação e com os ecossistemas digitais baseados na conexão dos indivíduos, a experiência de consumir produtos e serviços se torna essencialmente uma ação coletiva.

Em alguns segmentos, o consumidor não precisa mais ter a posse do produto, mas acesso ao serviço. Por exemplo, ter um carro já não é mais uma necessidade essencial, mas ter acesso a transporte privativo através de aplicativos de transporte, sim. Da mesma forma, uma decisão de compra perpassa a consulta em diversos sites, incluindo a avaliação de outros consumidores nas próprias lojas virtuais, redes sociais e sites de reclamação. Assim, o consumo passou a se basear fortemente nas informações e dados sobre os produtos e serviços que estão disponíveis nas várias plataformas digitais.

Conhecer e se adaptar a esse novo consumidor é uma ação complexa e que exige ao mesmo tempo flexibilidade e criatividade, pois, além de se adequar às novas necessidades, as empresas precisam testar novas formas de interação com o seu público-alvo para se diferenciar dos concorrentes. Falando em concorrentes, na era digital, além das grandes corporações multinacionais, o crescimento de startups e médias empresas internacionais propiciam um ambiente competitivo complexo. Com sistemas multimodais de logística que apoiam as importações e com a entrada de players globais de diversos tamanhos, a concorrência passa a ser internacional e em categorias complexas.

Na era da informação, não adianta só a empresa falar de si e dos seus produtos e serviços. Cada vez mais, é necessário se preocupar com a experiências dos usuários, pois a repercussão amplamente disseminada por influenciadores e pessoas comuns é determinante nas decisões de compras de novos consumidores. Assim, canais de vídeo que mostram o *unboxing* de produtos e reviews com demonstração de uso são cada vez mais acessados para apoiar uma decisão de compra. Novamente, além do produto em si, é essencial se preocupar na experiência completa de uso e na divulgação orgânica que será feita pelos próprios consumidores.

Mesmo que a concretização da venda ocorra exclusivamente de forma física (lojas próprias, varejistas, representantes etc.) ou até de forma híbrida (através de e-commerces e marketplaces), o consumidor já está assimilando um comportamento de compra online. Para comprar uma roupa, por exemplo, vai pesquisar preços e impressões de outros consumidores nas lojas virtuais. Para comprar um carro, vai procurar informações comparativas em sites especializados e, com certeza, acessará vídeos de reviews. Antes de comprar ou alugar um apartamento, vai acessar os sites de imobiliárias e experimentará as opções de visitas virtuais por fotos 360° e passeios em maquetes virtuais.

Ao mesmo tempo, o consumidor tem à sua disposição diversas empresas concorrentes e que buscam chamar a sua atenção, nesse oceano de informações que é a internet. Além da concorrência pela qualidade de produto, preço competitivo e forma de distribuição e acesso, a comunicação eficiente e engajadora se torna uma estratégia cada vez mais necessária e determinante. Como conquistar a atenção do público-alvo e ser lembrado e considerado no momento da compra?

Conhecer o consumidor digital é um grande desafio, pois conquistar a sua atenção e confiança exige esforços de marketing significativos. O fato é que, diferente dos meios tradicionais de comunicação, em que a empresa investia para ter o seu anúncio publicado, no meio digital, qualquer pessoa pode publicar qualquer informação sobre o produto e a marca e gerar uma repercussão instantânea e abrangente, seja com teor positivo ou negativo. Inclusive, uma estratégia errada de resposta a uma fake news criada por um indivíduo pode acarretar prejuízo digital irreparável para a reputação da marca. Portanto, o consumidor digital exige uma presença digital das empresas de forma transparente, consistente e ativa para merecer a sua atenção e confiança e, consequentemente, a sua decisão de compra.

Já que tudo na internet é tecnológico, computadorizado e virtual, este consumidor passa a ter necessidades "humanas" ressaltadas na sua experiência de relacionamento com as empresas, com outros consumidores e com o produto e serviço. Assim, tem a necessidade psicológica, emocional e social de ser tratado como uma pessoa única ao mesmo tempo que interage com outras pessoas para amadurecer a sua decisão de compra. Isso exige uma mudança profunda na postura da empresa: comunicar não é só informar; passa a exigir a interação e personalização das suas ações com o consumidor.

Ao mesmo tempo, estabelecer um vínculo de reconhecimento e confiança exige tempo de maturação e esforços consistentes e relevantes. As ideias de *inbound* como forma de oferecer conteúdos relevantes para atrair o público-alvo ou do storytelling para humanizar valores através de narrativas são estratégias importantes e que devem ser consideradas a médio e longo prazos para alimentar a reputação e autoridade da marca. Essa construção da presença digital exige tempo de maturação, além de testes e criatividade.

Para isso, é muito importante conhecer de forma profunda o seu público-alvo. Assim, apresentaremos as estratégias de netnografia e *social listening,* que apoiarão na consolidação da *buyer persona.* Com isso, será possível conhecer a sua jornada de compra para organizar as estratégias de marketing e comunicação com o objetivo de nutrir o funil de vendas. Todos esses conceitos serão apresentados a seguir.

3.2 NETNOGRAFIA

Compreendendo que existe uma variedade de públicos e que cada sujeito se conecta a comunidades virtuais cada vez mais capilarizadas e diversas, é muito importante tentar compreender o comportamento dos internautas a partir dos grupos a que o público-alvo da empresa se agrega. Assim, é necessário entender o comportamento do target nas suas comunidades virtuais para buscar compreender os seus valores, necessidades, linguagem e cultura a fim de desenvolver conteúdos que sejam direcionados e assertivos ao mesmo tempo que se cria um relacionamento mais duradouro.

Para compreender o comportamento de sujeitos em comunidades, apresentamos a netnografia como um método de pesquisa imersivo que objetiva entender as comunidades virtuais e os seus integrantes que poderão interagir com a empresa e que têm o potencial interesse em adquirir seus produtos e/ou serviços. Netnografia é a junção dos termos *net,* ou seja, rede (internet), e *etnografia,* ou seja, o método de pesquisa que consiste em imergir em um ambiente para observar e registrar informações sobre sujeitos e seus comportamentos no referido meio.

A netnografia é composta pelas seguintes etapas:

1) **Definição do objetivo de pesquisa**: o que é preciso saber do mercado para que o relacionamento com o target seja mais profundo e converta em mais *awareness* e venda?
2) **Coleta de informações**: levantamento de todas as informações e interpretações já disponíveis sobre a comunidade que será estudada.
3) **Identificação das comunidades virtuais**: a partir das perguntas de pesquisa e do que já existe de informação teórica e de pesquisas secundárias, mapear as principais comunidades virtuais nas redes sociais que contribuirão com a investigação.
4) **Trabalho de campo**: vivência na comunidade que vai além da observação fria e distante, pois exige a participação, interação e diálogo para conseguir extrair não uma fala esperada, mas o que a comunidade tem a dizer; coleta netnográfica através de conversas com os membros e seleção de imagens e dados que representam as dinâmicas e interações da comunidade.
5) **Síntese**: escrita sobre todo o material coletado, apresentando tanto todos os recursos produzidos, ou seja, depoimentos, áudios, diários, fotos etc., como também o mosaico ou retrato da comunidade que se constrói a partir de tudo o que foi levantado.
6) **Feedback**: é uma prática ética fazer a devolutiva do estudo da cultura da comunidade para os membros da própria comunidade para validação, avaliação e novos aprendizados.

A aplicação da etnografia em contextos em rede, ou seja, a netnografia propriamente dita:

- significa realizar o estudo de um grupo social por meio da internet;
- analisar o comportamento de indivíduos na internet;
- pressupõe que a liberdade de expressão na internet significará maior autenticidade no entendimento das identidades e dinâmicas em uma comunidade virtual;
- é um método mais rápido, simples e barato do que a etnografia clássica, pois não exige deslocamentos e acomodação física; e
- combina a profundidade dos métodos de pesquisa qualitativos com a alta amostragem dos quantitativos

Netnografia é uma estratégia de pesquisa de mercado muito importante para entender as comunidades virtuais e os seus membros, públicos-alvo da empresa, que poderão se tornar lead e, posteriormente, consumidor e clientes. A forma de imergir, interagir e coletar informações destas comunidades é muito própria, já que cada uma tem a sua dinâmica própria. No entanto, essa imersão permite um entendimento autêntico e estratégico com o target, sendo essencial para o desenvolvimento de um planejamento de marketing e comunicação coerentes, humanizados e eficientes.

3.3 *SOCIAL LISTENING* NA PRÁTICA

Para além da observação e interação direta em comunidades virtuais específicas, como ocorre na netnografia, é importante criar mecanismos de monitoramento sobre como a sua marca está repercutindo nas redes sociais. Esta ação de monitoramento é conhecida como *social listening* e permite investigar palavras-chaves associadas à menção da marca para identificar o que tem sido falado sobre a sua empresa, como, quanto e por quem. Trata-se de uma forma de escuta de conteúdos que são gerados espontaneamente por internautas nas redes sociais, sites de notícias, blogs etc.

Outro ponto importante a ressaltar é que o *social listening* é, muitas vezes, associado ao monitoramento da reputação para ações de gestão de riscos e crises. No entanto, o *social listening* permite identificar oportunidades para ações propositivas, como aproveitar para reforçar atributos e valores, otimizar campanhas com hashtags, repertórios semânticos, tons de voz e conteúdos que sejam mais aderentes às expectativas e cultura digital dos targets.

Ao mesmo tempo, além de monitorar a sua marca, é importante usar o *social listening* para monitorar as ações dos stakeholders, questões relacionadas ao core business da sua empresa, presença digital de parceiros, concorrentes e demais agentes de interesse. Esta escuta ativa pode gerar ideias para novas campanhas, bem como apoiar em estratégias ágeis para responder a potenciais ameaças ou aproveitar oportunidades que promovam a vantagem competitiva.

O *social listening*, junto com a netnografia, permite o monitoramento de assuntos relacionados ao negócio em comunidades específicas, o que pode ajudar na identificação de mudanças de comportamentos do target, assuntos de interesse, feedbacks sobre uso de produtos e satisfação com serviços. São informações importantes que potencializam insights para o desenvolvimento de novos produtos e serviços, além de pautar temas que possam ser trabalhados em ações de *inbound* e de conteúdo rico, fortalecendo o posicionamento e a autoridade da marca.

Como muita informação é gerada nas redes sociais, blogs e portais de notícias, para a execução eficiente do *social listening*, é importante fazer uma curadoria de palavras-chave que serão monitoradas e que devem ser significativas para compreender como a marca está sendo exposta. Como as ferramentas de monitoramento apresentam diversos pacotes e planos, monitorar muitos termos pode ficar muito caro e pode não trazer os retornos estratégicos pretendidos na mesma proporção. Portanto, é muito importante fazer testes e amadurecer a escolha de termos a serem monitorados.

Para fazer um monitoramento abrangente, é importante sempre ter o nome da empresa como termo principal nas ferramentas de *social listening*. Além do nome oficial e do nome fantasia, é importante saber quais outros termos são normalmente usados para se referir à marca ou ao produto que será monitorado. Pode haver escritas fonéticas, abreviações, troca de letras e até apelidos (alguns, até, pejorativos). Todos esses termos devem fazer parte do monitoramento e cada informação associada à empresa pode ser categorizada, para se tornar dados estratégicos, por:

- **favorabilidade**: o conteúdo associado à marca é negativo, neutro ou positivo?
- **associação**: quais tipos de conteúdo, valores e palavras-chave estão sendo associados com a empresa?
- **tipo**: existe alguma informação na mensagem que reforça atributos e valores da empresa, enfatizados em alguma campanha específica? É uma reclamação ou pedido de suporte? É um relato de experiência?
- **insights**: contribui para considerar mudanças no portfólio e na campanha de marketing? Que ideias devem prosseguir para um estudo mais detalhado?

Por fim, é muito importante ter uma política de transparência e retorno, sempre publicando relatórios, mostrando que a empresa se preocupa em escutar atentamente o seu público-alvo e que realiza o *social listening* com o objetivo de aprimorar seus produtos e serviços para atender aos desejos, expectativas e necessidades do mercado. Essa percepção de respeito, transparência e proatividade é essencial no posicionamento sustentável e ético de uma marca no meio digital. Assim, o bom uso do *social listening* se torna estratégico.

3.4 *BUYER PERSONA*

Para o desenvolvimento de um plano de marketing de forma centrada no target, é necessário acessar e realizar pesquisas de mercado para ter uma compreensão abrangente do público-alvo, procurando levantar o maior número possível de dados sobre as suas características, localização, costumes, valores, visão de mundo, comportamento de compra etc. É necessário, para tanto, conectar diversas fontes de informações e, muitas vezes, sair a campo, mesmo que seja na exploração nas redes sociais, como no caso da netnografia.

No entanto, é fácil se perder ao trabalhar com um grande volume de dados. O planejamento de marketing é feito por pessoas para atingir outras pessoas. Se usarmos os dados de mercado de uma maneira fria, corremos o risco de trabalhar com médias, medianas, probabilidades e outras técnicas matemáticas e acabamos desenvolvendo o plano para os números das pessoas e não para as pessoas propriamente ditas.

Com o objetivo de direcionar qualquer projeto centrado no target de maneira empática e humanizada, utiliza-se a estratégia de criação de personas. Persona é um personagem fictício verossímil, que assimila as características demográficas, psicográficas e comportamentais do público-alvo ideal. A partir dos dados de pesquisa de mercado, os números são decupados e interpretados em características desse personagem fictício, criado para representar a pessoa referência para quem os esforços de marketing serão direcionados.

Com o desenvolvimento de personas, uma campanha de marketing tem um direcionamento potencialmente mais assertivo, pois a equipe de planejamento pode:

- compreender melhor o target (prospect/cliente);
- saber o que ele precisa;
- descobrir onde encontrá-lo;
- investigar como ele conhece o seu produto/serviço;
- mapear como ele compra e usa o seu produto/serviço;
- explorar como conversar com ele.

É importante salientar que uma campanha pode atingir diversos nichos de mercado. É importante criar uma *buyer persona* para cada tipo (nicho) de mercado. Além disso, explorando de forma mais abrangente o conceito de persona, existem ações comunicacionais da empresa com objetivos mercadológicos, institucionais e administrativos, para diferentes stakeholders. A prática de desenvolvimento de persona se aplica nesses casos, sendo possível ter personagens que representem cada uma das categorias de público-alvo, de acordo com a natureza da ação, como nos seguintes exemplos de targets:

- cliente;
- prospect;
- fornecedores;
- colaboradores;
- acionistas;
- parceiros;
- entidades.

Uma construção detalhada de *buyer personas* para uma campanha de marketing pode ter as seguintes informações:

- idade;
- cargo;

- hábitos;
- frustrações;
- desafios;
- crenças;
- hobbies;
- estilo de vida;
- hábitos de compra;
- quais mídias preferem;
- quem os influencia;
- quais tecnologias usam;
- onde buscam informação;
- critérios de decisão na hora da compra;
- momento da jornada de compra em que se encontram.

Para sistematizar a criação das personas, é possível se valer de fichários ou canvas com campos contendo essas informações pertinentes que ajudam a direcionar o planejamento de marketing. Modelos bem completos para a criação de personas são os canvas desenvolvidos pela Design a Better Business (Figura 3.1) e pela RevelX (Figura 3.2):

Figura 3.1 Modelo de persona canvas da Design a Better Business

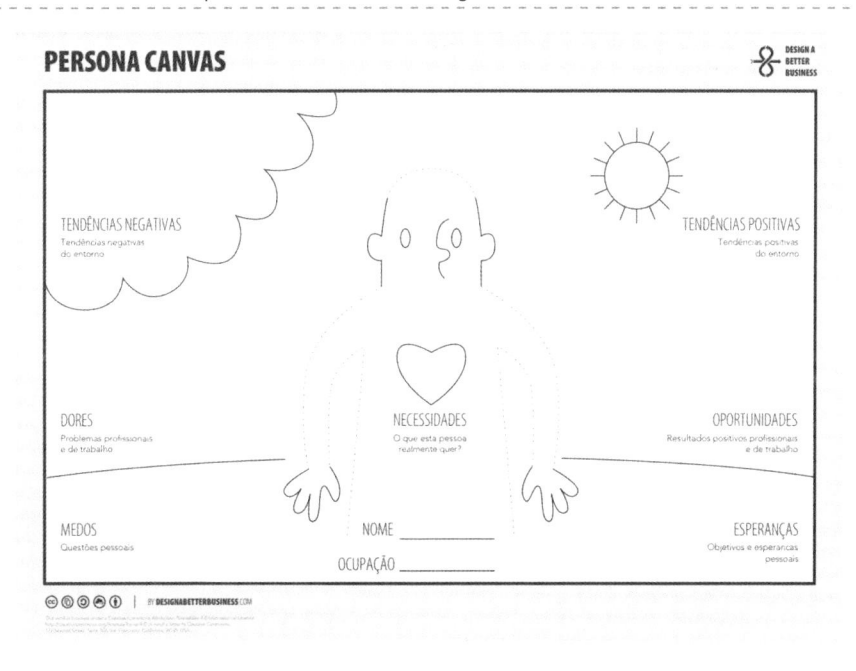

Fonte: adaptada de PIJL; LOKITZ; SOLOMON, 2016.

Figura 3.2 Modelo de persona canvas da RevelX

Especificamente para a criação de campanhas de comunicação, o mapa de empatia é uma derivação da persona que aprofunda as questões mais subjetivas e que apoiam imensamente na criação de conteúdos de valor. A Figura 3.3 apresenta o Canvas de Mapa de Empatia, adaptado pela Gamestorming:

Figura 3.3 Canvas de mapa de empatia (gamestorming)

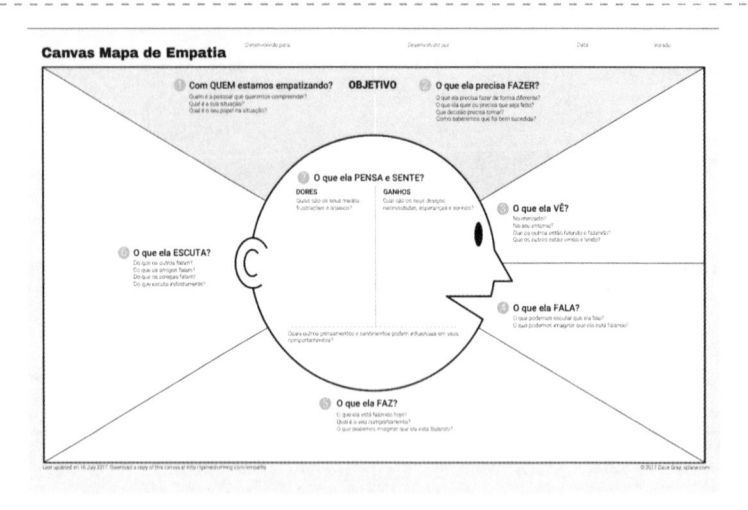

Assim, a persona é uma etapa importante no desenvolvimento de projetos de marketing digital, pois permite um entendimento do target para a elaboração de ações humanizadas e que possam promover uma interação significativa. Para além de números demográficos, a persona facilita o desenvolvimento de projetos para pessoas.

3.5 JORNADA DE COMPRA DA PERSONA

Do ponto de vista da persona, existe todo um processo desde entender que tem uma necessidade não suprida, o seu primeiro contato com algum elemento comunicacional da marca e/ou do produto, até que decida pela compra. Assim, como estratégia posterior a fazer a netnografia e *social listening* para apoiar na construção da persona, é importante mapear e descrever a sua jornada de compra em relação ao produto e serviço que a sua empresa está disponibilizando.

Deve-se partir do pressuposto de que a persona nem sequer tem consciência de que tem um problema ou uma necessidade que possa ser contemplada por um produto ou serviço. Logicamente, deve considerar que a persona não conhece a sua empresa e as suas soluções. Considerando todo o levantamento da persona e do seu mapa de empatia, é possível desenhar a sua jornada de compra, contemplando os meios de comunicação em que ela pode ter o primeiro contato com a sua empresa e todas as etapas necessárias para que ela parta do "ponto zero" até a compra.

É chamada de **jornada**, pois é o delineamento de todo este caminho que a persona passa para:

1) se conscientizar de um problema ou necessidade;
2) identificar um produto ou serviço que atenda a essa expectativa percebida;
3) se sentir segura e confiante em adquirir o produto ou contratar o serviço;
4) converter em compra; e
5) se sentir satisfeita com toda a experiência de compra.

Claro que cada target está em um momento diferente na jornada de compra. Mas é muito importante que a empresa considere os diferentes marcos da jornada para criar conteúdos nos mais diversos canais digitais para acolher e oferecer experiências informacionais que apoiem a persona a prosseguir no caminho até a compra e a fidelização.

É importante ressaltar que mapear de forma detalhada a jornada de compra é uma consequência direta de uma construção de personas de forma completa e bem embasada, pois é possível identificar de forma muito objetiva e focada todas as oportunidades de comunicação que a empresa tem para atingir e interagir com a persona. Se essa construção de persona estiver bem embasada em estratégias netnográficas e de *social listening*, será possível identificar também os seus valores e sua forma de pensar e de se comunicar, facilitando o desenvolvimento dos briefings das ações de marketing e comunicação para cada etapa-marco da jornada de compra.

A jornada de compra é o entendimento do processo trilhado pela persona, a partir do ponto de vista do seu processo de amadurecimento até a compra. Por parte das estratégias de marketing e comunicação digitais, partimos para o funil de vendas, que procura organizar todas as ações que podem apoiar a persona a trilhar a jornada de forma eficiente. A seguir, trataremos do conceito de funil de vendas.

3.6 O FUNIL DE VENDAS ONLINE

O processo de venda de um produto ou serviço para uma *buyer persona* começa desde o momento em que esta tem o primeiro contato com a empresa até, de fato, a concretização da compra. Considerando os 14 objetivos da comunicação, entendemos que as ações de comunicação da empresa vão para além da compra, e devem contemplar a satisfação, interação, fidelização e disseminação por pares.

No entanto, no mercado é usual enquadrar todas as ações de marketing e comunicação inicial (do primeiro contato até a venda) como funil de vendas. Por conta das várias ferramentas de monitoramento online e uma sofisticação cada vez maior de processos de CRM (Customer Relationship Management – Gestão de Relacionamento com o Cliente, em português), o funil de vendas se destaca como um modelo de monitoramento, acompanhamento e gerenciamento das ações de marketing e comunicação que potencializa a efetivação de vendas, considerando a jornada da persona.

O funil de vendas, sob a ótica de planejamento de ações de marketing e comunicação digitais, permite preparar melhor esta persona em sua jornada de compra: desde o primeiro contato com a marca, todo o processo de ter mais informações sobre a empresa e seus produtos, se identificar com a solução e com a experiência ao ponto de se cadastrar para ter mais informações, ter oportunidades atrativas de compra e efetivar a compra. O modelo clássico do funil de vendas tem as seguintes fases:

- **Atração**: ter as ferramentas digitais prontas para receber um potencial cliente, como hotsite, site institucional, e-commerce etc. Através de ações massivas, como link patrocinado, post impulsionado, banners, matérias pagas e publicidade online, atrair o target para o seu espaço.
- **Geração de leads**: realizar ações como a oferta de conteúdos ricos, serviços específicos, demonstrações etc. para conquistar a confiança do público de interesse para que este disponibilize o seu cadastro qualificado (cadastre o seu e-mail, curta a sua fanpage, se torne seu seguidor etc.).
- **Oportunidades de venda**: é o momento de relacionamento intenso com a persona, oferecendo mais informações e conteúdos ricos para ajudá-la a amadurecer a sua conscientização sobre o produto e apoiar na sua decisão de compra. Também é o momento de aproveitar para aplicar o remarketing com ações específicas para quem já se cadastrou e demonstrou interesse, mas ainda não converteu em venda.

- **Venda**: ter o canal de atendimento e/ou de venda que permita a conversão da persona que está percorrendo o funil e oferecer condições de facilidades e de atração para a venda através de promoções, benefícios, valor agregado etc.

Normalmente, as etapas de atração e geração de leads são conhecidas como *topo do funil*, enquanto a etapa de oportunidades de vendas é o *meio do funil* e a venda é *fundo do funil*. O termo *funil* é usado porque em cada um desses estágios a quantidade de pessoas atingidas vai diminuindo, pois cada etapa acaba "filtrando" os públicos, de forma a alcançar de maneira mais assertiva e focada aqueles que estão mais prontos para efetivar a compra. De uma maneira ilustrativa, a Figura 3.4 apresenta este conceito tradicional de funil de vendas:

Figura 3.4 Modelo tradicional de funil de vendas

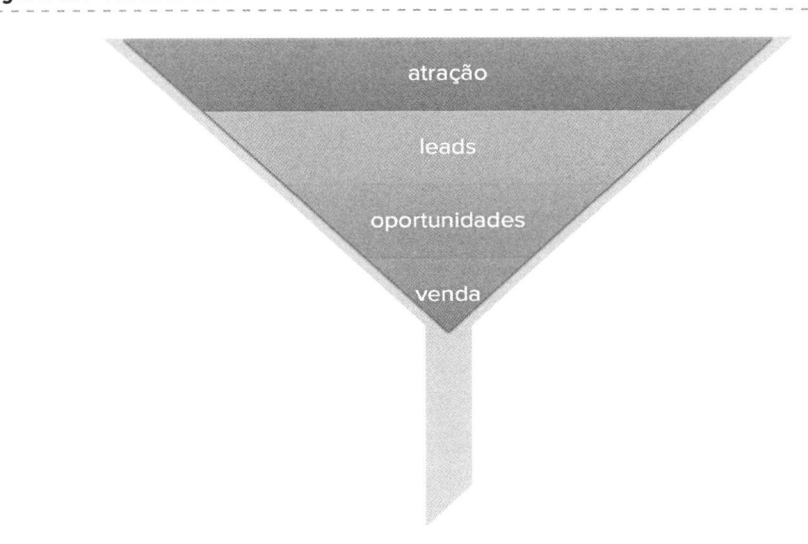

Fonte: adaptada de RESULTADOS DIGITAIS, 2016.

No entanto, considerando os 14 objetivos da comunicação, alguns modelos de funil de vendas passam a considerar também o pós-venda, incluindo os importantes objetivos de promover a interação, garantir a satisfação e fidelização e alcançar a disseminação orgânica. Isso porque monitorar e gerenciar os clientes pode resultar em recompra com esforço e investimento muito menores do que reiniciar todo o processo do funil de compra, desde o topo. Assim, esta nova etapa de **fidelização** compreende todas as ações que promovam um bom atendimento pós-venda, uma logística de educação e apoio para que o cliente consiga fazer bom uso do produto e fique satisfeito com esta experiência, envio de materiais e conteúdos exclusivos, programas de pontuação e descontos por fidelização etc.

A Figura 3.5 mostra a adição desta nova etapa de fidelização no funil de vendas:

Figura 3.5 – Funil de vendas completo:

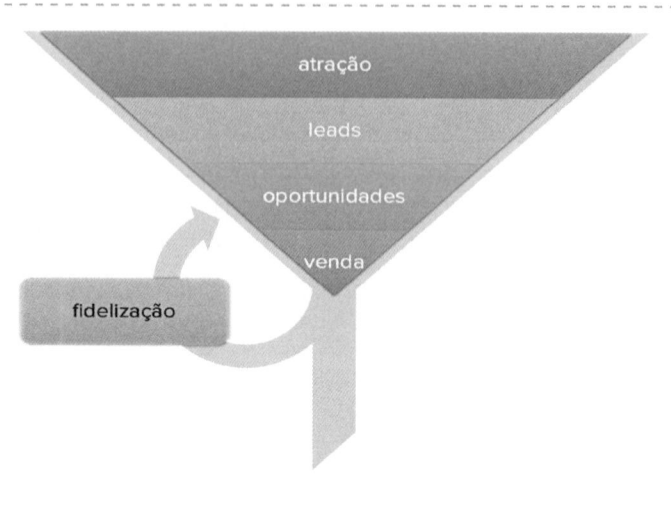

Fonte: elaborada pelo autor.

Assim, o funil de vendas considera e apoia a jornada de compra e passa a organizar e sistematizar todas as ações necessárias para contemplar os 14 objetivos de comunicação, oferecendo uma experiência completa para a *buyer persona*. Este capítulo apresenta o perfil do consumidor digital e as ferramentas estratégicas importantes para poder conhecê-lo e desenvolver ações de marketing e comunicação assertivas.

MARKETING DE CONTEÚDO E INBOUND MARKETING

4

Autor:

Felipe Morais

4.1 O QUE É MARKETING DE CONTEÚDO?

Tudo o que você vê, ouve, assiste ou lê na internet é conteúdo, o que significa afirmar que a internet não vive sem essa importante estratégia. Existem diversas formas de se trabalhar conteúdo, e a cada dia que passa temos mais e mais formas; cada época tem uma nova forma que ganha força entre os consumidores, em que as marcas precisam sair correndo para se adaptar e não perder o momento, afinal, esse momento é passageiro.

No começo de 2021, o mundo conheceu o Clubhouse. Virou uma febre, com milhões de downloads em poucos dias. Era a nova onda do momento. Pessoas baixando, testando, marcas criando salas para disponibilizar conteúdos e, claro, surgindo os grandes especialistas em Clubhouse. Passaram alguns meses e a queda foi maior que a ascensão, pois tudo que é novidade atrai, mas depois o pessoal começou a ver que não tinha muita relevância. Lembro de ter visto alguns memes no Facebook de pessoas postando que *a galera que não aguenta dois minutos de áudio no WhatsApp está no Clubhouse*", e é verdade! Hoje, o Clubhouse entrou na lista de tantas outras plataformas de conteúdo que nasceram, tiveram uma vida curta e morreram mais rápido do que nasceram.

Fica difícil, convenhamos, bater de frente em preferência com Facebook, YouTube, WhatsApp, LinkedIn, Twitter e Instagram na preferência das pessoas que, ao acessar seu smartphone, prefere esses a outros canais. É aquilo com que estamos acostumados, é o que o nosso cérebro nos mostra ser confiável e seguro, então consumimos o conteúdo ali, pois está mais próximo do nosso dia a dia.

Segundo a Resultados Digitais,[1]

> marketing de conteúdo é uma estratégia de marketing focada na criação e distribuição de conteúdo relevante (como artigos, e-books e posts nas redes sociais), sem promover explicitamente a marca. Com o marketing de conteúdo, a empresa ajuda seu público-alvo a resolver seus problemas e vira uma autoridade no assunto.

Se você pensou que conteúdo é uma forma de venda, pensou certo, mas se pensar que é só isso, pensou totalmente errado. Conteúdo ajuda na venda, na construção de marca, no posicionamento, no fortalecimento e no relacionamento que as empresas precisam ter com as pessoas, não é apenas venda. E vamos ver isso aqui nesse capítulo!

Uma das maiores referências em marketing de conteúdo do Brasil, Rafael Rez, em seu livro *Marketing de conteúdo: a moeda do século XXI*, mostra um posicionamento que nos faz refletir.

> A única estratégia que é capaz de alimentar todas as outras estratégias de marketing digital é a estratégia de marketing de conteúdo. Do nada alguém chega num conteúdo que foi produzido há dois ou três anos, por meio das buscas e gosta do que foi escrito. A mensagem continua pertinente, relevante e interessante.[2]

O que Rez nos mostra é que o conteúdo é algo que pode ser importante para a história da marca, o que reforça o que disse acima sobre construir e fortalecer a marca, em qualquer que seja o ambiente, que fique claro, pois marketing de conteúdo não pode ser restrito apenas ao digital. Sabe aquela revista da Avon, que na década de 1990 sua mãe gostava? Isso é marketing de conteúdo. E, na década de 1990, internet era apenas um sonho.

O consultor de marketing Neil Patel, uma das maiores referências do mundo em marketing digital, conclui, em seu site, que:

> marketing de conteúdo é uma estratégia de marketing focada em produzir e distribuir conteúdo relevante para o público-alvo no momento em que ele mais precisa, com o objetivo de gerar valor para a persona; o marketing de conteúdo atende à intenção de busca do usuário e transforma o processo de compra em algo natural.[3]

Na visão de Patel, o conteúdo agrega valor para aquele que eu entendo ser o personagem principal de todo o processo empresarial, e aqui estou falando de produto, serviço, marketing, atendimento, pós-venda, a cadeia toda: pessoas!

---

[1] MARKETING de conteúdo. **Resultados digitais**. Disponível em: https://resultadosdigitais.com.br/especiais/marketing-de-conteudo/#. Acesso em: 25 jan. 2022.

[2] REZ, R. **Marketing de conteúdo:** a moeda do século XXI. São Paulo: DVS, 2017.

[3] PATEL, Neil. **Marketing de conteúdo:** o que é e como fazer em 2021. Disponível em: https://neilpatel.com/br/o-que-e-marketing-de-conteudo-o-guia-passo-a-passo/. Acesso em: 14 out. 2021.

Simon Sinek é o autor de uma das frases mais sensacionais do marketing: "100% dos clientes são pessoas. 100% dos funcionários são pessoas. Se você não entende as pessoas, não entende os negócios". Essa teoria é importante para criar o elo com o que Neil Patel diz acima: as pessoas são o ponto mais importante dentro de qualquer que seja o processo de marcas.

Por fim, trago uma reflexão da Rockcontent sobre o tema.

> Marketing de conteúdo é uma estratégia de marketing focada em engajar seu público--alvo e crescer sua rede de clientes e potenciais clientes por meio da criação de conteúdo relevante e valioso. Você atrai, envolve e gera valor para as pessoas de modo a criar uma percepção positiva da sua marca e, assim, gerar mais negócios.[4]

O ponto aqui está, novamente, em agregar valor para as pessoas, afinal, Sinek foi cirúrgico: precisamos entender de pessoas.

4.1.1 Por que eu trouxe esses conteúdos?

Para escrever este capítulo, resolvi começar trazendo grandes referências no Brasil e mundo na área de marketing de conteúdo. O que é uma referência para mim resolvi trazer para uma reflexão sua, que está aqui lendo. É importante, para o seu conhecimento, você sempre ter referências e ouvir outras opiniões.

Perceba que, por mais que as definições sejam diferentes, elas são parecidas. Esse paradoxo depende de quem está lendo, claro. Resumidamente, cada um dos teóricos resume o conceito em:

- Resultados digitais: distribuição de conteúdo;
- Rafael Rez: alimentação dos canais da marca;
- Neil Patel: conteúdo relevante;
- Simon Sinek: conhecer pessoas;
- Rock Content: engajar o público.

Claro que isso é um resumo do resumo do que esse pessoal aborda. O Rafael Rez, por exemplo, além de ter um livro apenas sobre esse assunto, tem um portal, "A Nova Escola de Marketing", que você precisa acessar, onde ele fala diariamente sobre o tema. Da mesma forma, a Resultados Digitais e a Rock Content têm e-books e blogs sobre o tema. Portanto, não acredito que marketing de conteúdo se resume a apenas alguns parágrafos aqui citados: o que estou fazendo é trazer reflexões que, ao mesmo tempo, embasam minha visão sobre o tema.

---

[4] PEÇANHA, Vitor. O que é Marketing de Conteúdo? Tudo que você precisa saber para se tornar um especialista no assunto. **Rockcontent**, 7 abr. 2020. Disponível em: https://rockcontent.com/br/blog/marketing-de-conteudo/. Acesso em: 13 jan. 2022.

Sou um especialista em marketing digital, com mais foco em estratégias de marca e comunicação. Por ter escrito cinco livros, sendo três deles sobre marketing digital, e tendo mais de 1.000 artigos publicados em diversos sites, como Mundo do Marketing, Adnews, Proxxima, A Nova Escola de Marketing, Oficina da Net, Ecommerce Brasil, Innovation Insider, Tutano/Trampos, bem como em sites e blogs de clientes, como, por exemplo, um trabalho feito junto com a NBPress, escrevendo artigos para a mídia de marcas como Galinha Pintadinha, Giuliana Flores, Apoema, Monis, Corebiz., entre outros, me coloco, sim, como um especialista em conteúdo, até porque, além disso, fiz alguns cursos sobre marketing de conteúdo, incluindo os da Rock Content, Rafael Rez e HubSpot, o que me credita a dar aula na ESPM sobre o tema, aula essa cujo resumo vou colocar aqui para que você entenda um pouco da minha visão sobre o tema, o qual já reforço achar muito importante para o marketing em geral.

Em aula, eu começo provocando os alunos, perguntando por que cada um comprou um smartphone. E sabe por quê? Porque falar ao telefone está entre o 6º e o 7º item dentre aquilo que as pessoas fazem no aparelho. Conteúdo está no começo, afinal, redes sociais é o item número 1 e, sem conteúdo, o que é o Facebook? Quem entrará no Instagram? Conteúdo é o rei, e veremos isso mais à frente.

O coração da aula é mostrar como as pessoas podem montar um plano de conteúdo, o qual entendo ser feito em cinco passos. Lembro que isso que estou escrevendo é o que ensino em aula, é o que aplico no dia a dia com meus clientes da FM Consultoria, ou seja, não é cópia de conceitos, mas sim a prática, o que, graças a muito trabalho e estudo, tem dado muito certo. Trago como exemplo o *case* que tenho junto com a URL Company, meu parceiro em tecnologia, com o Canal Conecta; depois de criarmos um planejamento de marca, estamos trabalhando conteúdo em artigos e vídeos e crescendo, em média, 12% ao mês em acessos, sem muito investimento em mídia. É um *case* da empresa e dentro da Kroton, maior empresa do mundo de educação, dona do Canal Conecta.

Etapas do marketing de conteúdo:

- **Planejamento, elaboração de persona, criação do conteúdo, distribuição e mensuração de resultados.** Esses 5 passos são fundamentais para você criar sua estratégia de conteúdo, mas tenha em mente que sempre sua estratégia se inicia com um objetivo claro e direto de marketing ou de marca.

4.1.2 Planejamento

Não existe planejamento sem pesquisa, por isso é preciso começar por esse ponto. Ouça pessoas e mercado antes de tudo. Pesquise concorrência, mercado, tendências e consumidores. Faça pesquisa online, pesquisa de rua, focus groups, nos sites e nas redes sociais. Use todos os canais digitais para pesquisa. Selecione pessoas e faça as pesquisas pelo telefone se necessário. Isso vai gerar os insights. Se tiver acesso a ferramentas como TGI, Marplan, Ibope ou ComScore, use e abuse! Quanto mais fonte, melhor.

4.1.3 Elaboração das personas

As pesquisas de planejamento mostram um caminho interessante para definir as personas. É possível, sim, criar mais de uma persona, até porque muitas marcas têm muitos produtos. Por exemplo, a Mercedes-Benz tem o Classe A por um preço de 286 mil reais e o Classe E por 555 mil reais. Dois sedans, mas no portifólio da empresa há a SUV Classe G no valor de 1,6 milhão de reais e a GLB de 264 mil. Obviamente, a persona do Classe A não é a mesma do Classe G.

Nesse momento, temos algumas metodologias interessantes. O funil de conversão está dentro da estratégia, criada no planejamento. É nesse momento que se entende qual a jornada que se espera do consumidor na marca. Tendo ainda a Mercedes-Benz como exemplo, é preciso ter a estratégia topo de funil, ou seja, mídia para atrair para o site da marca, ou landing page – depende da estratégia macro. O que é preciso trabalhar no meio do funil? O que oferecer aos leads gerado? Conteúdo é o caminho; como transformar esse lead em oportunidade? Conteúdo, novamente é a resposta, até gerar a venda.

Para entender quais conteúdos, é necessário entender o Mapa de Empatia e a Matriz de Conteúdo. O Mapa de Empatia é colocar os colaboradores da empresa, de todas as áreas, no papel do cliente. Eles precisam responder seis perguntas, sobre o que o consumidor:

- Pensa ou sente?
- Vê?
- Fala e faz?
- Escuta?
- Problema que ele precisa resolver?
- Objetivos?

Esse processo é interessante demais, pois dá muitos insights. Depois, reúnem-se todos esses insights para distribuí-los em outra matriz, agora a de conteúdo, onde se alocam os insights em quatro quadrantes, seguindo os seguintes pilares de objetivos de conteúdo:

- emocional × consciência = entretenimento;
- compra × emocional = inspirador;
- consciência × racional = educação;
- compra × racional = convencimento.

Ou seja, dentro dos insights que o Mapa de Empatia gera, que precisam emocionar e gerar a consciência no consumidor, há uma linha mais para entretenimento, o que pode ser trabalhado em vídeo, jogos ou até mesmo um quizz; se o conteúdo precisa gerar uma percepção de compra racional, o conteúdo precisa convencer, podendo ser uma landing page com cinco dados que mostre que a compra de um Classe A é mais vantajosa do que comprar uma BMW 320i, por exemplo.

Os passos 1 e 2 criamos de forma paralela, por isso, no texto em geral, você viu as duas partes feitas quase simultaneamente, com ações casadas entre elas.

4.1.4 Criação de conteúdo

Esse terceiro passo precisa muito dos passos 1 e 2. Os caminhos do conteúdo estão desenhados, estão alinhados, entretanto, eles não estão prontos. Ele tem o conceito, tem o direcionamento, tem a matriz, mas agora é preciso detalhar e criar o mapa, ou seja, o que vai para site, blog, e-mail, redes sociais, vídeo; a distribuição é o próximo passo.

Crie um cronograma por canal, o que cada canal terá. Isso é importante para passar o brief ao time criativo. Eles vão criar, mas precisam saber para qual canal, pois isso interfere no tamanho do texto e da arte, por isso eles precisam saber no detalhe. Não é "criar um post no Facebook", mas sim criar um post para o formato X do Facebook. Seja mais específico, assim ajuda o time de atendimento com esse ponto.

DISTRIBUIÇÃO DE CONTEÚDO

Existem diversas plataformas que podem ser usadas, que normalmente distribuo em campos macro, como:

- vídeo: EAD, webinar e YouTube;
- texto: artigos, blog, assessoria de imprensa;
- redes sociais: vídeo, artigo, imagens, texto, animação, lives;
- e-mail marketing/newsletter: texto, imagem, gif animado, links, vídeos, notícias e promoções;
- conteúdo extenso: revista, e-books, infográfico;
- SEO: Google e link building;
- mobile: aplicativo, mobile site, conteúdo para mobile;
- áudio: podcast, entrevistas, aulas, review de produto.

Dessa forma, é possível oferecer experiências de conteúdo para todos os gostos e deixar o consumidor decidir onde e como se relacionar com a marca.

Como contratar uma agência de marketing de conteúdo: relação agência e cliente

por Edgar Almeida

O principal ponto de atenção neste processo é o alinhamento de expectativas. Pois, segundo Fábio Duran, CEO e cofounder da Hubify,[5] em uma agência de marketing de conteúdo há principalmente três tipos de situações que são as mais comuns: no caso de grandes clientes, uma dessas situações é saber muito quais são seus objetivos, justamente por já possuir um time interno que compreende a importância de uma estratégia para gerar tráfego orgânico e relacionamento com suas personas, ficando, neste caso, a negociação focada sobretudo em questões comerciais.

---

[5] DURAN, Fábio. **Marketing de conteúdo na prática**. Entrevista concedida a Edgar Almeida, via Zoom, 27 jul. 2021.

A grande maioria das vezes funciona de outras duas formas. Ou é um cliente que sabe o que quer de forma superficial, por ter ouvido em alguma ocasião sobre a importância do marketing de conteúdo, ou seja, o cliente sabe que é importante, mas não conhece como funciona o processo. Ou uma outra situação é o cliente que procura uma agência de marketing de conteúdo, entretanto ele apenas tem uma "dor",[6] como a necessidade de aumentar as vendas, mas não sabe se o marketing de conteúdo pode realmente atender a sua dor e como é o planejamento de marketing de conteúdo e SEO. Neste último caso, tem-se o oposto do cliente grande, pois é preciso mais tempo para convencimento e concretizar a negociação. Isadora Toledo de Faria, head de conteúdo na Hubify, relata que nesta última situação "os clientes têm o foco muito grande na venda e conversão, sendo que vão ver o conteúdo como uma forma de se chegar no seu objetivo".[7]

Duran ressalta que, para ambas as situações e perfis de clientes, o marketing de conteúdo não serve somente para indexar palavra e gerar tráfego orgânico; ele serve também dentro de uma estratégia *inbound* para nutrir e se relacionar com o lead ou cliente. E por meio desse relacionamento é possível colher pistas, dados e insights de onde essa pessoa está na jornada de compra, por exemplo.

Outro ponto que Duran afirma é que marketing de conteúdo é uma estratégia de longo prazo: "a gente não publica um texto numa semana, na semana seguinte publica outro, e no mês seguinte ele está em primeiro lugar". É preciso um conjunto de ações de médio e longo prazo. Uma vez que o conteúdo funcionou, ele está gerando tráfego, o cliente precisa também possuir uma estratégia de conversão. E depois de conversão de nutrição (relacionamento), entram em campo um sistema de gestão de CRM e de automação de marketing, apenas para citar dois exemplos.

Para finalizar, o profissional reforça que marketing de conteúdo ou qualquer coisa do marketing digital é igual a qualquer outra ação de marketing.

Se você amanhã colocar a sua empresa no comercial do Fantástico, do Jornal Nacional e da novela das oito cinco vezes por semana, isso não vai garantir que a empresa vai estourar de vender. Depende de produto, depende do preço, depende de atendimento, depende do entendimento da comunicação. Tem um monte de coisa que depende. Então marketing conteúdo não é diferente, vem dentro dessa mesma lógica.[8]

4.2 CONTEÚDO RELEVANTE É O REI

Tudo o que vimos no capítulo anterior não seria possível se a palavra *relevância* não estivesse dentro do universo apresentado. Não adianta em nada ter uma estratégia matadora sem ter relevância inserida nela.

Muitas agências avaliam a relevância dentro da sua bolha, ou seja, criam matrizes de conteúdo dentro do que o time de redes sociais acredita ser interessante, sem pensar no que isso representa para a marca ou se o consumidor está mesmo interessado. Baseado no fato de o Facebook mostrar o post, de forma orgânica, para 0,1% da audiência, a desculpa está

---

[6] Expressão muito usada no mercado publicitário para indicar uma necessidade do cliente.

[7] FARIA, Isadora Toledo de. **Marketing de conteúdo na prática**. Entrevista concedida a Edgar Almeida, via Zoom, 27 jul. 2021.

[8] DURAN, 2021.

pronta para posts com baixíssimos índices de curtidas, comentários ou compartilhamentos, entretanto não ser relevante é o ponto principal para esses baixos índices.

Curtidas, comentários ou compartilhamentos não são métricas, mas sim uma forma de estudar e ter um norte para onde ir. Se uma página tem 50 mil fãs, mas apenas 5 curtem, é porque o conteúdo não está relevante, além, claro, do fator 0,1% da audiência do Facebook. Uma coisa está ligada a outra, mas os trabalhos ruins – e temos aos montes – são justificados apenas com o que é mais conveniente.

Um estudo da Semrush de 2019 mudou totalmente a minha visão sobre redes sociais. É uma pena que o Brasil ainda entenda redes sociais como canal de mídia; na verdade é, mas não em sua função principal. Em sala de aula, eu sempre desafio as pessoas a me contarem sobre uma pessoa que seja, que acessa uma fanpage para ver propaganda. Ninguém me dá um nome, porém, quando peço para que digam uma marca qualquer, aleatoriamente, eu entro no computador da faculdade, abro o Facebook e digito o nome, e o que vemos? Propaganda!

Na pesquisa da Semrush, era apontado que as redes sociais não são para vender, mas sim para inspirar. Eu ainda somo isso ao fato de que, para mim, redes sociais são para posicionar e fortalecer a marca. O conteúdo ali é para auxiliar no poder de decisão; o que inspira acaba sendo o conceito que amarra tudo isso. A Nike, por exemplo, é o maior exemplo disso. Não há um post no Facebook do Nike Shox por 10 × de R$ 59,90; isso tem na Dafiti Esportes ou Netshoes. Na fanpage da Nike você vê o que a marca inspira nas pessoas. Mercedes-Benz, Coca-Cola, Montblanc e Harley-Davidson seguem a mesma linha.

O conteúdo inspirador é o que as pessoas buscam. As redes sociais são um momento de prazer das pessoas. Elas querem ver algo bom, que as acalme, que as desconecte da correria do dia a dia. Não à toa, as frases motivacionais têm tanto engajamento, principalmente no Instagram.

Como dito no capítulo anterior, as pessoas buscam o smartphone atrás de conteúdo que essa ferramenta pode colocar em suas mãos. Cerca de 85% dos acessos à internet vêm do mobile, sendo o smartphone o maior representante, seguido de tablet, ou seja, o acesso à internet vindo do mobile é o ponto mais importante de estudo de qualquer tema sobre o universo digital.

4.2.1 Storytelling precisa de relevância

A técnica de contar histórias é muito antiga; talvez seja essa a primeira forma de marketing, pois era com histórias que se vendiam produtos. Aconselho você a assistir "Madame CJ Walker" no Netflix, com olhos de profissional de marketing, para entender mais sobre como histórias são fundamentais para vender. A faxineira conquistou fortuna nos EUA, no começo do século 20, criando um conteúdo rico e oferecendo aos clientes uma história de sucesso baseada em seu produto para cabelo.

O storytelling dá significado a algo. É com um conteúdo rico, com dilemas, contexto, criatividade, conhecimento e, acima de tudo, um bom conflito que as pessoas se prendem a histórias, sejam elas de uma série do Netflix, seja um filme dos Transformers, uma novela ou mesmo de marcas. A história da Harley-Davidson é encantadora e não tem como você assistir ao manifesto da marca, chamado **Believe** (tem no YouTube), e não ficar com muita vontade de comprar uma moto, afinal, em pouco mais de 2 minutos, a história é tão bem contada que você se enxerga nela.

4.2.2 *Inbound marketing*

O *inbound marketing* trabalha para criar relacionamentos individualizados que causem impactos duradouros em quem deseja se relacionar com uma marca. Não existe uma ação de *inbound marketing* sem conteúdo, mas existe estratégia de conteúdo sem *inbound marketing*, e isso você vai entender melhor aqui.

Há três passos fundamentais para criar uma ação de *inbound marketing*: conhecimento, consideração e tomada de decisão. A automação, como a Hubspot ou a RDStation fazem, é importante, mas, sem conteúdo, as ferramentas nada serão. Basicamente é isso: ferramenta sem conteúdo é como ter uma Ferrari sem dinheiro para colocar gasolina, ao passo que o marketing de conteúdo pode existir sem o *inbound marketing*; por exemplo, na década de 1980 tínhamos uma revista chamada **Shell Responde**, que era conteúdo da marca Shell – uma pena ter acabado esse projeto.

4.2.3 **Conhecimento**

O consumidor quer saber mais da empresa, está mais propenso a receber material a seu respeito. O Google é o primeiro canal para buscar sobre o segmento e chegar na marca, por exemplo, buscar "carro sedan de luxo" e chegar na Mercedes-Benz, Audi, Jaguar ou Audi. Mas por que a pessoa vai decidir pela Mercedes-Benz? Pelo site? Pelo blog? Pelas redes sociais da marca? "Por todos" seria a resposta certa.

4.2.4 **Consideração**

São diferentes níveis de compreensão para a compra. O Paulo pode ser apaixonado pela Mercedes-Benz e quer apenas estar mais seguro da sua decisão; a Amanda pode estar entre a tradição da Mercedes-Benz e a elegância do Jaguar; Ricardo pode estar de olho na BMW, mas considera a Mercedes-Benz, pois acha o interior do carro mais bonito que o da BMW; a Paula pode ter uma Audi A4, mas estar pensando em mudar de marca, pois já teve o carro por cinco anos e quer variar, sendo que seu amigo, Juliano, tem uma Mercedes-Benz e adora. Nesse momento, um bom site, vídeos sobre o carro, reviews de produtos, uma boa rede social inspiradora, newsletters atrativas e relevantes ajudam muito para que esse passo se torne o mais importante para a marca: a venda!

4.2.5 **Tomada de decisão**

Aqui é a venda. É importante que o consumidor sinta empatia com a marca. Para isso, o time de vendas é fundamental, no contato físico. Só automatizado, fica frio; é preciso o olho no olho, um webinar com um mecânico explicando sobre a Mercedes-Benz ou mesmo um diretor da marca conversando sobre o novo Classe A pode ser fundamental para a decisão segura do cérebro, e a BMW, Jaguar ou Audi ficar para outra oportunidade.

4.2.6 *Buyer persona*

Em outro capítulo, até usando a frase de Simon Sinek, falamos da importância de entender comportamentos, assim como confirmamos que uma marca pode ter várias *buyer personas*. Por isso, construa, entenda a sua jornada de consumo para saber como, onde e quando impactar, tendo o conteúdo como o principal, e não a ferramenta.

Retomo aqui para que você entenda a importância. Em qualquer ação que eu entre com o pensamento estratégico, *buyer persona* é o que mais me pedem para ajudar a desenhar, talvez porque quem me conhece sabe a paixão que tenho por entender o comportamento humano. Para isso, é preciso ler muito sobre psicologia, ok? Fica essa dica para você. Defina a sua *buyer persona*, mas o fundamental é saber o que ela leva em consideração na jornada de compra, e não se ela é alta, baixa, magra ou tem o cabelo azul – isso pouco importa.

4.2.7 *Inbound marketing* é longo prazo

O resultado não vem amanhã. Isso é fato! Pode usar a melhor ferramenta do mundo – não vem! Apenas 3%, em média, das pessoas tendem a converter no primeiro contato com uma ação de *inbound marketing*, ou seja, 97% delas buscam outras fontes para comprar de outras marcas, ou mesmo não comprar. É da vida, faz parte do processo.

Inbound marketing não se faz sem planejamento, que fique claro isso para você. Pesquise, estude mercado, entenda pessoas, crie algo relevante para elas. Planejamento também ajuda a organizar as ações. Cronograma é fundamental para o sucesso de uma campanha; pense nisso: é preciso estar onde o consumidor está. Por isso, *inbound marketing* é considerada a ação que se faz presente quando o consumidor tem dúvidas ou quer se relacionar com as marcas; é uma ação constante e que está sempre sendo mexida. Não se cria um plano, coloca no ar e espera anos para saber se deu certo. *Inbound marketing* é algo a ser mexido dia após dia.

4.2.8 Plano de longo prazo

Comece criando uma lista de palavras-chave para a sua empresa e marca. Não há limite, mas uma infinidade também poderá atrapalhar. Entenda as que mais dão conversão, mais atraem pessoas para o site. O Google Analytics é essencial para isso, mas Semrush, Google Insights e até Adwords podem ajudar na pesquisa.

Crie metas claras e alcançáveis. "Vender 50 mil produtos no primeiro mês" pode ser fácil ou não. Se a sua verba vai conseguir impactar 50 milhões de pessoas, se o produto vende no Brasil inteiro (ou pelo menos o e-commerce entrega), pode ser que seja factível esse número, mas, se você vai impactar 100 mil pessoas, esperar que 50% comprem seu produto é ter muita confiança em si próprio.

Pense na boa distribuição de conteúdo, como vimos em capítulos anteriores. Use e abuse de todos os recursos multimídia, não se acanhe e não fique preocupado com megaprodução: no vídeo, as pessoas querem, antes de mais nada, ouvir e aprender com o conteúdo. Tendo uma boa luz e som, está ótimo! Pense no conteúdo, depois na produção. Os smartphones, cada dia mais avançados, já gravam em qualidade 4K, sabia?

Teste conteúdos. Os que mais geram resultados podem ser replicados um ou dois meses depois, sem problema. Apenas o dono da empresa vai se lembrar que em janeiro o post já tinha sido publicado, mesmo estando em junho, mas ele, ou ela, precisa entender que as pessoas não amam a marca como eles, portanto, ninguém vai rolar a página do Instagram até o final para ver se tem post repetido ou não. Deu resultado? Repita!

Bem, essas eram as informações que eu queria passar a vocês. Como disse, aqui não tem verdade absoluta e muito menos a única forma de fazer. O conhecimento de vocês virá de várias fontes de referência, de vários aprendizados, de muita leitura e muito estudo. A gente aprende todos os dias. Em 2020, eu, por exemplo, fiz 80 cursos, entre pagos e gratuitos. E você?

SEARCH ENGINE OPTIMIZATION (SEO)

5

Autor:

Daniel Santos

5.1 SEO: UMA ESTRATÉGIA ORGÂNICA... E SE É ORGÂNICA, FAZ BEM PARA A SAÚDE DIGITAL

Escrever sobre SEO para um livro toma as mesmas proporções de anotar todas as tecnologias e inovações de uma era em um papel, colocar numa garrafa e enterrá-la para as próximas gerações descobrirem como era o passado. E ela ser encontrada em uma escavação remota e a anotação ser lida para toda a população com um tom nostalgicamente cínico, pronta para ser mimetizada. E não estamos falando de cem anos para achá-la; vamos pensar em dois anos após enterrá-la, e tudo que era a última geração estará sendo comercializado por 10% do seu valor nos marketplaces sociais.

Então, o que fazer?

Como dedicar-se, então, a um tema tão mutável?

Assunto e dicas não faltarão para nós, devido a gama de ações que definem o tema. Assim como boas práticas de SEO que permeiam por anos como assuntos canônicos e essenciais. Ao final dessa leitura, você saberá como, quando e para que utilizar o SEO, ajudando o seu site a alcançar a primeira página, ou pelo menos estar pronto para isso.

Vamos começar entendendo o básico: que significa SEO?

SEO é uma abreviatura em inglês para: *Search Engine Optimization*. Traduzindo para o português, Otimização para Mecanismos de Busca. Indo um pouco mais além, SEO é o conjunto de técnicas que torna os sites mais relevantes para os mecanismos de busca. Quanto mais otimizados, maiores são as chances de ocuparem as primeiras páginas de resultado de um buscador.

Podemos separar o SEO básico em duas categorias: SEO on page e SEO off page. De uma forma simples e prática, podemos afirmar que:

SEO on page é o conjunto de táticas que usamos num site para ajudar os mecanismos de pesquisas a entender e ranquear melhor o conteúdo da página.

SEO off page está diretamente relacionado a tudo que é realizado fora do domínio do seu site. Aqui, entra a construção de links (*link building*), ações de marketing de conteúdo e a relação do seu site com as redes sociais.

Para entender onde vamos pisar, gostaria de citar a pesquisa da agência digital australiana Safari Digital, de 2021, que apontou que mais de 61% dos profissionais de marketing digital acreditam que SEO é a chave para o sucesso de uma empresa na internet.[1] A mesma pesquisa afirma que, se a empresa "gastar" tempo em estratégias para melhorar o ranqueamento, ela não só revolucionará seu alcance digital, mas seu negócio como um todo. Para negritar e colocar em caixa-alta essas afirmações, o mundo pós-pandemia colocou os meios digitais como atores imprescindíveis para a saúde e longevidade de uma empresa ou marca.

Para começarmos, que tal entender como o algoritmo Google olha para o seu site e como ele o classifica? Microssegundos que valem dias, semanas e meses de otimização, relevância e desenvolvimento dedicados por gurus digitais. E se resumem em nada mais que em um combinado de boas ações que ele classifica como a melhor opção de uma pesquisa. Essa combinação nasce basicamente de três etapas:

- **Rastreamento:** o Google faz pesquisas na Web com programas automatizados chamados **rastreadores**, buscando páginas novas ou atualizadas. O Google armazena os endereços dessas páginas (ou URLs) em uma grande lista para analisar posteriormente. Encontramos páginas de muitos métodos diferentes, mas o principal é seguir links de páginas que já conhecemos.
- **Indexação:** o Google acessa as páginas que rastreou e tenta analisar o conteúdo de cada uma. Analisamos o conteúdo, as imagens e os arquivos de vídeo da página, tentando identificar sobre o que ela trata. Essa informação fica registrada no índice do Google, um grande banco de dados armazenado em diversos computadores.
- **Exibição dos resultados da pesquisa:** quando um usuário faz uma pesquisa, o Google tenta identificar os resultados mais qualificados. Os "melhores" resultados têm muitos fatores, incluindo localização, idioma, dispositivo (computador ou smartphone) e consultas anteriores do usuário. Por exemplo, em uma pesquisa por "oficinas de conserto de bicicletas", os resultados seriam diferentes para um usuário de Paris e outro de Hong Kong. O Google não aceita pagamento para atribuir aos sites uma classificação mais alta. A classificação é feita por algoritmos.

Os dados acima são extraídos diretamente do site de desenvolvedores Google. Fonte mais segura que essa não vamos encontrar, você sabe por quê? O Google é a plataforma de

---

[1] SEO Statistics that will change the way you look at digital marketing 2022. **Safari Digital**. Disponível em: https://www.safaridigital.com.au/blog/seo-statistics-2019/. Acesso em: 25 jan. 2022.

pesquisa mais utilizada no mundo. Outros buscadores ainda não conseguiram atingir a maturidade e exatidão que os desenvolvedores da empresa implicam em seu algoritmo de busca. O nome da empresa transformou-se em uma referência de qualidade no mundo todo. Para melhorar cada vez mais as informações apresentadas ao usuário e sua relevância, esse algoritmo está em constante atualização.

Tendo isso em mente agora, abre-se espaço para uma pergunta: O que podemos fazer para melhorar ainda mais a qualidade da pesquisa e ranquear melhor o site da marca?

Resumidamente: SER RELEVANTE E OBJETIVO.

E como alcançamos isso?

No SEO, estamos sempre procurando maximizar o alcance e o tráfego para um site. E nada melhor do que entender como o seu cliente irá chegar até você numa pesquisa, seja escrita ou falada. Você tem que ser capaz de responder, de forma simples e rápida, como o seu cliente procura o seu produto na internet. Com isso em mente, utilize sua principal palavra-chave na tag de título de sua homepage (tag de título é aquele texto que você vê no complemento do endereço de um website), bem como em outros lugares importantes. Elas vão linkar sua página aos termos relacionados com a sua palavra-chave.

Uma dica bem *old school*, mas que ajuda e muito, é utilizar as suas melhores palavras-chaves em todo o seu conteúdo do site, seja informações ou em postagens. Tente mantê-las entre as 100 primeiras palavras usadas em seu conteúdo. Fazendo isso, o seu site ganhará mais relevância de pesquisa e, consequentemente, ajudará no seu ranqueamento.

Anote também:

Obtenha mais cliques usando e abusando de títulos criativos que parecem atraentes para os pesquisadores.

Evite o truncamento de suas metatags (sabe quando você pesquisa algo e, no resultado, você vê um texto explicando ou resumindo o site? Este texto chama-se metatag). Algumas tags de título serão truncadas após 45 caracteres; outras ficarão truncadas após 75 caracteres.

A metadescrição pode ajudá-lo a vender conteúdo. Use-a com foco e tente vender o seu produto e descrevê-lo ao mesmo tempo.

Otimize seu site para o mobile. Saiba que o mundo está na palma da mão. Não adianta ter um site totalmente otimizado para o desktop e, em sua versão mobile, a experiência não ser satisfatória. Lembre-se: *Mobile first!*

Renomeie as fotos do seu site utilizando palavras-chave do seu negócio; o robô do Google não irá analisar a beleza estética da imagem: o algoritmo lê o descritivo da imagem. É comum uma imagem ser salva com números aleatórios "IMG05214" e nesse caso não significará nada para o Google. Agora, se esta mesma imagem estiver salva no site como "Bike aro 29", muito possivelmente o algoritmo do Google irá compreender que o site em questão vende bicicletas ou aborda a temática.

Cadastre e confirme o endereço do seu negócio no Google My Business. É comprovado que ter um Google My Business atualizado e sempre com as últimas informações do seu negócio auxilia e muito na otimização da sua página. O Google My Business é a confirmação de que uma empresa física (endereço, contato etc.) está no Google.

Invista em *backlinks* de qualidade. Sabe aqueles links nos blogspots que são sempre relativos ao conteúdo e nos levam para uma página ainda mais específica? Sim, são desses mesmo que estamos falando. Aqui, a regra é relacionar a sua marca com assuntos e outras marcas. Vamos dizer que é o famoso network dos links.

Faça uma auditoria de velocidade do seu site e retire tudo que o deixa lento, tanto para desktop quanto para mobile. Aqui, quanto mais rápido, melhor, sempre! Otimize o carregamento do seu site conforme as plataformas.

Faça uma auditoria no código do seu site e elimine links duplicados ou canônicos. É um dos pontos mais técnicos, mas que ajuda no melhor ranqueamento do seu site.

Mantenha sempre seu conteúdo atualizado com novos links.

Coloque palavras-chave nos seus links.

Parece difícil, mas abaixo mostraremos muitas dessas dicas em prática. Sempre tenha em mente que as primeiras posições ou as que ocupam o melhor campo de visão do internauta são pagas. Quando você vir o termo "AD" no começo do resultado de pesquisa é uma abreviação de advertising (ou propaganda, em português).

Veja agora um bom exemplo de SEO bem trabalhado no retorno de pesquisa.

Figura 5.1 Exemplo de SEO

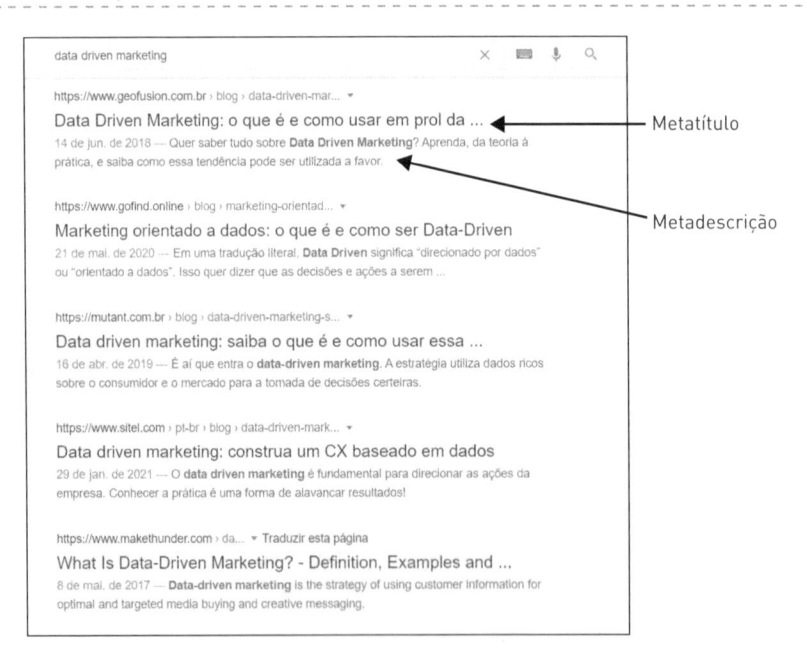

Fonte: GOOGLE.

Está tudo ali, o dever de casa bem-feito e ocupando a primeira página da pesquisa.

É uma afirmação dizer que o SEO é um trabalho a médio e longo prazo, no entanto, você pode começar a ver resultados no tráfego geral e nas classificações depois de alguns meses. Além disso, quanto mais você permanece nele, mais *backlinks* e autoridade do site você constrói, o que significa que você pode escolher palavras-chave ainda maiores e melhores e assim por diante.

Fomos rápidos e cirúrgicos em nosso tema e nada melhor do que compartilharmos um checklist de uma das melhores ferramentas de otimização de SEO. Veja o que a Semrush criou. Siga, releia e tenha sempre em mãos.

Figura 5.2 Checklist definitivo de SEO em 2021 (Semrush)

Fonte: CASAGRANDE, 2021.

No QR Code a seguir você encontrará mais informações sobre os níveis de verificações que você poderá fazer. Lembrando que uma análise completa de SEO é um trabalho multidisciplinar envolvendo desenvolvedores, equipe de marketing digital, a equipe do seu negócio. Mas você poderá começar com o básico e sentir resultados a curto e médio prazo.

https://bit.ly/3G4qClj

COPYWRITING

6

Autor:

Mauro Arruda

"O digital é um pedaço de papel"

> – David Lynch, o celebrado diretor de *Twin Peaks*, quando perguntado se a popularização das ferramentas digitais iria banalizar a indústria criativa.

Quis o destino que a minha contribuição a este livro viesse ensanduichada entre textos dos maiores especialistas em marketing digital do país.

Além de me encher de orgulho e colocar a barra lá em cima, a posição deste capítulo ilustra bem o papel do copywriting em nosso mundo hiperconectado – e mostra como o texto pode ser o recheio secreto desse nosso sanduíche tecnológico.

Talvez você não tenha reparado, mas sua experiência com este livro já se aproxima da metade. Para chegar até aqui, você explorou o planejamento mercadológico e de comunicação em canais digitais, investigou como o consumidor se comporta online, percebeu a força com que o conteúdo de qualidade está redefinindo a relação entre pessoas e marcas.

E, caso me dê o privilégio da sua leitura, na sequência deste capítulo você logo estará imerso no universo de influenciadores, redes sociais, otimização de tráfego, impulsionamento e métricas de sucesso.

Tudo somado, fica nítido que os algoritmos colocam um poder inédito nas mãos dos profissionais de marketing e comunicação.

Não se trata mais de tentar atingir um público-alvo. Até porque você já sabe exatamente onde ele está – coletivamente, mas também individualmente. Com um nível de detalhes que é estonteante para quem habitou um mundo ancestral e cresceu em meio a mídias de massa e GRPs.

Hoje, enxergamos muito além de pesquisas e recortes de target, gênero ou classe social. Temos acesso direto a pessoas como você e eu. Conhecemos seus hábitos, gostos e preferências.

Sabemos com quem nossos consumidores se relacionam, suas orientações políticas e sexuais. Podemos ouvir o que falam, monitorar seus sinais vitais, mapear sua atividade cerebral, traçar seus movimentos oculares, registrar quanto tempo dura sua atenção. Mais importante, cruzamos essa montanha de dados em tempo real, o tempo todo.

Parece até covardia. E muita gente defende que é mesmo, em meio a questões emergentes sobre proteção de dados e direito à privacidade.

O fato é que, com as ferramentas adequadas e um budget idem, você tem a faca e o queijo na mão para construir uma estratégia digital imbatível. O problema é que seu concorrente também pode ter. E fazer igualzinho.

No meio de tanta precisão de mídia, o que vai definir o engajamento do seu consumidor? E, correndo tudo bem, iniciar uma jornada de sucesso com ele?

Ele mesmo: o recheio. O conteúdo da sua campanha. Em última análise, a palavra escrita. Que pode se materializar exatamente nisso – um belo texto – mas também pode tomar a forma de qualquer tipo de mensagem. Para ser lida, ouvida, assistida e, se tudo der certo, sentida em qualquer formato de mídia.

Porque não existe melhor maneira de aterrissar uma ideia, como a gente diz na agência, do que um bom texto.

É verdade que não sou neurocientista. Mas, na condição de usuário de um cérebro com várias décadas de serviços prestados e ainda em razoáveis condições de funcionamento, posso garantir que escrever aciona esquemas de pensamento impossíveis de atingir de qualquer outra forma.

Quer ter uma ideia? Vá por mim: escreva. Está em busca de um insight de estratégia, de uma inovação revolucionária, de um título inspirador para uma apresentação? Escreva, escreva, escreva.

Por mais intimidadora que uma tela em branco do Word possa parecer, é lá que você vai resolver os seus problemas. Aconteceu comigo incontáveis vezes: passar dias convivendo com a necessidade de achar uma *big idea*, até finalmente sentar para escrever e chegar a uma solução em minutos.

Claro que não é tão simples assim. Aliás, escrever pode ser estimulante, desafiador, libertador – mas simples nunca vai ser.

É por isso que estou aqui. Para compartilhar impressões, atalhos e dicas que colecionei ao longo do caminho, na esperança de ajudar você a ganhar tempo e efetividade nos seus processos de escrita. E, quem sabe, também se divertir no processo.

Por mais complexo que possa parecer, lembre-se: o digital é um pedaço de papel. Escreva uma grande história com o seu.

6.1 ESCREVER É HUMANO

Um milhão de anos antes da primeira palavra ser escrita, os primeiros humanos começavam a criar e aprimorar o sistema de comunicação mais avançado do mundo natural. A linguagem humana é uma conquista evolutiva sem paralelos, que deu à nossa espécie a capacidade única de expressar fatos e sentimentos reais e imaginados. Mas por que investimos tanto tempo e energia nisso?

A pergunta permanece em aberto, mas a resposta clássica sempre foi mais ou menos esta: desenvolvemos mecanismos cognitivos e verbais porque buscamos racionalizar nossa busca pela verdade. Foi a maneira coletiva que nossa espécie encontrou para refletir e cooperar em direção a um futuro melhor.

Mais recentemente, a psicologia evolucionária trouxe uma explicação diferente – e bem mais, digamos, humana. Segundo essa linha de pensamento, nossos antepassados caçadores-coletores desenvolveram a linguagem não para filosofar, mas simplesmente para ganhar discussões. Nas savanas africanas, a habilidade de convencer os demais membros da tribo era uma ferramenta de sobrevivência tão ou mais poderosa que um bom martelo de pedra.

Nascia aí o nosso fascínio por contar e ouvir histórias. É algo mais forte que nós, uma característica humana que herdamos dos tempos pré-históricos e que já vem impressa em nossos cérebros desde que nascemos, há incontáveis gerações. É irresistível: somos programados para o storytelling.

Isso explica o poder transformador da palavra. Ao longo de séculos, líderes religiosos e políticos moldaram a história da humanidade com a força de discursos capazes de mover civilizações inteiras. Mudam as doutrinas e os métodos, mas a linguagem é sempre o veículo da mudança.

Fast forward para 2020, e aqui estamos nós – navegando com nossos cérebros de caçadores-coletores pelo mais ambicioso experimento social de todos os tempos, uma rede mundial de computadores para a qual a evolução não teve nenhum tempo de nos preparar.

Como profissionais de publicidade e de marketing, precisamos evoluir também.

A comunicação social já foi um sistema hidráulico, alimentado em uma ponta por um conteúdo único e distribuído por capilaridade para os públicos-alvo na outra extremidade.

Invertemos essa lógica. Hoje criamos conteúdo relevante, capaz de atrair as pessoas para uma conversa significativa. Informamos, engajamos, criamos laços. Para os nossos antepassados, seria mais uma rodada de histórias em torno da fogueira – nós chamamos isso de *inbound marketing*.

Das savanas até a tela do celular, o copywriting segue importante como sempre e diferenciador como nunca. Quando apresentado no formato de história, um fato tem até 22 vezes mais chances de ser memorável. E uma campanha premiada pela criatividade pode conquistar 11 vezes mais ganhos em pontos de market share, com o mesmo share of voice.

Ontem e hoje, relevância é tudo. Cinquenta anos antes da internet, Howard Gossage, pioneiro da propaganda e um Mad Man da vida real, disse o seguinte: "Ninguém lê anúncios. As pessoas leem aquilo que lhes interessa, e às vezes é um anúncio".

6.2 ESCREVER É UM PROCESSO

A escrita talvez seja a mais solitária das ocupações. "Tenho medo de escrever. É tão perigoso. Quem tentou, sabe", chegou a dizer a insegura Clarice Lispector.

Por se tratar de um processo absolutamente pessoal, alimentado por experiências individuais e cujo resultado está sempre sujeito ao escrutínio de outras pessoas, escrever pode mesmo parecer angustiante. É um terreno fértil para a síndrome do impostor, em que profissionais de grande sucesso duvidam de si mesmos.

Mas o outro lado dessa moeda é também muito interessante. Ao depender exclusivamente de si mesmo e de seus julgamentos, quem escreve tem o domínio pleno da narrativa que pretende desenvolver. Escolhendo cada palavra e cada silêncio. Manipulando com total liberdade as emoções do leitor.

Equilibrando as duas coisas – a insegurança natural e a liberdade absoluta – existe a disciplina. Sim, é preciso colocar método na loucura, e essa é a minha primeira contribuição para você. Como fazer isso?

Nem todo criativo gosta de assumir isso em público, mas trabalhar sob pressão faz maravilhas. Perguntado sobre qual seria sua musa inspiradora, Luis Fernando Verissimo respondeu sem pensar: "o deadline". Concordo humildemente.

Rotina também é fundamental. "Só escrevo quando bate a inspiração. Felizmente ela vem toda manhã pontualmente às 9 horas", escreveu W. Somerset Maugham. Mas basta criar uma agenda rígida, e a criatividade irá florescer?

Na verdade existe um trabalho de assimilação que precede o copywriting, e sua profundidade está diretamente ligada ao sucesso do trabalho. Quanto mais você ler antes de escrever, melhor.

Isso significa passar três ou mais vezes pelo briefing, focando detalhes que você talvez tenha perdido nas leituras anteriores. Se possível, estude o planejamento estratégico ou o plano de marketing que originou o seu briefing criativo. Crie a maior familiaridade possível com o produto ou serviço que vai anunciar, complementando seu conhecimento com pesquisas próprias. Converse com pessoas. Estude as mensagens dos concorrentes e a forma com que elas são promovidas.

Só então você estará realmente pronto para se colocar em frente a uma página em branco e começar a escrever.

Algo que funciona bem para mim, embora não saiba mais dizer se é um método ou uma mania, é começar escrevendo uma "nuvem de palavras". Supondo que você vai falar sobre um hidratante, a sua nuvem incluiria palavras como "pele, superficial, profundo, água, espalhar, cobrir" e assim por diante, até chegar a expressões e frases feitas como "à flor da pele", "sentir na pele", e por aí vai.

A partir desse repertório de possibilidades, e tendo sempre o briefing como referência, seu cérebro vai começar a buscar conexões entre esses potenciais gatilhos e o conhecimento que você já acumulou sobre o tema durante a fase de preparação.

Criar, você sabe, é juntar coisas aparentemente não relacionadas e enxergar nelas um novo significado. Isso acontece de várias formas: por associação, por contraste, por afinidade, por subversão de uma expressão existente.

É nessa hora que a mágica acontece. Eu gosto de acreditar que as ideias já flutuavam livres em algum lugar etéreo, e a gente apenas as encontra. Pois bem, este é o momento de capturá-las e registrá-las para que não fujam. É a parte mais impetuosa do trabalho criativo, dura uns poucos minutos e frequentemente exige um estado mental frenético.

Passada esta fase – e sempre tendo a certeza de que as ideias se alinham com o briefing –, chega o momento da carpintaria. Eliminar rebarbas, polir, caprichar no acabamento. Aqui temos o momento artesanal da escrita criativa, em que o texto vai tomar forma. É o famoso *craft* da propaganda em ação.

Sei que existem inúmeras técnicas descritas de copywriting, e todas elas fazem muito sentido. Apresento aqui um resumo da que eu conheço melhor, que é justamente a minha. Vamos lá:

- **Seja irresistível.** Busque um *headline* curto, original e de impacto, que introduza mas não esgote o assunto. Abuse de elementos que sinalizem novidade. Se no processo você tiver encontrado uma frase pertinente de duplo sentido, este é o momento de ela brilhar.
- **Gere empatia.** Identifique-se de maneira genuína com seu público-alvo, suas dores e anseios. Mostre que você compreende claramente a realidade dele e compartilhe de suas expectativas.
- **Racionalize.** Desenvolva seu argumento com fatos, dados e números. Faça perguntas que serão sempre respondidas com "sim". Construa uma história impossível de refutar.
- **Seja coautor.** Deixe espaço para que o leitor chegue sozinho a uma conclusão. Faça com que ele se sinta coautor do texto, ao se sentir contribuindo mentalmente para fechar o raciocínio da peça.
- **Chame à ação.** Seja imperativo e diga claramente o que o consumidor deve fazer em seguida. Se possível, o seu *Call to Action* (CTA) pode usar um pouco de *Fear of Missing Out* (FOMO), como uma oferta por tempo limitado, por exemplo.

É basicamente isso. Ou, nas cinco palavras geniais do David Ogilvy: "Só é criativo se vender".

6.3 ESCREVER É MUSICAL

Como redator por ofício e amante nem sempre correspondido da música, preciso registrar aqui este insight: há muita coisa em comum entre escrever textos e canções.

Ambas as linguagens, a musical e a escrita, permitem infinitas combinações. Cada uma delas é construída a partir de recursos finitos: as 12 notas musicais (as sete naturais, mais os sustenidos) e as 26 letras do alfabeto.

Com elementos de partida tão limitados e à disposição de todas as pessoas, o que determina se uma obra irá passar despercebida ou entrará para o patrimônio cultural da humanidade? A mesma combinação de fatores, acredito: talento, técnica e senso de oportunidade.

Por isso, a princípio de maneira inconsciente, comecei a aplicar elementos do mundo da música à análise e produção de textos. Achei o exercício interessante e acabei incorporando essa "crítica musical" à minha rotina de redação, na forma de perguntas abertas.

Então vamos à primeira delas: assim como uma nova canção, seu novo texto é original? Traz algo de fresco ao mundo, ou apenas revisita clichês que já existiam?

Para além da originalidade, o seu texto é "familiar" o suficiente ao leitor? Ou seja, ele oferece elementos que seu público é capaz de reconhecer como parte de seu repertório pessoal de referências?

E quanto ao gênero do seu novo texto, onde ele se encaixaria se fosse uma música? O texto busca a grandiosidade de uma sinfonia? A crueza de um rap? A energia de um rock, o balanço de um samba? Você quer criar uma atmosfera reflexiva? Ou uma reação impulsiva?

Seu novo texto tem ritmo, tem uma dinâmica bem definida? Ele já estabelece um tema logo no início, evolui um argumento, cria uma pausa dramática, traz uma reviravolta, cresce em emoção, termina lá em cima?

E o tom do seu texto, está de acordo com a mensagem que pretende entregar? Imagine que, assim como as letras são notas, as palavras são instrumentos. Você diria que as palavras que escolheu têm o timbre correto? São cortantes como uma guitarra, cômicas como uma tuba, suaves como um naipe de cordas?

Ao fazer a si mesmo todas estas perguntas, você provavelmente encontrará respostas que o ajudarão a deixar seu texto mais fluido, harmonioso, emocionalmente impactante e memorável. Como uma boa música.

6.4 ESCREVER É PRECISO

A importância de um texto bem escrito não pode ser subestimada.

Uma estratégia brilhante pode cair por terra se o copywriting escorregar em preceitos básicos da lógica, da gramática e da ortografia. Mesmo com um processo robusto de verificação – os revisores do lado da agência, o departamento regulatório do lado do cliente – erros acontecem e são mais comuns do que se imagina, especialmente na velocidade do digital.

Claro que ninguém é obrigado a ter a formação de um linguista, mas há enganos frequentes que devem ser evitados a todo custo. Até porque comprometem não apenas a clareza do copy, mas depõem contra a própria credibilidade do emissor da mensagem.

O uso incorreto do acento grave, o peculiar tracinho inclinado à esquerda que indica a ocorrência de crase, é um destes problemas recorrentes. Na dúvida, dê uma estudada no assunto – há ótimas fontes online. A crase não tem nada de desafiador quando a gente finalmente compreende a função dela. Em vez de decorar as situações em que a crase não se aplica, o truque é entender por que e onde ela é indispensável.

Outra armadilha que deve ser evitada é a do verbo haver. Ele é mesmo temperamental e meio excêntrico. No sentido de existir e também quando indicar a passagem de tempo, haver deve ficar sempre no singular. De novo, dê uma pesquisada nos bons sites de gramática e confira exemplos do seu uso correto. Você vai ver: não há conselhos melhores que estes.

Um desafio que parece ter-se intensificado nos últimos anos é a proliferação desenfreada das vírgulas. Simpáticas e indispensáveis, elas viram um tormento quando lançadas em situações que seriam perfeitamente resolvidas por um ponto. Vírgulas são essenciais para listar coisas e delimitar comentários que compõem um pensamento. Nas demais situações, faça duas perguntas a si mesmo: essa vírgula é mesmo necessária? E no lugar dela não ficaria melhor um ponto?

Ainda sobre vírgulas, deixo para o final a maior das minhas implicâncias. Nunca, jamais, em hipótese alguma separe o sujeito do resto da frase por uma vírgula. Ninguém merece isso – nem você, nem o seu leitor. E se alguém disser a você que "vírgulas são pausas, cada vez que você respirar na frase é hora de colocar uma vírgula", aja naturalmente, sorria e invente um motivo para sair correndo. Sujeitos e predicados não se separam. A civilização agradece.

6.5 **ESCREVER É ETERNO**

Dizem que os publicitários conhecem profundamente a superficialidade das coisas. Ainda que a frase não seja exatamente uma homenagem à categoria, é inegável que somos especialistas em capturar o *Zeitgeist*, o espírito do nosso tempo, para aplicá-lo em campanhas que acabam influenciando esse mesmo contexto histórico.

É assim desde que a propaganda se tornou uma indústria, na esteira do pós-guerra e da popularização do *American way of life*. Absorvemos tendências e as devolvemos à sociedade de maneira contínua e cada vez mais efetiva. Observar campanhas icônicas das décadas passadas é uma verdadeira experiência antropológica.

O Washington Olivetto, já consagrado nos anos 90, dizia que o maior prêmio que uma propaganda pode receber é virar cultura popular. E elencava seus próprios trabalhos como exemplo, Bombril à frente.

Essa capacidade de identificar uma narrativa atual, apropriar-se dela, surfar em sua onda e liderar uma tendência dá às marcas um grande poder. Mas também traz a nós, os profissionais encarregados de dar voz a estas marcas, uma grande responsabilidade.

Até recentemente, uma peça publicitária era algo relativamente efêmero. Um comercial de TV atingia a retina do público durante seus 30 segundos de veiculação. Um spot de rádio desaparecia assim que começasse a próxima música. Um anúncio de jornal durava até a edição do dia seguinte, quando ia para o lixo de casa ou para o banheiro do cachorro. Anúncios de revista ainda tinham uma sobrevida em salões de cabeleireiro, mas não iam muito além.

Hoje é diferente. O digital, mesmo sendo imaterial por definição, é perene. Tudo o que está online pode e vai ser compartilhado, printado, arquivado, baixado, ou acessado em algum *cache*. O alcance de uma mensagem pode ser meticulosamente planejado, mas é difícil de prever, para o bem ou para o mal.

Você deve se lembrar de pelo menos uma campanha que falhou espetacularmente e se tornou muito famosa pelos motivos errados – provavelmente por uma flagrante insensibilidade no tratamento de temas que mereceriam mais cuidado.

O público sabe da força que tem, e o poder de amplificação das redes sociais não tem precedentes. Explore isso a seu favor, porque é como se tudo o que você cria fosse escrito na pedra. Com a diferença de que o mundo inteiro pode ver a pedra.

6.6 ESCREVER É DIVERTIDO

Sabe aqueles momentos profissionais que dividem sua carreira entre "antes" e "depois"? Eu tive um destes em Cannes, há alguns anos.

Após ter sido jurado do Cannes Lions Health, a organização do festival me chamou para dar uma palestra por lá. O briefing era bem aberto, desde que fosse algo inspirador e tivesse impacto na comunicação *healthcare* (que é minha área).

Resisti a falar sobre o tema do momento, que é a interação entre novas tecnologias e os cuidados com a saúde. Preferi focar numa coisa atemporal, em que acredito muito: o poder transformador da alegria na comunicação. A palestra se chamou "It Only Hurts When I Don't Laugh" ("Só Dói Quando Eu Não Rio") e contou com a participação muito especial do Wellington Nogueira, fundador dos Doutores da Alegria, com direito a nariz de palhaço e bolhas de sabão pelo palco.

Conto essa história para dizer que existe espaço, e muito, para incluir leveza e graça em nosso trabalho. Dependemos inteiramente da atenção das pessoas. E, em retribuição a ela, podemos oferecer bem mais do que informações que conduzem a um *call to action*.

Quando conseguimos engajar e entreter ao mesmo tempo, todo mundo sai ganhando. E o texto é o território natural para a expressão de sentimentos positivos na publicidade.

Algumas das campanhas mais bem-sucedidas da história são alicerçadas em belíssimos manifestos, explorando as vulnerabilidades humanas e abraçando o poder de superação de cada um de nós. "Think Different" da Apple, "Fight Like a Girl" da Always e "Dream Crazy" da Nike são alguns exemplos clássicos.

Da mesma forma, o humor é uma ferramenta poderosíssima de engajamento. Mas, como toda arma, precisa ser manuseado com cuidado. Na minha experiência, o público adora embarcar num belo jogo de palavras ou imagens – desde que se sinta cúmplice de uma sacada inteligente, e não apenas a vítima desavisada de um trocadilho infame. Você vai saber a diferença.

Aliás, lembrei agora da primeira *tagline* que criamos para promover a agência da qual eu era sócio, no longínquo século passado: "propaganda com bom humor, bom senso e bom gosto". Acabo de perceber que sigo acreditando exatamente nisso.

6.7 *PODCAST* – O QUE É E COMO CRIAR CONTEÚDO QUE GERE ENGAJAMENTO

Por Edgar Almeida

Pare por um segundo e pense em uma contação de histórias. Talvez sua mente tenha trazido à tona a forma mais antiga de contação de histórias, com várias pessoas formando um círculo e ao centro uma pessoa, muitas vezes ao lado de uma fogueira, narrando uma história emocionante.

Reflita sobre quais recursos o narrador possuía nesta situação para prender a atenção dos ouvintes. Sua voz, gestos e a vestimenta eram possivelmente os elementos principais. Essa observação é importante para compreender as limitações que esta forma de contar histórias possui se comparada a outros meios como cinema, games, realidade virtual, teatro, entre outros.

Avance centenas de anos e chegamos ao *podcast*, uma forma contemporânea de ouvir histórias e que, semelhante à roda de contação de histórias, também possui limitações que precisam ser compreendidas.

O ser humano é formado pelos cinco sentidos: visão, audição, olfato, tato e paladar. Uma premissa, que conta com aporte teórico no marketing experimental, é o fato de que o consumidor atual é hedonista e busca uma alta estimulação, envolvendo todos os sentidos. O que quer dizer que ações de comunicação mercadológica que envolvam o maior número possível de sentidos tendem a ter melhores resultados.

Desta forma, o podcast encontra uma limitação, pois irá estimular somente o sentido da audição. Esta limitação precisa ser considerada no momento da criação do drama ou roteiro de um podcast, que deseja conquistar sua audiência por vários minutos e episódios.

Apesar de sua limitação, o consumo de podcast tem crescido significativamente. A limitação aqui indicada tem um único propósito: alertar para este ponto fraco do podcast, no sentido de que outros elementos contidos no roteiro devem ser bem elaborados a fim de suprir ou diminuir os efeitos desta limitação.

Parte da grande aceitação dos podcasts está ligada a algumas particularidades inerentes ao próprio ambiente online no qual o podcast está inserido. Diferente do passado, os ouvintes não precisam estar juntos de forma síncrona e no mesmo espaço físico. O usuário precisa apenas escolher sua plataforma ou aplicativo para ouvir quantos podcasts desejar. Google Podcast, Spotify, Deezer, Globoplay, Castbox, Apple Podcast, Wecast, Castbox são apenas alguns exemplos de players ou plataformas para ouvir podcasts. Há, também, uma grande variedade de plataformas e programas disponíveis para os criadores de podcast, tais como: Anchor, Adobe Audition, Audacity, entre outros.

Esta quebra de paradigma muda completamente a lógica de se narrar uma história ou storytelling, como chamamos no marketing digital.

De forma objetiva, o storytelling pode ser entendido como o método que se vale de narrativas aplicadas em palavras ou recursos audiovisuais para transmitir um conceito.[1] Em outras palavras, quando analisamos sob a perspectiva do marketing digital, podemos definir storytelling como a arte de contar história por diversos meios, com um objetivo mercadológico definido e destinado para uma *buyer persona* específica, como visto no **Capítulo 3**.

---

[1] MACCEDO, Paulo. **Copywriting**: o método centenário de escrita mais cobiçado do mercado americano. São Paulo: DVS Editora, 2019.

O sucesso de um podcast está diretamente ligado ao storytelling, porque contém a mensagem ou conteúdo que o público irá consumir. Porém, antes de iniciar a elaboração do roteiro, é preciso pensar em como o seu produto (podcast) será consumido por sua persona, que já deverá estar bem clara em sua mente.

As pessoas podem ouvir seu podcast favorito enquanto fazem esteira na academia ou praticam corrida de rua, aproveitando o tempo perdido no trânsito ou simplesmente sentadas confortavelmente em seu sofá. Neste sentido, algumas questões que devem ser respondidas sobre sua audiência, antes de se criar um podcast: Como seu público irá ouvir? Em qual ocasião ou onde? Quanto tempo tem disponível para ouvir?

Ouvir um podcast relaxado e com a atenção plena é bem diferente de ouvir no trânsito com a atenção focada em dirigir principalmente. Após respondidas essas questões básicas, têm-se os elementos suficientes para a criação de um roteiro que deverá apresentar um storytelling emocionante.

Considerando todos os fatores já citados, outros elementos são indispensáveis para a criação de um bom podcast:

- **Inspiração**: como já visto anteriormente nesse capítulo, conteúdo é o rei. A ideia central, seu título e a mensagem transmitida devem ser relevantes para a persona; isto é a base do sucesso de um podcast.

- **Objetivo da comunicação**: um podcast é uma ação de comunicação. Como já visto no **Capítulo 1**, há 14 objetivos da comunicação,[2] então, defina qual é o seu objetivo com este podcast ou até mesmo com todos os seus podcasts, caso seja um objetivo comum. Na visão da pesquisadora Zimmernan,[3] os podcasts são mais adequados para branding, geração de leads e disponibilização de conteúdo, e não vendas.

- **Roteiro**: é uma espécie de script com o que se pretende realizar. É importante deixar bem claro e de forma resumida qual a mensagem central que será transmitida; especificar se haverá entrevistados; anotar as principais ideias, mesmo que em tópicos, para não ficar algo superficial como a leitura de um teleprompter, e estipular o tempo de duração.

- **Entonação**: não se esqueça de que a pessoa está ouvindo e não terá outros elementos da linguagem não verbal (seus gestos, roupas, posição etc.) para ajudar na compreensão ou até mesmo para tornar dinâmico e prender sua atenção. A interpretação com o uso da voz é primordial para a criação de um bom podcast.

- **Ênfase**: sabendo de antemão, no roteiro, qual é a ideia central que precisa ser transmitida, talvez seja necessário aplicar o recurso da ênfase, de modo a forçar o ouvinte a prestar atenção naquele trecho. Um dos meios mais comuns de usar a ênfase é através da repetição.

- **Edição**: mesmo que você busque criar um podcast mais realista e natural, uma edição sutil pode melhorar muito a qualidade do áudio, como a simples retirada de ruídos indesejáveis ou a adicionar trilhas sonoras.

- **Final feliz**: muitas vezes, retomar brevemente a principal conclusão e o tema central pode reforçar para o ouvinte que ele compreendeu a mensagem e deixá-lo com o sentimento de que valeu a pena ficar alguns minutos na sua companhia.

---

[2] YANAZE, Mitsuru H. **Gestão de marketing e comunicação**: avanços e aplicações. 3. ed. São Paulo: Saraiva Uni, 2021.

[3] ZIMMERMAN, Jan. **Marketing digital para leigos**. 3 ed. Rio de Janeiro: Alta Books, 2014.

Uma forma prática de exercitar a percepção para a produção de podcasts é ouvir vários podcasts de produtores diferentes de olhos fechados e com fone de ouvido. Leia novamente os elementos citados acima e preste atenção em tudo que é possível ouvir e perceber: o ritmo da fala, entonação de voz, tom de voz, astral da trilha de fundo e da vinheta de abertura, efeitos e edições, indicação de mudanças de tema e tudo mais que for possível perceber.

Se ainda tem dúvida se é válido investir em podcasts, confira no QR Code a pesquisa PodPesquisa realizada pela abPod – Associação Brasileira de Podcasters, em parceria com a rádio CBN.

https://abpod.org/podpesquisa/

Case ABRADi	Agência	Cliente	Período	Categoria
Marketing de conteúdo orientado para resultados.	Hubify	Santa Luzia Molduras e Remessa Online	2019 a 2021	Marketing de Conteúdo

O fechamento deste capítulo se dará com um estudo de caso de sucesso, que consiste no trabalho de marketing de conteúdo prestado pela agência Hubify para dois clientes de segmentos e portes diferentes, o que possibilitará uma boa compreensão do uso do marketing de conteúdo em vários cenários.

O primeiro cliente é a fintech Remessa Online, uma empresa de grande porte que atua no mercado B2B e B2C. Ela foi a primeira plataforma de transferências internacionais de qualquer natureza totalmente online do Brasil. A segunda empresa é a indústria Santa Luzia Molduras, fundada em 1942, que é focada principalmente no segmento B2B.

Saiba mais sobre a
Santa Luzia Molduras
https://encr.pw/qDvPn

Saiba mais sobre a
Remessa Online.
https://encr.pw/ZpHAX

Como um bom conteúdo que deve prender a atenção do leitor, este estudo de caso começa pelo final – os resultados.

Resultados Santa Luzia Molduras

Em um período de 1 ano e 3 meses, a Hubify conseguiu, principalmente através do marketing de conteúdo, aumentar em 54,25% a taxa de usuários no site, em 73,62% a taxa de sessões e 55,37% a taxa de páginas/sessão. Olhando apenas para o tráfego orgânico, as taxas são ainda maiores. Aumento de 69,8% de usuários, 80% de sessões e 40,9% de páginas/sessão. No mesmo período, a quantidade de palavras-chave indexadas no Top 3[4] aumentou 54,9% (262 para 406) e 89,4% no Top 10 (464 para 879).

> Uma breve explicação sobre a importância de a empresa estar bem colocada no ranking da SERP (página de resultados do mecanismo de pesquisa), como no Top 3, ou seja, entre os 3 primeiros resultados apresentados na busca do usuário, é porque as pessoas entenderam que o melhor resultado para ela estará sempre ali no início da lista orgânica de resultados.

Os relatórios abaixo, extraídos da ferramenta de marketing digital Semrush, corroboram as informações acima.

Gráfico 6.1 Evolução do tráfego orgânico do site Santa Luzia Molduras de mar. 2013 até jul. 2021

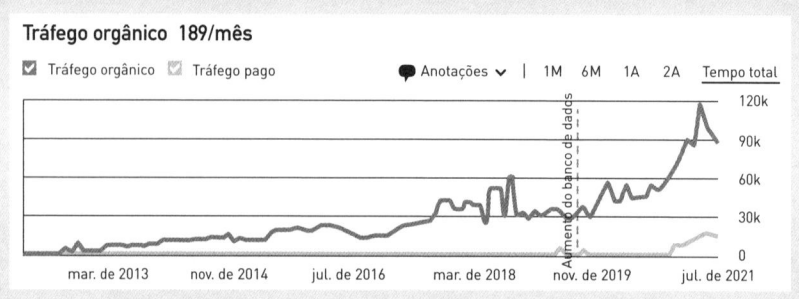

Fonte: SANTA LUZIA. Disponível em: www.santaluziamolduras.com.br.

Gráfico 6.2 Evolução de palavras-chave indexadas no Top 3 de mar. 2013 até jul. 2021

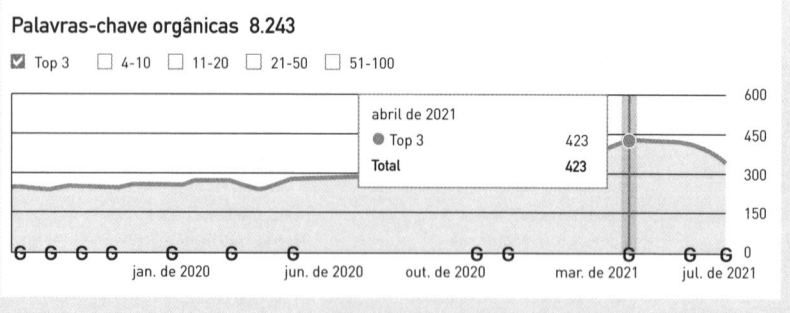

Fonte: SEMRUSH.

---

[4] Top 3 significa estar entre as três primeiras posições orgânicas nos mecanismos de buscas, como o Google, líder absoluto no Brasil.

Resultados Remessa Online

Ao utilizar marketing de conteúdo e SEO, a Hubify conseguiu um aumento em 441% da taxa de indexação e economia de 2 milhões de reais em mídia paga, que eram os principais objetivos trazidos pelo cliente.

Como é esperado de uma estratégia de marketing de conteúdo, o melhor resultado geralmente vem após um ciclo anual. Então, a seguir, os principais feitos no período de agosto de 2019 (início do atendimento) com agosto de 2020.

Gráfico 6.3 Evolução na Indexação de Palavras-chave – aumento de 441%

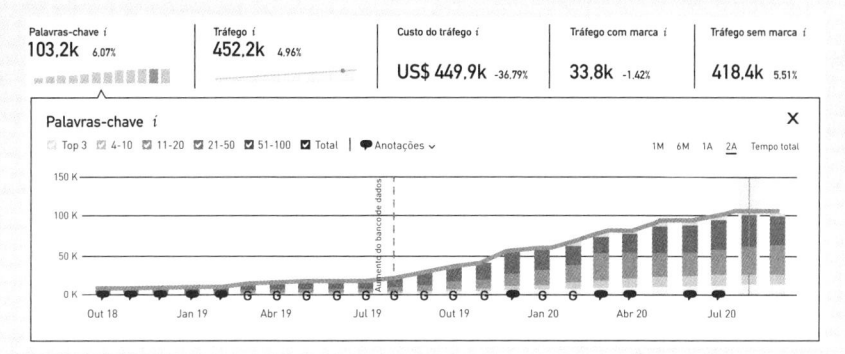

Fonte: Relatório extraído do Semrush em 14 set. 2020 para remessaonline.com.br/blog.

Tabela 6.1 Comparativo entre Top 3 para remessaonline.com.br/blog

Ago 2019		Ago 2020	
Top 3	726	Top 3	3,088
4-10	1,736	4-10	8,586
11-20	1,769	11-20	12,854
21-50	5,929	21-50	35,436
51-100	8,876	51-100	43,191
Total	19,036	Total	103,155

Fonte: Relatório adaptado do Semrush em 14 set. 2020 para remessaonline.com.br/blog.

É possível notar que a porcentagem de palavras no top 3 aumentou em mais de 325,34% em um ano e, quando olhamos para o número total de palavras indexadas no Google, o crescimento foi de 441,89% no mesmo período.

Com mais palavras indexadas e presença na primeira página, principalmente nas 3 primeiras posições (Top 3), houve um aumento de 2.990,03% de usuários de agosto/19 a agosto/20, apenas com tráfego do blog.

Gráfico 6.4 Conquista de novos usuários com o Tráfego Orgânico – aumento de 2.990%

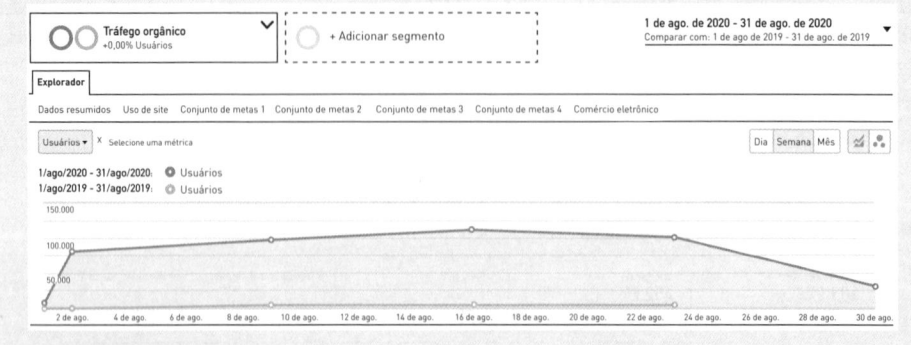

Fonte: GOOGLE ANALYTICS.

Por fim, e não menos importante, houve um crescimento de 3.026,77% na duração média da sessão, e queda na taxa de rejeição em mais de 50% dos usuários no blog.

Como chegaram nos resultados

Para chegar nos resultados do estudo de caso apresentado, a Hubify possui uma metodologia de trabalho que consiste primeiramente em um setup. O líder de squad, profissional responsável por executar toda a estratégia, primeiro estrutura, junto ao cliente, quem é o público-alvo, realiza uma análise dos concorrentes (sob a ótica do marketing de conteúdo e SEO), define quais serão as principais palavras-chave que farão parte da estratégia e volume de buscas *versus* potencial de tráfego de cada uma, desenha quais são as personas que serão trabalhadas e, com essas definições macro bem estruturadas, inicia-se a criação de uma jornada de quem é aquela pessoa (persona); quais são as dores; o que ela enfrenta.

No final, é estruturado um mapeamento de conteúdo com as palavras-chave a serem trabalhadas, definição dos temas, títulos, quantos conteúdos serão de topo, meio ou fundo de funil, quantos materiais ricos[5] serão criados e as abordagens para atender o que as pessoas querem saber sobre o tema em questão.

Nesta análise do concorrente, a agência acessa o site dos concorrentes, o blog e identifica o que eles publicam, com qual frequência, qual o tamanho dos conteúdos, justamente para poder fazer maior e melhor do que os concorrentes e, assim, chegar aos resultados apresentados anteriormente.

Para ambos os clientes, estudar o volume das palavras-chave e criar uma estratégia foi essencial para atingir os objetivos. O ideal, em grande parte, seria trabalhar com palavras de alto volume de buscas, mas isto varia muito de acordo com a etapa do funil de *inbound marketing*.[6]

---

[5] Materiais ricos são conteúdos educativos que se aprofundam muito em determinado assunto. Diferente dos blogposts e dos conteúdos para o feed do Instagram, os materiais ricos são mais extensos, explicativos e completos. Ou seja: o tema é explorado amplamente, e não superficialmente como em outras mídias. Os tipos mais comuns são e-book, webinar, ferramentas online, infográficos, pesquisas e whitepapers. Disponível em: https://www.dinamize.com.br/blog/materiais-ricos/. Acesso em: 28 jul. 2021.

[6] Ver item 4.2.2.

Marketing Digital

Quanto mais branda é uma palavra-chave, mais volume de busca ela vai ter. Como, por exemplo, "marketing de conteúdo", uma palavra-chave que terá milhões de buscas mensais; mas uma palavra-chave "como contratar agência que faça marketing de conteúdo" vai ter, talvez, mil buscas mensais, o que realmente diminui muito no fundo do funil.

O mais importante, no entanto, é se preocupar com a jornada do cliente e escolher palavras-chave que atendam as expectativas deste lead ou cliente de acordo com sua localização no funil, e não analisar somente o volume de buscas por palavra-chave.

Ainda nos estágios iniciais, uma grande dúvida em marketing de conteúdo é o tempo necessário para ranquear uma palavras-chave. Neste ponto, Fabio Duran é categórico ao afirmar que "a gente não vai falar de marketing de conteúdo antes de seis meses e o melhor resultado não vem antes de 12 meses".

Interessante destacar a explicação de Isadora Faria sobre os *crawlers*[7] ou robôs do Google, Bing e Yahoo. Estes robôs não leem os conteúdos de um blog ou site. O que eles fazem é uma varredura para verificar links, contagem de palavras, associação de palavras, ou seja, os robôs não fazem uma interpretação semântica do texto como o ser humano.

Os profissionais alertam que, devido ao fato exposto acima, é preciso ter cautela no uso de ferramentas de marketing de conteúdo, que ajudam a otimizar a produção de conteúdos. Ferramentas como a Yoast, muito comum em blogs na plataforma Wordpress e Semrush, estão entre as mais utilizadas no mercado.

Pegando a Yoast como exemplo, os profissionais relatam que o cliente geralmente tem acesso ao painel de indicadores da ferramenta e que ao ver uma luz "vermelha ou laranja" solicitam para a agência realizar os ajustes necessários. Porém, essas ferramentas precisam ser utilizadas como um guia, e não uma regra fixa, pois o mais importante é a experiência do usuário, isto é, o texto precisa estar fluido, gostoso de ler. Apenas atender as recomendações da ferramenta pode ocasionar justamente o contrário, resultando em um texto que terá alta rejeição pelos leads ou clientes. Para compreender um pouco do que é esta ferramenta Yoast, acesse o QR Code a seguir e assista a videoaula que disponibilizamos no material de apoio.

https://somos.in/MDCPS1

Santa Luzia Molduras e seu planejamento de conteúdo

Quando a Santa Luzia iniciou sua parceria com a Hubify, a empresa já possuía um blog. Porém, um problema identificado foi a concentração do tráfego orgânico apenas em um artigo antigo, que abordava o produto carro-chefe da indústria, numa espécie de tutorial voltado para o meio do funil e fornecedores (B2B). Como os algoritmos dos mecanismos de buscas sofrem atualizações constantes, corria-se o risco de este artigo perder a indexação, o que não é raro, e desta forma a empresa sentir, provavelmente, uma queda considerável no tráfego orgânico em seu site.

---

[7] Um rastreador da rede, em inglês *web crawler*, é um programa de computador que navega pela rede mundial de uma forma metódica e automatizada. Outros termos para rastreadores da rede são *indexadores automáticos, robôs, aranhas da rede, robô da rede* ou *escutador da rede*. Fonte: WIKIPEDIA. Acesso em: 28 jul. 2021.

Segundo Jessica Malagres, a principal estratégia adotada foi "diversificar a produção de conteúdo, abordando os demais produtos da empresa". Além disso, mudaram o foco para o topo do funil. Se comparada à Remessa Online, a empresa possui uma estratégia de conteúdo mais enxuta, com oito conteúdos mensais, sendo dois do tipo extensão, que consiste em pegar o material já publicado no blog e aumentar, colocar mais palavras, mais informações relevantes.

Como o cliente já tinha muitos vídeos para auxiliar no uso de seus produtos, a Hubify foi inserindo no meio dos conteúdos, o que ajudou bastante, na visão de Malagres.

Em linhas gerais, a estratégia de conteúdo para Santa Luzia Molduras era da seguinte forma:

- Topo do funil: tendências.

- Meio do funil: parte prática dos produtos – "como fazer uma instalação" ou "por que usar e como escolher".

- Fundo do funil: conversão em vendas.

- Para leads B2B o foco era na arquitetura verde.

Figura 6.1 Exemplo de postagem topo do funil Santa Luzia Molduras

Fonte: SANTA LUZIA. Disponível em: https://www.industriasantaluzia.com.br/blog/tendencias-de-decoracao/.

Figura 6.2 Exemplo de postagem meio do funil Santa Luzia Molduras

Fonte: SANTA LUZIA. Disponível em: https://www.industriasantaluzia.com.br/blog/revestimento-chevron-na-decoracao/.

Figura 6.3 Exemplo para B2B Santa Luzia Molduras

Fonte: SANTA LUZIA. Disponível em: https://www.industriasantaluzia.com.br/blog/gestao-ambiental-empresarial/.

Remessa Online e seu planejamento de marketing de conteúdo

A fintech já tinha um budget[8] definido e objetivos claros: superar os concorrentes, que estão em um mercado altamente competitivo e com recursos suficientes para desenvolverem bons projetos de marketing de conteúdo. A Remessa produzia internamente conteúdos para o fundo do funil, então o escopo do novo parceiro (Hubify) consistia em produzir conteúdos para o topo e meio do funil. A seguir, listamos os principais pontos que, na visão dos profissionais envolvidos, foram essenciais para atingir os resultados já apresentados.

- Profissional interno especializado em SEO para trabalhar em conjunto com a agência.
- Iniciaram com testes de validação com 20 conteúdos ao mês até chegar a 62 conteúdos mensais.
- Leque amplo para conteúdo, afinal, qualquer coisa que envolva dinheiro podia ser trabalhada no topo do funil.
- No meio do funil, os conteúdos eram focados em contornar as objeções que alguma pessoa poderia ter em relação a fazer essa remessa de dinheiro para o exterior.
- Não tinham receio de mencionar os concorrentes em seu blog de forma transparente.
- Conexão realmente muito integrada entre a Hubify e a Remessa, assim a agência sempre estava atualizada com as demandas atuais e feedbacks para otimização constante.

Figura 6.4 Postagem Remessa Online citando o concorrente

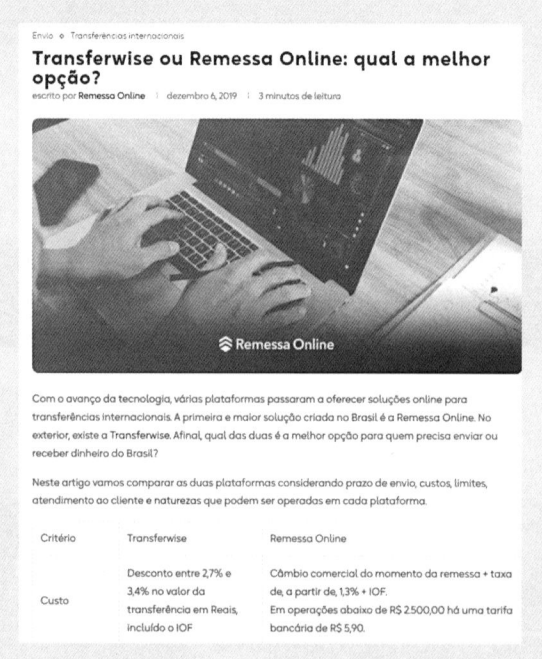

Fonte: REMESSAONLINE. Disponível em: https://www.remessaonline.com.br/blog/transferwise-remessa-online-comparativo/.

Entrevistados: Fabio Duran, CEO e cofounder da Hubify; Jéssica Malagres, supervisora de Conteúdo e Isadora Toledo de Faria, head de Conteúdo, ambas na Hubify
Entrevista e transcrição: Edgar Almeida
Revisão: Julia Lemes

---

[8] Investimento financeiro para marketing.

MARKETING DE INFLUÊNCIA

Autor:

Edgar Almeida

7.1 O QUE É MARKETING DE INFLUÊNCIA

Há décadas os profissionais de marketing, relações públicas, publicidade e outros agentes envolvidos no ecossistema da comunicação mercadológica têm utilizado de uma tática bem conhecida, que é o uso do marketing direto para se relacionar com pessoas influentes, celebridades nacionais e regionais, socialites ou apenas profissionais com algum destaque no seu segmento de atuação, com o intuito de incentivá-las a endossar determinada empresa ou marca, por meio de algum tipo de compensação objetiva ou subjetiva.

Esse contato era realizado, principalmente, via assessoria de imprensa, que se encarregava de apresentar o produto, serviço ou evento para o respectivo formador de opinião. Muitas assessorias de imprensa, por exemplo, se especializaram no segmento de moda, com o objetivo de ser o elo entre a marca de moda e os veículos tradicionais de comunicação, como TV e revistas, afinal, conseguir emplacar sua marca vestindo a atriz principal do "núcleo rico" da novela das oito era o maior sonho de muitos gerentes de marketing no segmento fashion.

Claro que o exemplo acima ainda possui relevância, porém, após o advento das redes sociais, surgiu outro ecossistema que tem se mostrado mais promissor em vários aspectos, muitos deles ligados à própria lógica do funcionamento das redes sociais (veja no **Capítulo 8**).

Este novo ecossistema tem nome: *marketing de influência*. Apesar de muito comentado, o marketing de influência é uma estratégia de marketing relativamente nova e tem sido muito utilizada por empresas de todos os portes e segmentos para influenciar positivamente a percepção do seu público-alvo em relação às suas marcas, produtos e serviços.

Quando comparamos o interesse sobre marketing direto com influenciador digital (Figura 7.1), é possível perceber, ao longo dos anos, como o interesse sobre marketing direto sofre uma diminuição brusca e, de forma oposta, nota-se busca crescente vertiginosa para este novo modo de influenciar os consumidores no ambiente digital, por meio do(a) influenciador(a) digital.

Figura 7.1 Interesse ao longo do tempo sobre influenciador digital × marketing direto

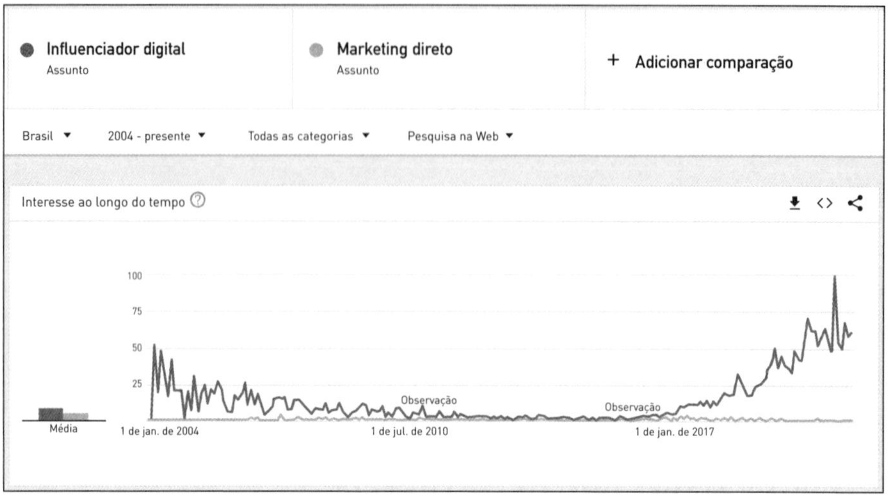

Fonte: GOOGLE TRENDS.

De acordo com a Associação de Anunciantes Nacionais dos Estados Unidos, o marketing de influência se concentra em orientar e utilizar pessoas que têm influência em determinados clientes potenciais, de forma que levem uma mensagem da marca para o mercado desejado. Essas pessoas são denominadas **influenciadores** e são inspiradas ou compensadas pela marca para realizar a divulgação. No conceito da associação, esses influenciadores podem incluir celebridades, criadores de conteúdo, advogados da marca e até funcionários.

Por ser uma área relativamente nova, conforme já citado, é válido apresentarmos alguns conceitos de diferentes fontes, no intuito de identificarmos pontos comuns e caminharmos para um entendimento médio.

Nesse sentido, o marketing de influenciadores também pode ser entendido como uma forma de marketing de mídia social que envolve endossos e colocação de produto por influenciadores que têm um suposto nível de conhecimento especializado ou influência social em seu campo.[1] Complementando esta linha de pensamento, para o especialista em marketing digital Erich Casagrande, o marketing de influência é a versão digital da influência dos nossos pares fora da internet, uma vez que faz parte da natureza humana fazermos compras levando em consideração a opinião ou informação de amigos e familiares.[2]

---

[1] WIKIPEDIA. **Marketing de influência**. Disponível em: https://pt.wikipedia.org/wiki/Marketing_de_influ%C3%AAncia. Acesso em: 3 jan. 2022.

[2] CASAGRANDE, Erich. Marketing de influência: o que é e como criar uma estratégia eficiente em 6 passos. **Semrush**, 1 out. 2020. Disponível em: https://pt.semrush.com/blog/marketing-de-influencia/?kw=&cmp=BR_POR_SRCH_DSA_Blog_Core_BU_PT&label=dsa_pagefeed&Network=g&Device=c&utm_content=485541499897&kwid=dsa-897840244969&cmpid=9874598594&agpid=102029997244&BU=Core&extid=&adpos=&gclid=EAIaIQobChMItt2-zczP9QIVwq6GCh1MdgDGEAAYASAAEgJc3_D_BwE. Acesso em: 25 jan. 2022.

Chen[3] destaca ainda que o marketing de influenciadores funciona devido à grande relação de confiança que os influenciadores digitais construíram com seus seguidores, e as recomendações deles servem como uma forma de prova social para os clientes potenciais de uma marca.

Como visto, um ponto comum em todas as definições é a existência de uma pessoa que influencia aqueles com os quais está conectado nas redes sociais de alguma forma. A demanda por este personagem, o(a) influenciador(a), foi tão grande que gerou uma profissão muito cobiçada atualmente, o influenciador digital. Como relatam Carvalho e Motta,[4] os influenciadores digitais vendem um produto no mundo digital, às vezes a preço de ouro, que está com a demanda muito aquecida – a influência.

Podemos explicar esse movimento, em grande parte, por meio de um estudo qualitativo desenvolvido por Saima e Khan,[5] que buscaram avaliar **o efeito dos atributos do influenciador em afetar a intenção de compra dos consumidores** por meio da mediação de credibilidade no contexto da Índia.

O estudo concluiu, respeitando suas limitações metodológicas, que os atributos do influenciador que afetam significativamente a intenção de compra dos consumidores são: **confiabilidade, qualidade da informação e entretenimento do conteúdo.**

Os pesquisadores concluem que "é evidente que os usuários de mídia social esperam conteúdo qualitativo e divertido de um influenciador e isso também afeta subsequentemente sua intenção de compra".

Falando na Índia, uma pesquisa global realizada pela Statista, em 2021 – com o objetivo de mensurar o percentual da população que já comprou algum produto ou serviço devido a influência de celebridades ou influenciadores digitais –, indicou que o país está na terceira colocação. A pesquisa ouviu pessoas entre 18 e 64 anos. O Brasil, por sua vez, nessa edição ocupa a primeira colocação, ultrapassando a China, até então líder na pesquisa anterior realizada em 2019.[6]

O marketing de influenciadores é flexível no sentido de que os influenciadores podem mudar rapidamente suas postagens e histórias, o que dá a essa forma de propaganda uma

---

[3]   CHEN, Jenn. **What is influencer marketing**: how to develop your strategy. Disponível em: https://sproutsocial. com/insights/influencer-marketing. Acesso em: 7 jun. 2021.

[4]   CARVALHO, Pedro; MOTTA, Layla. Quanto vale a sua influência? **Revista Pequenas Empresas & Grandes Negócios**. Rio de Janeiro: Globo, n. 356, p.46-63, set. 2018.

[5]   SAIMA; KHAN, Mohammed. Effect of social media influencer marketing on consumers' purchase intention and the mediating role of credibility. **Journal of Promotion Management**, v. 27, p. 1-22, 2020. 10.1080/10496491.2020.1851847. Disponível em: https://www.researchgate.net/publication/347789353_Effect_of_Social_Media_Influencer_Marketing_on_Consumers'_Purchase_Intention_and_the_Mediating_Role_of_Credibility. Acesso em: 6 jun. 2021.

[6]   BUCHHOLZ, Katharina. The influence of influencers. **Statista**, 27 maio 2021. Disponível em: https://www.statista.com/chart/24933/share-of-respondents-saying-they-purchased-something-because-of-influencers/. Acesso em: 8 jun. 2021.

vantagem competitiva. Em um mundo de tendências em rápida mutação, o marketing de influenciadores permite que as marcas projetem uma imagem de marca que esteja em sintonia com as tendências atuais.[7]

Todas estas pesquisas procuram compreender como as pessoas tomam suas decisões de compra. O comportamento do consumidor é o campo de estudo responsável por compreender o processo de compra, isto é, o que motiva as pessoas a consumirem um produto ou serviço.

Um dos grandes nomes dessa área é o pesquisador e psicólogo Michael Solomon, que, ao abordar o processo de tomada de decisão do consumidor, afirma que "uma outra pessoa pode atuar como influenciador, fazendo recomendações a favor ou contra certos produtos, sem realmente comprá-los ou usá-los".[8]

Para corroborar com esta capacidade de influenciar outras pessoas, uma pesquisa quantitativa,[9] realizada pelo Instituto Qualibest, revelou que 76% dos entrevistados já compraram algo por meio de indicação de influenciadores digitais.

Surpreendentemente, os dados da pesquisa mostraram que 72% dos entrevistados são indiferentes ou **discordam** que a confiança no influenciador diminui quando vê que ele foi pago para divulgar um produto ou serviço. O que deixa evidente a credibilidade do influenciador conquistada com seu público.

Por fim, o estudo indicou a mesma proporção de 72% dos entrevistados que são indiferentes ou discordam que a credibilidade no produto ou serviço diminui quando se sabe que o influenciador foi pago para divulgá-lo.

É certo que o comportamento do consumidor muda devido a inúmeros fatores e, por ser uma área muito abrangente, já possui bibliografias completas e dedicadas ao assunto. Portanto, o objetivo, aqui, foi somente construir um entendimento sobre o conceito de marketing de influenciadores e ilustrar que os influenciadores digitais podem alterar o comportamento de compras dos indivíduos conectados em suas redes sociais.

Como um bom spoiler dos próximos textos, segundo Daniela Malouf, sócia do Instituto QualiBest, a chegada e a importância dos influenciadores digitais são irreversíveis. Porém, é importante que a pessoa escolhida esteja alinhada aos valores da marca, conectada aos objetivos da ação/campanha, ser respeitada e convincente.[10]

---

[7] SEIBEL, Gleice. The impact of influencer marketing on destination choice: a quantitative study among Brazilian and German millennials. **Revista Científica Multidisciplinar**, v. 3. Disponível em: https://revistacientificaosaber. com.br/ojs/envieseuartigo/index.php/rcmos/article/view/42 . Acesso em: 6 jun. 2021.

[8] SOLOMON, Michael R. **O comportamento do consumidor**: comprando, possuindo e sendo. 9. ed. Porto Alegre: Bookman, 2011.

[9] Metodologia da pesquisa: 2.100 pessoas entrevistadas acima de 15 anos e das classes ABCDE, com abrangência nacional, margem de erro de 3 pontos percentuais; testes estatísticos a 95% de margem de confiança. Campo realizado entre 6 e 9 de agosto de 2019.

[10] Entrevista cedida ao autor por e-mail.

Tabela 7.1   Perfil de quem segue os influenciadores

Classe A	12%	17 anos ou menos	10%	Sudeste	53%	Capital	35%
Classe B	49%	18 a 24 anos	28%	Nordeste	18%	Região Metropolitana	31%
Classe C	37	25 a 29 anos	22%	Sul	17%	Interior	35%
Classe D/E	0,2%	30 a 39 anos	27%	Centro-Oeste + Norte	12%		
		40 anos ou mais	13%				

Fonte: INSTITUTO QUALIBEST, 2019.

7.2   O MERCADO DE INFLUÊNCIA

Em virtude dos avanços tecnológicos, marketing de influência é uma das estratégias que está cada vez mais ganhando força no mercado de trabalho, o que é evidenciado por números recentemente divulgados que indicam que o valor desse mercado específico mais que dobrou entre 2019 e 2021, crescendo de 6,5 bilhões para 13,8 bilhões de dólares apenas nesses três anos. Esse crescimento se dá tanto pela facilidade de acesso a aparelhos eletrônicos, que permite que qualquer pessoa seja capaz de produzir conteúdos e até tornar-se referência em determinado assunto, quanto pelo aumento da busca por opiniões e críticas sobre produtos nos quais temos interesse.

Diante do público total, no Brasil, tem-se que 66% segue pelo menos um digital influencer; a maior parte são mulheres, com 64%. Além do fator gênero, é possível analisar outros fatores importantes (Tabela 7.1).

Tendo em vista que cada pessoa acompanha, em média, seis influencers, segundo pesquisa Qualibest 2019, isso torna os motivos pelos quais os seguem bem variados, como representa o Gráfico 7.1.

Um estudo realizado pela Nielsen Catalina Solutions (NCS) buscou analisar os efeitos do marketing de influência na venda de lojas. Para isso, a empresa fez uma profunda pesquisa dividindo os entrevistados em dois grupos. Pessoas expostas a determinada campanha com influenciadores digitais e outro grupo controle que não foi exposto. A grande sacada na metodologia da pesquisa foi justamente em como segmentar estes grupos.

Um pixel de rastreamento da NCS foi inserido automaticamente no conteúdo do blog para cada postagem, permitindo assim mapear quem havia sido exposto aos conteúdos dos influenciadores ou não.

A campanha contou com os 258 principais influenciadores na categoria *fitness e food* da Tapinfluence, empresa especializada em marketing de influenciadores. O conteúdo da campanha explorou o tema "segunda-feira sem carne".

Gráfico 7.1 Por que segue influenciadores digitais?

Fonte: INSTITUTO QUALIBEST, 2019.

O estudo analisou inicialmente as 52 semanas anteriores de venda do produto ofertado na campanha (Gráfico 7.2). Como se observa, em julho de 2015, iniciou-se a campanha com os influenciadores, que ficou sendo exibida até outubro, isto é, quatro meses de campanha no total.

Como era de se esperar, as vendas do produto durante a campanha foram maiores para o público impactado pelos conteúdos dos influenciadores. Porém, o surpreendente é que mesmo após o término da campanha esse público continuou com uma tendência de consumo superior ao público que não foi exposto ao marketing de influência, o que indica uma possível mudança de comportamento do consumidor após ser exposto a determinadas campanhas de marketing de influência.

O resultado financeiro, demonstrado no Gráfico 7.2, revela que 1.000 pessoas visualizando conteúdo de influenciador geraram $ 285 dólares de vendas incrementais sobre o grupo de controle.

Os dados rapidamente aqui ilustrados apontam para um mercado promissor no campo do marketing digital no Brasil e mundo afora, mas, por ser um novo campo de atuação, se comparado ao *outbound marketing*, exigirá um esforço extra em planejamento – tema próxima seção deste capítulo – dos profissionais envolvidos nas campanhas de marketing de influência que buscam resultados efetivos em um mercado cada vez mais acirrado.

Gráfico 7.2 Comparativo de vendas entre os grupos de consumidores expostos e de controle

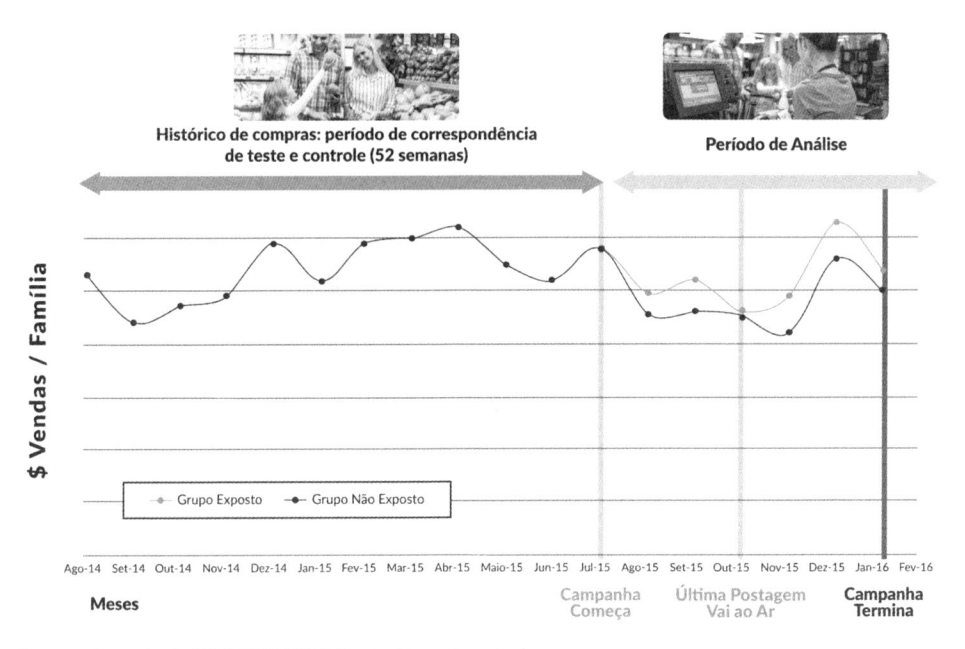

Fonte: adaptado de NIELSEN, 2016 (traduzido pelo autor).

7.3 CRIANDO UM PLANEJAMENTO DE MARKETING DE INFLUÊNCIA CONSISTENTE

No texto anterior, ficou nítida a importância e relevância do marketing de influência, sobretudo no sentido de ajudar as empresas a criar ou mudar uma percepção de determinado público a respeito da sua marca, empresa ou serviço de forma positiva.

Quando falamos "empresas", no plural, é porque o marketing de influência pode ser utilizado para qualquer empresa, o que não quer dizer, obviamente, que seja a solução mais eficaz, e é justamente durante a fase do planejamento de marketing de influência que esta resposta deverá surgir.

O marketing de influência deve fazer parte de um planejamento macro da organização, comumente denominado **planejamento de marketing digital**. Esse é o início do processo de planejamento. Mesmo que nessa fase inicial o uso do marketing de influência tenha se mostrado uma ferramenta de comunicação adequada para o objetivo proposto, isso é até então apenas uma hipótese. Pois é durante o planejamento do marketing de influência que a ação irá revelar o quanto será eficaz se comparado com as demais ações de marketing digital indicadas ao longo deste livro.

Isa Ventura Partner & Board, Member da Squid, um dos principais nomes no Brasil quando o assunto é marketing de influência, relatou, em entrevista ao autor, que há, sim, mercados que são mais adeptos ao uso de marketing de influência, tais como o de moda e bebidas alcoólicas, que conversam mais com públicos jovens e estão mais inseridos nas redes sociais, por isso segmentos de mercado semelhantes são os mais indicados. Mas é possível também fazer campanhas, por exemplo, no segmento B2B, e tratar de temas como cloud e tecnologia diretamente com os empreendedores. A diferença é que, nesse último caso, as campanhas de marketing de influência são mais complexas porque não há um volume muito grande de influenciadores, o que não inviabiliza sua execução.

Após entendida a aplicabilidade do marketing de influenciadores, é possível adentrar no planejamento desta estratégia de marketing digital. O **Capítulo 1** já abordou o tema planejamento de marketing digital com a devida profundidade e os passos a serem seguidos.

Por isso, serão tratadas, aqui, apenas as particularidades referentes ao planejamento de marketing de influenciadores, evitando, assim, a redundância com o texto já apresentado e que deverá ser seguido.

7.3.1 Passo 1 do planejamento de marketing de influência: quem é o responsável?

A primeira etapa consiste em definir justamente como será construído o planejamento. Há vários caminhos com prós e contras.

Primeiro, sobre a perspectiva de quem irá executar. Este plano pode ser desenvolvido internamente na empresa ou através de uma agência de marketing digital. Normalmente, mesmo que desenvolvido de forma híbrida ou a "quatro mãos", num esforço conjunto entre cliente e agência, é sempre recomendado que se tenha definido um responsável para este projeto.

Como tem-se observado na atualidade, equipes de marketing e comunicação estão cada vez mais enxutas e com mais atribuições. A tendência é que esse planejamento seja executado por uma agência parceira, exceto nos casos de empresas que, devido ao porte e demanda, já criaram departamentos com funcionários específicos para esta função, ou ainda por uma inviabilidade financeira.

7.3.2 Passo 2 do planejamento de marketing de influência: como será executado?

Definido o responsável, é preciso definir um método, ou seja, como será feito. É possível fazer o planejamento manualmente, pesquisando os influenciadores nas redes sociais, o que, certamente, será muito trabalhoso. Outra possibilidade é fazer esta pesquisa com auxílio de algumas plataformas de monitoramento de redes sociais (Figura 7.2). Ou, ainda, contratar empresas especializadas que já possuem tecnologia e pessoas especializadas neste processo, tais como as empresas brasileiras Squid, Airfluencers, Infuency.me, Fhits e Youpix.

Figura 7.2 Simulação de pesquisa por influenciadores digitais, no segmento educação, na plataforma Buzzmonitor

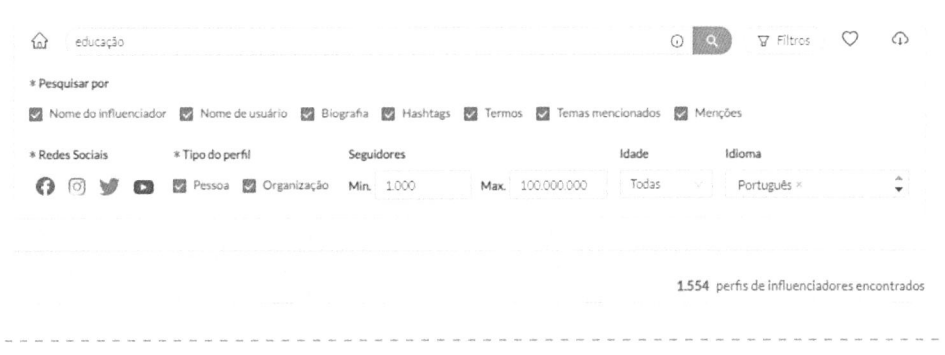

Fonte: BUZZMONITOR.

Note na simulação da Figura 7.2 que há vários filtros para facilitar a pesquisa por influenciadores que poderão compor sua campanha. É possível segmentar por rede social, termos, hashtags, número de seguidores, organizações ou pessoas etc.

A vantagem de contratar empresas especializadas em marketing de influência (Squid, Airfluencers, Infuency.me, Fhits, Youpix etc.) é, em primeiro lugar, obviamente, o know-how que possuem, pois trabalham diariamente com marketing de influenciadores e já possuem milhares de influenciadores cadastrados e segmentos por temas e pautas mais aderentes a cada perfil. Na simulação da pesquisa apresentada acima, há apenas a indicação de quem são os influenciadores, isto é, a execução ficará por conta do responsável pelo projeto, o que pode ser um caminho viável.

Porém, antes de decidir, cabe ressaltar, ainda, que as empresas de marketing de influência já possuem processos definidos (negociação, modelo de contrato, forma de pagamento e emissão de nota fiscal, logística, operação etc.) e ainda possuem sistemas de gerenciamento automatizados para escolha dos influenciadores e obtenção de relatórios de acompanhamento. Certamente, a desvantagem é que, em termos absolutos, isto é, sem fazer uma ponderação da relação custo-benefício, exigirá muitas vezes um investimento financeiro maior para execução do planejamento.

Tenha em mente que a "logística", mesmo que virtual, é muito complicada, pois muitos *creators*[11] (criadores de conteúdo) ainda não se profissionalizaram e o tempo de resposta muitas vezes não é o desejado; cada criador de conteúdo pode ter uma forma de negociação, diferente da padronização existente em uma empresa especializada. Muitas vezes, será preciso enviar um produto físico para várias cidades do país; neste caso, se o desejo é começar uma campanha com todos os influenciadores no mesmo dia, a execução fica ainda mais difícil, sem considerar que na moda, por exemplo, a influenciadora ou influenciador poderá devolver

---

[11] *Creator* (criador) é uma palavra inglesa utilizada comumente no mercado para se referir a um criador de conteúdo.

o produto porque o tamanho não ficou bom, após ter recebido, e será necessário começar o processo de envio novamente. O relatório de performance deverá ser solicitado individualmente para cada influenciador contratado; quando uma campanha entra no ar, possivelmente outros influenciadores irão identificar as hashtags que sinalizam que o conteúdo é patrocinado (#ads, #conteúdo patrocinado #publipost etc.) e entrarão em contato com o responsável pela campanha para apresentar uma proposta de participação.

Com base nessas informações, será possível responder qual a melhor forma de se executar o planejamento de marketing de influenciadores, pois não há uma regra universal; depende do contexto da empresa, da abrangência da campanha e outros fatores além dos aqui citados.

7.3.3 Passo 3 do planejamento de marketing de influência: briefing do conteúdo.

O influenciador digital usa o conteúdo como ferramenta de trabalho. Este é o produto que a empresa contratante estará comprando e, para que esse conteúdo seja efetivamente relevante para o público destinatário, é preciso traduzir esses objetivos de negócios em uma mensagem coerente com a marca, produto ou serviço e principalmente com o perfil de cada influenciador contratado.

É preciso que fique claro neste briefing qual será o papel **do conteúdo** que os influenciadores digitais irão criar. A ideia é divulgar o novo produto e seus diferenciais? Fazer um tutorial de como usar um produto já existente? Ou a intenção é puramente *awareness*, ou seja, mostrar o produto e serviço para o maior número possível de pessoas? Ao contrário, o intuito é alcançar menos pessoas, mas com um alto engajamento? Será feita uma pesquisa de mercado para levantar insights para a marca? Mostrar que a marca é engajada em determinada causa social? A ideia é engajar com um público de difícil acesso para a marca com outros meios de comunicação? Enfim, seria impossível listar aqui todas as possibilidades. O importante é que, de forma muito objetiva, todos os envolvidos no processo devem saber o que a comunicação deverá transmitir e os possíveis impactos nos seguidores e não seguidores do(a) influenciador(a).

Em outras palavras, procure escrever uma frase: após os seguidores serem expostos ao conteúdo dos influenciadores, a marca contratante espera que os seguidores _____, o que nos levará a conseguir alcançar a meta de _____. Simples e complexo ao mesmo tempo.

Algumas campanhas mais complexas podem ter mais de um objetivo, então procure escrever da mesma forma para cada objetivo. Esse é um bom exercício para sempre conectar uma ação de comunicação com objetivo e metas.

7.3.4 Passo 4 do planejamento de marketing de influência: influenciador não é TV

O mercado publicitário se acostumou por décadas a produzir o briefing criativo, da etapa anterior, com o cliente (empresa anunciante) e produzir diversas peças publicitárias para TV, rádio, mídia impressa etc., que na grande maioria das vezes eram entregues de forma uniforme, isto é, todas as emissoras de rádio recebiam o mesmo jingle.

O universo do influenciador é diferente.

Reflita: Como uma pessoa comum conseguiu se tornar um influenciador? Possivelmente, ela trabalhou por anos gerando diferentes conteúdos por meio da tentativa e erro e foi conquistando pessoas que foram se conectando em suas redes sociais por **gostarem da sua forma de falar, vestir, informar, educar, entreter etc.** E é justamente aqui que muitas marcas erram.

Algumas empresas ainda possuem uma mentalidade antiga, unilateral e vertical. No marketing de influência, é desejável primeiro que se crie o conteúdo previamente com o influenciador ou influenciadores, porque eles conhecem como ninguém seus seguidores e sabem o que vai dar certo ou não com maior precisão. E, segundo, é indispensável que se dê certo grau de autonomia para o influenciador executar a campanha, como indicando o horário mais adequado para a postagem, tom de voz, elementos criativos que vão compor o conteúdo etc.

7.3.5 Passo 5 do planejamento de marketing de influência: escolhendo os influenciadores

Talvez esse seja o passo mais crítico de todo o planejamento, afinal, depois de contratado e publicado o conteúdo, é um caminho sem volta no ambiente on-line, que sempre deixa rastros digitais para sempre.

Para escolher adequadamente os influenciadores que irão compor o planejamento, é necessário compreender alguns aspectos além dos já expostos até aqui, que são: os tipos de influenciadores, histórico do influenciador, posicionamento do influenciador, perfil dos seguidores, sinergia com a marca e investimento no curto e longo prazo.

Figura 7.3 Exemplo de perfil de uma influenciadora digital na plataforma Squid

Fonte: SCARLETT SEIXAS. Disponível em: https://scarlettseixas.com.br/. Acesso em: 30 jul. 2021.

Passo 5.1: Tipos de influenciadores digitais

Há, basicamente, duas formas de tipificação dos influenciadores digitais, sendo uma quantitativa e outra qualitativa. Não há um consenso, por se tratar de uma área nova e várias empresas usarem nomenclaturas e dimensões diferentes.

Via de regra, de forma quantitativa, os influenciadores são agrupados conforme seu número de seguidores de forma semelhante à apresentada na Tabela 7.2. Há empresas que já falam em nanoinfluenciadores, isto é, uma categoria inferior aos microinfluenciadores.

Tabela 7.2 Micro & macroinfluenciadores

Influenciador	Seguidores
MICRO	5 MIL – 25 MIL
PEQUENO	25 MIL – 100 MIL
MÉDIO	100 MIL – 250 MIL
GRANDE	250 MIL – 1 MILHÃO
MEGA	1 MILHÃO – 7 MILHÕES
CELEBRIDADE	+ 7 MILHÕES

Fonte: adaptada de CRUZ, 2018 (traduzida pelo autor).

Uma questão a ser ponderada é sobre a relatividade desta segmentação. Suponha que uma clínica médica de imagens e exames laboratoriais atue em uma cidade pequena de 50 mil habitantes. A empresa pretende se aproximar do público idoso, notoriamente por consumir mais remédios. Nesta cidade, há um senhor de 72 anos e uma senhora de 78 anos, com 3 mil seguidores cada no Facebook, sendo principalmente amigos com idades semelhantes, que participam de atividades para terceira idade no Sesc, Prefeitura etc. Neste caso, eles são nano, micro ou macroinfluenciadores? Se considerarmos a população em que estão inseridos e a taxa de cobertura, talvez possuam mais seguidores qualificados do que outro influenciador fora deste contexto classificado numa categoria superior.

Então, esta segmentação quantitativa é muito importante, porém deve ser relativizada ao contexto da marca anunciante e da campanha.

A outra forma de segmentação dos influenciadores é a forma qualitativa, que se refere à sua linha editorial. Assim, tem-se os influenciadores digitais da linha lifestyle, nerd, games, tecnologia, tendências, esportes, história, economia, entretenimento e entre outras.

Outro aspecto importante é o número de influenciadores que irão compor a campanha. Uma pesquisa indicou que campanhas com mais de 30 influenciadores eram muito mais propensas a ter um alto engajamento, ter um custo por engajamento (CPE) menor e, de forma geral, um desempenho mais consistente.[12]

---

[12] CRUZ, Francesca. Influencers: micro & macro. **Tapinfluence**, 16 maio 2018. Disponível em: https://www.tapinfluence.com/influencers-micro-macro/. Acesso em: 23 jun. 2021.

Passo 5.2: Histórico do influenciador

Antes de assinar um contrato com um influenciador digital baseado em dados técnicos, é recomendável que se faça uma pesquisa sobre o histórico do influenciador (reveja o tópico *social listening* no **Capítulo 2**), no sentido de identificar possíveis posicionamentos em relação a assuntos sensíveis da sociedade, política, envolvimento em alguma crise nas redes sociais, postura diante da crítica de *haters* etc.

Dessa forma, é possível mitigar os riscos de associação da marca ao influenciador(a), principalmente porque, como será visto mais à frente, o ideal é construir um relacionamento de longo prazo com o influenciador, e não utilizar apenas de forma avulsa e pontual.

Uma pesquisa abrangente realizada em todo o Brasil mostrou como um influenciador digital constrói sua relação de confiança com seus seguidores. Fica evidente que comentários ou posicionamentos no passado têm relevância no presente. No sentido de construir a confiança, novamente falamos em ser verdadeiro, transparente, realista.

Figura 7.4 Relação de confiança entre influencers e seguidores

Aumenta		Diminuir	
Ser natural e verdadeiro (mostra seu dia a dia como realmente é/defender seus ideiais)	83%	74%	
Dominar os assuntos que aborda	82%	Comentários/atitudes racistas ou preconceituosas (no presente ou passado)	
Indicar e avaliar produtos com base em suas experiências reais	79%		
Interagir com comentários de seus seguidores	75%		
Ter bom humor/ser divertido	68%		

Fonte: INSTITUTO QUALIBEST, 2019.

Passo 5.3: Rede social × influenciadores

Outra investigação necessária é verificar a quais redes sociais o influenciador tem maior aderência com a campanha, o que necessariamente não é onde há o maior número de seguidores.

Dependendo da narrativa da campanha, o LinkedIn pode ser a plataforma ideal para o debate, como no mercado B2B, por exemplo. O LinkedIn pode ser uma alternativa assertiva, mesmo que não seja o canal com o maior número de seguidores ou fãs.

No meio desta análise, não se pode esquecer da *buyer persona* (ver **Capítulo 3**) desenhada para a campanha, o que ajudará a indicar, também, qual rede ou redes sociais devem ser utilizadas.

7.3.6 Passo 6 do planejamento de marketing de influência: relacionamento de longo prazo

A indústria da comunicação mercadológica sempre seguiu, na grande maioria das vezes, um ritual. Por volta dos meses de outubro e novembro, é realizado um planejamento estratégico na empresa para o ano seguinte, no qual está contido o plano de marketing e comunicação, que por sua vez abriga o budget, verba ou orçamento do departamento de marketing.

Pronto, era o start para iniciar as negociações com veículos de comunicação, entra ano e sai ano, a mesma revista, jornal, emissora de rádio e televisão recebiam uma parte da verba do bolo publicitário. Havia, então (na verdade, ainda existe), um processo, um relacionamento a longo prazo.

Este relacionamento a longo prazo é ainda mais benéfico quando se trata de marketing de influência, pois não é do dia para a noite que os seguidores de um influenciador ora contratado irão criar uma conexão entre o produto, serviço, marca ou empresa anunciada na campanha.

Por isso, um ponto de observação importante é que se crie um planejamento com a visão de longo prazo, ou seja, da mesma forma que funciona com o mercado tradicional de comunicação, o influenciador deve estar presente nos planos de comunicação, sempre que pertinente, pois desta forma irá criar maior conexão e melhor performance para as campanhas.

Há, evidentemente, exceções em marketing, por se tratar de uma ciência social, diferente da área de exatas. Às vezes, uma campanha pode ser pontual, apenas com o intuito de gerar *awareness*, sem uma preocupação de engajamento ou identificação.

7.3.7 Passo 7 do planejamento de marketing de influência: quanto vale um influenciador

Partindo do princípio de que a campanha aqui construída está inserida num planejamento macro de marketing digital, espera-se que nesse planejamento seja definida a divisão da verba por áreas do marketing digital: google ads, social ads, landing pages, e-mail marketing, native ads, mídia programática, marketing de influência etc.

Assim, o maior questionamento agora é: quanto vale um influenciador digital? O mercado publicitário adotou, ao longo dos anos, algumas métricas para balizar a precificação entre os veículos de comunicação, tais como CPM ou custo por mil ouvintes, leitores, telespectadores etc., cobertura geográfica, índice de audiência, potencial de consumo da região, entre outros.

Por ser uma área nova, não há um padrão tão estabelecido quanto a mídia tradicional, portanto, o que faremos é a construção de uma lógica que poderá auxiliar na tomada de decisão acerca do custo-benefício para a empresa anunciante.

O custo de uma ação de marketing digital é um atributo avaliado de forma relativa, principalmente com base no **retorno sobre o investimento (ROI) e na comparação com outros meios de comunicação disponíveis.**

Um bom ponto de partida, nesse contexto, é ter claro o desempenho de todas as mídias já utilizadas pela marca; considere realizar uma análise histórica dos últimos três anos para identificar uma linha de tendência também.

Com esta análise, espera-se uma resposta simples, do tipo a cada R$ 1.000,00 investidos no meio de comunicação X, para o objetivo Y, tem-se o retorno Z. No final deste planejamento, é esperado que se estabeleça uma meta de retorno com a campanha de marketing de influência, permitindo assim criar uma matriz comparativa, sob a ótica do ROI, entre os meios de comunicação.

Antes de prosseguir, um adendo importante é que em alguns casos, mesmo com uma relação de ROI desfavorável, determinado meio de comunicação pode ser o mais indicado devido a outras métricas. Aliás, essa é a graça de atuar com marketing, a lógica matemática e as análises subjetivas convivendo lado a lado no mesmo planejamento.

Exemplificando com um caso hipotético: uma rede de farmácia de manipulação fez uma pesquisa de tendências e observou, conforme a Figura 7.5 (do Google Trends), um aumento significativo na procura por ansiedade e imunidade.

Desta forma, a empresa decidiu investir em sua linha fitoterápica para o tratamento da ansiedade e para aumentar a imunidade do corpo, devido à alta demanda por esses medicamentos.

Figura 7.5   Pesquisas na internet pelos termos *ansiedade* e *imunidade* no Brasil (2004 a 2021)

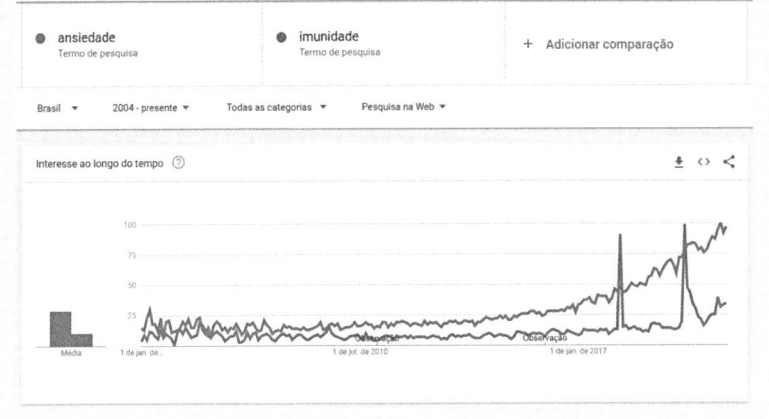

Fonte: GOOGLE TRENDS.

A empresa sabe que, historicamente, ao fazer campanhas em rádio, único meio de comunicação utilizado até então, a cada mês (campanha), o investimento é de R$ 3.000,00, o que resulta em 120 novos clientes com um ticket médio de R$ 80,00 na primeira compra, o que dá uma receita inicial de R$ 9.600,00.

A rede sabe, ainda, que geralmente 60% desses clientes retornam mais duas vezes para continuar o tratamento e compram os mesmos produtos, o que dá uma receita adicional de R$ 11.520,00 (120 clientes × 60% × 80 × 2) e, totalizando, se tem uma receita de **R$ 21.120,00**.

Desta forma, o ROI[13] foi de **6,04** (equação: 21.120 – 3.000 / 3.000 = 6,04). Isto quer dizer, em outras palavras, que para cada 1 real investido a empresa ganhou 6,04 reais.

---

[13] Esta métrica será detalhada no Capítulo 12, que tratará de métricas de marketing.

Nenhum veículo de comunicação é capaz de precisar com exatidão qual será o retorno obtido previamente, pois depende, inclusive, de variáveis incontroláveis, como uma reação instantânea do concorrente ou desempenho da economia, por exemplo.

Todavia, com essa lógica que procuramos construir é possível analisar com mais segurança a proposta comercial apresentada por um influenciador digital. Uma análise subjetiva durante a negociação também é recomendável, como solicitar contatos de outras empresas clientes do(a) influenciador(a) em negociação para realizar um feedback.

Não tem resposta pronta. A determinação de quanto vale um influenciador será efetiva na medida que uma empresa possui o mesmo relacionamento existente com outros meios e a empresa consiga criar uma matriz de ROI por meio de comunicação. Pense se a Amazon atuasse nesse mercado intermediando a contratação de influenciadores; possivelmente, a gigante americana apresentaria uma tabela comparativa com as vantagens e desvantagens de todos os meios de comunicação, tradicionais ou digitais, e ainda com reviews de clientes e a famosa classificação com as estrelinhas. Procure construir internamente, mesmo que em uma planilha eletrônica ou em um sistema de BI, a sua matriz de ROI por meio de comunicação para uma tomada de decisão mais assertiva.

É válido lembrar que as empresas especializadas em marketing de influência facilitam e muito este processo, pois já possuem uma larga experiência e prestam o serviço de equalizar esses valores, oferecendo inclusive uma consultoria para os clientes para esta etapa da definição de verba × expectativas.

Por fim, para contribuir com esta análise, é interessante relatar a forma como a influenciadora digital @nocidanielle, com 920 mil seguidores[14], faz a precificação de seus serviços, no qual ela sugere uma fórmula. "Quando faço uma campanha, sou três coisas ao mesmo tempo: a celebridade, a agência que cria o conteúdo e a mídia [meio de comunicação]". Então, a influencer sugere que é preciso somar esses três valores, sendo o mais difícil o valor da mídia, mas que é possível simular no caso, no próprio Instagram, quanto a empresa pagaria por um post impulsionado para atingir o mesmo público do seu perfil.[15]

7.3.8 Passo 8 do planejamento de marketing de influência: definindo metas e métricas de performance

Uma das vantagens do marketing digital, de uma forma geral, é ter acesso, em tempo real, a diversas métricas de desempenho. Cada empresa deve criar, conjuntamente com todos os envolvidos, agência, influenciadores, empresa de marketing de influenciadores, de forma transparente e realista as metas com a campanha.

Uma forma de auxiliar na construção destas métricas é considerar as métricas durante a jornada do consumidor, conforme descrito na Tabela 7.3. Uma empresa que possui um e-commerce consegue facilmente, por meio de relatórios da sua plataforma, a taxa de conversão

---

[14] Em 15 jun. 2021.

[15] CARVALHO; MOTTA, 2018.

entre a quantidade de cliques que acessaram determinada landing page[16] *versus* conversão (vendas, download, assinatura etc.). Normalmente há muitos cliques e menos conversões.

Este fenômeno, em certa parte, é comum e normal no mercado. A lógica é que muitas pessoas interessadas olhem o produto e não aceitem comprar naquele momento, o que não quer dizer que futuramente ela não possa comprar. Porém, essa relação de muitos cliques e um número menor de conversões assusta muitos empreendedores.

Para compreender melhor esse fenômeno natural, vá até um shopping center movimentado [quando permitido] e conte quantas pessoas olharam para determinada vitrine, depois anote quantas entraram na loja e por fim quantas compraram. Certamente haverá uma taxa de conversão com muitas pessoas olhando a vitrine e um número significativamente inferior de compradores.

O trabalho do marketing digital como um todo consiste, entre outras coisas, em justamente aumentar esta taxa de conversão com o intuito de haver a menor dispersão possível, considerando o objetivo estabelecido.

Enfim, ao olhar a tabela de métricas (Tabela 7.3), uma empresa qualquer poderia determinar sua meta com a campanha de marketing de influência 100 mil visualizações; 10 mil novos seguidores no Instagram da marca; 5.000 cliques para seu e-commerce; 800 compartilhamentos do seu conteúdo; ou ainda metas compostas, como 100 mil visualizações com um CTR[17] (taxa de cliques) de 3%.

Em resumo, é a empresa que define sua meta com o auxílio dos demais envolvidos. Isso é imperativo para que se consiga determinar como foi a performance ou grau de assertividade da sua campanha com influenciadores digitais.

Tabela 7.3   Métricas para campanhas de marketing de influência × jornada do consumidor

Conhecimento	Consideração	Preferência	Aquisição	Lealdade
Alcance	Cliques	Compartilhamento	Clique para e-commerce	Compartilhamento
Visualização	Votos	Like/Seguidores	Conversões para venda	Referências
	Visualizações de conteúdo	Captura de dados	Cupons/ofertas exclusivas	Conteúdo gerado por usuários
	Estudo de marca	Escuta social	Tags de rastreamento	
	Comentários	Estudo de marca		

Fonte: adaptada de TAPINFLUENCE, 2015 (traduzida pelo autor).

---

[16] Ver conceito no Capítulo 12.
[17] Este conceito será abordado em detalhes no Capítulo 12.

Cabe destacar que uma boa prática em um planejamento de marketing consiste em adotar mais de uma métrica ou indicadores para avaliar a performance. No **Capítulo 21**, Métricas de Marketing Online e Offline, você irá encontrar várias métricas que podem compor o seu painel de indicadores de performance da campanha, como tempo de permanência do usuário no seu site, número de páginas visualizadas etc.

7.3.9 Passo 9 do planejamento de marketing de influência: implementação e controle

Essa é uma etapa comum em qualquer planejamento. O que é diferente nas redes sociais é o tempo. Nas mídias sociais, as coisas podem dar certo muito rapidamente ou, de forma inesperada, o oposto numa velocidade assustadora.

O ponto de atenção nessa etapa é alocar um recurso humano dedicado para acompanhar a publicação dos conteúdos e monitorar com auxílio de softwares de gestão de mídias sociais.

Obviamente, há setores mais sensíveis, como saúde, que exigem maior cuidado nesta implementação, todavia, excesso de zelo é uma boa forma de minimizar riscos.

7.3.10 Passo 10 do planejamento de marketing de influência: lições aprendidas

O planejamento é uma expectativa de como as coisas vão acontecer. Na prática, a grande maioria das campanhas não saem exatamente como previstas; pode ser uma mudança positiva em um aspecto e negativa em outro.

O ditado popular diz que "a prática leva à perfeição". Talvez pudéssemos reescrever desta forma: "o processo de feedback honesto com todas as partes envolvidas, baseando-se na interpretação dos dados coletados e resultados obtidos, identificará quais são as melhores práticas, os pontos de melhorias e, desta forma, melhorar significativamente os desempenhos dos planejamentos de marketing de influência ao longo do tempo".

7.3.11 Passo 11 do planejamento de marketing de influência: boas práticas

Como já dito algumas vezes, o marketing de influência é uma área nova, portanto, neste último passo há boas práticas divulgadas pelo mercado que devem ser levadas em consideração.

Primeiro, é interessante ter acesso ao relatório do Conselho Nacional de Autorregulamentação Publicitária (CONAR). A entidade editou, em 2021, o *Guia de publicidade por influenciadores digitais* e trata basicamente das boas práticas e normas que os agentes envolvidos devem seguir.

De acordo com o CONAR, em geral, os influenciadores digitais produzem conteúdos orgânicos (sem envolvimento comercial) de diversas naturezas, que por sua vez é a base da relação de confiança entre os influenciadores e seus seguidores. Por isso, sobressai a necessidade de que essa relação seja pautada pela transparência, **em especial no conteúdo de caráter publicitário**, e de que sempre seja revelada a motivação da postagem quando difundida a partir de interação com anunciante e/ou agência.[18] Acesse o QR Code para ter acesso ao guia completo.

https://encr.pw/xuj2C

O e-book informativo criado pela empresa especializada em marketing de influência Airfluencers traz, entre outras temas, uma lista de boas práticas relacionadas a como criar contrato com os influenciadores e os detalhes de pagamentos e negociação com os digital influencers. Acesse o QR Code para ter acesso ao material completo.

Ver *cases* de sucesso também é uma boa maneira de gerar insights para seu planejamento. Então aproveite esta curadoria de *cases* das empresas brasileiras Squid e Influency.me acessando os QR Codes abaixo.

https://url.gratis/26zcbm

Cases Squid

https://encr.pw/jsxLG

Case Influency.me

https://encr.pw/TS6l2

Há também alguns caminhos para **não** seguir, de acordo com relatório das empresas Hubspot e Sprout Social:[19]

- Forçar o seu produto ou marca em um influenciador cujo público não se alinha com o seu, uma vez que isso poderá prejudicar ambas as partes e será um desperdício de dinheiro.
- Fazer uma campanha sem um sistema de rastreio adequado, além de desonesto, dificulta a associação das vendas ao trabalho do influenciador após o ocorrido.

O fim deste capítulo, diferente dos demais, não traz uma conclusão ou resumo. O espaço aqui foi destinado para destacar a palavra que sustenta este mercado de influenciadores: **autenticidade.**

Para os autores Gilmore e Pine,[20] a questão autenticidade é um novo imperativo nos negócios na atualidade, pois "as pessoas estão passando a ver o mundo em termos de real e falso e querem comprar algo real de alguém legítimo, não algo falso de uma fraude".

[18] CONAR. **Guia de publicidade influenciadores 2021**. Disponível em: http://conar.org.br/pdf/CONAR_Guia-de-Publicidade-Influenciadores_2021-03-11.pdf. Acesso em: 8 jun. 2021.

[19] THE ULTIMATE guide to influencer marketing. **HubSpot**. Disponível em: https://offers.hubspot.com/influencer-marketing-guide. Acesso em: 16 jun. 2021.

[20] GILMORE, James H.; PINE, B. Joseph. **Autenticidade:** tudo o que os consumidores realmente querem. Rio de Janeiro: Elsevier, 2008.

Esses autores criaram 5 dimensões que podem ajudar a definir a verdadeira identidade de um negócio. Apesar de não ser criada especificamente para o marketing de influência, uma reflexão sobre as dimensões abaixo pode auxiliar na identificação de possíveis ajustes em seu planejamento de marketing com influenciadores. Ao término do seu planejamento, reflita se ele está em linha com estas dimensões:

1) Essência do empreendimento: quem você é no seu centro.
2) Natureza das ofertas: o que você oferece aos outros.
3) Efeitos da tradição: onde e como você passou a ser quem é hoje.
4) Propósito: por que você está no negócio.
5) Valores: como sua identidade se manifesta.[21]

7.4 COCRIAÇÃO DO CONTEÚDO E A AUTONOMIA DO INFLUENCIADOR × POSICIONAMENTO DAS MARCAS

Durante a fase do planejamento, falou-se rapidamente sobre a importância de envolver o influenciador digital na elaboração da campanha em vários aspectos.

O ponto central de uma campanha bem-sucedida com influenciadores é um ótimo conteúdo. Por isso, o objetivo aqui é ressaltar os benefícios da cocriação de conteúdo, da campanha com o influencer.

Permitir que os influenciadores participem do processo criativo e adicionem uma camada com sua personalidade tornará o conteúdo mais relevante, crível e autêntico para os seguidores do influenciador digital.

A Figura 7.6 representa os elementos para a criação de um ótimo conteúdo. Retire a participação do influenciador da figura e ficará evidente a sua falta, o que explica, em partes, a importância do envolvimento do influencer no processo criativo.

Figura 7.6 Composição de um ótimo conteúdo

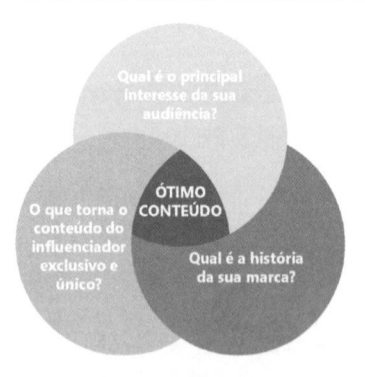

Fonte: adaptada de TAPINFLUENCE, 2015 (traduzida pelo autor).

---

[21] GILMORE; PINE, 2008.

GESTÃO DE REDES SOCIAIS

8

Autor:

Edgar Almeida

Em toda categorização corre-se o risco de criar algo estático e rígido, o que obviamente não tem aderência ao ecossistema das redes sociais. Contudo, algumas reflexões sobre processos estruturantes podem ajudar na otimização do resultado nesse ambiente digital.

De uma forma macro, os processos de marketing em uma organização devem ser considerados sob a ótica dos 3 PUTs, como visto no **Capítulo 1**. Portanto, o objetivo aqui é analisar um subprocesso dos departamentos de marketing, que é a **gestão de redes sociais**.

Contudo, é importante frisar que o intuito das recomendações apresentadas a seguir não é uma espécie de dualismo, havendo a necessidade da escolha de um dos polos. A ideia principal é apresentar uma linha com dois extremos, de forma que permita aos profissionais de marketing e comunicação desenharem um modelo de gestão de redes sociais coerente com seu contexto em algum ponto desta linha.

O significado da palavra gestão já nos fornece um bom entendimento do que seria um processo de gestão em qualquer área, isto é, a busca da maior eficiência possível com os recursos que se tem disponíveis no momento.

Para falarmos deste tema, vamos considerar uma situação hipotética em que uma empresa irá iniciar sua atuação nas redes sociais ou até mesmo reposicionar sua presença nas redes sociais. Consideremos este ponto como o momento zero, do qual, a partir daí, podemos desenhar um modelo idealizado de gestão das redes sociais. Na prática, sabemos que muitas vezes "o avião é reparado" em pleno voo, como dizemos no dia a dia.

O fato é que, se a presença da marca fosse construída desde o momento zero com um processo de gestão bem alinhavado, as chances de ficar "apagando incêndios" o dia todo, como muitos profissionais se queixam, seria muito menor.

Logo, um modelo idealizado de gestão de redes sociais poderia ser resumido nas seguintes etapas:

125

1) missão, proposta de valor, diferenciais percebidos pelos clientes[1] e posicionamento da marca devem estar muito claros a todos os envolvidos;
2) definição das personas (*brand persona* e *buyer persona*);
3) planejamento das redes sociais;
4) criação de um fluxo de trabalho com os respectivos responsáveis e suas atribuições;
5) workflow;
6) feedback e ajustes.

As etapas 1, 2 e 3 já foram amplamente abordadas no livro. Portanto, agora iremos colocar uma lupa nos tópicos 4, 5 e 6.

O principal argumento para este detalhamento é, na realidade, um contra-argumento a um mito muito difundido de que a estratégia é mais importante do que a execução. Não entraremos no mérito, mas é sabido que isso não é uma verdade absoluta, afinal, um excelente planejamento estratégico com uma execução ruim levará a resultados insatisfatórios.

8.1 FLUXO DE TRABALHO

"Estar presente nas redes sociais" faz parte do *Social Media Marketing* (SMM), ou marketing nas redes sociais, que será exposto em detalhes no próximo capítulo. Por ora, vamos analisar o processo com o olhar da administração de recursos e desenho de processos.

Para uma marca estar presente nas redes sociais, faz-se necessário, obviamente, postar algum conteúdo. E é neste momento que são exigidas dos profissionais envolvidos diversas competências, *hard skills* e *soft skills*[2], que muitas vezes não são levadas em consideração. Detalharemos na sequência cada etapa.

Figura 8.1 Fluxograma criação de conteúdo para redes sociais.

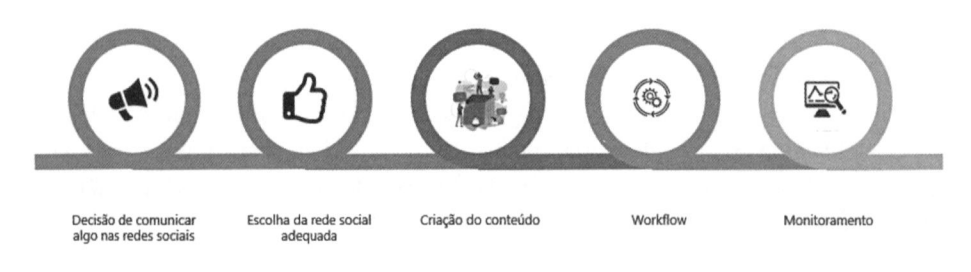

| Decisão de comunicar algo nas redes sociais | Escolha da rede social adequada | Criação do conteúdo | Workflow | Monitoramento |

Fonte: elaborada pelo autor.

---

[1] É muito comum empreendedores terem uma visão distorcida da realidade. Um diferencial precisa ser validado por meio de pesquisas de marketing.

[2] *Soft skills* é um termo em inglês usado por profissionais de recursos humanos para definir habilidades comportamentais, competências subjetivas difíceis de avaliar (Wikipedia).

Tomando como base o fluxograma da Figura 8.1 para a criação de conteúdo nas redes sociais, o processo deve se iniciar com a identificação de uma ou mais necessidades mercadológicas, num sentido amplo, de comunicar algo nas redes sociais.

Nesse ponto, há vários modelos de organização. Algumas empresas preferem fazer uma reunião mensal e discutir sobre as necessidades do mês seguinte, resultando, assim, em um mapa de conteúdo planejado para o mês inteiro. Estes períodos podem variar de acordo com cada empresa: quinzenalmente, semanalmente, enfim.

Aqui, temos nosso primeiro ponto de atenção. Uma falha grave nessa etapa, mas ainda muito comum, é a prática de "comunicar por comunicar", ou seja, quando o profissional responsável pela postagem precisa "buscar por algo" para postar no dia porque não tem nada decidido sobre o que fazer, ficando, assim, uma postagem *pro forma*. Claro que há espaço para exceções, até mesmo para dar vazão aos assuntos do momento (*hot trends, hot topics*) e à criatividade, mas quando isso se torna frequente é um problema.

Um dos sintomas mais comuns do problema acima é uma enxurrada de postagens que não fazem o menor sentido para a marca, como a celebração de datas comemorativas irrelevantes para os seguidores e/ou marca específica. Um caso positivo foi a escolha da companhia aérea Latam sobre o Dia Internacional do Orgulho LGBTQIA+, conforme postagem exibida na Figura 8.2, que teve uma repercussão positiva.

Figura 8.2 Postagem Latam no Instagram

Fonte: @Latamairlines.

Assista ao vídeo da campanha da Latam acessando o QR Code a seguir.

http://encr.pw/gxfVj

Postar um conteúdo sem uma necessidade mercadológica da empresa como âncora é como não ter lastro no planejamento estratégico da empresa. Um trabalho avulso e desconectado das demandas da empresa.

O profissional responsável pela gestão das redes sociais da empresa precisa ter algumas habilidades comportamentais para executar adequadamente esta etapa. É necessário ter "trânsito" em toda a empresa, independente do porte, e dialogar com os pares e diretoria a fim de realmente criar um mapa de conteúdo de redes sociais que reflita as necessidades da empresa como um todo.

Só para exemplificar, é comum no setor moveleiro, durante os períodos de economia estável, algumas indústrias não aceitarem novos pedidos no final do ano devido ao volume de vendas *versus* capacidade de produção. Num cenário hipotético como esse, o que faria mais sentido: divulgar os produtos, estimular o engajamento dos seguidores com mensagens de final de ano ou ajudar a gestora de recursos humanos a ter mais eficiência no recrutamento de novos colaboradores, usando as redes sociais para atrair novos talentos?

Não temos uma resposta. Mas talvez a última opção acima fosse a mais importante naquele momento. Como saber? Novamente, ressalta-se que o gestor de redes sociais precisa ter este diálogo constante com vários departamentos e, além de conhecer o planejamento estratégico, normalmente exposto no quadro de gestão à vista, é preciso ter *feeling* para captar o que não está escrito, mas é necessário.

Outro olhar para o qual esse gestor deve atentar-se nesta etapa é que as redes sociais são uma vitrine. Neste sentido, é preciso indagar em alguns casos se a necessidade de uma postagem está mais associada aos objetivos corporativos ou pessoais ou departamentais. É a famosa foto com um cliente que alguém da empresa acha indispensável postar nas redes sociais. Será mesmo?

Em poucas palavras, nesta etapa, o gestor de redes sociais precisa ter algumas habilidades comportamentais (*soft skills*) bem apuradas para ter um mapa de conteúdo alinhado com as demandas reais da empresa.

8.2 ESCOLHA ADEQUADA DA REDE SOCIAL

Este tópico será exposto no decorrer do livro. Portanto, aqui faz-se pertinente somente uma observação complementar. Mesmo que a empresa possua uma presença em diferentes redes sociais, isso não significa que um conteúdo tenha que ser compartilhado em todas as redes sociais.

Como exemplo, vejamos a atuação da empresa Nubank, notoriamente conhecida como uma presença exemplar nas redes sociais. Nas comemorações do Dia dos Namorados de 2021, a marca esteve presente em algumas redes sociais fazendo menção à data – sempre com a mensagem adequada para cada rede social – e optou por não publicar em sua página do Facebook, TikTok, LinkedIn e YouTube, conforme a última postagem próxima ao dia 12 de junho, conteúdos relacionados à data comemorativa citada. Para melhor compreensão desta aplicação, acesse o QR Code a seguir e assista à videoaula que disponibilizamos no material de apoio.

https://somos.in/MDCPS1

8.3 CRIAÇÃO DE CONTEÚDO

Um conteúdo para rede social pode ter diferentes formatos e inúmeras variações em cada formato: áudio, texto, imagem, vídeo, game, formulário.

Aqui, nós temos nosso segundo ponto de atenção. É raro um profissional que execute com maestria todos estes formatos de conteúdo. É compreensível que uma empresa de pequeno porte, por exemplo, contrate apenas um profissional, denominado no mercado de **social media**, para fazer todo o processo de criação de conteúdo e em alguns casos até a gestão em si. Mas é preciso deixar claro que você pode ter um excelente redator, que escreve textos cativantes, mas não executa muito bem edições de vídeos ou tem timidez para gravar stories.

Uma solução é discutir o que pode ser realizado internamente na empresa e o que pode ser terceirizado. Por isso, é preciso conhecer as principais atividades que podem ser desenvolvidas nesta etapa:

- elaboração do briefing do conteúdo a ser desenvolvido;
- pesquisa de tendências, histórico da marca e compreensão de outras informações contidas no briefing;
- concepção de uma ideia criativa para o conteúdo;
- redação de texto;
- revisão do texto;
- pesquisa por uma imagem;
- fotografias (das simples até as mais complexas, que um smartphone não é capaz de fazer);

- edição de imagens simples ou complexas;
- escolha de uma hashtag assertiva;
- definições táticas sobe a possibilidade de haver uma *collab*[3], taguear algum parceiro etc.;
- roteiro para vídeos mais elaborados;
- gravação de vídeo (incluindo técnicas de microfonação, iluminação e construção de cenários);
- edição do vídeo;
- roteiro para podcasts;
- gravação de podcasts;
- edição de podcast;
- elaboração de formulários (quizz);
- desenvolvimento de um game.

A lista acima, por si só, deixa evidente que é quase impossível ter um profissional polivalente a ponto de atender todas essas atividades com primor. Claro que em pequenas empresas é possível escolher uma linha editorial para os conteúdos de forma mais restrita e selecionar um candidato o mais coerente possível.

Outro cenário é fazer uma reflexão sobre o que poderia ser terceirizado e que seria mais adequado se a execução fosse interna. Há vários caminhos possíveis para responder a esse questionamento.

Quando falamos em terceirizar, neste contexto, isso geralmente envolve: agências de comunicação; agências de marketing de conteúdo e produtoras de vídeos; e, claro, diversos freelancers facilmente acessíveis em diversos sites como 99Freelas, Fiverr, Rock Content etc.

Uma discussão pertinente se refere à escolha de terceirizar a criação de conteúdo, isto é, se é mais pertinente que uma agência de comunicação realize essa etapa ou que a própria equipe interna de marketing execute.

Há pontos mais favoráveis e desfavoráveis em ambos os cenários. Seria inviável realizar uma categorização exata nesse sentido. Portanto, vale destacar que a Tabela 8.1 foi um exercício de observação, que reflete a experiência do autor como gestor de marketing, consultor, associado à ABRADi e professor de MBAs, ouvindo centenas de alunos que atuam na área, tanto em agências quanto também em clientes anunciantes. Mas claro que esta observação está longe de ser uma verdade absoluta.

Considerando as limitações descritas, em linhas gerais, para grande parte das empresas, podemos considerar a Tabela 8.1.

---

[3] Uma espécie de gíria para colaboração, a **collab** é quando você e outro influenciador de uma área relacionada ao seu nicho produzem conteúdo juntos.

Tabela 8.1 Matriz comparativa entre execução do conteúdo nas redes sociais por agências de comunicação *versus* equipes internas de marketing

	Agência parceira	Equipe interna
Briefing	Por ter menos contato com o dia a dia da empresa, o atendimento da agência tem uma preocupação maior aos detalhes e, nesse esforço de compreensão, o briefing tende a ficar mais rico, detalhado. Faz parte do processo o debriefing, para deixar ainda mais claro. As agências são nativas neste campo.	No sentido oposto, pode negligenciar algumas informações, ao ligar o modo "piloto automático".
Pesquisa de tendências	Está no DNA de uma agência; possui muitos profissionais com várias formações e bagagem cultural.	O trabalho operacional, típico em uma empresa, limita o tempo para pesquisas. Alguns gestores não estão preparados para compreender que leitura, jogos e podcasts fazem parte do trabalho de um profissional de marketing durante o expediente.
Ideia criativa	Atende vários clientes, o que ajuda a encontrar soluções criativas, além do número de profissionais disponíveis para um brainstorm.	A oxigenação da equipe com novos colaboradores é menos frequente se comparada a uma agência. Com o tempo, as ideias podem ficar limitadas ao estilo de um ou poucos profissionais, perdendo o caráter criativo.
Produção de texto	Tendência de produzir textos "massificados".	Consegue transmitir melhor a essência da marca no texto para vivenciar o dia a dia.
Revisão de texto	Geralmente já possuem um revisor.	Geralmente não possui, mas é possível encontrar facilmente um revisor na empresa, mesmo que não esteja no departamento.
Pesquisa por imagens	Faz parte da rotina diária e possuem acesso a diversos bancos de imagens profissionais pagos com imagens mais exclusivas.	Atividade menos frequente, geralmente usam banco de imagens gratuitas ou se limitam a apenas um banco de imagens pago.
Tirar fotos	Contratam parceiros que possuem forte vínculo devido à demanda de vários clientes.	Muitas vezes o resultado final é melhor, isso porque a naturalidade e espontaneidade se sobressaem às questões técnicas de uma fotografia nas redes sociais, diferente de um concurso de fotografias.
Edição de imagens	Podemos considerar uma commodity, pois há muitas plataformas de edição intuitivas e até mesmo as próprias redes sociais oferecem uma vasta opção de edição, o que garante um resultado muito homogêneo.	
Vídeos simples, como stories	Tendência de ficar com cara de "publicidade", afinal, a publicidade faz parte do DNA de uma agência.	Por ser algo muito espontâneo, a liberdade e o relacionamento podem facilitar na produção de um conteúdo mais humanizado e menos "publicitário".

	Agência parceira	Equipe interna
Vídeos complexos (ex.: YouTube)	Possuem uma vasta experiência na produção deste tipo de conteúdo, são mais ágeis e assertivos na qualidade final.	Para um resultado profissional, terá que contratar uma produtora; o resultado tende a ficar melhor com os aprendizados no decorrer do tempo, que uma agência externa já possui.
Podcasts	São hábeis em criar roteiros para qualquer formato e contar histórias (storytelling).	Conhece muito bem a história da empresa, o que tende a gerar um conteúdo mais rico e pode ser facilmente produzido com um bom microfone e edições simples de áudio.

Fonte: elaborada pelo autor.

Como já citado anteriormente, o intuito não é levar a(o) leitora(or) a escolher um dos lados, mas sim realizar a composição mais eficiente para seu negócio, que em nossa atualidade tem encontrado melhores resultados em modelos híbridos e colaborativos.

8.4 WORKFLOW

No texto do tópico descrito adiante, "Ferramentas de gestão de redes sociais", serão apresentados alguns sistemas de tecnologia da informação referentes ao processo de gestão de redes sociais.

Apenas de forma complementar, vale registrar uma dor comum no mercado de comunicação – o processo de aprovação.

Por muito tempo, o mercado se acostumou ao ritmo das mídias tradicionais. É um processo mais lento e, para muitas empresas, havia no máximo meia dúzia de campanhas ao longo do ano, então, podia-se "gastar tempo" no processo de aprovação de um roteiro para um filme publicitário de 30 segundos, apesar de não ser produtivo.

Nas redes sociais, todo dia tem um conteúdo ou mais sendo veiculados que precisam ser aprovados. Dependendo do porte da organização, pode-se ter uma ou várias pessoas no processo de aprovação.

Uma dica prática é estabelecer um alinhamento editorial entre todos os envolvidos. Certa vez, um ex-aluno me enviou uma postagem do Instagram que havia acabado de fazer. Eu achei o máximo e muitos seguidores também, afinal, tinha sido uma postagem com excelente engajamento e a proposta era reposicionar a marca de uma universidade nas redes sociais de forma a engajar o público jovem. O único problema foi que todo o conceito desse novo planejamento estava somente na cabeça do *social media* (ex-aluno) e do gestor de marketing. Resultado: funcionários reclamando e dizendo coisas do tipo: "Nossa! Uma universidade tradicional como a nossa não poderia postar isso!" (era um post em alusão ao Dia do Rock).

Independentemente da organização, sempre há um decisor final por tudo que acontece na empresa (CEO, presidente, diretor geral, dono e outros) e vários influenciadores orbitando ao redor. Para mitigar o risco descrito anteriormente, o primeiro passo é fazer uma reunião de alinhamento de conteúdo com todas estas pessoas. Mesmo que no dia a dia o presidente da empresa não vá aprovar as postagens, o que faz todo sentido, nesta reunião sua chancela será importante, porque o intuito não é apenas aprovar uma linha editorial, mas também testar limites e possibilidades criativas.

Um bom caminho para isso é escrever a missão e o posicionamento da empresa no slide 1 da apresentação para este comitê decisor. Aliás, seria bom que essa apresentação tivesse apenas um slide (mais adiante explicaremos o porquê).

No segmento do mercado financeiro, estamos acostumados a ouvir falar das fintechs com seu DNA de inovação, os bancos tradicionais que se esforçam para se reinventar, e temos também várias cooperativas de créditos, que são mais tradicionais e conservadoras.

Suponha que você estivesse na Sicredi, a primeira instituição financeira cooperativa do Brasil, com 115 anos de história. Sua missão é, "como sistema cooperativo, valorizar o relacionamento, oferecer soluções financeiras para agregar renda e contribuir para a melhoria da qualidade de vida dos associados e da sociedade".

Veja que temos palavras-chave importantes para definir uma linha editorial: valorizar o relacionamento; melhorar a qualidade de vida e oferecer soluções financeiras. Note que, na própria missão da empresa, valorizar o relacionamento está antes de oferecer soluções financeiras.

Nessa reunião de alinhamento com o comitê, procure apresentar diversas linhas criativas, até mesmo aquelas que eventualmente você pode considerar sem sentido para a empresa. É o momento de tatear e compreender os limites: até onde podemos ir? Apresente postagens com temas sensíveis, polêmicos, discussões atuais, curiosidades e assuntos que passam longe do mercado financeiro, mas que podem gerar relacionamentos com sua *buyer persona* ou melhorar a qualidade de vida da sociedade. Como podemos melhorar a qualidade de vida da sociedade com as redes sociais da marca?

Evidentemente, há muitas outras formas de realizar um alinhamento editorial, além do exposto acima. Até, eventualmente, em alguma organização muita inovadora que estimula a autonomia, e assumir riscos pode ser desnecessário a este tipo de alinhamento; portanto, é preciso avaliar a cultura da empresa.

O fato é que esse alinhamento, em geral, aumenta a liberdade criativa e reduz conflitos internos. Talvez, sem um bom alinhamento, como no exercício acima, você não teria feito a postagem abaixo no Instagram do Sicredi, que numa análise externa apresentou ótimo engajamento. Considerando que as cooperativas, geralmente, são mais conservadoras, algum receio ou bloqueio criativo poderia vir à tona sem um bom alinhamento prévio.

Figura 8.3 Postagem signos Sicredi Instagram

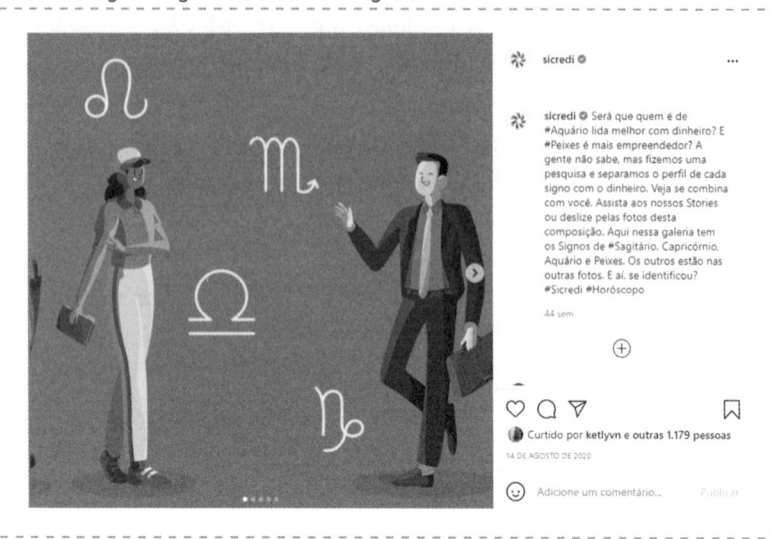

Fonte: INSTAGRAM. Disponível em: https://www.instagram.com/p/CD4WJaPg2kj/?utm_source=ig_web_copy_link. Acesso em: 24 jun. 2021.

Figura 8.4 Timeline signos Sicredi Instagram

Fonte: INSTAGRAM. Disponível em: https://www.instagram.com/sicredi/. Acesso em: 24 jun. 2021.

Marketing Digital

Voltemos ao limite de apenas um slide na apresentação. Este conteúdo será consumido pelos usuários em dispositivos móveis (smartphones principalmente). Por isso, a expressão *mobile first*,[4] tão difundida. Portanto, ao apresentar as propostas neste exemplo hipotético, o ideal é que cada membro do comitê visualize em seu próprio smartphone e simule a experiência do usuário. Possivelmente, haverá na sala de reunião, se for presencial, um projetor e um notebook com cada executivo. Por mais que pareça tentadora esta praticidade, evite.

A Figura 8.4 é uma versão desktop, exposta para permitir a visualização do conteúdo completo e melhor compreensão. Todavia, num processo de aprovação, o ideal é que primeiro se apresente a imagem como na Figura 8.5, porque é assim que será visualizado pelo usuário. Depois, pode-se apresentar a simulação do post com a legenda completa. Algumas ferramentas como a Zeoob (https://zeoob.com/) permitem criar gratuitamente simulações de postagens e mensagens para Instagram, Twitter, Facebook, WhatsApp e Snapchat, sem a necessidade de postar o conteúdo na rede social.

Figura 8.5 Post na versão mobile

Fonte: INSTAGRAM. Disponível em: https://www.instagram.com/p/CQeThUJL6d1/?utm_source=ig_web_copy_link. Acesso em: 26 jun. 2021.

---

[4] *Mobile first* é dar preferência à experiência do usuário em dispositivos móveis em qualquer projeto web.

Ponto de atenção: outra falha comum neste processo é olhar apenas uma parte do conteúdo, como se a história toda fosse contada somente ali. Já presenciei reuniões com horas de discussão sobre o tamanho da logomarca, "afinal está bem sumidinha no post abaixo, não é mesmo?"

Vamos olhar como será visto pelo usuário. As setas indicam onde a marca será visualizada pelo usuário.

Fonte: B9.

Linha editorial bem alinhavada, inicia-se um processo operacional de produção, ajustes e aprovação. Uma forma bem interessante de ganhar produtividade e controle nesse fluxo de trabalho é automatizar o processo com uso de ferramentas de gestão de redes sociais. Veja no QR Code a seguir que, no exemplo da ferramenta Etus, é possível inserir o briefing, anexar referências e indicar quem serão os aprovadores, que recebem um e-mail quando há um novo conteúdo para sua análise. Neste mesmo espaço é possível que o aprovador faça suas considerações e o processo inicie novamente.

Exemplo de workflow plataforma Etus.

http://encr.pw/K1qi5

Monitoramento

Esse tema é abordado em diferentes momentos do livro, porém o viés aqui descrito está no monitoramento do processo e não do resultado em si da publicação, construída durante o fluxo de criação de conteúdo para redes sociais.

Neste sentido, podemos pensar em alguns indicadores de performance para monitoramento:

- horas gastas para criação da publicação (alguns softwares como Clockify.me podem facilitar esta mensuração);
- índice de cumprimento da frequência de postagens estipuladas;
- índice de postagens no horário estipulado;
- índice de refação (ajustes solicitados no conteúdo apresentado);
- índice de satisfação com o conteúdo, linha criativa ou de forma geral.

O feedback é uma ferramenta indispensável para o aprimoramento constante. Seja uma agência ou *social media* interno na empresa, saber, por exemplo, qual foi o grau de satisfação com o conteúdo apresentado é um indicador importante para melhoria de desempenho de ambos, afinal, com os dados em mãos, é possível ter uma conversa aberta e transparente sobre os pontos positivos e aqueles que precisam ser aprimorados.

Sim. O resultado final é o mais importante. Sob a perspectiva da empresa anunciante, é melhor ter usuários (satisfeitos, comprando, engajando com o conteúdo etc.) do que um decisor, se fosse para escolher apenas uma opção. Mas o fato é que, num cenário hipotético, é possível que o gestor de redes sociais esteja muito satisfeito com o fluxo de criação de conteúdo para redes sociais, porém os objetivos e metas mercadológicas da empresa não estejam sendo atingidos nas respectivas redes sociais. Neste caso, é mais fácil encontrar caminhos para melhoria com esse processo devidamente mapeado e com seu desempenho monitorado.

8.5 QUEM É O DONO DAS REDES SOCIAIS?

Antes de seguir adiante, este breve trecho tem o objetivo de fazer uma reflexão sobre qual departamento é o "dono" das redes sociais da empresa. Quando faço essa pergunta nas aulas de MBA, a grande maioria diz que é o departamento de marketing e em alguns casos citam a área de comunicação para alguma rede social específica.

De acordo com a autora Susan Gunelius,[5] vários departamentos ou atores podem ser os principais responsáveis por determinada rede social. A grande crítica dos contrários a esta ideia é o risco de perder o controle e uniformidade na comunicação. Será que manter o controle da comunicação nas redes sociais é mesmo possível?

---

[5] GUNELIUS, Susan. **Marketing nas mídias sociais em 30 minutos**. São Paulo: Cultrix/Meio & Mensagem, 2012.

Provocações à parte, o fato é que, na opinião do autor, seria totalmente viável que, por exemplo, os departamentos de gestão de pessoas e de comunicação fossem os responsáveis pelo LinkedIn, com o enfoque maior de atrair novos talentos para a empresa. Claro que seria indispensável um alinhamento ou, melhor dizendo, que as demais áreas seguissem um manual de uso da marca nas redes sociais criado pelo departamento de marketing.

É verdade que também penso em uma possibilidade, e não no caminho que deve ser seguido por todas as empresas. Não custa lembrar que marketing é uma ciência social; muito diferente de exatas, sempre há exceções.

Quando pergunto para os alunos de MBA, que atuam como *social media*, como está a agenda, demanda de trabalho, a resposta é sempre "quase impossível de dar conta", "fritamos pastel o dia todo". Interessante que, mesmo assim, a visão de dividir o foco de atuação entre o que é diretamente mercadológico e o que não é dificilmente é aceita. Seria possível listar as redes sociais mais aderentes para o core business da empresa, que ficaria na esfera do marketing, e as demais com outros setores, guiados pelo famoso "guide book da marca".

Só para lembrar, a rede social é um ambiente em que quase todos profissionais estão inseridos, muito diferente da comunicação tradicional. Por isso, eu seria contra delegar para o setor de gestão de pessoas criar um filme publicitário de 30 segundos para TV; era outra realidade. Se o tempo muda, as tecnologias mudam, por que os processos não podem mudar?

Figura 8.6 Departamentos das redes sociais

Fonte: adaptada de GUNELIUS, 2012.

8.6 VARIÁVEIS PARA O SUCESSO NAS REDES SOCIAIS

Falamos no texto anterior sobre gestão, sobretudo sob a ótica dos processos. Agora, vamos apresentar as principais variáveis em que um gestor de redes sociais deverá manter sua atenção para o sucesso nas redes sociais ou, em outras palavras, atingir suas metas.

Conforme o roadmap ilustrado na Figura 8.7, o sucesso nas redes sociais depende essencialmente de oito variáveis, havendo graus de importância diferentes, conforme a empresa e a rede social em questão, mas, por mera simplificação, as variáveis serão abordadas de forma quase linear, pois não se pode deixar de destacar o ponto 3 (conteúdo excelente) e o 6 (investimento financeiro).

Figura 8.7 Variáveis para o sucesso nas redes sociais

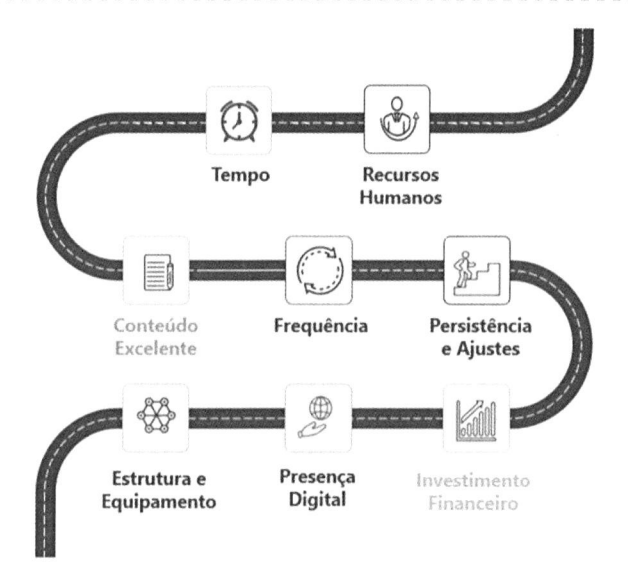

Fonte: elaborada pelo autor.

A primeira variável, por mais que pareça óbvio, ainda se faz necessário ressaltar. No mundo digital, cercado por inteligência artificial, softwares, sistemas etc., a percepção humana ainda é um diferencial, porque redes sociais têm a ver justamente com as relações humanas, e não relações entre máquinas. Profissionais qualificados para atuar como *social media* possuem essa sensibilidade de contar histórias em pequenos fragmentos, como stories no Instagram, de poucos segundos. É algo semelhante a um fotógrafo profissional, que consegue registrar numa imagem emoções, ângulos e perspectivas que muitos não enxergam.

Interdependência é a palavra-chave deste roadmap. Na medida em que uma variável não é satisfatoriamente atendida, a seguinte é comprometida. Um exemplo hipotético prático:

uma empresa tem dificuldade para contratar um bom *social media*, afinal, é uma função em alta no mercado, e acaba contratando um *social media* ainda em formação. Possivelmente, o conteúdo não será o melhor possível e exigirá mais investimento financeiro para conseguir atingir as metas.

As pessoas físicas, usuários comuns, também são ativas nas redes sociais e geram muito conteúdo. Muitos vão ao jantar e tiram uma foto para compartilhar no Instagram. Outros terminam um curso de formação profissional e divulgam imediatamente no LinkedIn e por aí vai. Este compartilhamento de conteúdo "descompromissado", às vezes, gera uma falsa percepção de que fazer uma postagem em uma rede social para uma empresa é uma processo semelhante – simples e instantâneo. Não é.

Criar um conteúdo para uma empresa é uma atividade muito mais complexa e com grandes responsabilidades. Há um compromisso assumido com a empresa, clientes, acionistas, seguidores etc. Basta rever o fluxo para criação de conteúdo nas redes sociais para relembrar sua complexidade. Por isso, o tempo, segunda variável, torna-se importante. Criar uma lista com várias postagens para o *social media* criar ao longo do dia, como se fosse "fritar vários pastéis"[6], possivelmente, não resultará em um conteúdo excelente, a próxima variável.

A importância do conteúdo no marketing digital já foi abordada em outras partes do livro, por isso, aqui, só cabe relembrar que o ingrediente principal para o sucesso nas redes sociais é oferecer um conteúdo excelente, relevante e útil para seus seguidores.

O desafio não é pequeno. O adjetivo excelente, por si só, traz um grau de exigência para o social media. Agora, lembre-se que muitas empresas produzem centenas de posts por ano. Como criar cem, duzentos, trezentos posts com excelência? Vale ponderar também que *excelente* não é sinônimo de *complexo*. Pelo contrário, às vezes algo simples, como repostar a postagem de um cliente, pode ser um excelente conteúdo. O que nos faz lembrar, também, que nem sempre criamos, muitas vezes compartilhamos algo que já está pronto, disponível e validado com muito engajamento.

Além disso, a frequência das postagens é uma variável com grande peso nos algoritmos das redes sociais. Por isso, há uma necessidade de atualização constante, em muitos casos até diária.

Uma das vantagens do ambiente digital, sob a ótica do marketing, é realizar testes a um baixo custo e tempo. O bom profissional de marketing deve ser alguém curioso, inquieto, sempre em busca de uma nova alternativa para conseguir ainda mais performance, e, como já dito, as redes sociais permitem que os testes sejam feitos de maneira muito mais rápida, se comparadas com outros meios de comunicação. Que tal testar uma nova hashtag? As possibilidades são quase infinitas.

Persistência e ajustes, a quinta variável, vai além de simplesmente fazer testes. Ela está relacionada ao que Walter Longo,[7] em seu livro *Marketing e comunicação na era pós-digital,*

---

[6] Jargão do mercado publicitário: quando os jobs possuem tempo insuficiente para sua execução.

[7] LONGO, Walter. **Marketing e comunicação na era pós-digital:** as regras mudaram. São Paulo: HSM do Brasil, 2014.

retrata muito bem: este ambiente digital é exponencial, diferente do mundo analógico, que era linear. Neste sentido, muitos empreendedores desanimam ao projetar a lógica analógica linear nas redes sociais. Exemplificando, durante 6 meses de muito empenho na criação de conteúdos para as redes sociais, suponha que há um crescimento pequeno com dezenas de seguidores em determinada página, que é o principal objetivo da marca. Aqui, pode haver um erro, se a empresa realizar uma projeção linear para os próximos 6 meses. Como o ambiente digital é exponencial, uma postagem pode criar uma curva ascendente abrupta a qualquer momento. Então, manter a persistência é uma variável indispensável nesse contexto.

Um bom exemplo para ilustrar foi a mudança do Instagram, quando a plataforma decidiu ocultar o número de curtidas. Na época, houve muita especulação e um tremendo buzz a respeito. Mas um relatório de *social listening* realizado pela empresa Plusoft Social – enviado ao autor por Bruno Alves, vice-presidente de Inovação e Marketing na Plusoft – revelou que o perfil do Twitter que criou o meme com maior visualização sobre o tema tinha somente 152 seguidores. De acordo com Bruno,

> quatro das cinco principais menções foram memes, onde seus usuários utilizaram do assunto para gerar conteúdo humorístico, que é facilmente compartilhado nas Rede Sociais e tornam-se virais em questão de segundos. Outro ponto de importância é que estes usuários não possuíam relevância na internet e, tampouco, eram influenciadores em alguma área de interesse na internet.

Investimento financeiro, a sexta variável, merece destaque para o sucesso nas redes sociais. É preciso entender o modelo de negócio das plataformas de redes sociais. As empresas não cobram pelos seus serviços dos usuários pessoa física, ou seja, sua receita é oriunda de investimentos publicitários. Portanto, fica óbvio que as empresas, para terem melhores resultados, necessitam realizar investimentos em impulsionamentos.

Contudo, a variável investimento financeiro não se restringe aos impulsionamentos pagos diretamente para empresas como Pinterest, Facebook/Instagram, Twitter, LinkedIn, YouTube etc. Uma empresa anunciante poderia, por exemplo, contratar uma ou várias influenciadoras digitais e obter resultados satisfatórios, sem ter destinado verba para a plataforma de rede social em si.

Começar do zero é sempre mais difícil no ambiente digital. Se uma marca já possui alguma presença digital, sétima variável, como um website bem ranqueado nos mecanismos de buscas; aplicativo; mantém relacionamento com clientes via e-mail marketing etc., há uma tendência de conseguir melhor desempenho nas redes sociais, porque a marca já se relaciona com os clientes no ambiente online. Essa variável é fundamental para estabelecer metas realistas para as redes sociais.

O famoso slogan da Bombril, "1001 utilidades", poderia ser facilmente aplicado aos aparelhos smartphones. É verdade que muitos conteúdos podem ser criados usando apenas um smartphone top de linha, mas nem todos e muito menos com a mesma qualidade.

Faça uma rápida pesquisa no YouTube por iluminação para gravação de vídeos ou comparativo entre microfones, apenas para citar dois exemplos. Ficará nítido, por fim, que a estrutura e os equipamentos, apesar de não serem o principal elemento para criar conteúdos nas redes sociais, podem agregar qualidade ao material final.

Acesse este QR Code e ouça a diferença entre a qualidade do som entre um microfone simples e outro mais sofisticado.

http://encr.pw/ekvWL

PLANEJAMENTO DE REDES SOCIAIS

Autor:

Maurici Junior

9.1 REDES SOCIAIS E O MARKETING TRADICIONAL

Escrever sobre mídias sociais tem lá seus desafios. Basta lembrar que estamos falando de ferramentas dinâmicas que vivem em constante mutação: quem se lembra do querido Orkut, responsável pela entrada de milhões de brasileiros na internet? Morreu! Ou ainda os clássicos ICQ e MSN, com suas funcionalidades que permitiam o compartilhamento de experiências instantâneas, com a troca de arquivos, músicas, fotos e conversas ao vivo? Também desapareceram!

Antes dessas redes, tudo era diferente e a comunicação era feita através de telefone, cartas, telegramas, pagers... Ok, talvez eu esteja nostálgico, lembrando dos bons tempos em que os relacionamentos eram mais próximos, as conversas mais pessoais e os amigos menos numerosos. Afinal de contas, para ter a amizade de alguém era preciso conhecer essa pessoa pessoalmente, processo muito diferente do que vivemos hoje, com cinco mil, dez mil, talvez mais seguidores que nunca vimos, mas trazemos para dentro de casa, compartilhando nosso dia a dia, nossos negócios, dificuldades, momentos íntimos e muito mais.

Entender essa velocidade de transformação é fundamental para um posicionamento estratégico nas redes sociais, e certamente o principal desafio das marcas que ainda não consideram o cliente como parte central de qualquer planejamento.

9.1.1 Para que serve o marketing?

Costumo fazer essa pergunta em diferentes ocasiões para entender qual a percepção das pessoas. As respostas, geralmente, são: "o marketing serve para gerar necessidades", ou "o papel do marketing é criar desejo", ou ainda "marketing é uma forma de agregar valor". Sem dúvida, tudo isso faz muito sentido e, conforme visto no **Capítulo 1**, o marketing é um processo social por meio do qual pessoas e empresas satisfazem necessidades através da oferta de produtos e serviços.

Ok! Mas ainda falta mais um detalhe em tudo isso e a pergunta continua. Para que serve o marketing?

Longe de querer contrariar os gurus no assunto, é necessário ir além e entender que gerar valor, satisfazer necessidades e oferecer o melhor produto ou serviço deve ter um objetivo final. E isso, na maioria das vezes, é a geração de vendas e lucro para as empresas.

Se o negócio de uma empresa é a venda de produtos, a geração de receita é primordial. No caso de uma consultoria ou prestação de serviços, também. Uma pousada? A mesma coisa. Se o projeto é uma organização sem fins lucrativos, o objetivo é o mesmo. Até mesmo se o foco for trabalhar a imagem de um profissional com uma boa estratégia de marketing pessoal[1], o alvo sempre será a venda. Não existe marketing sem venda, e a métrica mais importante sempre será o resultado financeiro.

9.1.2 Para que servem as mídias sociais?

Mídias sociais são apenas ferramentas de comunicação e relacionamento. Ponto. E ferramentas são um meio, e não um fim.

Olhar para as mídias sociais como um fim pode ser o maior erro que empresas ou profissionais costumam cometer.

É comum ouvir pessoas que dominam o Facebook, por exemplo, e conhecem todas as configurações e botões da ferramenta, se apresentando como especialistas de mídias sociais e marketing digital. De fato, conhecer profundamente uma plataforma é importante, mas não o suficiente para transformar alguém em um especialista em marketing digital. Frequentemente, estes profissionais não conseguem sequer aplicar o conceito dos 4 Ps do marketing (Produto, Preço, Praça e Promoção) em suas estratégias e acabam não alcançando os resultados esperados.

Já recebi diversas vezes a pergunta:

— Eu já vendo meus produtos através do Facebook. Vale a pena começar a vender também em um site próprio? A resposta é sempre a mesma:

— Você construiria a sua casa em terreno alugado?

É bastante comum ver empreendedores com foco muito grande em uma única ferramenta. Seja porque é mais fácil e cômodo dominar apenas uma plataforma ou pelo medo de não conseguir gerenciar de maneira eficiente os diferentes pontos de contato com os clientes. Ou ainda por acreditar que determinada rede social pode passar por uma mudança significativa que impacte seu alcance e diminua o engajamento dos seguidores.

---

[1] Marketing pessoal é um conjunto de estratégias que visam melhorar a imagem de um indivíduo no contexto profissional. Dentre diversas ações, os profissionais podem criar um bom networking, compartilhar informações úteis com parceiros de trabalho, manter um comportamento adequado nas redes sociais e buscar oferecer insights relevantes em suas áreas de atuação. Tudo isso ajuda na construção de uma boa reputação que contribua, em conjunto com outros fatores, para o sucesso profissional e pessoal.

A questão é que as redes sociais são ferramentas que precisam realizar uma ação específica. Sendo assim, se uma mídia deixar de existir ou não estiver disponível, a comunicação precisa acontecer de qualquer outra forma.

9.2 OBJETIVOS DAS REDES SOCIAIS

As mídias surgiram como um canal de comunicação entre indivíduos e por muito tempo funcionaram como ambientes digitais onde era possível criar e manter relacionamentos baseados em conversas, interação e troca de experiências.

Com o amadurecimento dessas redes, as grandes empresas encontraram nesse formato uma oportunidade de falar com seus futuros clientes de maneira rápida e com valores mais acessíveis do que a publicidade tradicional, e passaram a destinar esforços e dinheiro para a criação de propaganda digital. Nascia neste momento uma corrida pela atenção das pessoas no mundo online.

O ciclo de comunicação mudou. Na publicidade *offline,* bastava comprar um anúncio na TV ou revista e aguardar os resultados de vendas. Na grande maioria das vezes, eram as empresas mais estruturadas que se preocupavam com um relacionamento com possíveis clientes.

Lembro-me como se fosse hoje de uma ocasião em que enviei uma carta à Nestlé. Eu tinha nove anos de idade e era colecionador dos cartões que vinham no chocolate Surpresa, que hoje não existe mais. Adorava aqueles que falavam dos dinossauros e dos planetas e satélites. Eu escrevi me apresentando e falando da paixão pelas figurinhas, porém pedindo à Nestlé que produzisse o chocolate Surpresa Branco, porque em algum momento tinha ouvido dizer que o chocolate ao leite provocava espinhas! Com nove anos de idade, as crianças se esquecem facilmente do que fazem ou falam, e foi o que aconteceu.

Depois de uns 3 meses, para a minha surpresa, recebi uma carta da Nestlé em meu nome e consigo lembrar da emoção. A mensagem trazia algo como "Prezado senhor Maurici, obrigado por entrar em contato. Sua opinião é importante para nós. Não vamos fazer o chocolate Surpresa Branco. Obrigado!" Fiquei feliz e arrasado ao mesmo tempo.

Com as mídias sociais, o cenário é outro. O consumidor passou a ter mais poder e querer ser ouvido rapidamente. Algumas empresas entenderam essa nova relação com os clientes e se adaptaram. Aprenderam que não basta apenas anunciar produtos e serviços como se fazia na publicidade tradicional, mas é necessário que haja uma disposição para a criação de um diálogo mais aberto e ativo com esse novo consumidor.

9.3 MÍDIAS SOCIAIS E A JORNADA DO CONSUMIDOR

Sejamos sinceros: você gosta de folhetos com propagandas de produtos inúteis que nunca vai usar? Ou aceita todos os panfletos distribuídos nos semáforos? Pois é! Grande parte das pessoas também não gosta desse conteúdo, pois isso quase nunca entrega uma oferta de fato relevante.

Com uma característica mais democrática, as redes sociais ofereceram a empresas de qualquer tamanho oportunidades para disputar a atenção do usuário. O mercadinho do bairro agora consegue aparecer no mesmo canal que a maior indústria do segmento para se comunicar e tentar vender seus produtos. O problema, no entanto, está na abordagem; muitas marcas ainda veem nas redes sociais um canal exclusivo para a publicação de ofertas de produtos e serviços, como se fosse um panfleto digital. E, aqui, a verdade precisa ser dita:

9.3.1 Redes Sociais não são catálogos online!

Antes de mais nada, relacionamento.

É incomum que alguém acorde, olhe pela janela e, ao ver um dia ensolarado, pense: "preciso fazer uma atividade ao ar livre. Vou entrar aqui no meu Instagram para comprar um tênis de corrida".

Na verdade, muitas lojas conseguem vender seus tênis pelas redes sociais, mas o resultado acontece porque antes de qualquer coisa foi criado um relacionamento com o possível comprador. Nas diferentes etapas da comunicação, essa marca talvez tenha se posicionado como uma empresa que oferece não apenas calçados bonitos, mas promove bem-estar, performance, saúde, qualidade de vida e outros tantos atributos que **fazem sentido para sua marca**. Esse processo é uma construção de autoridade e relevância, que fortalece a marca na mente do consumidor. Em marketing, chamamos isso de *share of mind* (veja com detalhes no **Capítulo 21**).

Para que uma marca consiga criar um bom relacionamento com seus consumidores, é necessário, primeiro, saber exatamente tudo sobre esses clientes, e essa é a base do planejamento de comunicação, tal como abordado nos **Capítulos 1 e 3**.

9.3.2 *Inbound Marketing*: o mapa da jornada do consumidor

O marketing de atração, como também é conhecido o *inbound marketing,* é um assunto sobre o qual se fala cada vez mais. Diferentemente do marketing de interrupção (*outbound marketing*), onde a mensagem é "empurrada" ao mercado, os clientes são os que buscam ativamente mais informações sobre a empresa, como detalhes sobre os serviços e compras de produtos.

O foco deste capítulo não é o aprofundamento das estratégias de *inbound*, mas não seria possível falar sobre a jornada do consumidor sem trazer mais detalhes sobre essa importante ferramenta.

De forma mais simplificada, o *inbound marketing* é bem representado pela figura de um funil – na parte de cima entram muitos elementos e por baixo saem poucos. Essa estratégia segue uma metodologia que se baseia na criação de conteúdo para os diferentes momentos desse funil de conversão, que são pensados estrategicamente para convencer o cliente a realizar o objetivo final. Basicamente, são três os estágios:

- *Top of Funel* (TOFU) ou Topo de Funil;
- *Middle of Funel* (MOFU) ou Meio de Funil;
- *Bottom of Funel* (BOFU) ou Fundo de Funil.

Analisando esses conceitos, é possível chegar à conclusão de que não adianta criar uma oferta com uma chamada **matadora**, também conhecida como conteúdo *hard sell*, se o cliente ainda não está consciente de que tem uma dor. Isso seria como distribuir folhetos no semáforo com desconto e entrada facilitada para a compra do apartamento de três dormitórios. Ou ainda como enviar mensagens SMS e fazer ligações telefônicas oferecendo pacotes de internet com o dobro de velocidade. Antes de criar campanhas com forte argumento de venda, é preciso construir uma comunicação que fale com esse cliente com diferentes abordagens, e isso é conhecido como *jornada do consumidor*.

A jornada do consumidor é o processo completo de comunicação que começa com um conteúdo mais abrangente e termina com uma mensagem bem específica, com a oferta de um produto ou serviço. Dentre os diversos modelos de jornada do consumidor, o ciclo AIDA é um dos mais populares. Acrônimo para as palavras "Atenção", "Interesse", "Desejo" e "Ação", ele define as diferentes partes que um funil de conversão precisa ter. Ao longo dos anos, esse conceito passou por diversos aprimoramentos. Um exemplo disso é o ciclo de comunicação criado pelo professor Mitsuru Yanaze, abordado neste livro. Este modelo propõe uma abordagem mais detalhada da jornada do consumidor, distribuída em 14 etapas diferentes. Um verdadeiro guia para a construção de uma comunicação eficaz e com foco em conversão.

De maneira resumida, seguindo as fases do funil, nos estágios de topo e meio, a comunicação precisa ser direcionada para a criação de conteúdos informativos e que despertem a atenção do prospect para uma dor ou problema. No momento em que o usuário tem o primeiro contato com o funil, são ativados gatilhos específicos que o fazem seguir adiante em direção à conversão. Alguns desses gatilhos podem ser anúncios em redes sociais, vídeos, lives e artigos em blogs, além de iscas digitais, como e-books, planilhas, degustações etc. Nesse momento, o cliente chega no fundo do funil, munido de informações sobre a solução para o problema apresentado inicialmente. Aqui, um e-mail marketing, com uma promoção ou desconto por tempo limitado, pode fazer sentido, pois o cliente já sabe o que quer comprar.

De forma prática, as redes sociais também precisam ser utilizadas estrategicamente e de acordo com o funil. Facebook e LinkedIn, por exemplo, em suas ferramentas de criação de anúncios pagos, utilizam essa metodologia. A primeira ação que deve ser executada é definir qual o objetivo das campanhas.

Os diferentes objetivos são agrupados da seguinte forma:

- *campanhas de alcance ou reconhecimento* (topo de funil). São anúncios que têm como premissa gerar *awareness* e fortalecer a marca;
- *campanhas de consideração* (meio de funil). Anúncios para pessoas que já conhecem a marca, mas ainda não têm certeza se vão realizar;
- *campanhas de conversão* (fundo de funil). São os anúncios com foco em mensagens de venda, geralmente ligadas a promoções e outras abordagens mais incisivas.

Vale destacar que um dos maiores erros de quem desenvolve um trabalho nas redes sociais é valorizar apenas as campanhas de fundo de funil. Já ouvi inúmeros profissionais defendendo a ideia de que conteúdos de topo e meio de funil não funcionam para uma empresa que precisa vender e gerar o ROI positivo.

É fato que campanhas focadas em reconhecimento normalmente apresentam um retorno negativo e são mais difíceis de mensurar, justamente porque são mais voltadas para o alcance de uma empresa. Contudo, olhar apenas para campanhas de conversão pode fazer com que os custos dos anúncios sejam mais caros. E isso é fácil de ilustrar.

Imagine uma empresa que chega ao Brasil para vender calçados pela internet. Imediatamente, vai se deparar com grandes nomes do mercado nacional, como Netshoes, Dafiti, Centauro, entre outros, que já conquistaram a preferência dos consumidores. Em marketing, chamamos isso de *share of heart,* ou participação nos corações dos clientes.

Para esta empresa, não basta criar anúncios que foquem apenas o fundo do funil, com mensagens de promoção por tempo limitado, por exemplo. Mesmo que a oferta seja boa, os clientes ainda vão se sentir inseguros e poderão visitar o site de vendas apenas por curiosidade, o que faz com que o esforço para a aquisição de clientes seja maior. É necessário também investir em ações de branding, na maioria das vezes ligadas aos estágios de topo e meio de funil. Só depois de conquistar a confiança dos consumidores, será possível otimizar os investimentos em mídia e, consequentemente, ganhar mercado.

Outro ponto importante é considerar que, mesmo para as marcas mais conhecidas, as ações de topo e meio são fundamentais para a manutenção dos resultados, pois os anúncios voltados para o fundo de funil tendem a ter custo mais elevado.

9.4 MAPA DE CONTEÚDO

Trabalhar com mídias sociais é relativamente simples. Se você criar uma conta no Facebook, Instagram, LinkedIn e TikTok, tecnicamente, já fará parte do mundo digital e conseguirá posicionar a sua marca neste ambiente. Contudo, é muito comum que profissionais de comunicação iniciem um trabalho com muitas ideias, mas ao final de duas semanas já comecem a esbarrar na falta de criatividade para a criação de posts em todos os canais, apelando para as tradicionais publicações de "bom dia", "sextou" "#tbt", entre tantas outras.

Pensar em conteúdo para as redes sociais é um exercício importante que precisa estar diretamente ligado à persona e sua fase na jornada do consumidor (sobre a qual falamos anteriormente). O conteúdo precisa ser interessante e, acima de tudo, engajador.

São comuns os casos em que as equipes de marketing criam posts com textos e fotos que, em sua concepção, são perfeitos, mas na hora da publicação recebem meia dúzia de likes, nenhum comentário e zero compartilhamento.

Antes de mais nada, é necessário entender a dinâmica de cada rede social. O Facebook tem uma linguagem diferente do Instagram. O Twitter atinge pessoas com interesses diferentes das que estão no Pinterest. Outro erro frequente é a publicação de conteúdo duplicado em diversas redes. Na prática, a mensagem central pode ser a mesma para os diferentes canais, porém a forma e a abordagem precisam ser direcionadas individualmente.

9.4.1 O dilema do engajamento

Engajamento nas redes sociais é o sonho de qualquer *social media*. Quem não espera que um post se torne viral, recebendo milhões de *views*, comentários **positivos**, compartilhamentos?

Pense no seguinte cenário: o time de mídias sociais de uma empresa recebe a missão de falar sobre o novo produto que será lançado. Depois de uma conversa animada de 30 minutos, resolve criar *stories* no Instagram, junto com vídeos no TikTok, com desafios em forma de dancinhas. Produzidas as artes e vídeos do post, as publicações são feitas e agora é só esperar que o conteúdo se espalhe viralmente. Quinze minutos depois, nada; meia hora, nada. Depois de uma hora, 3 curtidas e nenhum comentário. Esse é o caso de centenas de empresas nas redes sociais. Postar por postar é uma atividade que não demanda muito esforço e por este motivo não gera grandes resultados.

O que está por trás de tudo isso é um detalhe importante nos mecanismos das redes sociais: o chamado **algoritmo**. Ao longo dos últimos anos, com a popularização das mensagens comerciais nas redes, as plataformas passaram a priorizar conteúdo humano. Ou seja, ao entrar na sua *timeline* do Facebook, você verá mais posts de amigos do que das marcas que segue.

Vamos tomar como exemplo o Facebook, uma das maiores empresas de redes sociais, dona também do Instagram e WhatsApp **por ora**. O algoritmo da plataforma considera diferentes fatores para a composição do chamado **edge rank**, que nada mais é do que uma lógica que determina se um post conseguirá obter maior alcance.

São três os elementos principais que compõem o *edge rank*:

Figura 9.1 Elementos que compõem o edge rank

Afinidade	**Peso**	**Tempo**
O valor da relação entre o utilizador e o produtor de conteúdo	O peso da interação (like, comentário etc.)	Há quanto tempo o conteúdo foi criado

Fonte: elaborada pelo autor.

1. Afinidade

A afinidade diz respeito à adequação do conteúdo ao público. Nesta etapa, é necessário entender quais os objetivos da persona para criar uma mensagem que gere interesse, seja no conteúdo ou na forma apresentada, com o tom de voz e a abordagem corretos.

2. Peso

O peso está ligado à força do conteúdo postado e está dividido em dois itens importantes: tipo de conteúdo e interações dos seguidores.

Os tipos de conteúdos podem ser variados, começando com os mais simples, como status e textos com links, até os mais elaborados, como vídeos e lives. Já para as reações dos usuários, existe o simples clique na foto, os famosos likes, além de comentários e compartilhamentos. O *edge rank* olha para cada um destes fatores como aspectos fundamentais para a definição do alcance de um post. Naturalmente há tipos de posts e tipos de reações que tendem a ter mais peso que outros. Considerando a experiência do autor em diferentes projetos de comunicação em redes sociais, é possível constatar certo padrão em termos de eficácia dos diversos tipos de conteúdo publicados. Nesse sentido, ao pensar numa pirâmide invertida em grau de importância, o *social media* **ou profissional responsável** pode testar a seguinte estratégia:

Figura 9.2 Pesos dos tipos de conteúdo

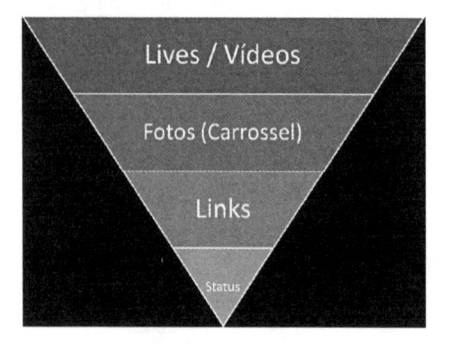

Fonte: elaborada pelo autor.

Figura 9.3 Pesos dos tipos de reações dos seguidores

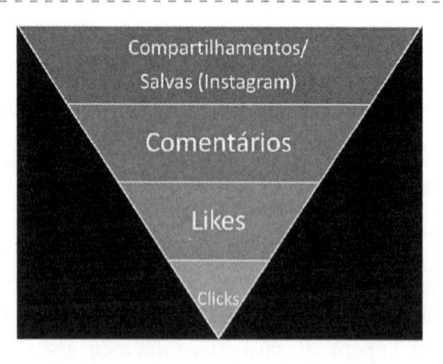

Fonte: elaborada pelo autor.

A respeito da Figura 9.3, é importante que, antes de criar uma publicação, seja feita uma análise específica para que o conteúdo esteja relacionado com o objetivo central da comunicação. No **Capítulo 1**, o professor Mitsuru Yanaze discorre sobre os 14 objetivos de comunicação que uma marca pode buscar.

O simples exercício de pensar estrategicamente antes de publicar um conteúdo faz toda a diferença nos resultados esperados. Muitas pessoas se queixam de que não conseguem atingir um público maior ou que não obtêm mais curtidas e comentários. Neste caso, há dois questionamentos que podem ser feitos no momento da criação da publicação:

"Este post está escrito de forma que estimule comentários positivos?"

"Este post está escrito de forma a gerar compartilhamentos?"

O segredo, **muitas vezes,** é iniciar um diálogo com o público, através de perguntas específicas e da utilização de um recurso chamado **call to action (CTA)** ou "chamada para ação".

O Magazine Luiza, também conhecido como Magalu, é uma empresa com mais de 50 anos de existência e operação em mais de 1.200 lojas espalhadas pelo Brasil. A empresa tem presença ativa na internet e produz conteúdos que incentivam o cliente a interagir com a marca nas redes sociais.

O resultado não pode ser diferente. Veja um exemplo abaixo:

Figura 9.4 Postagem ilustrativa

Fonte: INSTAGRAM da marca.

3. Tempo

O Facebook analisa o timing de publicação dos conteúdos e atribui um peso maior aos posts mais novos na timeline, com o objetivo de manter o feed atualizado.

Vale lembrar que o *edge rank* é o algoritmo do Facebook e do Instagram. Cada rede social tem o seu mecanismo próprio, mas bem parecidos com o do Facebook, buscando entregar relevância ao usuário, através de conteúdos que gerem mais impacto. Vídeos e lives, por exemplo, como visto acima, tendem a engajar mais, independentemente do canal utilizado. Dessa forma, no momento de postar, a lógica é a mesma para qualquer canal.

9.4.2 Qual tipo de conteúdo criar?

A resposta para esta pergunta não é tão simples, mas pode ser estruturada com metodologia. Saber qual tipo de conteúdo produzir é fundamental para posicionar a mensagem certa para o público certo.

O primeiro passo para isso é já ter planejadas as etapas anteriores. Não dá para criar conteúdo sem saber quais as personas e qual o objetivo da marca, trabalhado no desenvolvimento da jornada do consumidor (leia novamente os **Capítulos 1 e 3**).

Uma ferramenta útil para a definição do conteúdo é a Matriz de Marketing de Conteúdo.[2] Criada em 2012 para uso em uma empresa chamada Smart Insights, a MMC ganhou notoriedade pela sua versatilidade. Desde então, profissionais de *inbound marketing* e agências de comunicação têm usado a MMC como um mapa de conteúdo para guiar o consumidor desde o reconhecimento de marca, passo inicial da jornada, até a conversão, objetivo final do processo de comunicação.

A matriz representada na Figura 9.5 tem quatro quadrantes que oferecem inúmeras possibilidades de conteúdo. No eixo "X", destacam-se os objetivos da marca, desde o reconhecimento até a conversão. No eixo "Y", são elencados os tipos de argumentos utilizados para convencer as personas, distribuídos em emocionais e racionais.

Os conteúdos podem ser criados de acordo com os objetivos de cada um dos quatro quadrantes da matriz:

- entreter;
- educar;
- inspirar;
- convencer/vender.

Com base nesta matriz, as marcas podem distribuir as diferentes personas em cada quadrante de acordo com o momento em que se encontram na jornada do consumidor. Isso traz muito mais clareza sobre o teor das mensagens que deverão ser produzidas e consequentemente aumenta as chances de engajamento e conversão.

---

[2] CMM (CONTENT MARKETING MATRIX). A metodologia foi criada na Smart Insights por Dan Bosomworth e Dave Chaffey em 2012. Para saber mais, visite o site: https://www.smartinsights.com/content-management/content-marketing-strategy/the-content-marketing-matrix-new-infographic/.Acesso em: 27 jan. 2022.

Figura 9.5 Matriz de conteúdo

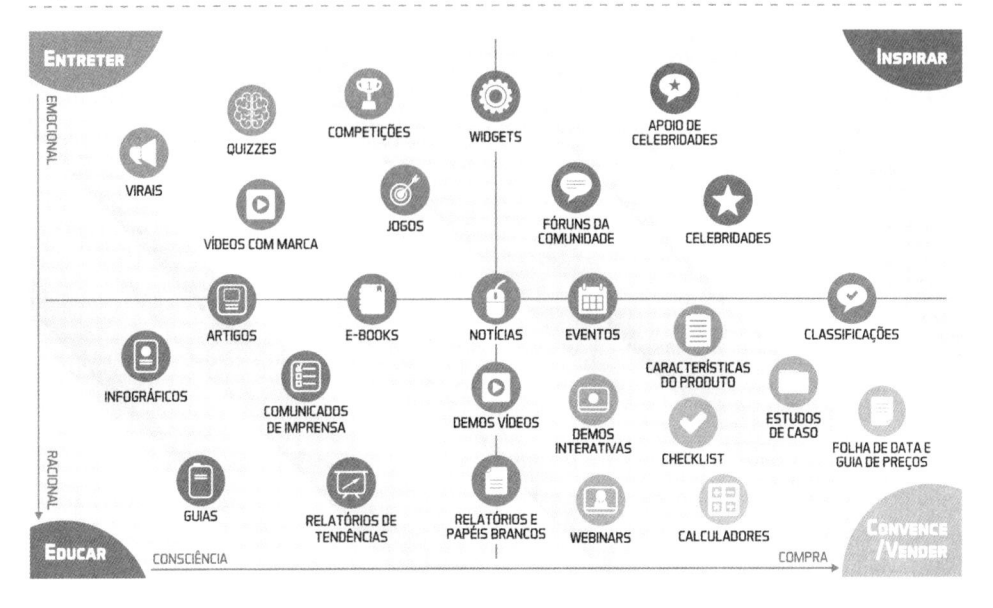

Fonte: adaptada de SMART INSIGHTS. Disponível em: https://www.smartinsights.com/wp-content/uploads/2014/01/Smart-Insights-Content-Marketing-matrix.png. Acesso em: 27 jan. 2022.

9.5 PLANEJAMENTO DE MÍDIAS SOCIAIS

Trabalhar com mídias sociais exige certo grau de organização. Mas nem sempre foi assim.

No começo da era das redes sociais digitais, havia muita experimentação e pouco método. Como tudo era muito novo, era comum os profissionais de comunicação criarem uma presença online e postarem sem saber o que estavam fazendo. Hoje, num mundo superconectado, já não há mais espaço para amadorismo; o trabalho deve ser levado a sério e os processos de testes conduzidos de forma inteligente e estruturada.

Em administração de empresas, é comum o uso de uma metodologia chamada **PDCA**[3], sigla que define quatro processos centrais em um ciclo de melhoria contínua: Planejar (*Plan*), Fazer (*Do*), Verificar (*Check*), e Agir (*Act*). De forma autoexplicativa, o PDCA consiste em desenvolver o planejamento de um produto ou serviço, lançá-lo no mercado e analisar pontos de melhoria, agindo de forma precisa e rápida para a solução dos possíveis problemas. Uma vez corrigidas as falhas, o processo segue novamente seu curso na criação de uma nova versão do produto, relançamento, nova análise de resultados e assim por diante.

---

[3] O PDCA foi criado na década de 1920 pelo americano Walter Andrew Shewhart e aprimorado mais tarde, na década de 1950, por William Edwards Deming.

Atualmente, a gestão de mídias sociais também pode seguir um caminho parecido, já que os canais digitais são solos férteis para experimentos e melhorias contínuas das estratégias de comunicação. No entanto, é necessário que haja um planejamento consistente para que os resultados sejam satisfatórios, e é sobre isso que você vai ler adiante.

O planejamento da presença digital de uma empresa nas mídias sociais pode seguir quatro passos:

1) briefing;
2) pesquisa;
3) ação;
4) mensuração/melhorias.

9.5.1 Briefing

Muito popular entre profissionais de comunicação, o briefing é um documento de extrema importância, pois tem o papel de balizar o escopo do projeto de acordo com as necessidades e objetivos do cliente e alinhar expectativas de resultados. Um bom briefing precisa responder as seguintes perguntas:

- **Quem?** Quem está demandando a comunicação que será realizada nas redes sociais? Quem é a empresa, marca, produto ou pessoa que deverá ser vendido nas publicações?
- **O quê?** De que trata o projeto em questão? Qual a ideia central da comunicação? Esta é a etapa onde costumam acontecer os principais erros. Normalmente, as pessoas que criam conteúdo focam apenas o produto e esquecem de falar sobre os atributos e sentimentos que aquele produto entrega. Vamos usar um exemplo: se o cliente for uma indústria de açúcar refinado, qual produto está sendo oferecido para o consumidor final nas redes sociais? Engana-se quem diz que é o pacote de açúcar esperando no supermercado mais próximo; isso é apenas mais uma *commodity*, ou seja, qualquer concorrente pode oferecer a mesma coisa. Agora, quando a comunicação entrega uma mensagem atrelada ao produto, como os benefícios para a saúde, os momentos em família e com amigos, as coisas boas da vida que são simples e leves como um doce de domingo, aí, sim, a mensagem passa a ter outro sentido. Açúcar qualquer um vende, mas momentos inesquecíveis apenas a marca XPTO pode proporcionar. Isso é ouro nas redes sociais.
- **Por quê?** Qual o motivo pelo qual esta comunicação será realizada?
- **Onde?** Em quais canais os posts serão publicados? Será apenas em uma rede social ou a mensagem será distribuída em redes diferentes e complementares?
- **Quando?** Quando os posts começarão a ser publicados? Existe um calendário editorial para isso? Qual será a frequência, dias da semana e horários utilizados?
- **Como?** Como o processo será realizado?

Repare que as perguntas acima são complementares. Elas fazem parte de uma técnica jornalística conhecida como 5WH (muito similar ao modelo de gestão 5W2H, desenvolvido pela indústria automobilística japonesa na década de 1950), composta de seis perguntas (*Who, What, Why, Where, When, How*). Além de fazer esse levantamento para o próprio negócio, é necessário que a marca faça também as mesmas perguntas a respeito dos principais concorrentes e outras empresas que são referências de mercado.

9.5.2 Pesquisa

Antes de começar qualquer trabalho, é importante fazer um estudo para saber quem já atua no mesmo setor e qual conteúdo vem sendo produzido. Além disso, é comum ficar sem ideias sobre o que postar nas redes. Para resolver este problema, existem diversas ferramentas úteis que devem ser utilizadas. Confira a seguir.

- **Google Trends (Ferramenta Gratuita)**
  O que a ferramenta faz: ajuda a analisar qual a palavra-chave mais buscada, oferecendo insights de conteúdo de acordo com localização, categorias e diferentes canais do Google, como o buscador tradicional, Google Imagens, YouTube, Google Shopping e Google Notícias.

- **Google Alertas (Ferramenta Gratuita)**
  O que a ferramenta faz: você cadastra uma palavra-chave, como o nome de uma empresa, produto, serviço ou pessoa, e o Google te avisa sempre que encontrar algum conteúdo sobre isso.

- **Answer the Public (Ferramenta *Freemium:* limitada a poucos resultados gratuitos, com planos de assinatura)**
  O que a ferramenta faz: você faz uma busca por um termo e a plataforma exibe um gráfico das principais perguntas que os usuários estão fazendo no Google. Uma forma eficiente de responder questões específicas.

- **Busca do Twitter (Ferramenta Gratuita)**
  O que a ferramenta faz: oferece diversos tipos de pesquisa na parte de busca avançada, que permitem encontrar tweets ou pessoas falando sobre determinado assunto. Para quem usa o Twitter na estratégia de comunicação, é uma ferramenta bastante importante.

- **Lee Tags (aplicativo gratuito para Android e iOS)**
  O que a ferramenta faz: é um aplicativo para Android e iOS e exibe as hashtags mais populares sobre um tema.

- **Datas Comemorativas (Ferramenta Gratuita)**
  O que a ferramenta faz: é um calendário online com inúmeras datas comemorativas distribuídas ao longo do ano. Ótimo recurso para criar ações de comunicação sazonais ou voltadas para nichos específicos.

9.5.3 Ação

É nesta etapa que serão definidas as ações táticas de publicação dos posts. Aqui, algumas perguntas deverão ser respondidas para que as ideias saiam do papel. Abaixo, seguem algumas questões:

- Quem vai escrever os textos dos posts?
- Quem vai criar as artes e vídeos?
- Qual a identidade visual?

Naturalmente, não existe resposta pronta para esses pontos e o trabalho pode ser realizado de formas diferentes. Em muitas ocasiões, as empresas optam por contratar profissionais dedicados ao trabalho de criação de conteúdo e gestão de mídias sociais, mas também é bem comum terceirizar esta operação para freelancers ou agências. Falaremos sobre isso mais adiante.

Dicas de ferramentas para a criação de identidade visual:

1) Crie sua paleta de cores.
Site: https://coolors.co/
O Coolors é uma plataforma online e gratuita que permite que você crie uma paleta de cores para seu projeto gráfico mesmo que não entenda de design. É bem intuitivo e sugestivo.

2) Crie uma família de fontes.
Site: https://www.dafont.com/pt/
O Dafont reúne milhares de fontes gratuitas para você utilizar em sua identidade visual e não depender apenas das tradicionais Arial, Calibri e outras fontes-padrão.

3) Tenha imagens profissionais.
Site: https://pixabay.com/pt/
Site: https://www.pexels.com/
Site: https://unsplash.com/
Esses sites são repositórios de imagens gratuitas, algumas delas livres de direitos autorais, e que podem ser utilizadas para fins comerciais.

4) Crie artes profissionais sem softwares complexos.
Site: https://spark.adobe.com/
Há diversas ferramentas online neste sentido. Além do popular Canva, há outras opções que também contam com muitos recursos para a criação de peças para redes sociais. Uma delas é o Adobe Spark, que oferece uma combinação de imagens gratuitas e pagas que podem ser utilizadas em templates pré-formatados e fáceis de editar.

Há ainda outros detalhes na etapa de Ação:

- Quais as mídias sociais escolhidas?
- Quais os melhores horários para postar?
- Quais os melhores dias?
- Qual a melhor frequência de postagens?

As respostas para estas perguntas estão ligadas ao início do planejamento e à definição das personas. Não existe fórmula mágica para postar no melhor dia, no melhor horário e com a melhor frequência. Inicialmente, uma vez que não existe certeza sobre como será o engajamento, é possível utilizar informações de mercado como benchmark para estas questões. No entanto, com o passar do tempo, é necessário observar quais os melhores dias e horários de acordo com o comportamento do público. E isso pode divergir do que se prega como verdade absoluta.

Outra dica é que seja criado um calendário de postagens de acordo com as demandas da empresa, com pelo menos 15 dias de posts prontos. Isso aumenta a produtividade de quem trabalha com mídias sociais e evita o "branco criativo", que pode fazer com que a rede fique sem posts. Em redes sociais, constância de publicações é algo levado muito a sério pelos algoritmos.

9.5.4 Mensuração e melhorias

Por fim, a última etapa do workflow é a mensuração dos resultados. Depois de postar os conteúdos é preciso acompanhar de perto tudo o que está acontecendo. Alcance, interações dos usuários, sentimento da marca, entre outros. Somente com base nessas informações é possível criar um plano de melhoria para novas publicações que já otimizem o que deu certo e eliminem o que não funcionou. Mais adiante falaremos sobre monitoramento em mídias sociais.

9.6 PLATAFORMA DE GESTÃO DE REDES SOCIAIS

A popularização das redes sociais movimenta uma indústria promissora de plataformas SAAS, para as quais é possível pagar uma mensalidade em troca do uso de alguma funcionalidade específica que facilite o trabalho de gestão e monitoramento das diversas redes.

Criar uma presença online é uma tarefa trabalhosa e, quanto mais automatizadas forem as ações, melhor para o aumento de performance dos profissionais de *social media*. Abaixo, veja algumas ferramentas úteis.

9.6.1 Mapas Mentais

Como vimos anteriormente, antes de começar a publicar os posts, é preciso planejar a estratégia com as diferentes etapas do processo. O MindMeister é uma plataforma que permite a criação dos chamados **mapas mentais**. São estruturas visuais de ideias que se conectam através de ramificações, o que oferece uma visão ampla de tudo o que tem que ser feito. É uma excelente ferramenta para a criação dos necessários brainstormings.

9.6.2 Produtividade

Quem trabalha em equipes sabe quão complicada pode ser a gestão e a organização das diferentes tarefas. O Trello é uma das melhores ferramentas para a solução deste problema. Com uma versão gratuita repleta de funcionalidades, ele permite a criação de painéis onde é possível organizar as atividades com uma metodologia chamada **kanban**. Basicamente, esse método se resume na separação das tarefas em três status: *a fazer*, *fazendo* e *feito*. Além disso, o Trello permite o compartilhamento de todas as informações, facilitando o trabalho colaborativo e de gestão de times.

9.6.3 Gestão Integrada das Redes Sociais

O HootSuite é uma plataforma que proporciona a gestão centralizada de diversas redes sociais em um único painel. Com ela é possível agendar posts, responder comentários, acompanhar menções da marca e impulsionar conteúdos.

Uma das melhores ferramentas em termos de custo × benefício, a mLabs é uma plataforma que reúne as principais redes sociais em um único ambiente. Nela, é possível agendar posts, responder interações de usuários, fazer anúncios e monitorar resultados. Além disso, a mLabs tem um recurso interessante de criação de cronograma de postagens, com um painel que conecta agência ou profissional com o cliente final, que pode aprovar ou reprovar as propostas de posts. Também existe uma integração nativa com o Canva, onde é possível criar artes para as peças num só lugar.

Há inúmeras plataformas para gestão integrada das redes sociais. Além das empresas já citadas, podemos ainda destacar as brasileiras ETUS e Stilingue. Evidente que a lista é muito superior às empresas aqui citadas.

Fato muito importante antes de escolher uma plataforma é verificar se ela é oficialmente credenciada pelas redes sociais que promete atender. No grupo Facebook, por exemplo, é possível consultar neste endereço se a plataforma é oficialmente credenciada e para qual serviço: https://www.facebook.com/business/marketing-partners, ou no QR Code a seguir.

Falando em Facebook, a gigante americana possui sua própria plataforma, o Creator Studio (Estúdio de Criação). Alguns profissionais apostam que a empresa irá investir cada vez mais no aprimoramento da sua plataforma proprietária, então é importante ficar atento sobre suas funcionalidades e atualizações em: https://business.facebook.com/creatorstudio/home.

http://encr.pw/4vslT

9.6.4 **Monitoramento de Redes Sociais**

Chegamos à última etapa do planejamento da comunicação em mídias sociais. Apenas relembrando, os estágios são: briefing, pesquisa, ação e mensuração/melhorias.

Uma das maiores vantagens do marketing digital em relação à comunicação offline é a capacidade de análise de ações em tempo real. Isso é imprescindível para que uma marca consiga testar uma hipótese e corrigir a rota rapidamente em caso de algum problema.

Além da mensuração dos resultados de campanhas e estratégias de engajamento, é importante que os profissionais de *social media* trabalhem com o *social listening,* já visto no **Capítulo 2**. Ou seja, é preciso "ouvir" o que está sendo falado a respeito de uma marca no mundo digital. Essa técnica permite uma antecipação às possíveis crises, que geralmente começam com a reclamação de um cliente insatisfeito, que encontra nas redes sociais o lugar perfeito para amplificar sua voz a respeito de sua insatisfação.

É praticamente impossível saber todos os comentários de usuários a respeito de uma marca se o trabalho for feito manualmente. Quem faz a gestão de mídias sociais até consegue acompanhar as hashtags sobre um assunto ou palavra específica, mas não pode saber de todos os comentários realizados no mundo digital. Dessa forma, a atividade de monitoramento deve ser automatizada, com o uso de diversas ferramentas online, que identificam o contexto em que a citação foi realizada. É possível definir menções neutras, positivas ou negativas e criar, dessa forma, planos de contingência para interação com os usuários em tempo real ou num curto período.

Além das plataformas mLabs e HootSuite, citadas anteriormente e que também oferecem esta funcionalidade, existem outras no mercado, tais como: Scup, Stilingue, Mention, Buffer, Buzz Monitor, Social Baker, Agora Pulse, Buzzsumo, Social Mention, entre outras.

SMM – *SOCIAL MEDIA MARKETING* (MARKETING EM MÍDIAS SOCIAIS)

10

Autor:

Rubens Yoshida

Social Media Marketing, do acrônimo SMM (traduzindo para o português: Marketing nas Redes Sociais), é o conjunto de estratégias utilizadas nas variadas plataformas de redes sociais, considerando as postagens, campanhas, relevância, frequência, copywriting (texto persuasivo), autoridade, investimentos e outras ferramentas e ações que possam contribuir para atingir os objetivos do plano de marketing digital.

Em outras palavras, o marketing nas mídias sociais "abrange qualquer forma de marketing direto e indireto que seja utilizado para atingir seus objetivos com a utilização de plataformas de mídias sociais".[1]

A importância de usar as redes sociais como ferramenta de marketing é visível aos olhos humanos, basta observar nas salas de espera, filas, academias, praias, bares ou até mesmo durante o jantar em casa o que as pessoas, de todas as idades, estão fazendo.

Muito provavelmente, a observação acima irá de encontro aos dados da pesquisa realizada pelas empresas We Are Social e Hootsuite,[2] em que consta que os brasileiros passam mais de nove horas diárias na internet, número que cresce a cada dia e coloca o Brasil entre os primeiros no ranking de países mais conectados. Em relação às redes sociais, os brasileiros passam, em média, três horas e 31 minutos diariamente.

Outro importante argumento para uso das redes sociais como ferramenta de marketing é a quantidade de empresas que lançaram seus e-commerces. Segundo relatório do PayPal em conjunto com a BigData Corp, o Brasil totalizou, em 2020, 1,3 milhão de lojas online,

---

[1] GUNELIUS, Susan. **Marketing nas mídias sociais em 30 minutos**. São Paulo: Cultrix/Meio & Mensagem, 2012.

[2] KEMP, Simon. Digital 2021. **We are social**, 27 jan. 2021. Disponível em: https://wearesocial.com/uk/blog/2021/01/digital-2021-the-latest-insights-into-the-state-of-digital/. Acesso em: 25 jan. 2022.

161

crescimento de 40,7% quando comparado ao ano anterior. Em 2019, o total de empresas que faturaram até R$ 250 mil via e-commerce era de 26,93%, enquanto no último trimestre de 2020 este índice atingiu 48,06%, segundo a 6ª edição da pesquisa "Perfil do E-Commerce Brasileiro".

Diante do potencial acima, surgiu uma disputa pela atenção dos usuários, uma vez que todas as marcas querem ser vistas, ouvidas e acompanhadas por seus clientes atuais e potenciais e outros públicos de interesse da organização.

O fato de as pessoas passarem mais de três horas nas redes sociais por dia significa que as marcas precisam ter estratégias claras para atingir seus objetivos. Um fato a considerar nesse contexto é que, apesar de as pessoas possuírem uma ou mais redes sociais preferidas, é comum que naveguem por outras ocasionalmente.

Uma marca não pode ficar longe de seu público e uma das maneiras mais efetivas é estar de forma organizada nas redes sociais. Vale lembrar que uma marca reverenciada por um seguidor cria uma publicação gratuita e confiável, além de influenciar outras pessoas a comprar ou seguir sua empresa.

O planejamento para atuar numa rede social, sob a perspectiva do marketing digital, já foi descrito neste capítulo; deve ser a base para um planejamento de SMM. Apenas com o intuito de somar ao que já foi exposto, apresentamos aqui algumas dicas para o planejamento de SMM.

Contudo, antes, cabe destacar que qualquer empresa, independente do porte, profissional liberal, microempresário e até empreendedores da economia informal podem criar páginas nas redes e estabelecer um relacionamento com seus clientes e seguidores, com um custo razoavelmente acessível, se comparado com os meios tradicionais de comunicação.

Portanto, as dicas listadas abaixo têm o objetivo de colaborar com a criação de um plano de marketing nas redes sociais de forma generalista. É certo que há diferenças entre uma empresa com grandes recursos financeiros e um microempresário, todavia as dicas abaixo buscam abranger todos os perfis já listados.

10.1   7 DICAS PARA MONTAR UM PLANEJAMENTO DE SMM

1) **Posicionamento** (do que você é e o que quer ofertar). É muito comum esquecer de se posicionar e transmitir um conceito da marca para os internautas. É preciso ter uma descrição clara das ofertas primordiais para buscar o tipo de cliente ideal.

2) **Autoridade.** Crie uma autoridade. O processo é simples, mas o caminho é longo, pois leva tempo para o reconhecimento acontecer. A base para criar uma autoridade é um conteúdo relevante; mesmo para aqueles que só postam ofertas de produtos é preciso ter reputação reconhecida positivamente de alguma forma. Grandes empresas de e-commerce, geralmente, têm reconhecimento institucional forte, transmitem segurança, geram boas informações e estão em noticiários com informações que fortalecem as marcas.

3) **Relevância**. Esta é a palavra-chave. As marcas precisam ser relevantes para seus clientes; de alguma forma, necessitam marcar presença positiva na vida das pessoas com quem tem relacionamento. As marcas na internet têm personalidade, são entidades vivas, que se preocupam com o bem-estar dos internautas (não se importando se são ou não clientes). Todo conteúdo postado, compartilhado pela marca, chamará a atenção de seus internautas/seguidores, considerando a existência de ofertas ou dicas de utilização de produtos e serviços, como ocorreu na recente pandemia do Covid-19. Muitos varejistas apresentaram dicas de higienização, dados sobre prevenção e disponibilizaram centrais de atendimento para informações a quem não faz parte dos seus negócios.

4) **Conteúdo**. Tome muito cuidado com a grande exposição de vendas. Se você está iniciando, trabalhe com um percentual 80-20, ou seja, 80% de conteúdo relevante, postagens que informam, educa, entretêm e cativam seu público, e 20% em ofertas direcionadas para vendas.

5) **Interação**. Envolva-se com seu público, seja em respostas, nos directs, nas lives, ou simples curtidas das interações. As marcas, empresas e influenciadores que mais têm seguidores fazem questão de interagir com seus seguidores.

6) **Concorrência**. Observe seus concorrentes, analise marcas do mesmo segmento, procure informações a respeito de tendências digitais em seu mercado para acompanhar ou até mesmo antecipar informações e postagens. Atente-se à dificuldade de entender seus concorrentes e seu mercado; faça busca de palavras-chave; quais sites estão em primeiro lugar em seu segmento; visite páginas nas redes sociais de seu mercado; faça análise e compare suas postagens com as dos concorrentes.

7) **Métricas**. Acompanhe todos os esforços nas redes sociais, quantidade de alcance, engajamento, conversão em vendas, conversão em cadastros, interações, quanto em média cada post cria de resultados. O acompanhamento diário dará melhor compreensão do seu público-alvo, te deixará alerta quanto às tendências e o que haverá de mais novo. O Marketing nas Mídias Sociais é dinâmico e vivo; a toda hora apresentará mudanças e caminhos diferentes para se atingir seu público.

10.2 SOCIAL MEDIA OPTIMIZATION – SMO

Em alguns momentos nos deparamos com tantas siglas e novas nomenclaturas de marketing digital que é comum fazer confusões. SMO ou otimização das mídias sociais são técnicas orgânicas que buscam aumentar a probabilidade de alcance do seu conteúdo nas redes sociais, para então gerar a interação com o público da marca.

Podemos dizer que é um processo muito semelhante ao SEO, porém dedicado às redes sociais. Nesse sentido, Neil Patel relata que ser encontrado por seu público é uma etapa básica do marketing digital. É assim que funciona para as marcas nas pesquisas Web via estratégias de SEO e é "também dessa forma que acontece nas redes sociais, onde as técnicas de otimização levam em conta as características de cada algoritmo".

Segundo Rohit Bhargava,[3] que conceituou pela primeira vez o termo em seu blog no ano de 2006, há cinco regras para fazer um SMO:

1) **aumentar a quantidade de conteúdos** (frequência), utilizar links, blogs, posts, vídeos, podcasts e ofertar informações relevantes para o público-alvo;
2) **permitir a interatividade, engajamento e compartilhamento do conteúdo**, facilitar ações com inserções de botões, para compartilhar por outras plataformas, incluindo o WhatsApp e Telegram;
3) **analisar com frequência quem compartilhou**, quem interagiu ou até mesmo curtiu as publicações; aproveitar, também, para clicar em reciprocidade, ou seja, se alguém seguiu você, aproveitar para segui-la também, ou mesmo responder com curtidas as interações;
4) **viralizar seu conteúdo**; o que todos querem é visibilidade e atenção, portanto, o conteúdo deve ser relevante ao ponto de muitos compartilharem;
5) **procurar ser referência** quando se trata de conteúdo; permitir que muitos possam utilizar, compartilhar e distribuir seu conteúdo para mais pessoas.

Case ABRADi	Agência	Cliente	Período	Categoria
Prêmio MPT de Jornalismo	IComunicação	MPT – Ministério Público do Trabalho	2019	Facebook

Introdução

A IComunicação é uma agência de comunicação com 39 anos de existência e diversos prêmios conquistados (18 prêmios Aberje, 3 prêmios Jorge Salim, 2 prêmios Colunistas Brasília, 2 Prêmios Abed, 1 prêmio Portal Intranet e 1 prêmio WSA Mobile).

Essas experiências foram utilizadas para auxiliar em um nobre desafio do MPT, que consistia em "instigar profissionais da imprensa a denunciar irregularidades e injustiças trabalhistas que de fato não eram para estar acontecendo", conforme declara Lucas Lisboa.

Diante desse objetivo, o MPT e a agência IComunicação criaram o Prêmio MPT de Jornalismo, que busca intensificar a presença do universo do trabalho na pauta da imprensa brasileira e, consequentemente, estender o enfrentamento e o combate contra as irregularidades e injustiças trabalhistas.

O prêmio, que já foi realizado em 5 edições, com uma pausa na edição 2019/2020 devido à pandemia, apresenta números impressionantes nessa nobre causa que é defender os direitos básicos dos trabalhadores.

---

[3] BHARGAVA, Rohit. **5 Rules of Social Media Optimization (SMO)**, 10 out. 2010. Disponível em: https://www.rohitbhargava.com/2006/08/5_rules_of_soci.html. Acesso em: 13 jan. 2022.

Porém, no contexto do livro, ele foi selecionado para compor este capítulo de redes sociais. E o mais importante: o motivo pelo qual a mídia social utilizada foi o Facebook. Sim, isto mesmo, uma rede social considerada por muitos em "desuso", com "baixo retorno" ou, ainda, "somente para pessoas mais idosas".

Se fizermos uma retrospectiva na área da comunicação, vamos lembrar de um paradigma que dizia que o rádio seria extinto após o surgimento da televisão – e, pelo contrário, temos vivenciado a reinvenção do rádio com o apoio da internet nos dias atuais – e, de forma análoga, o mesmo acontece com muitas ferramentas do marketing digital; já foi assim com o e-mail marketing e acontece com as redes sociais. Não é raro ouvir de alunos nos melhores cursos de MBA questionamentos como "ainda se usa o blog" no marketing digital? A resposta é sim, ou pelo menos deveria, como já visto no capítulo.

Mas, retomando o estudo de caso, ele foi selecionado para tirar o leitor do modo automático, no sentido de levá-lo a refletir sobre a adequação de uma rede social *versus* objetivo de comunicação.

Afinal, não existe uma resposta absoluta e isso é o que se espera, que haja um entendimento de que há muitos caminhos possíveis para a comunicação digital nas redes sociais.

Figura 10.1 Facebook MPT de Jornalismo

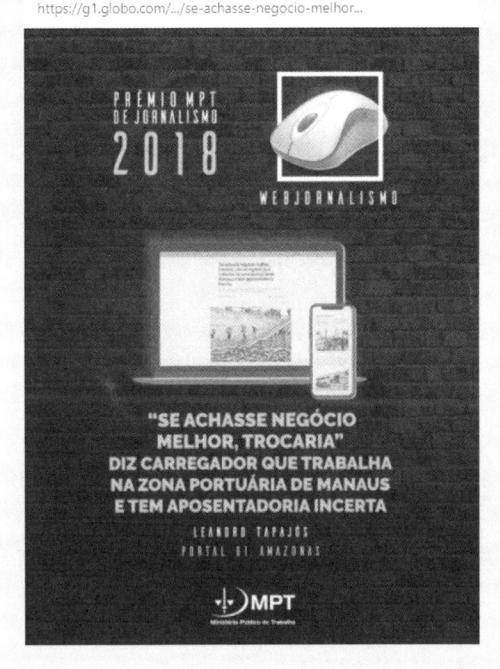

O case Prêmio MPT de Jornalismo

A IComunicação, enquanto responsável pela comunicação digital do Prêmio, tinha dois objetivos: o primeiro era estimular o envolvimento da mídia brasileira, que atua nas mais variadas plataformas, a produzir conteúdos ligados às causas trabalhistas; o segundo era prover a esse público soluções digitais que estimulem e auxiliem sua participação no Prêmio.

Para atingir os objetivos acima, foram utilizados diversos meios de comunicação, sempre de forma nichada[4] ou muito segmentada. Entre eles, tem-se o uso intensivo de marketing direto (e-mail marketing, mensagens via WhatsApp), Google Ads, mídia em aeroporto, banners patrocinados em sites especializados (como no Portal Imprensa), telemarketing, apresentações pessoais da assessoria de imprensa do MPT, website exclusivo para o prêmio e o Facebook.

Cada meio de comunicação teve um objetivo específico, que não cabe aqui neste estudo de caso detalhar; vale apenas frisar que em termos de efetividade de comunicação com o público central do prêmio, os jornalistas, o principal meio de comunicação foi o envio de e-mail marketing e em segundo o Facebook.

Dois fatores precisam ser considerados para compreender o desempenho do marketing direto efetuado. Primeiro, é um prêmio que ocorre há vários anos, portanto, há um mailing list[5] com ex-participantes e interessados que já tiveram algum contato com o projeto ao longo dos anos. Segundo, por ser muito segmentado (jornalistas e com a temática trabalhista), o marketing direto é um meio naturalmente eficiente.

A grande pergunta que fica é: como o Facebook conseguiu gerar resultados positivos? Ou, ainda, por que não escolheram o Instagram, a rede social "queridinha" de muitos já naquela época?

O Facebook

Durante o planejamento da campanha, a IComunicação compreendeu que o Instagram era mais uma plataforma de entretenimento. Lisboa complementa ao dizer: "A gente entendia que o tipo de conteúdo que queríamos trazer era muito mais informativo" e assim a escolha se deu pelo Facebook.

O Facebook era a principal mídia social de relacionamento com a sociedade e com os participantes do Prêmio. Cada passo, cada decisão era divulgada na fanpage. Eram publicados conteúdos semanalmente, nos mais diversos formatos, promovendo o prêmio e estreitando o diálogo com os públicos de interesse.

Mas o resultado da rede social não é fruto apenas de uma escolha: a sua origem está associada sobretudo às táticas adotadas pela agência durante a sua execução. Primeiro, as postagens eram linkadas sempre com o site para fazer a conversão de inscrições no Prêmio. Segundo, a equipe da agência fazia um trabalho de moderação ativa e reativa no Facebook, como explica Lisboa: "A gente já tinha mapeado 200 participantes do ano anterior, então a gente marcava o(a) jornalista nos comentários. O trabalho de moderação ativa não era só de responder", ou seja, o Facebook também desempenhou um papel fundamental nesse processo de divulgação, já que através dele foi possível realizar um trabalho de moderação ativa e reativa, não só atendendo aos chamados, como também relacionando-se com o público-alvo por meio de comentários e marcações nas postagens que buscava também criar uma sensação de pertencimento.

---

[4]   Flexão do verbo **nichar** (particípio).

[5]   Banco de dados com informações de contato de um público específico.

Resultados

1. mais de 1.900 trabalhos jornalísticos inscritos em todas as edições, incluindo reportagens na grande mídia, como Globo e Rádio CBN;
2. mais de 36 mil usuários acessaram o site, com 59 mil sessões e tempo médio de quatro minutos e meio cada;
3. Facebook com mais de 8 mil fãs e 196 mil visualizações;
4. fortalecimento da imagem Institucional do Ministério do Trabalho.

> "Então, esse tipo de trabalho, pra ele dar certo, você precisa entender muito bem o seu público, porque a gente não está vendendo. Não estou aqui pra falar de um produto, eu estou aqui para sensibilizar pessoas a criarem alguma coisa relevante, uma matéria jornalística para se inscreverem no Prêmio."
>
> (Lucas Lisboa, 2021)

Além dos resultados quantitativos apresentados, Lisboa destaca: "eu acho que o grande lance desse projeto é que ele conseguia mobilizar a imprensa a pautar e denunciar irregularidades do ponto de vista trabalhista. Então, muitas vezes, as matérias viraram denúncias e o Ministério Público do Trabalho foi lá e atuou".

Dentre estas denúncias, apenas para citar uma, houve um caso do Rio Grande do Norte em que trabalhadores perderam as suas digitais porque trabalhavam no processo de fabricação de sal, que tem uma queima ou uma temperatura muito elevada.

Figura 10.2 Finalistas do MPT de Jornalismo 2018 (Facebook)

Fonte: FACEBOOK. Disponível em: https://www.facebook.com/premiomptdejornalismo/photos/2292699967428684. Acesso em: 21 jul. 2021.

Veja mais postagens do Prêmio:

Fonte:
Carolina Bazzi Morales - CEO da IComunicação
Lucas Oliveira Lisboa - Gerente de Novos Negócios da IComunicação

Entrevista: Edgar Almeida e Leandro Key Higuchi Yanaze
Transcrição: Edgar Almeida
Revisão: Julia Lemes

TÁTICAS PARA AS REDES SOCIAIS

11

Autor:

Edgar Almeida

11.1 ESTRATÉGIAS PARA REDES SOCIAIS

Uma empresa possui camadas de funções e responsabilidades distintas. Basicamente, temos funções operacionais, táticas e estratégicas. No mundo corporativo, há certa banalização da palavra *estratégia*, como se grande parte das ações fossem estratégicas. Mas isso não é correto.

A Figura 11.1 ilustra a interação do subsistema marketing sob essa perspectiva num exemplo hipotético, em que as redes sociais são o ponto focal para a solução de um possível problema. Ela apresenta uma separação em 3 níveis. No dia a dia, o ideal é que seja mais fluida e colaboradora, pois a separação de forma estanque na imagem é apenas para melhor ilustrar. Posto isto, comece a leitura da imagem pela origem: diagnóstico.

Pode ser um processo dentro da área de marketing ou até mesmo um departamento dedicado em empresa maiores; a Inteligência Competitiva[1] é encarregada de diagnosticar proativamente problemas, oportunidades e ameaças. Em entrevista em profundidade com Agnes Engiel[2] (gerente de Comunicação e Marketing na FGV) cedida ao autor, a executiva de marketing e comunicação com cerca de 20 anos de experiência discorreu sobre as mudanças ocorridas na estrutura do departamento de marketing ao longo dos anos e a perspectiva para o futuro no cenário brasileiro.

O principal entendimento de Agnes é que o grande diferencial será justamente nos departamentos de marketing que desenvolverem muito bem a capacidade de trabalhar orientados por dados, isto é, *data drive marketing* (marketing orientado por dados), que conceitua este

---

[1] Processo de monitorar constantemente e ativamente o mercado, a fim de gerar informações que tornem a empresa mais competitiva, por meio de diversos estudos, pesquisas de mercado, mineração de dados etc.

[2] Entrevista realizada no dia 22 jun. 2021 via plataforma Zoom.

processo.[3] Neste sentido, neste exemplo da Figura 11.1 foi diagnosticada a necessidade de alavancar as vendas do novo produto x.

Para resolver este problema, tem-se dentro do marketing decisões estratégicas a respeito do marketing mix, posicionamento, proposta de valor etc. A solução deve estar em algum componente estratégico. Neste exemplo, o problema, como indicado, está relacionado à comunicação (parte do marketing mix ou famoso 4 Ps).

Com a questão estratégica identificada, busca-se construir hipóteses que vão nortear o trabalho e em seguida desenham-se táticas que devem solucionar o problema, que são suportadas, por sua vez, por processos operacionais.

Figura 11.1 Diferentes camadas no subsistema de marketing.

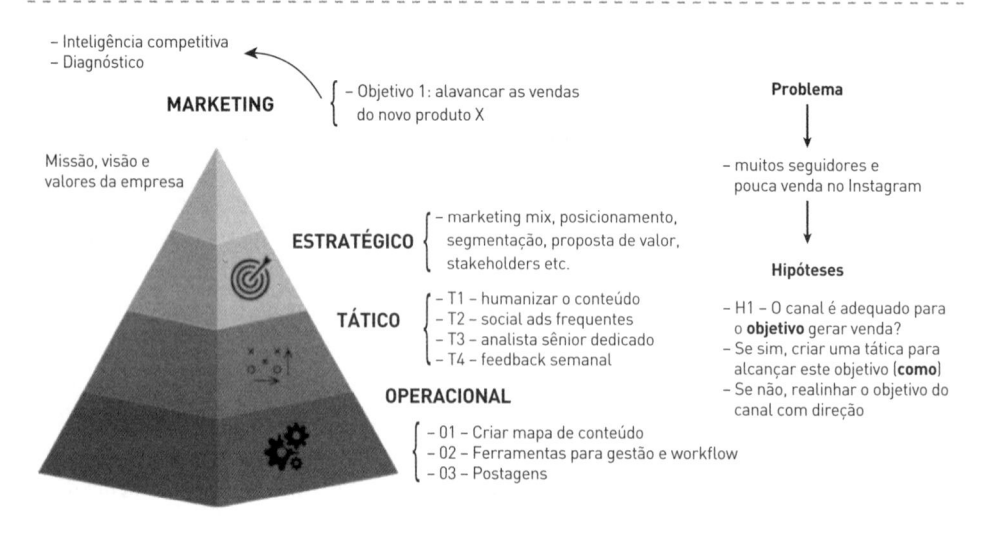

Fonte: elaborada pelo autor.

É sabido que no dia a dia das corporações, como já dito anteriormente, quase tudo é definido erroneamente como estratégico. Um roteiro para um vídeo no YouTube ou podcast não é estratégico, é operacional. Um nível acima, na tática, decisões como tom de voz, frequência, identidade visual etc. devem ser definidas previamente. Na mesma lógica, um nível acima deve-se ter delimitado um objetivo, meta, proposta de valor, posicionamento etc. Por fim, no topo da pirâmide há os valores, missão e visão de uma empresa ou, no caso de profissionais autônomos, dentro do conceito de marketing pessoal digital (**Capítulo 22**), seus

---

[3] *Data driven marketing* ou marketing orientado por dados é um processo pelo qual os profissionais de marketing obtêm percepções e tendências com base em análises aprofundadas informadas por números. Fonte: Wikipedia.

valores e crenças pessoais, que são responsáveis por nortear todo o trabalho, neste caso, não se limitando aos processos de marketing e comunicação.

Com esta definição em mente, será possível apresentar a seguir algumas táticas para as redes sociais que podem ser utilizadas em diversas situações e contextos. É necessário também considerar as particularidades de cada rede social, como exposto à frente neste capítulo.

Portanto, antes de apresentar táticas para as redes sociais, apresentaremos um breve descritivo das principais particularidades das redes sociais mais utilizadas no momento.

11.2 INSTAGRAM

Você já deve ter ouvido falar em "Instagram", criado, a princípio, com o intuito de compartilhamento de imagens. Essa rede social, atualmente, vai além do uso pessoal, graças aos diversos recursos que favorecem o uso da plataforma para negócios.

Como tudo em nossa sociedade está em constante mudança, a rede social Instagram não seria diferente. Hoje, a 4ª rede social mais usada no Brasil em 2020 também dispõe de uma versão para desktop, ainda que o foco seja para dispositivos móveis.

E não para por aí: foram várias as mudanças desta plataforma, com diversos objetivos, principalmente para aqueles que buscam maior interação com os seguidores:

- *story*: um formato cuja publicação permanece por 24 h disponível, caso não seja anexada no perfil, o que favorece a interação, já que é possível criar enquetes, fazer perguntas, compartilhar vídeos e gifs;
- *IGTV*: um aplicativo independente, mas com integração total com o Instagram, desenvolvido para vídeos imersivos e longos, que podem ter até 60 minutos para contas verificadas, ainda que o ideal seja considerado de 3 a 5 minutos, segundo o próprio Instagram. Esse recurso tem foco, principalmente, em pessoas ou empresas que buscam se aproximar do público;
- *reels*: uma maneira divertida de criar vídeos curtos, de até 15 segundos e editar, legendar, adicionar músicas e até criar um remix, fazendo um vídeo ao lado de um vídeo do reels já existente;
- *live*: a transmissão ao vivo também está disponível na plataforma e conta com a opção de convidar até três amigos para participar da sua transmissão. Essa é uma maneira rápida e simples de alcançar várias pessoas e interagir com elas sincronamente, além de permitir o acesso ao vídeo pelo IGTV.

De maneira flexível, o Instagram comporta todos os tipos de usuários, aqueles que pretendem apenas compartilhar fotos com os amigos, até aqueles que enxergam a rede social como uma oportunidade de trabalho, uma vez que é possível até fazer compras pelo aplicativo, através do recurso "loja", por exemplo.

Acesse o QR Code a seguir e confira um modelo de reels do Instagram:

http://encr.pw/8vvER

11.3 FACEBOOK

Antes mesmo de comprar o Instagram, em 2012, o Facebook já se destacava consideravelmente e hoje a rede social contém 2,80 bilhões de usuários mensais, sendo considerada a maior rede social do mundo, segundo o próprio Facebook, e, assim como o Instagram, a rede social também conta com diversos recursos que permitem conectar-se com amigos e familiares, encontrar comunidades e desenvolver negócios.

Alguns dos recursos disponíveis na rede social são:

- *story*: com a possibilidade de sincronizar o story do Instagram com o do Facebook, esse formato permite maior aproximação entres os seguidores, uma vez que registra, durante 24 horas, coisas fora do cotidiano, e é considerado um importante fator para estimular o interesse de clientes, já que 58% afirmaram ter navegado pelo site da marca para saber mais, após verem um produto/serviço em um story, segundo o Facebook Business;
- *live*: assim como o Instagram, o Facebook também conta com a possibilidade de transmissão ao vivo para compartilhar, em tempo real, momentos importantes com os amigos e familiares, ou até mesmo clientes;
- *loja*: da mesma forma que o Instagram, o Facebook contém também a loja, onde é possível personalizar e adicionar catálogos, atraindo, assim, clientes interessados em seus produtos;
- *anúncios*: um recurso que permite a criação e veiculação de campanhas de uma maneira simples e eficaz para potencializar o alcance do público desejado. Além da facilidade, esse recurso, inclusive, mensura o desempenho com relatórios de fácil compreensão, o que permite uma estratégia de marketing apropriada de acordo com os interesses;
- *gerenciador de negócios*: com tantos recursos que favorecem o desenvolvimento de negócios, o gerenciador de negócios, bem como o gerenciador de anúncios, serve para administrar o desempenho de cada uma dessas ferramentas;
- *página*: um dos recursos mais utilizados, as páginas permitem a divulgação de conteúdos a fim de aproximar-se do seu público; já existem 90 milhões de páginas no Facebook, com 160 milhões de empresas usando o Facebook a cada mês, segundo dados do site da própria rede social.

Todos esses recursos tornam o Facebook uma ótima rede social não só para conhecer e compartilhar momentos com amigos e familiares, como em muitos casos, mas também para desenvolver o próprio negócio.

Acesse o QR Code a seguir e confira um modelo de loja do Facebook:

http://encr.pw/6wQSH

11.4 TWITTER

O Twitter está entre as redes sociais que promovem o relacionamento ágil e fácil, sobretudo de empresas e clientes, por ser uma rede social rápida o bastante para compartilhar informações e acompanhar o que acontece, muitas vezes, sincronamente, dentro de um post curto, de até 280 caracteres, em que é possível também compartilhar notícias, artigos, imagens, vídeos, links e até mesmo gifs. A velocidade em que as informações são compartilhadas contribui para que a rede social seja considerada, atualmente, a plataforma número 1 para descobertas, segundo o Twitter Business.

Sua diversidade de ferramentas favorece o seu uso tanto de maneira pessoal quanto profissional, uma vez que é possível se comunicar e engajar o próprio negócio através de alguns recursos disponibilizados pela plataforma, como a opção de seguir perfis cujo interesse seja semelhante ao seu, sem a necessidade de "adicioná-lo", ou retweetar alguma publicação que você compartilha da mesma ideia, promovendo, assim, uma maior visibilidade ao conteúdo. Além disso, há dois termos muito conhecidos para aqueles que utilizam essa rede social, os chamados **thread** e **trending topic**. Este consiste em uma ferramenta capaz de selecionar os assuntos do momento mais falados, em tempo real, e aquele consiste na sequência de tweets conectados pelo mesmo tema, como uma linha de pensamento condizente um com o outro, uma ótima opção para que a sua publicação não fique incompleta devido ao limite de caracteres.

A rede social permite, ainda, a criação de campanhas e anúncios, que podem ser mensurados e administrados graças ao Twitter Ads, facilitando o alcance de metas de marketing. E, por mais que o Twitter seja considerado uma rede social de simples e prático uso, ela pode ser bem completa em muitos sentidos, capaz, inclusive, de atingir muitos objetivos publicitários, além de relacionar-se com pessoas.

Acesse o QR Code a seguir e confira um modelo de Thread do Twitter:

http://encr.pw/tpMvg

11.5 YOUTUBE

Plataforma desenvolvida para vídeos, o YouTube assemelha-se muito a uma televisão, já que permite a exibição de vídeos em seus canais. A diferença, entretanto, é que os vídeos disponíveis no YouTube são publicados pelos próprios usuários, permitindo que outras pessoas curtam, comentem e compartilhem o vídeo em outras redes sociais, além, é claro, de possibilitar a inscrição em canais cujos conteúdos são interessantes para aquele que está assistindo, e não para por aí: agora até o YouTube conta com o recurso story, para canais qualificados com mais de 10 mil inscritos compartilharem vídeos curtos que expiram depois de sete dias, sendo capazes ainda de interagir com o público de maneira mais casual.

Uma vez que 1,5 bilhão de usuários acessam suas contas todos os meses e que, além disso, eles passam mais de uma hora por dia assistindo a vídeos no YouTube em dispositivos móveis, essa plataforma pode se tornar uma boa ferramenta para negócios, impulsionando conteúdos e proporcionando maior engajamento, tanto através dos vídeos e lives quanto através de anúncios, que podem ser classificados nas seguintes categorias:

- **anúncios *in-stream* puláveis:** anúncios que podem ser visualizados antes, durante ou depois do vídeo com a opção de pular após cinco segundos, cuja cobrança é feita quando o espectador assiste a 30 segundos do seu vídeo ou, se durar menos, assiste a ele inteiro;
- **anúncios *in-stream* não puláveis:** anúncios com até 15 segundos, que podem ser visualizados antes, durante ou depois do vídeo sem a opção de pular; esses anúncios usam lances de CPM (ver conceito em métricas) desejado. Assim, você paga com base nas impressões;
- **anúncios vídeo discovery:** anúncios com miniatura do seu vídeo com texto, disponíveis ao lado de vídeos relacionados do YouTube, como parte de um resultado de pesquisa dessa plataforma ou na página inicial do YouTube para dispositivos móveis, os quais só são reproduzidos após o clique. Sua cobrança é feita quando os usuários optam por assistir ao seu anúncio clicando na miniatura;
- **anúncios *bumper*:** anúncios com até seis segundos, que podem ser visualizados antes, durante ou depois do vídeo sem a opção de pular e que usam lances de CPM desejado. Assim, você paga com base nas impressões;
- **anúncios *out-stream*:** anúncios que começam a ser reproduzidos sem som, que pode ser acionado após o clique, e aparecem somente em dispositivos móveis e em sites e apps do Google parceiros de vídeo, ou seja, os anúncios *out-stream* não estão disponíveis no YouTube. Sua cobrança é feita com base no custo por mil impressões visíveis (CPM). Então, uma cobrança só é gerada quando seu vídeo é reproduzido por dois segundos ou mais;
- **anúncios *masthead*:** reproduzidos de maneiras diferentes em dispositivos móveis, TVs e computadores, mas que possuem a mesma forma, basicamente. Em todos, esse tipo de anúncio é reproduzido automaticamente, com o som desativado, incluindo um painel de informações à direita que usa automaticamente os recursos do seu canal e uma *call*

to action externa. Sua cobrança é feita com base em um custo fixo por dia (CPD) ou no custo por mil impressões (CPM) e esses anúncios só estão disponíveis por reserva.

Com todas essas funções e ferramentas, o YouTube se torna uma ótima rede social tanto para quem deseja passar o tempo assistindo vídeos quanto para quem deseja criar marketing de conteúdo ou anúncios.

Acesse o QR Code a seguir e confira os modelos de anúncios do YouTube:

http://encr.pw/e0t5e

11.6 LINKEDIN

Comumente associada a currículos, a rede social LinkedIn vai além do uso para recrutadores e candidatos, ainda que o seu foco seja o perfil profissional. Essa rede social é considerada o site de mídia social mais eficaz para compartilhar conteúdo e obter engajamento do público, segundo o HubSpot, e é também a "plataforma de mídias sociais mais confiada", de acordo com o LinkedIn Business, o que demonstra que limitar essa plataforma à busca de empregos e funcionários é não aproveitar tudo o que ela proporciona, uma vez que dispõe das seguintes ferramentas:

- *showcase pages*: um recurso que permite a criação de páginas dentro da rede social para anunciar produtos e serviços;
- **navegador de vendas:** possibilita que as comunicações cheguem diretamente aos compradores que importam, aumentando as chances de conversão dentro da plataforma;
- **publicidades pagas:** possibilita que o usuário anuncie diretamente para determinado grupo de pessoas;
- **grupos:** espaço que permite a exposição de produtos e conversas profundas com potenciais compradores;
- **LinkedIn pulse:** plataforma que remete ao blog, o que permite uma aproximação com os seguidores através de postagens mais longas;
- **SlideShare:** plataforma destinada à apresentação e compartilhamentos de slides;
- *social selling index*: indicador capaz de exibir a força do perfil dentro de determinado contexto;
- **Discoverly:** uma extensão do Google Chrome que permite encontrar informações de um perfil do LinkedIn em outras redes sociais que, ao combinar as informações, permite uma opção assertiva para entrar em contato e fazer a proposta certa;
- **SalesLoft:** ferramenta de vendas capaz de acessar as informações a partir de um único lugar.

Considerando esses dados, fica evidente o seu enorme potencial para o ramo profissional, desde a oferta de vagas, até a divulgação do seu próprio negócio ou serviço. Afinal, o LinkedIn, para Sanchez, Granado e Antunes,[4] é uma rede profissional criada para aumentar o networking, ou seja, rede de contatos profissionais relacionados com a área de trabalho entre as pessoas, o que promove, consequentemente, mais oportunidade profissional.

Acesse o QR Code a seguir e confira um modelo de *social selling index* (SSI) do LinkedIn:

http://encr.pw/VYusy

11.7 WHATSAPP E TELEGRAM

11.7.1 WhatsApp

Muito conhecido pelo seu serviço de mensagens instantâneas para smartphone e desktop, o WhatsApp é um dos aplicativos de mensagens móveis mais populares do mundo, com 2 bilhões de usuários ativos mensais, de acordo com dados da Statista. Através dele é possível compartilhar documentos, mensagens, áudios, vídeos e até fazer ligações ou pagamentos. Mas sua funcionalidade não para por aí; essa plataforma pode ser bem útil para os usuários, uma vez que dispõe de recursos como:

- **status**, que permite o compartilhamento de textos, fotos, vídeos e GIFs animados durante 24 horas, com uma duração de até 30 segundos. Para enviar e receber as atualizações de status de um contato, você e seu contato devem ter o número de telefone um do outro salvo na lista de contatos;
- **lista de transmissão,** que permite enviar mensagens ou arquivos de mídia a vários contatos ao mesmo tempo, com limite de até 256 pessoas;
- **grupos**, que permitem conversas em grupos com até 256 pessoas ao mesmo tempo.

Esses recursos são considerados importantes não só para aqueles que buscam comunicar-se com amigos e familiares, mas também para aqueles que desejam utilizá-los em seu próprio negócio, pois a sua versão business conta com ferramentas como a criação de um perfil comercial, catálogo e até mensagens automáticas que podem proporcionar uma melhor conexão entre os clientes (SAC 2.0), demonstrando uma forte retenção nos atendimentos oferecidos pelo Bot.

---

[4] SANCHEZ, A.; GRANADO, A.; ANTUNES, J. **Redes sociais para cientistas.** Lisboa: Nova Escola Reitoria da Universidade Nova de Lisboa, 2014.

Neste sentido, um case de sucesso do uso do WhatsApp está no projeto CNU Mais Digital. Renata Loures, superintendente de operações da empresa, compartilhou em sua conta do LinkedIn a imagem contida no QR Code a seguir, que deixa evidente o crescimento do uso desta rede social com o objetivo de acelerar o atendimento aos clientes de forma humanizada, gerando desta forma mais valor para o cliente.

https://www.linkedin.com/feed/update/urn:li:activity:6743147319430045696/

11.7.2 Telegram

O Telegram é mais um aplicativo com serviço de mensagens instantâneas, que também permite o compartilhamento de documentos, imagens, áudios e vídeos. Sua funcionalidade contribui para uma comunicação rápida e segura, através de armazenamentos em nuvem. Com isso, a plataforma conta com 400 milhões de usuários mensais, de acordo com o próprio Telegram, e pode ser muito utilizada tanto para fins pessoais quanto profissionais, já que conta com o recurso *bot*, um software interativo que executa tarefas automatizadas simples e repetitivas, auxiliando no atendimento ao cliente (SAC 2.0) sem a necessidade de supervisão; e com a opção de canais é possível aglutinar conteúdos, desde artigos de blog, vídeos do YouTube, até episódios de podcast.

11.8 BLOGS

Os blogs são páginas na internet em que são publicados regularmente diversos conteúdos, como textos, imagens, músicas e até vídeos, que podem ser dedicados a um ramo pessoal, profissional ou corporativo, mas isso não quer dizer que um blog deva seguir, obrigatoriamente, um único ramo. O uso do blog promove um melhor relacionamento com o seu público através das informações transmitidas, o que pode ser muito benéfico para aqueles que desejam utilizá-lo com o intuito de promover o engajamento do seu próprio negócio, por exemplo. Com isso, o blog se torna uma ótima opção não apenas por proporcionar interação, abrindo espaço para opiniões, mas também por integrar-se com outras mídias sociais, melhorar o posicionamento em sites de buscas, quando utilizada as práticas de SEO e palavras-chave, uma vez que, para o HubSpot, os blogs são os principais canais otimizados pelas empresa, evidenciando diversos benefícios para a criação e utilização de um blog, seja qual ramo for.

11.9 TIKTOK

Considerado um dos aplicativos mais populares do mundo em 2018 e 2019, de acordo com o TikTok Business, o TikTok, pioneiro na tendência em consumir vídeos, permite a gravação de vídeos curtos e criativos, com até 60 segundos e gravados em tela cheia. Essa rede social pode ser extremamente relevante para aqueles que buscam engajamentos e visibilidade, uma vez que a plataforma permite que os usuários descubram novos conteúdos de acordo com suas preferências e hábitos de visualização, o que impulsiona um rápido crescimento.

Diante disso, torna-se uma boa opção para interesses em criação de conteúdos digitais, tanto com fins pessoais quanto profissionais, afinal, com a sua versão business, destinada a criadores ou corporativos, é possível criar anúncios e analisar dados de desempenho, por exemplo. Levando em consideração o seu uso, que está em constante crescimento em todo o mundo, sobretudo na América Latina, que teve um aumento de 185% do terceiro trimestre de 2019 para o segundo trimestre de 2020, de acordo com dados da Statista, o TikTok pode te ajudar e muito se o seu objetivo é que seus conteúdos viralizem e ganhem cada vez mais visualizações.

11.10 OUTRAS REDES

11.10.1 Spotify

Spotify é uma plataforma de *streaming* para músicas, em que é possível não só ouvir as músicas disponíveis no aplicativo, como também criar e compartilhar playlists com os seus seguidores, além do acesso a podcasts. Esse aplicativo dispõe de duas versões: a gratuita, em que há anúncios e propagandas entre as músicas, e a premium, que permite até o download das músicas para ouvir offline. Sua facilidade em reunir tendências musicais colabora para que tenha 208 milhões de usuários em sua versão com anúncios no último trimestre, ainda de acordo com dados da Statista.

11.10.2 Strava

Um aplicativo para smartphone voltado principalmente para atletas, com objetivo não só de mensurar os exercícios físicos praticados, detalhando a distância percorrida, tempo gasto e até batimentos cardíacos, quando vinculado à pulseira inteligente, mas também de divulgar marcas, através da criação de clubes, em que é possível compartilhar conteúdo, organizar eventos e obter feedback dos clientes.

Todos os recursos disponíveis na plataforma podem ser compartilhados com amigos para que sirva de inspiração ou até mesmo motivação, atraindo, assim, mais atletas que compartilham do mesmo interesse que o seu. O uso deste aplicativo tem demonstrado um crescimento significativo, atingindo a marca de 74 milhões de atletas e 21,5 milhões de uploads semanais, segundo o Strava Business, o que demonstra que é também uma boa ferramenta para aqueles que têm foco na divulgação e visibilidade relacionada ao esporte.

11.10.3 Reddit

Uma plataforma que agrega notícias e postagens, como se fosse um fórum, o que permite a concentração de conteúdos diversificados em um mesmo local, em que é possível, além das publicações, comentários e votos a respeito delas

Essa rede social conta, atualmente, com 52 milhões de usuários ativos diariamente, segundo o Reddit, o que pode ser um ótimo motivo para quem busca interação e, acima de tudo, visibilidade.

11.11 TÁTICAS PARA AS REDES SOCIAIS

Antes de apresentar algumas táticas para as redes sociais, é válido destacar novamente dois pontos: primeiro, elas devem ter um *fit* ou *match* perfeito com a missão, visão e valores da empresa e, sobretudo, muito bem alinhavados com a última instância decisória quando a proposta for algo mais inovador para a realidade da empresa; segundo, é preciso analisar o ambiente da rede social escolhida a fim de garantir uma coerência entre missão da empresa, tática e rede social selecionada.

Acesse o QR Code a seguir e assista a uma videoaula com 14 táticas para as redes sociais.

https://somos.in/MDCPS1

Em entrevista[5] com Regiane Teixeira, diretora de comunicação da empresa Kwai, pudemos ter acesso a diversas informações interessantes que se relacionam a este capítulo, por abordarem um app que, em nosso entendimento, pode ser caracterizado como uma rede social. Regiane afirma que o aplicativo foi criado pela Kuaishou, como é chamado na China, a qual foi pioneira no segmento de vídeos curtos.

Inicialmente, em 2011, a Kuaishou era destinada à criação de gifs e em 2012 inaugurou a área de vídeos curtos, permitindo, atualmente, a criação e compartilhamento desses vídeos; o grande sucesso fez com que a Kuaishou se tornasse uma das líderes de mercado na China, principalmente no setor de live stream e-commerce.

Apesar de o Kwai ter sido criado por uma empresa matriz chinesa, os aplicativos são bem diferentes, uma vez que são adaptados para cada mercado e levam em consideração, também, o nome do aplicativo, que varia de acordo com a cultura de cada país.

Um importante ponto destacado por Regiane foi que o aplicativo possui diferenciais que possivelmente o destacam de outros concorrentes, como um público maior de 20 anos, um alcance fora da metrópole, com alta penetração no interior, por exemplo.

Um grande diferencial do Kwai é seu algoritmo mais inclusivo, que distribui o conteúdo de uma maneira diferente, o que faz com que o alcance seja maior e para públicos distintos, sem a necessidade de seguir algum perfil para ter acesso aos vídeos.

Ou seja, uma pessoa que não é necessariamente um grande influenciador consegue que o seu vídeo alcance um bom número de pessoas. Além disso, a pessoa que está assistindo também recebe um vídeo diferente que não é só das pessoas que já são famosas dentro da plataforma. Esse fator se dá em razão de o Kwai não ser uma plataforma focada no criador, mas sim no conteúdo. Com isso, à medida que a pessoa começa a ver um conteúdo de determinado tema, outros conteúdos serão sugeridos para essa pessoa, sem que haja a necessidade de buscar uma página que aborda esse tema.

---

[5] Entrevista realizada no dia 23 jul. 2021 via plataforma Zoom.

Metaforicamente, Regiane faz alusão ao fato de muitas plataformas serem o palco e o influenciador a estrela desse palco; já o Kwai, segundo ela, é considerado uma praça pública, onde qualquer um pode se apresentar. Isso pode ser associado à filosofia da empresa, que tem o conceito de ser uma plataforma em que as pessoas estejam mais à vontade consigo mesmas e isso significa que elas se sintam livres e à vontade para criar um conteúdo que não é tão produzido. Então, o Kwai estimula que as pessoas mostrem o lado da vida real delas de maneira divertida, e isso não requer um grande influenciador ou um vídeo superproduzido para fazer uma coisa legal e que tenha boa distribuição.

> JP Venancios, um rapaz de 22 anos, do interior da Paraíba, mora no sítio e grava vídeos mostrando a sua rotina ao lado de sua avó, com a qual faz brincadeiras durante os vídeos. Com isso, JP se popularizou no aplicativo e hoje possui mais de dois milhões e meio de seguidores no Kwai.
> A seguir, temos um QR Code com o perfil de JP Venancios.
>
>
>
> http://encr.pw/G4ukf

Além da criação e compartilhamento de vídeos curtos, o aplicativo conta com atividades e brincadeiras entre os usuários, como os desafios e hashtags, que conversam sempre com as coisas que ocorrem durante o ano, como carnaval, festa junina etc. Há, também, uma ferramenta chamada **live streaming e-commerce**, uma tecnologia que funciona bem na China, com exemplos de usuários que vendem até alface através desse recurso, que deve ser implementado no Brasil em breve, permitindo que tanto o empreendedor grande quanto o pequeno tenham visibilidade.

CANAIS DIGITAIS DE MARKETING

12

Autor:

Leandro Key Higuchi Yanaze

Este capítulo tem o objetivo de apresentar as definições dos principais canais digitais de marketing, começando pelo reforço sobre a importância da presença nas diversas plataformas digitais como forma de consolidar o posicionamento de uma empresa além de potencializar as vendas. A presença digital proporciona uma oportunidade de marcar presença no meio digital, de ser encontrado no meio do "palheiro" digital e de interagir com o seu público-alvo.

O canal nas redes sociais foi bem detalhado nos **Capítulos 8, 9, 10 e 11**, enquanto as ações de conteúdo estão descritas no **Capítulo 4** e novas tecnologias imersivas são trabalhadas no **Capítulo 17**. Neste capítulo, procuramos explicitar ações "tradicionais" do marketing digital, apresentando os principais canais, como o *website*, *landing page*, *squeeze page*, *e-commerce*, *marketplace* e *e-mail marketing*.

12.1 PRESENÇA DIGITAL

No mundo contemporâneo, quase a totalidade das informações trafegam em meios digitais. Até as mídias tradicionalmente offline, como revistas e outdoors, são ressignificadas em versões digitais em portais de notícias e telas nos elevadores, por exemplo. Assim, até os espaços de publicidade de uma marca precisam ser diversificados em plataformas digitais para garantir uma exposição mínima para o público-alvo.

Para além da exposição de uma campanha publicitária, no contexto das plataformas digitais as empresas precisam prestar serviços informacionais e experiências interativas significativas para conseguir atrair a atenção do seu target, manter o interesse, promover a ação (seja um cadastro ou até uma compra) e manter a interação para fidelizar – citamos alguns dos objetivos de comunicação (**Capítulo 1**).

Estar presente nas plataformas digitais não significa abortar as ações offline. Muito pelo contrário, as estratégias digitais são potencializadas com as mídias analógicas e, ao mesmo tempo, permitem uma integração estratégica de todas as ações de comunicação. Ao mesmo tempo, conforme cresce o número de pessoas conectadas na web e nas redes sociais, assim como se intensifica o tempo médio na internet, ter presença digital significa ter mais chance de chamar a atenção do seu público-alvo para a sua marca. Então, além de potencializar a integração de todas as ações de comunicação, ter conteúdo e serviços digitais é, hoje, uma questão de sobrevivência e sustentabilidade para praticamente todas as empresas que objetivam expandir os seus negócios.

Ter presença digital vai muito além de pagar para ter um banner exposto em um portal ou impulsionar um post nas redes sociais. Para ser relevante e conquistar novos leads (contato qualificado), é necessário construir uma estratégia integradora de diversas plataformas e canais de relacionamento, que denominaremos aqui como canais digitais de marketing e que devem ser nutridos com conteúdos ricos e funcionalidades significativas de forma constante e que tragam benefícios para o target. Com consistência e significância, constrói-se uma presença digital com reconhecimento autêntico de causa por parte do público-alvo, se tornando autoridade (referência) em assuntos que sejam estratégicos para a organização.

12.2 DIAGNÓSTICO DA PRESENÇA DIGITAL DE UMA MARCA

Antes de discorrer sobre os canais de marketing, é importante conscientizar sobre a importância do contínuo diagnóstico da presença digital da empresa. De uma maneira bem geral, o diagnóstico permite tirar uma fotografia do status quo das ações de marketing e comunicação digital de uma empresa ou pessoa, identificando quantitativamente e qualitativamente a sua presença e impacto nas plataformas digitais. Somente com um diagnóstico sistematizado e cada vez mais preciso é possível identificar pontos de atenção e de oportunidades para aumentar a presença digital da organização, potencializando a captura de leads e de conversão em vendas.

Para ter um diagnóstico significativo, é importante assimilar dados de acesso, repercussão, pesquisas de mercado, de satisfação do usuário e da concorrência, entre outras, para se chegar a uma fotografia da presença digital com a compilação de informações de diversas fontes. Sugerimos fazer o diagnóstico de presença digital em três níveis de análise, considerando:

1) **Ações planejadas**
   Diagnóstico de todas as ações digitais implementadas, como quantidade e frequência de artigos (blog institucional) e posts (redes sociais) novos publicados; quantidade e tipo de conteúdo rico produzido para o site institucional; novos produtos publicados no e-commerce; ações de e-mail marketing; impulsionamento de posts, ações de links patrocinados etc.

2) **Repercussão e resposta**
   Quantos visitantes únicos no site institucional; quantas reações e comentários sobre os posts; citações positivas da marca nas redes sociais, blogs e sites de notícias; quantidade

de vendas no e-commerce; taxa de resposta e conversão de vendas das ações de e-mail marketing; taxa de clique em links patrocinados etc.

3) **Comparativo**
Performance nos sistemas de busca (ranking orgânico); taxas de repercussão e conversão em relação aos concorrentes; crescimento das taxas de conversão por período; crescimento de cadastros qualificados (captura de leads); crescimento de compras no e-commerce e do ticket-médio etc.

É importante que o diagnóstico seja realizado de forma sistêmica e contínua, procurando compreender os impactos das ações de marketing e comunicação na presença digital da organização. Com isso, é possível ter um histórico de performance que apoiará na identificação das ações mais eficazes e eficientes para os objetivos institucionais e comunicacionais da organização. Ao mesmo tempo, ajudará a identificar os pontos de atenção sobre como melhorar a presença digital em determinado canal em um repertório de lições aprendidas e diretrizes para futuras ações.

Ao mesmo tempo, é estratégico monitorar se as ações planejadas estão impactando positivamente na repercussão e respostas, considerando dados de quantidade e frequência para achar o equilíbrio ótimo de investimento no marketing digital e conversão em vendas. Assim, é possível analisar preliminarmente o quanto a presença digital está trazendo de retorno em moedas financeiras (apoio nas vendas) e não financeiras (valor da marca, reputação etc.).

12.3 **WEBSITE**

Algumas empresas de pequeno porte e que surgiram nas redes sociais prescindem, no curto prazo, de um site institucional. Mas considerando a dinâmica das próprias redes sociais e considerando o desejado crescimento da empresa, em algum momento se torna importante ter um "local digital" de referência, em um endereço que reforce a sua presença digital, ou seja, em um website, que é um canal digital institucional.

Baseado nos protocolos da rede mundial de computadores (a conhecida World Wide Web – WWW) de endereçamento (IP) e de fluxo de informação digitais (TCP) e de transferência de dados hipertextuais (Hypertext Transfer Protocol – http), os websites são páginas digitais que permitem o acesso via navegadores web de informações como textos, imagens, vídeos, áudio, animações e elementos interativos, como dashboards, enquetes, games e realidade virtual, por exemplo.

Para se chegar a determinado local (sítio), é preciso do endereço digital onde as informações da página são armazenadas (servidor). Para tornar mais fácil o acesso às informações de um servidor, composto por um longo e codificado endereço hexadecimal, são usados os domínios, que são endereços mais intuitivos e que ajudam a reforçar a presença digital do sujeito ou da organização. Por exemplo, o domínio http://ceacom.com.br/ é um tipo de caixa postal que leva para o endereço do servidor de hospedagem do website do Centro de Estudos de Avaliação e Mensuração da Comunicação e Marketing da ECA/USP, que é, atualmente, 192.185.217.168 e que ainda precisa de uma identificação interna.

O website é muito importante para fortalecer a presença digital, pois, geralmente, apresenta de forma sistematizada informações públicas das empresas como as bases institucionais (missão, visão e valores), o histórico, a estrutura (diretoria, unidades, endereços), os produtos e serviços etc. Em muitos casos, facilita o acesso a serviços como contatos com setores da empresa, serviço de atendimento ao cliente, acesso à assistência técnica e ao próprio e-commerce, entre outros.

A página principal do website pode ter dinamismo ao apresentar janelas com os últimos posts nas redes sociais, integrando as várias ações digitais. O website também pode conter uma sessão de blog, onde a empresa pode publicar artigos de interesse para o seu público-alvo, oferecendo serviços informacionais para se tornar referência em assuntos estratégicos. Ao mesmo tempo, o website pode oferecer funcionalidades que promovam a interação do usuário de forma a aprofundar a sua experiência com a marca.

Para reforçar os atributos tangíveis e intangíveis de seus produtos, algumas empresas oferecem em seus websites simuladores, passeios virtuais, advergames e diversas outras funcionalidades para os seus usuários. Com realidade aumentada, por exemplo, é possível oferecer um serviço de maquiagem virtual para a experimentação de produtos de beleza. Em um simulador é possível montar uma versão de um carro com todos os opcionais desejados.

É importante atentar para características de arquitetura da informação e questões técnicas para que o website tenha um bom funcionamento e contribua para o posicionamento da empresa, tanto institucional para os seus públicos-alvo quanto técnico, nos buscadores (através da otimização de mecanismos de busca – SEO). Os principais pontos de atenção são:

- planejar as diretrizes de atualização das informações do site, principalmente no caso de ter seções de conteúdo (blog, artigos etc.);
- sempre investigar o que é relevante e de interesse para o seu público-alvo, tanto para atraí-lo quanto para fidelizá-lo;
- ter atenção às seções interativas do site (fóruns, comentários, atendimento, formulário de contato etc.), para que sempre haja retorno ao usuário no menor tempo de resposta possível;
- planejar páginas focadas em objetivos específicos para que sejam leves e rápidas para serem carregadas;
- utilizar fotos e imagens com moderação para não deixar a página muito pesada: é melhor ter menos imagens com alta resolução do que várias fotos com baixa qualidade;
- para fins de acessibilidade e de boas práticas para a otimização de mecanismos de busca (SEO), sempre colocar metadados de audiodescrição de todas as imagens;
- todas as páginas devem ser responsivas, se adequando dinamicamente a todos os tamanhos e formatos de tela (navegador do computador, tablet ou smartphone);

- monitorar qual é o conteúdo de interesse em seu website para reorganizar a hierarquia de informações no menu e no grid da página principal;
- privilegiar um layout minimalista (limpo) com destaque às principais informações e um menu principal de fácil entendimento;
- seções importantes no website institucional:
  - sobre a empresa (histórico, missão, visão e valores, políticas e cultura organizacionais);
  - sobre o portfólio de produtos e serviços;
  - ações institucionais (patrocínios, eventos, ações e projetos sociais e ambientais);
  - áreas específicas para investidores e imprensa;
  - seção de apoio ao cliente (suporte, tutoriais, FAQ, contato);
  - campo de busca para facilitar o acesso ao conteúdo do site.

É importante salientar que o website tem uma estrutura técnica (arquitetura de códigos) mais perene, mas deve ser construído de forma a permitir atualizações de conteúdo com flexibilidade. Para isso, é muito importante estruturar a base do site em plataformas que permitam a atualização sem a necessidade de alterar códigos, como acontece no CMS (Content Management System – sistemas de gestão de conteúdo), onde a parte de programação das páginas web e conexão com bancos de dados já são estruturados. O gestor tem a atribuição de configurar e personalizar o conteúdo, assim como atentar a ele, sem ter que entrar nas linhas de código da página.

Assim, o website institucional apoia a presença digital e se torna um canal de relacionamento direto com o público-alvo. Além disso, potencializa o posicionamento da marca ao reforçar a autoridade dela através da disponibilização de conteúdos relevantes. Por fim, o website é um serviço de atendimento e de apoio aos clientes e demais stakeholders.

12.4 LANDING PAGE

Apesar da flexibilidade e dinamismo que um website pode ter, no caso de campanhas específicas e que tenham um objetivo focado em determinado produto e/ou ação, é estratégico criar uma página web direcionada. As chamadas **landing pages** (página de destino) geralmente são criadas para campanhas específicas e com uma intenção bem direcionada para um *call to action* objetivo como, por exemplo, captura de leads (contatos qualificados).

Geralmente direcionado através de banners, posts impulsionados, ações promocionais, anúncios, ações direcionadas por e-mail, links patrocinados e investimento em mecanismo otimizado de busca, uma landing page tem foco em oferecer um conteúdo rico específico para passar informações e conquistar o cadastro do usuário, intencionando uma futura conversão em vendas. Dependendo da campanha, a landing page pode já conter uma conexão com o carrinho de vendas, pois, em muitos casos, a campanha já está no ciclo de conversão.

Uma landing page é um canal digital de marketing que pode ser um microsite e ter um domínio próprio, alinhado à campanha, ou pode ser uma página específica dentro do mesmo domínio do website institucional. De qualquer forma, para reforçar a campanha da qual faz parte, tem identidade visual e estrutura própria e focada no *call to action*, seja na captura de leads, seja na venda.

É importante atentar para o fato de que a landing page tem um propósito específico em uma campanha e, portanto, uma vida relativamente curta. Assim, é essencial que a interação promovida seja intensa e que o usuário tenha um pronto retorno no *call to action*. Em muitos casos, é indicado que seja implementada uma ferramenta de chatbot, programa computacional que simula uma interação humana através de um chat, para que o usuário tenha um retorno em tempo real para questões relacionadas aos objetivos da campanha e da empresa. As ações por e-mail precisam de confirmação imediata, para evitar que haja um tempo demasiado de espera entre o cadastro e a obtenção de um conteúdo rico, o que pode causar frustração. Enfim, a landing page precisa ser objetiva e ágil para prestar um serviço claro e específico dentro de uma campanha.

12.5 SQUEEZE PAGE

Nas estratégias digitais de marketing, considerando o funil de vendas, é essencial ter ações de e-mail marketing, envio de newsletter, mensagens promocionais etc. Assim, a comunicação direta por e-mail é uma estratégia importante no processo de relacionamento com o público-alvo para transformá-lo em lead, consumidor e, por fim, cliente. Obter o endereço de e-mail do público-alvo é um grande desafio e exige uma estratégia digital de troca: a empresa pede o endereço de e-mail do target, mas deve oferecer algo em troca, como algum conteúdo rico.

Considerando as diretrizes da Lei Geral de Proteção de Dados Pessoais (LGPD) – **Capítulo 20** – a compra de listas de e-mails, infelizmente uma prática ainda realizada por diversas empresas, é veemente contraindicada, podendo até ser considerada uma ilegalidade digital. Uma forma de conseguir elaborar uma lista de e-mails própria de forma legal e eficiente é através de *squeeze pages*, que são canais digitais de marketing compostas por páginas web com a intenção única de conquistar o registro de e-mail de forma voluntária por parte do usuário.

Muito próximas das landing pages, as *squeeze pages* precisam ser focadas, limpas (sem distrações) e próprias (não devem seguir o layout do website institucional) com o objetivo único de capturar o endereço de e-mail do público-alvo. Para isso, geralmente é oferecido um conteúdo rico de relevância para o usuário, como e-books, vídeos exclusivos, minicursos e webinários, frameworks de aplicação, acesso a serviços e funcionalidades, pesquisas de mercado, apresentações, infográficos etc., conhecidos como "iscas digitais".

12.6 E-COMMERCE E MARKETPLACE

No caso de empresas que vendem produtos diretamente para o consumidor final, os canais de e-commerce e marketplace são essenciais, pois multiplicam os canais de venda e permitem uma exposição global dos produtos, além de estabelecer uma relação direta com o público-alvo, cada vez mais adepto ao modelo de compra online. O e-commerce tem mostrado um crescimento muito intenso nos últimos anos, se tornando um canal essencial para diversas empresas e moldando o comportamento dos consumidores.

Em muitos casos, a loja virtual se torna uma vitrine digital complementar ao portfólio apresentado no website institucional, pois facilita o acesso às informações técnicas, fotos, vídeos de uso, manual e demais informações do produto. Além disso, permite a análise comparativa de produtos, o acesso à avaliação e comentários de outros usuários e interação direta com o vendedor para esclarecimentos.

Tanto no caso de ter um e-commerce próprio quanto ter uma loja dentro de um e-commerce amplo (marketplace), é necessário atentar para a integração do estoque com o sistema de gestão de vendas online. Além disso, é necessário organizar e gerenciar o setor de logística, criando um sistema próprio de distribuição ou contratando empresas especializadas e integrando os sistemas de venda com o de postagem.

Aqui, voltamos a falar sobre os sistemas de gestão de conteúdo (CMS), pois existem diversas plataformas de lojas virtuais que já contam com todas as funcionalidades principais para disponibilizar produtos, conectar com sistemas de estoque, de pagamento e de postagem. Tais sistemas já estão prontos, também, para receber e publicar a avaliação dos consumidores, bem como permitem a organização de linhas de produtos. Muitos sistemas permitem incorporar cupons de desconto, ações promocionais e kits de produtos.

É necessário organizar os portfólios de produtos em categorias de fácil assimilação, além de estabelecer uma estratégia de trade marketing digital, ou seja, como facilitar a exposição das informações dos produtos de forma que aprimore a experiência do usuário e ajude na sua decisão de compra. Existe hoje o profissional de user experience, que tem sido requisitado para aprimorar a execução digital em lojas virtuais para o aprimoramento do trade marketing digital.

É muito importante oferecer diversas fotos do produto e vídeos de seu uso, aproximando à experiência que o usuário teria na loja física. Em muitos casos, é possível oferecer visualizações interativas, como rotação em 360°, versão virtual com a visualização interna do produto, simulações de uso etc. Complementar a experiência da loja online com vídeos de unboxing e instruções iniciais de uso são estratégias eficientes para ajudar na decisão de compra.

É essencial humanizar a experiência da loja online com a avaliação por parte de outros usuários, tanto através da visualização objetiva (estrelas) quanto com a disponibilização de comentários. Além disso, um espaço para que o usuário possa colocar questões que tenha sobre determinado produto é muito importante para que a sua experiência na loja seja completa.

12.7 E-MAIL MARKETING E SEUS BENEFÍCIOS

Um dos principais canais de marketing digital é a publicidade por correio eletrônico (e-mail marketing), onde se estabelece um relacionamento direto entre empresa e público-alvo. Uma das principais questões é a quantidade de mensagens que recebemos por dia e, consequentemente, o alto índice de rejeição de e-mails publicitários. Além disso, existe uma cultura de rejeição a e-mails com propósito de marketing por conta do excesso de spams, mensagens não solicitadas enviadas de forma massiva.

Assim, o e-mail marketing é necessário, mas deve ser realizado de forma estratégica para ser assertivo e efetivo, tanto para atingir os resultados objetivados pela empresa quanto para atender às necessidades e expectativas do destinatário. Para estabelecer uma relação assertiva entre empresa e público-alvo por meio do e-mail marketing, é muito importante que haja transparência total nos objetivos das mensagens, assim como é essencial que o destinatário dê o seu consentimento para receber as mensagens da empresa.

Primeiro, é essencial que o destinatário tenha consentimento em cadastrar seu endereço eletrônico em alguma plataforma da empresa, concordando em receber mensagens, para os devidos propósitos explícitos. Este acordo é conhecido como opt-in, ou seja, o destinatário confirma que está voluntariamente optando por receber mensagens da empresa. Em 2009, foi elaborado o CAPEM (Código de Autorregulamentação para a Prática de E-mail Marketing), por entidades envolvidas com marketing digital e gestão da internet, com o objetivo de estabelecer diretrizes de referência para a prática eficiente e ética do e-mail marketing. Além da necessidade do opt-in, o CAPEM preconiza o opt-out, ou seja, a possibilidade de que o destinatário facilmente consiga optar por não mais receber as mensagens do remetente e até possa se descadastrar na plataforma da empresa.

Os principais objetivos de uma mensagem de e-mail marketing são divulgar lançamento de produtos, ações promocionais, envio de newsletter para estreitamento institucional, compartilhamento de conteúdos ricos e *call to actions*, entre outros. Para que as mensagens sejam eficientes, é importante que haja um sistema de monitoramento para ver o que é, de fato, interesse do destinatário para que sejam enviadas mensagens de forma a oferecer o que vai ao encontro do que é mais assertivo para o destinatário. Além disso, é muito importante ter personalizações na mensagem, tanto no tratamento quanto na lembrança de datas comemorativas (aniversário, dia da profissão, feriados etc.) e na customização do conteúdo (promoções de produtos e conteúdos que sejam de interesse do destinatário).

Outra questão importante é que o e-mail é um canal de via dupla. É muito importante que o remetente esteja preparado para receber uma resposta pelo próprio e-mail ou que, pelo menos, deixe bem claro as formas de interagir com a empresa em caso de necessidade de maiores esclarecimentos ou prosseguimento no *call to action*. Assim, o e-mail marketing se torna um canal que potencializa a relação da empresa com o seu público-alvo, apoiado nas vendas, no fortalecimento institucional da marca, na construção consistente de relacionamento e interação com o target e na nutrição dos contatos qualificados (leads) dentro de campanhas.

Existem diversas plataformas de gestão, automação e personalização de e-mail marketing. São softwares em que os endereços de e-mails e informações como nome, gênero, preferências cadastradas e demais informações são compilados e em que o gestor pode criar diversos modelos de mensagens, associando a determinados objetivos comunicacionais e atribuindo a nichos específicos. Em muitos casos, uma empresa pode ter milhares e até milhões de cadastros com diversos nichos e perfis. Assim, uma plataforma de e-mail marketing possibilita ter o controle sobre um montante muito grande de destinatários.

Em sistemas mais completos, a plataforma registra se houve conversão do *call to action*, ganhando um histórico de eficácia e eficiência e, então, sistematizando informações do comportamento e até construindo diretrizes sobre conteúdos, diagramação, arte e elementos de construção da mensagem que possam potencializar a abertura do e-mail e interação do destinatário. Através de inteligência artificial e aprendizado da máquina, as plataformas vão aprimorando os insights e indicações, inclusive de frequência de postagem, para evitar uma percepção de exagero e invasão de privacidade e, pelo contrário, ajudar a gerar um sentimento de assertividade e serviço qualificado.

Case ABRADi	Agência	Cliente	Período	Categoria
Estratégias de e-mail marketing para a Mercatto	Cacto Comunicação	Mercatto	2020	E-mail marketing

INTRODUÇÃO

A Cacto Comunicação é uma agência de marketing e comunicação digital localizada no Rio de Janeiro, especializada em desenvolver soluções customizadas e aproveitando as várias plataformas digitais do mercado. Oferece serviços de consultoria, planejamento e soluções de desenvolvimento, CRM, mídias online e redes sociais. Tem em seu portfólio o atendimento de diversos clientes, com destaque para Mercatto, EcommerceRJ e Multifestas (mais informações disponíveis no site: https://cactocomunicacao.com.br/).

O Grupo Mercatto é uma empresa de moda feminina formado pelas marcas Mercatto e Mercatto HIT e que teve origem em Copacabana (Rio de Janeiro) em 1994. Hoje está presente no território nacional através de lojas próprias, por parceiros e pela loja virtual, sendo especializado em roupas de alto padrão com custo acessível.

O CASE

A Mercatto contatou a Cacto Comunicação com uma demanda muito específica e pontual: necessidade de aumentar o share de vendas do CRM, compreendendo principalmente as ações de venda direta por e-mail marketing para a base quente de clientes cadastrados.

O primeiro movimento da Cacto Comunicação foi, antes de desenvolver qualquer estratégia de e-mail marketing, analisar e organizar a base de dados dos clientes para compreender os pontos de contato e mapear as configurações de relacionamento da marca com os nichos de clientes. Somente dessa forma é possível criar uma régua de relacionamento eficiente para responder de forma assertiva ao funil de vendas.

Para isso, a Cacto Comunicação, respeitando as boas práticas de envios, realizou todo o processo de *warm up* e *ramp up* para reativar as bases que estavam esquecidas e, principalmente, otimizar as bases de compradores. Foram realizadas análises constantes para entender os melhores dias e horários para envios, o que permitiu fazer uma mescla de forma mais assertiva entre conteúdos promocionais e conteúdos de branding.

A Cacto Comunicação segue um modelo-padrão para alcançar os melhores resultados para o cliente, pois parte do pressuposto de respeitar o momento do consumidor com a marca a fim de criar um relacionamento duradouro.

Desde a aquisição de leads até a reconquista, o objetivo é conseguir aumentar o engajamento e a aderência nos e-mails, além de aplicar pesquisas para compreender melhor o público, gerando assim, maior conversão.

O Gráfico 12.1 representa a filosofia da Cacto Comunicação de mapeamento de ações de relacionamento direto entre a marca e os seus clientes:

Gráfico 12.1 Filosofia da Cacto Comunicação

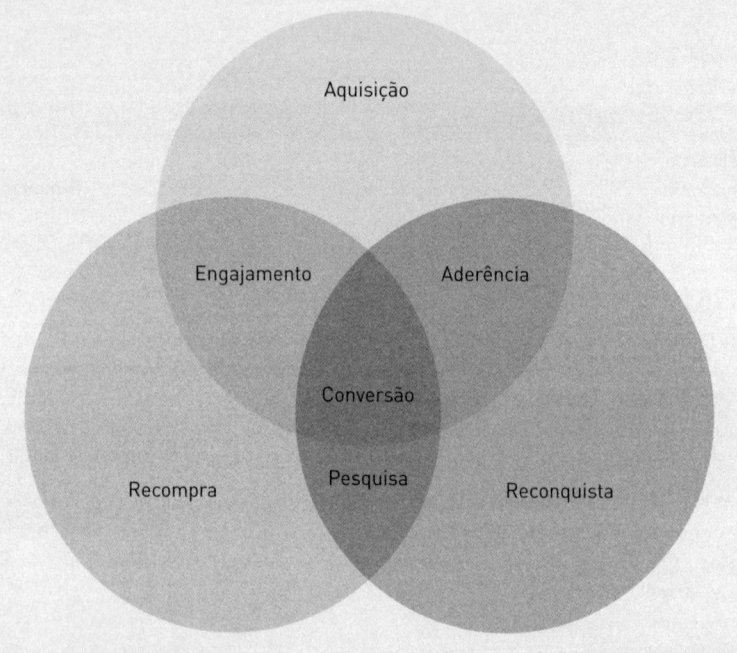

Fonte: CACTO COMUNICAÇÃO.

A Cacto Comunicação criou réguas automáticas de envios, como de aniversário e boas-vindas, o que permitiu incrementar ainda mais o engajamento. Além disso, automatizou uma rotina de disparos diária com conteúdo e planejamento baseado em dados.

RESULTADOS

O resultado dessa iniciativa de ativar o relacionamento com os clientes a partir do e-mail marketing baseado no fortalecimento estratégico do CRM é bem expressivo e de alto impacto para o mercado. Em três meses de parceria, foram detectados:

- aumento de 231% da receita de e-mail marketing;
- aumento de 54% do share de receita;

- aumento de 133% de taxa de conversão por e-mail;
- aumento de 134% de engajamento nos e-mails.

Hoje, mantém-se a média de 6% a 8% do share de vendas, com o objetivo de passar dos 10%.

DEPOIMENTOS DO CLIENTE

"Já trabalhávamos com dois sócios da Cacto antes da criação da empresa. Quando eles apresentaram a agência, não tivemos dúvidas de que ali seríamos, além do primeiro cliente, parceiros de todas as horas. A Cacto assumiu diversas frentes com a gente para uma performance crescente mês a mês. Estamos muito felizes com os resultados."

Ágata Esteves – Analista de E-commerce da *Mercatto*

"Começamos nossa parceria com a Cacto porque precisávamos reinventar nosso CRM. Já tivemos ótimos resultados nessa frente no passado e sabíamos o quanto poderíamos melhorar com as pessoas certas. Então procurei a Rafa, que é a minha referência em CRM, e foi quando ela contou do projeto que estava iniciando com o Pedro e o Will, que eu também já conhecia, porque já havíamos trabalhado juntos em outra empresa. Apresentei-os pra minha diretoria e iniciamos o trabalho juntos. Logo no primeiro mês, já alcançamos um bom resultado, mesmo sendo um mês pra 'arrumar a casa'. Não tenho dúvidas de que o trabalho que estão fazendo ainda vai muito além e os números só tendem a crescer. Agradeço muito à Cacto pela parceria e dedicação."

Manoilton Alves – ex-coordenador de E-commerce da *Mercatto*

CONSIDERAÇÕES

Este case demonstra a importância de conhecer a fundo os clientes e ter ferramentas de gestão de relacionamento (CRM) para usar estratégias como o e-mail marketing para otimizar processos de fidelização, com impactos diretos nas vendas.

De uma maneira aplicada, a Cacto Comunicação desenvolveu estratégias importantes de funil de vendas a partir da análise de dados dos clientes, implementando ações de e-mail marketing mais assertivas e que potencializaram a fidelização de clientes.

Assim, este caso mostra a importância e os potenciais resultados de uma ação profunda de estudo e mapeamento dos clientes.

PROFISSIONAIS DA CACTO COMUNICAÇÃO ENVOLVIDOS NO CASE

Pedro Coutinho
Formado em ciência da computação, marketing e com MBA em estratégia e ciências do consumo pela ESPM, hoje atua no mercado como gerente de projetos e especialista em UI/UX.

Rafaela Mendel
Formada em comunicação social e gestão de marketing empresarial, hoje atua no mercado como especialista em CRM e planejamento de marketing digital.

Will Mattos
Formado em comunicação social e com pós-graduação em marketing digital, hoje atua à frente da comunicação e conteúdo de grandes marcas, branding, *inbound marketing* e estratégia digital.

13

TRÁFEGO PAGO

Autor:

Edgar Almeida

13.1 TRÁFEGO ONLINE PAGO

Podemos entender o tráfego online pago como o fluxo de clientes potenciais até um canal digital qualquer, sendo resultado de várias ações estratégicas, táticas e operacionais no campo da comunicação digital. Estas ações são desenvolvidas por equipes multidisciplinares, sendo principalmente compostas por profissionais das áreas de marketing, publicidade, design e tecnologia da informação. Considerando que esse processo despende um investimento financeiro, então, obviamente, há um objetivo empresarial predefinido, devendo estar localizado entre os 14 objetivos da comunicação,[1] já apresentados no **Capítulo 1**.

Há, na atualidade, uma ampla variedade de ações que podem ser desenvolvidas para gerar tráfego pago e novas ações deverão surgir a todo momento. Abordaremos neste capítulo dois caminhos muito utilizados e com resultados satisfatoriamente comprovados ao longo dos anos por inúmeros anunciantes: Marketing de Busca ou SEM (Search Engine Marketing) e Mídia Programática, descrita logo a seguir pelo experiente profissional Edu Sani.

Importante destacar que há ao decorrer do livro outras formas de gerar tráfego pago, que não estão inseridas aqui justamente para mostrar a fluidez e inúmeras possibilidades existentes no mundo digital.

Neste sentido, poderíamos levar a(o) leitora(or) até o **Capítulo 16**, no qual abordamos o *social ads* (campanhas publicitárias desenvolvidas especificamente nas redes sociais); ou ainda quando tratamos de influenciadores digitais, no **Capítulo 7**; marketing de afiliados, no **Capítulo 19**; entre outros.

---

[1] YANAZE, Mitsuru H. **Gestão de marketing e comunicação**: avanços e aplicações. 3. ed. São Paulo: Saraiva Uni, 2021.

Note que esta disposição dos capítulos foi intencional, pois mostra a interdependência e transversalidade dos temas em marketing digital, ressaltando, novamente, a necessidade do envolvimento de diversos profissionais e saberes para atingir-se resultados satisfatórios.

Interessante observar no Gráfico 13.1, de Andronova,[2] a relação entre a geração de tráfego para um canal digital *versus* o tempo. É visível na linha do tempo três divisões: resultados rápidos, resultados de médio prazo e resultados de longo prazo.

O resultado oriundo do marketing de conteúdo está na categoria de longo prazo, como já discutimos anteriormente, no **Capítulo 4**. Este capítulo tratará, inicialmente, do outro extremo, que é o *pay-per-click* (PPC), ou link patrocinado, que é a forma mais comum de se fazer marketing de busca na atualidade.

Gráfico 13.1 Tráfego × tempo

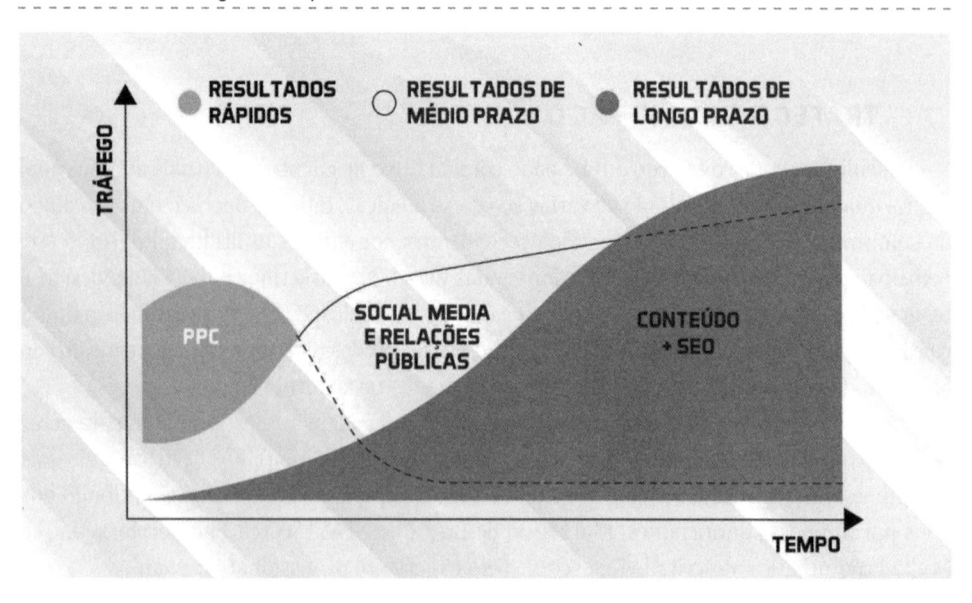

Fonte: traduzido de ANDRONOVA, 2020.

Por fim, a autora continua em sua explanação no Quadro 13.1, que ressalta as principais diferenças entre tráfego pago e tráfego orgânico, muito útil para clarificar ainda mais os conceitos.

---

[2] ANDRONOVA, Darina. 6 steps to attracting paid traffic that converts. **Semrush**, 9 jun. 2020. Disponível em: https://www.semrush.com/blog/paid-traffic/. Acesso em: 5 nov. 2020.

Marketing Digital

Quadro 13.1 Diferenças entre tráfego pago e orgânico

	Onde seu conteúdo aparece	Como você pode obter mais visitas	Quanto tempo os resultados levam	Preço
Tráfego orgânico	Em posições diferentes nas SERPs, dependendo de quão relevante seu conteúdo é considerado pelo mecanismo de pesquisa, mas a tendência é que anúncios apareçam em posições mais altas	Otimizando seu índice de qualidade para mecanismos de pesquisa, de forma que supere seus concorrentes	Difere para cada negócio, mas as estratégias podem levar meses ou anos para ter um impacto significativo	Você não precisa pagar para aparecer em SERPs de forma orgânica, mas precisa pagar para criar conteúdo de qualidade e investir na construção de links para aumentar a autoridade de seu domínio
Tráfego pago	Na parte superior e inferior das páginas de resultados de pesquisa	Principalmente gerenciando opções de lance, segmentação, ajustes no criativo (texto e imagem do anúncio) e no índice de qualidade da página para o mecanismo de busca	Você pode começar a receber visitas e conversões no dia em que lançar seus anúncios, se estiver devidamente otimizado	Você paga com base no modelo escolhido, por exemplo, custo por clique (CPC), que é mais comum

Fonte: adaptado e traduzido de ANDRONOVA, 2020.

13.2 BENEFÍCIOS E IMPORTÂNCIA DO TRÁFEGO PAGO

Embora seja possível conseguir tráfego orgânico para um site, na grande maioria das vezes ele não é suficiente para atingir os objetivos mercadológicos das organizações, sobretudo devido à alta concorrência e expectativa de payback,[3] que está diretamente ligado ao tempo.

Por isso, a importância do uso tático de tráfego pago resume-se em manter a empresa ou marca mais competitiva no ambiente online.

---

[3] Payback é um indicador do tempo de retorno de um investimento e um método de tomada de decisões que considera o tempo para obtenção dos valores e o montante que deverá ser retirado dos caixas. Fonte: Wikipedia.

Entre os benefícios de lançar mão da estratégia de tráfego pago, podemos destacar:

- **início imediato.** Seu site pode começar a obter visitantes em pouco tempo, pois o tráfego pago oferece retornos muito mais rápidos e resultados imediatos se comparados ao orgânico;
- **fácil de usar e configurar (Google Ads).** O próprio mecanismo do Google possui uma série de automações para quem está iniciando, então não exige tanto conhecimento técnico;
- **pequenos negócios conseguem competir** pelo mesmo espaço com grandes empresas;
- **maior controle em tempo real.** Volte no tempo e lembre-se de quando fazíamos muita mídia impressa. Você veiculava um anúncio em uma revista de circulação mensal, por exemplo, e aguardava a próxima edição para fazer uma análise mais apurada do resultado, e somente depois fazer os ajustes. No tráfego pago, o anunciante possui maior controle porque possui em tempo real todos os dados de que precisa para uma gestão eficiente, como o números de acessos, cliques, downloads, conversões etc. Em outras palavras, você pode "calibrar" sua campanha quando desejar;
- **mais rápido em vários sentidos.** Entrar numa plataforma e começar a investir em tráfego pago pode levar menos tempo, por exemplo, do que as Operações Comerciais (Opec) da Rede Globo aprovarem seu filme e não implica as multiplicidades de marca – lembra dessa angústia? Ou ainda aguardar o plano de mídia, orçamento, mídia kit e outras informações referente à mídia tradicional. É mais rápido também em relação ao marketing de conteúdo, que precisa primeiro passar pelo crivo dos algoritmos e robôs do mecanismo de busca antes de chegar a seu público-alvo;
- **sincronicidade.** É possível atingir a pessoa certa, no momento certo e no canal certo. Esta questão funciona muito bem na mídia programática, como será visto adiante;
- **acelerar a indexação do site nos mecanismos de buscas;**
- **flexibilidade.** As vendas foram um sucesso e acabou o estoque? Ok, retire do ar você mesmo a campanha a qualquer momento! 24 horas por dia, 7 dias por semana;
- **aumentar a reputação da marca nas redes sociais.** Ao exibir um bom conteúdo a um número maior de pessoas, possivelmente a marca ou personalidade irá atrair mais fãs ou seguidores, o que é um dos elementos que compõem a reputação da marca na percepção dos consumidores online.

Se há muitas vantagens, obviamente há também desvantagens, sendo a maior delas o risco inerente à perda dos valores investidos – que podem ser consideravelmente altos – caso o processo não siga passos importantes para sua otimização.

Não é raro empresas acabarem gerando um grande volume de cliques por meio de suas campanhas online, que, no entanto, nunca se convertem em vendas ou leads (clientes potenciais). Logo, o que faremos a seguir será justamente ilustrar as principais dúvidas ou erros do mercado e, por fim, propor um roteiro viável para aumentar sua assertividade em campanhas de tráfego online pago.

Isto mesmo, pense no significado de roteiro. O termo *roteiro*, descrito acima, é muito adequado porque, para um mesmo destino, você pode criar vários roteiros. Com isso, queremos dizer que vamos te mostrar um caminho que te levará a excelentes resultados, mas fique à vontade para experimentar outros caminhos ou até mesmo mudar algum ponto de parada neste roteiro, se fizer mais sentido para o seu negócio, que, no final das contas, é o que importa.

MÍDIA PROGRAMÁTICA

14

Autor:

Edu Sani

O marketing baseado em dados está mudando a forma de se fazer publicidade. Com a notoriedade da mídia programática e a alteração no modelo de negócio das agências, novos horizontes se abriram para os profissionais da área. Empresas de grande porte também estão investindo em mídia programática e *Data Management Platform* (DMPs) para criar os seus próprios dados e utilizá-los em campanhas com maior assertividade e menores custos em relação à compra de dados de terceiros. Para o mercado, a tendência é que a programática tome cada vez mais espaço, como podemos ver no Gráfico 14.1, influenciando o comportamento do consumidor e criando outro tipo de relação dele com anúncios. Nas próximas páginas, será visto como funciona o ecossistema da mídia programática e dos anúncios segmentados baseados em dados.

Antes, precisamos entender o quanto o digital tem participação no total de investimento publicitário. No Gráfico 14.1, é possível ver a parcela e o crescimento do investimento em marketing digital.

Gráfico 14.1 Aumento do investimento em marketing digital

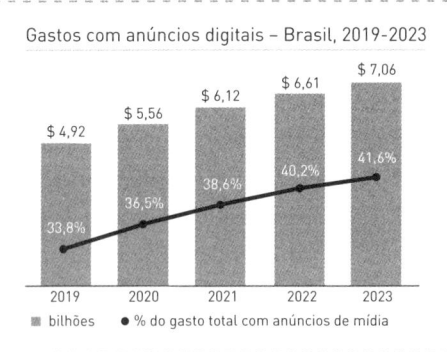

Investimento de publicidade digital em bilhões de 2019 a 2023.
Fonte: adaptado de https://www.emarketer.com/.

Segundo o estudo *Programmatic marketing forecasts*, publicado pela Zenith em 2018, 65% dos investimentos globais em publicidade digital em 2019 serão transacionados programaticamente. A expectativa é que, até 2020, esse valor represente 68% dos gastos com anúncios, totalizando US$ 98 bilhões. Mas o que isso representa para o mercado de mídia e publicidade?

Hoje, a compra programática não chega a 25% do mercado de digital brasileiro, enquanto em mercados mais maduros, como os Estados Unidos, a programática chega a representar 83% da compra digital.

Com o crescimento no investimento em marketing digital no Brasil, a mídia programática ganha mais espaço e segue, ano a ano, ganhando share no bolo de investimento digital.

14.1 DATA MARKETING

Comecemos o aprofundamento maior em mídia programática. Faz-se necessário o entendimento do data marketing, que é o marketing baseado em análise de dados coletados interna e externamente. É uma transformação importante na publicidade digital, pois as informações auxiliam no processo de insights e tomada de decisão, além de prever comportamentos futuros. Muitas empresas aplicam o data marketing sem nem ter conhecimento, por exemplo, quando fazem uma campanha utilizando o Google Ads – as otimizações do anúncio são aplicadas de acordo com o retorno dado, ou seja, estão utilizando o data marketing. Utilizar qualquer tipo de dado digital, resultados, KPIs, métricas que gerem novas ideias e novas estratégias é utilizar data marketing.

Aproveitando algoritmos e inteligência artificial, as agências de publicidade e os profissionais de marketing estão mudando a forma de comprar mídia. A questão é que a era das mensagens genéricas e de tamanho único acabou – claro, ainda há ideias de campanhas massivas para grandes marcas, mas para a maioria das empresas o marketing deve ser segmentado para ser relevante o suficiente para atingir os consumidores.

Os dados podem revelar não apenas as preferências de um público-alvo. Também podem sugerir quais canais uma marca deve usar para envolver o público agora e no futuro. Essa percepção, por sua vez, pode ajudar a posicionar a mensagem onde o consumidor está ou estará em breve. Ou seja, é possível mostrar um banner, vídeo, áudio para o usuário certo na hora certa.

Mas quais os principais desafios? A maioria dos profissionais de marketing se pergunta onde encontrar os dados. Outros ficam paralisados pela quantidade de informações disponíveis. Os dados podem vir por CRM, análise de site, ferramentas de e-commerce e publicidade, pelo próprio sistema ERP; todos os tipos de redes social e várias outras ferramentas podem fornecer informações sobre as interações com o cliente. Depois de coletados, os dados devem ser organizados e então analisados. Eles são coletados, organizados e ativados em ferramentas de DMP; atualmente, existem várias empresas que oferecem essa solução no mercado, algumas conhecidas no Brasil, são: Tail, Hariken, Navegg.

Na mídia programática, também podemos trabalhar com *first-party data* (os dados coletados pela própria empresa) e com os *third-party data*, ou seja, dados de terceiros, e você vai ler muito sobre eles nas próximas páginas. A mensuração do desempenho de ações de marketing também fica mais fácil com o data marketing, uma vez que ferramentas digitais permitem determinar e acompanhar as métricas e indicadores. Tudo isso diminui custos operacionais e ajuda nos resultados financeiros de uma empresa.

Quando se fala em publicidade e automação, *machine learning*, big data, alto volume de dados para tomada de decisões, tecnologias envolvidas no processo, é preciso lembrar que o propósito do encontro de uma marca e consumidor não mudou, apenas transformamos a forma de fazer isso, o modo tático-operacional.

A partir do momento em que uma empresa entende que pode fazer uso de tecnologia para automatizar os processos, utilizar dados para tomada de decisões rápidas, cria-se a cultura e o entendimento da inovação digital, auxiliando no crescimento por meio do marketing que vai além da mídia, incluindo *inbound* e CRM, em todas as práticas. Com isso, é possível transformar operações de empresas historicamente conservadoras em operações semelhantes às das startups, com modelos mais ágeis nas decisões sobre o andamento do negócio.

A seguir falaremos mais sobre mídia programática e como os dados são utilizados. A tendência é que ela passe a ser vista como um grande agente de transformação digital das companhias, seguindo para o modelo Enterprise, onde toda a corporação passa por uma transformação digital conjunta.

14.2 MÍDIA PROGRAMÁTICA: ESTRATÉGIA, PRECISÃO E EFICIÊNCIA

A compra de mídia é um dos pilares da propaganda – os anunciantes sempre buscaram espaços para expor seus produtos ou serviços. No entanto, quando o primeiro banner surgiu em nossas telas na década de 1990, certamente foi negociado verbalmente. Cada compra demandava uma negociação diferente que, geralmente, era baseada no tamanho e tempo de exposição da peça. O mesmo conteúdo era veiculado no site independentemente de quem o visitasse. Se uma marca quisesse estar em dez sites diferentes, seria feita uma negociação para cada espaço.

Com o crescimento da internet, o número de sites, portais e aplicativos aumentou mais rápido do que o de anunciantes – o que significa que passou a haver mais sites disponíveis do que pessoas dispostas a anunciar neles. Como solução para isso, foram criadas redes de anúncios, que conhecemos como *ad networks*. Essas plataformas reúnem espaços não vendidos de vários *sites, portais e aplicativos* e os disponibilizam aos anunciantes.

O problema dessa abordagem era o direcionamento. Por exemplo: produtos voltados para um público de homens com mais de 60 anos, também podem ser exibidos para mulheres de 20 anos. Assim, foi criado o *real time bidding* – modelo de compra voltado para potenciais clientes.

Essa funcionalidade é apenas uma parte do ecossistema da mídia programática. Com a evolução da tecnologia, entre 2007 e 2010, as principais empresas de anúncios desenvolveram outras tecnologias importantes para a evolução da programática. Por exemplo: do lado do anunciante, a plataforma de demanda (DSP) é conectada a uma de gerenciamento de dados (DMP). Os publishers (assim são chamados os donos de sites) usam outra plataforma de fornecimento (SSP). Os fornecedores (editores) usam ainda a plataforma de fornecimento (SSP) para distribuir seu inventário disponível em uma ou várias *ad exchanges*.

A *ad exchange* funciona como um pregão onde os anunciantes podem comprar espaço publicitário de várias redes de anúncios – sim, a compra e venda de mídia programática acontece como numa Bolsa de Valores e, não por acaso, seus corretores são chamados de **media traders** ou apenas **traders**. Tradicionalmente, as trocas de anúncios têm sido usadas como uma forma de os publishers leiloarem o inventário não vendido, para o anunciante com o lance mais alto. Além disso, existe a possibilidade de comprar formatos premium, porém aqui é necessária uma negociação com os portais chamado de **deals**, onde são negociados o formato e o valor; feito o *deal*, um código é gerado e inserido na plataforma de DSP possibilitando a veiculação de formatos premium via programática.

Figura 14.1 Ecossistema da mídia programática

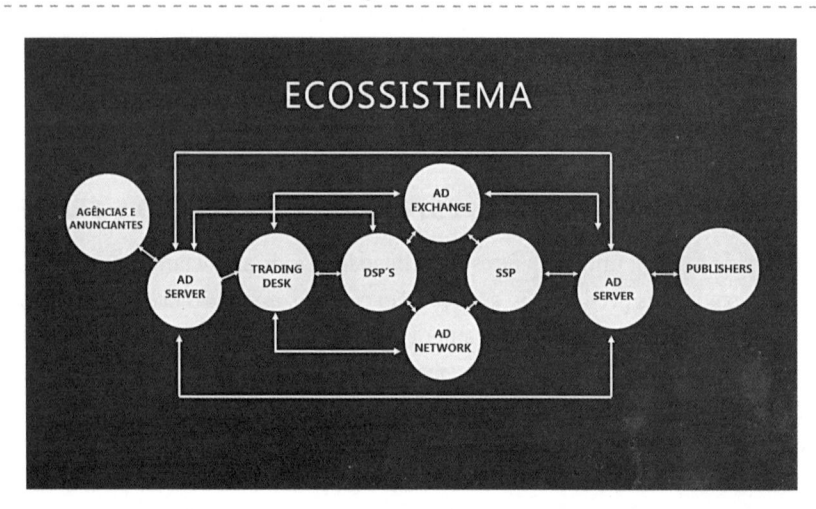

Fonte: elaborada pelo autor.

A mídia programática também é considerada a mais assertiva da publicidade digital. Apesar de não ter um valor predeterminado, geralmente é negociada com base em CPM, ou seja, custo por mil impressões. Esse valor pode variar de acordo com a segmentação e quantidade de espaços. A negociação também pode ser feita considerando outros formatos, como CPC ou custo por view (CPV), sempre por meio de leilão.

Ela utiliza plataformas e algoritmos para comprar espaços automaticamente e permite alterações em tempo real, ou seja, não é preciso esperar uma campanha terminar para mensurar resultados – se um banner ou vídeo não tem um bom desempenho, é possível re-movê-lo ou alterá-lo durante o período de veiculação.

É a automação de um processo que foi projetado para substituir as negociações humanas, telefonemas e reuniões pelo *machine learning* e a inteligência artificial. Ao invés de utilizar somente canais como o Google, Facebook e Instagram, fica disponível todo o potencial que a internet tem a oferecer. Por exemplo, é possível veicular vídeos e banners em grande parte dos aplicativos, em redes de sites que não fazem parte da rede do Google conhecida como Google Display Network (GDN), pode-se anunciar em aplicativos de música, como Spotify, Deezer etc. E além de tudo é possível conectar os anúncios com telas fora do celular ou com-putadores, como: SmartTVs, telas de elevadores, shoppings, rodoviárias, aeroportos etc.

Atualmente, é considerada uma das mídias mais assertivas do marketing digital, uma vez que se compram perfis, e não apenas espaços, mantendo um ajuste constante que a torna cada vez mais focada nos dados e seu direcionamento.

Na programática, os planejamentos são baseados em informações reais de volume de usuários, por isso, é possível segmentar 100% do público, além de definir o tipo certo de anúncio para cada alvo. Também fornece filtros mais específicos do que os existentes em anúncios criados para redes sociais, o que acaba repercutindo nas demais ferramentas utili-zadas pelo anunciante e influenciando na conversão.

Com antecedência, também é possível criar um storytelling (leia sobre no **Capítulo 4**), que resulta em campanhas que mostram os banners ou vídeos em uma sequência de exibição personalizada para o target. Para o mercado, a tendência é que a programática tome cada vez mais espaço, ao influenciar o comportamento do consumidor e criar uma nova relação deste com anúncios.

Se antigamente as propagandas eram consideradas, por muitos, chatas e incômodas, por meio da programática, é possível impactar a pessoa certa no momento certo, além de criar mais engajamento, uma vez que as campanhas passam a fazer mais sentido para quem a vê. Neste momento, ganha o anunciante, que utiliza seu dinheiro da forma mais assertiva ao permitir que os anúncios sejam mais segmentados e tenham maior chance de atingir o pú-blico-alvo. Ao mesmo tempo, ganha o público, que não receberá anúncios aleatórios e será privilegiado com informações mais assertivas baseadas em algoritmos. Por fim, ganha o pu-blisher, que não precisa mais ter o mesmo volume de trabalho ativo de prospecção de anun-ciantes pois, por meio de uma tag no site, os anúncios começam a aparecer automaticamente, o que economiza tempo e esforço.

Como tudo o que é online e utiliza as mais modernas ferramentas tecnológicas, a mídia programática está em constante evolução. A tendência é que ela ocupe uma fatia cada vez maior dos investimentos em mídia no mundo. Por mais controversa que possa parecer no meio da publicidade, ela trabalha para a criação de valor além da conversão. Por isso, as agências, anunciantes e profissionais terão que pensar estrategicamente em como utilizar dados no dia a dia, para gerar melhores resultados.

Figura 14.2 Gastos com programáticas por país, em 2018

Estados Unidos	$ 187.0
Reino Unido	$ 75.0
Austrália	$ 47.0
China	$ 43.0
Japão	$ 23.0
França	$ 17.0
Alemanha	$ 15.0
Brasil	$ 7.0
Rússia	$ 6.0
América do Sul	$ 6.0
Malásia	$ 2.0
Indonésia	$ 2.0
Índia	$ 0.2

Fonte: adaptada de https://www.emarketer.com/.

14.3 DMPS E DSPS: CRIANDO UM ECOSSISTEMA DIGITAL DE SUCESSO

Mesmo que a mídia programática forneça toda a assertividade já citada, são necessárias duas importantes plataformas que possuem papéis distintos, porém complementares para que a mídia programática aconteça: a DMP e a *demand-side platform* (DSP). Enquanto uma organiza dados, a outra é a interface da compra de mídia.

DMP é uma plataforma voltada para gestão de dados, que incorpora, organiza e abriga informação, fornecendo-a de maneira útil para o cliente. Esta plataforma de gerenciamento de dados é parte essencial do ecossistema de mídia programática, no qual é responsável por somar dados *first-party* ou *third-party*.

Figura 14.3 Exemplo de DMP

Fonte: elaborada pelo autor.

Os dados *first-party* são os dados próprios da empresa. Por exemplo: a marca X decide colocar uma tag da DMP no próprio site, outra no aplicativo mobile e uma diferente nos banners. Toda vez que algum usuário acessar ou visualizar um desses meios de comunicação, as tags aplicadas irão capturar os cookies. Com isso, os cookies são absorvidos pela plataforma de gerenciamento de dados, para que a marca X possa utilizá-los posteriormente por meio de estratégias de remarketing (visto com detalhes mais para a frente).

Toda essa estrutura de utilizar as tags da DMP ajuda a potencializar e captar ainda mais pessoas para impactar em um próximo momento com a mídia programática.

Mas como alimentar a DMP com dados *first-party*? Aqui, existem algumas opções, como incluir na plataforma uma planilha do time de vendas com alguns dados dos clientes (como nome, e-mail, CPF ou telefone), por exemplo, e bater as informações que constam nesta planilha com o que já existe na DMP. Com isso, os dados se transformam em cookies, o que dá a possibilidade de impactar o público também com banners. Esse processo é chamado de **match**. Normalmente, são encontrados de 30% a 50% dos usuários, classificados em clusters, e para esse processo funcionar basta um dado como e-mail ou CPF dar o famoso match.

Já os dados *third-party* são fornecidos por provedores que reúnem informações de diferentes fontes, sejam online ou offline, e também podem ser usados nas DSPs. Eles complementam os dados *first-party* quando necessário, pois mostram os hábitos de consumo de determinado perfil de cliente, com o objetivo de desenhar sua jornada de compra.

Resumidamente, a DMP trabalha em conjunto com a DSP, coletando dados para a sua distribuição.

Mas o que é DSP? É o software no qual é possível configurar a campanha e acessar o inventário de mídia online, que são disponibilizados pelos publishers por meio das *ad exchanges* (plataforma tecnológica que facilita a compra e venda de inventário de publicidade de mídia de várias redes de anúncios), tudo isso em tempo real.

Na prática, é o ambiente onde se compra mídia programática de forma extremamente assertiva. Existem várias DSPs disponíveis no mercado – as mais conhecidas atualmente são a DV 360 (Google), a Verizon, e a Media Math, mas existem várias outras no mercado. Porém, a cada mês que passa, surgem novas DSPs, devido ao avanço da tecnologia e, principalmente, dos códigos.

Por meio das DSPs pode-se escolher o dispositivo onde o anúncio será veiculado, o dia, o horário, os canais e, principalmente, os clusters para os quais serão direcionados. Porque, dentro de cada DSP, existem os dados das DMPs, com os quais é viável fazer clusterizações – os clusters representam fatias de consumidores com dados mais detalhados que apenas a definição de um público-alvo. Ao dividir os potenciais consumidores em grupos a partir de segmentações, é possível criar campanhas melhores e mais assertivas.

Um exemplo: a marca W precisa impactar homens que estejam em São Paulo e queiram comprar uma moto Harley Davidson. Mesmo com um target específico como este, é possível criar um cluster, primeiro com base em segmentação macro (comportamento, geolocalização, perfil financeiro), e depois em segmentações menores (interesse por viagens, renda acima de R$ 20 mil), e impactá-lo por meio da mídia programática.

Mas de nada adianta utilizar tudo que essas plataformas têm a oferecer e deixar de lado o funil de marketing, que é a base para que sejam criadas as estratégias de cada etapa de uma campanha. Antes de qualquer ação, é importante estipular os objetivos que se deseja atingir.

14.4 TIPOS DE CAMPANHA

Certamente você já fez algumas aulas de inglês e deve ter ouvido até a exaustão o termo *verb to be*. Pois bem, fazendo uma metáfora, devido à importância para o marketing digital em geral, acostume-se a ouvir e praticar "funil de marketing" ou suas variações e abreviações no decorrer do livro, tais como funil, topo do funil etc.

Em um estágio inicial, o chamado **topo de funil**, as ações são voltadas para gerar *awareness* (consciência de marca) e construção de branding (conjunto de ações alinhadas ao posicionamento, propósito e valores da marca para despertar sensações e criar conexões).

O desafio no meio de funil é engajar aquelas pessoas que já conhecem e se relacionam de alguma forma com a marca. Para isso, existem estratégias como remarketing (tema que aprofundaremos nas próximas páginas), *lookalike* ou *match* com a base dos clientes, que pode ser por CPF, e-mail ou telefone. A ideia da mídia programática neste ponto é ajudar com a comunicação e aumentar a conversão. O fundo de funil é voltado para clientes que anseiam por performance, como e-commerces que esperam vendas, ou empresas que prestam serviços e precisam de cadastros, e essa é uma das principais vantagens de quem usa programática, afinal, como já dissemos, é a mídia mais assertiva que existe atualmente.

Também é preciso definir quais serão as métricas utilizadas como referência para medir o sucesso das campanhas, o chamado **key performance indicator** (KPI), que podem ser *last click*, *last view*, conversão assistida ou atribuição (veja mais detalhes no **Capítulo 21**). É importante que eles sejam alinhados com o cliente, seja ele a marca ou a agência que o atende, para evitar futuros ruídos de comunicação e ajustar expectativas.

Objetivos traçados, KPIs definidos e estratégias criadas, agora é a hora de colocar as campanhas no ar. As ações de mídia programática podem acontecer de três formas diferentes: display, vídeo e áudio. Cada uma pode ser utilizada de forma estratégica, de acordo com o estágio de cada cliente no funil de marketing para atingir os objetivos definidos pelo anunciante.

Os anúncios em display são os famosos banners e se tornaram o formato mais popular da programática. Eles são conhecidos por sua eficácia, pois costumam gerar tráfego para os sites de destino. Podem ser exibidos na parte superior, na lateral e em meio ao conteúdo da web em quase todos os sites e aplicativos. Também em dispositivos móveis, durante a programação de Smart TVs, além de peças voltadas para *digital out of home* (DOOH) veiculadas em telas de elevadores, aeroportos, academias, entre outras inúmeras opções.

Acesse pelo QR Code a seguir um exemplo de display da Microsoft Dynamics 365.

http://encr.pw/hyGvc

Importante destacar que, na mídia DOOH, não é possível segmentar o público, uma vez que as campanhas são exibidas em telas e painéis localizados em pontos estratégicos com grande circulação de pessoas, porém as marcas podem levar em consideração fatores como clima, horário e geolocalização para veicular os anúncios, que podem ser de vídeo ou banner.

Os vídeos têm ganhado cada vez mais relevância na geração de *awareness*. Podem ser conteúdos informativos, de baixo comprometimento, projetados de acordo com a persona e objetivos que se quer atingir. Também é possível criar materiais relevantes com base nos interesses compartilhados, além de conteúdos inspiradores, de opinião sobre tópicos relacionados, tutoriais, dicas e até mesmo trailers.

Além da presença em sites e redes sociais, os vídeos têm cada vez mais espaço em aplicativos de jogos, uma vez que os usuários devem assisti-los por um tempo mínimo em troca de uma recompensa na partida. Um roteiro bem desenvolvido pode ajudar a fortalecer o relacionamento com clientes existentes e aumentar as taxas de retenção, além de ser uma maneira poderosa de fazer com que eles avancem no funil de vendas.

Temos ainda o áudio, que ganhou novo fôlego com o crescimento do consumo de conteúdos em plataformas de streaming como Spotify e Deezer. Na programática, as campanhas são reproduzidas entre os podcasts e músicas, geralmente acompanhadas de banners. A partir do comportamento do usuário em cada canal, também é possível fazer a segmentação por interesses.

14.5 *NATIVE ADS* – OS ANÚNCIOS NATIVOS

Nessa busca por otimizar ainda mais tanto campanhas quanto a performance, surgem os *native ads*. Cada vez mais, este termo é frequente entre pessoas que buscam formas de aumentar o tráfego para o seu site. Sua tradução literal é "anúncio nativo", aquele que aparece na página e você não nota no mesmo momento que se trata de uma propaganda.

O objetivo geral dos *native ads* é tornar este conteúdo o mais natural possível, que não incomode e seja bem recebido pelo usuário. Um exemplo com o qual talvez você esteja acostumado é na busca do Google. O resultado que aparece ali, entre tudo que foi buscado, listado como anúncio, é um *native ad* – muito parecido com o que é oferecido na página. Outro exemplo bem conhecido é quando um anúncio surge no *feed* de notícias do Facebook, como se fosse parte das publicações. Ambos os formatos são diferentes dos portais, onde ficam dispostos grandes banners em destaque com publicidade.

Atualmente, Taboola e Outbrain são as principais ferramentas que operam *native ads* no Brasil. Cada uma com suas particularidades, mas ambas têm como parceiros, por exemplo, veículos de grande alcance, como Folha de S.Paulo, ou segmentados, como TechTudo. Diversos portais têm acessos e colocam o script das ferramentas de *native ads* logo abaixo do artigo ou notícia, como se fossem sugestões de notícias similares ou importantes. São as sugestões do Outbrain.

Você pode estar se perguntando: mas o que o Outbrain faz? Basicamente, a ferramenta lê o código da página, entende sobre o que é o assunto e exibe matérias relacionadas ao mesmo conteúdo. Isso facilita que usuários impactados pelo material encontrem mais facilmente alguma informação adicional.

No modelo de *native ads*, diferentemente do Google, onde a pessoa está em um momento de busca, ou do Facebook, onde o usuário entra para socializar, normalmente a pessoa está em um momento de leitura, conhecimento e aquisição de informação.

Como se trata de uma publicidade menos invasiva e mais informativa, as taxas de cliques dos *native ads* são, em geral, maiores. Mesmo que tenham a mesma aparência do conteúdo geral da página, são sinalizados como anúncios, de modo que o usuário saiba que está clicando em um conteúdo publicitário.

Além de estimular a conversão em vendas, também é possível aumentar os leads, criando credibilidade e retorno para as marcas. Para os publishers, os *native ads* se tornaram uma forma valiosa de monetizar conteúdo sem incomodar o leitor.

Por isso, trata-se de uma grande ferramenta para engajamento de conteúdo útil para quem oferece um grande volume de informação, independentemente do meio utilizado, principalmente para quem deseja melhorar a divulgação. No QR Code anterior, pode-se ver vários exemplos de *native ads* (Lucerne Publishing, Adatum, Fabrikam e Margie's Travel). Observe como o formato display e *native ads* podem trabalhar juntos.

Os maiores e mais conhecidos fornecedores do mercado sobre *native ads* são Taboola e Outbrain. Claro que existem outras empresas que estão entrando nesse mercado, mas até o momento estas são a de maior destaque.

14.6 REMARKETING E RETARGETING: INVESTIMENTO ESTRATÉGICO

E não podemos falar em otimização da publicidade sem abordar o remarketing e o retargeting. Curiosamente, uma das perguntas mais realizadas na busca do Google em relação ao tema é: qual a diferença entre remarketing e retargeting?

A cena é muito comum. Você entra em um e-commerce para buscar um produto, mas decide sair do site sem comprar nada. Depois disso, uma propaganda deste mesmo produto aparece em todas as páginas que você visita nas próximas 24 horas. É a esta estratégia de "seguir" que chamamos de remarketing e retargeting, ações praticamente iguais, mas com uma diferença bem sutil.

O remarketing considera que a marca está fazendo uma nova ação para alguém que já foi audiência. Já o retargeting promove uma nova comunicação com usuários que já interagiram por meio de alguma mídia – quando você abandona um carrinho em um e-commerce, como no exemplo anterior.

Isso acontece porque, quando um visitante acessa um site, um cookie é colocado em seu navegador conforme ele navega. Assim, as interações realizadas na página podem ser utilizadas para redirecionar anúncios com produtos pelos quais ele demonstra interesse e que tenham o seu perfil como foco. Isso é possível a partir de *third-parties data,* como o GDN ou o Facebook, que permitem que os anúncios "sigam" esse usuário.

Assim, quando decide sair do site sem comprar nada, entende-se que este consumidor está mais suscetível a realizar essa compra nos próximos 30 minutos do que estava há uma hora e do que estará em 30 dias, quando provavelmente já terá esquecido do produto. Dentro da programática é possível impactá-lo neste momento em que ele está mais propenso a tomar uma decisão de compra, para cercar aquele desejo que ele demonstrou por um novo produto. A isso chamamos de remarketing dinâmico com base no tempo.

Outra vantagem da programática é a facilidade de personalizar o remarketing de forma automatizada. Por exemplo: o usuário entra em contato com a marca Y via chat no WhatsApp, escrevendo ali sobre alguns temas que podem auxiliar no direcionamento automático de mídia.

Nesse caso, o *dynamic creative optimization* (DCO) é um grande aliado, pois com ele é possível fazer remarketing com peças personalizadas de forma dinâmica, que podem agilizar a criação, reduzir custos de produção e melhorar a performance. Nestes casos, todas as versões pensadas podem ser testadas ao mesmo tempo, chegando mais rápido à melhor arte gráfica para cada caso.

Um exemplo de segmento que utiliza muito essa tecnologia são sites de viagem, como Decolar e Booking. Trabalhando com a estratégia de remarketing (reimpactar o usuário que saiu do site) com um banner display, mostrando exatamente o quarto do hotel selecionado ou pacote de viagem que ainda não foi comprado, a tecnologia de DCO produz o banner display, configurando todos os elementos personalizados com o objetivo de aumentar a conversão em vendas. Outros segmentos, como o da moda, também utilizam esse recurso.

Veja a figura a seguir para conferir um exemplo de criação de peças dinâmicas.

Figura 14.4 Exemplo de peças dinâmicas

Fonte: material de divulgação da marca Acostamento.

Só para termos uma base de comparação, entenda como seria este mesmo processo no caso da mídia tradicional: seria preciso enviar um briefing para o atendimento da marca, que passaria o entendimento da campanha para um diretor de arte, que criaria uma peça que, uma vez aprovada, seria replicada pelo assistente de arte em um processo que levaria dias ou semanas. Ao passo que, com esta ferramenta, é possível minimizar os custos de produção, otimizar as campanhas de mídia, além de gerar maior resultado e aumento de ROI.

Figura 14.5 Processo tradicional

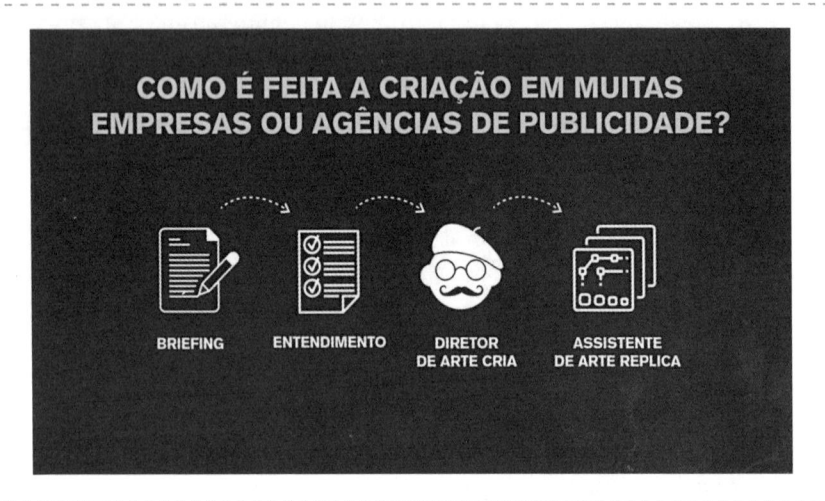

Fonte: elaborada pelo autor.

Figura 14.6 Processo utilizando o DCO

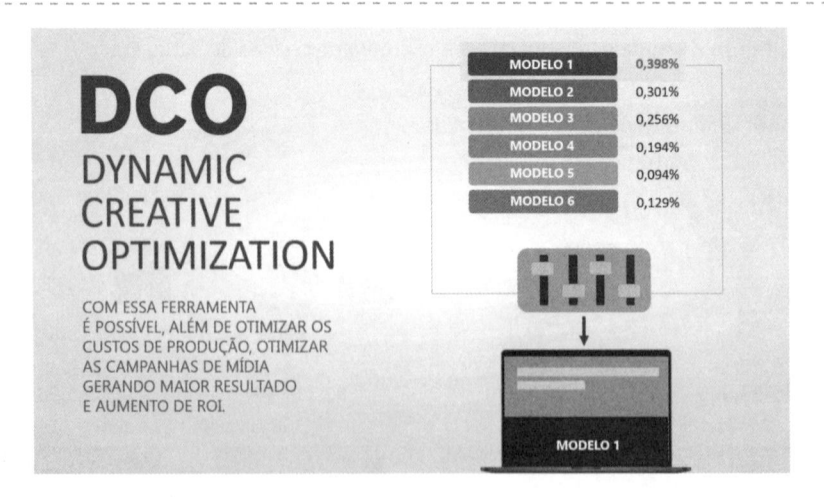

Fonte: elaborada pelo autor.

Quando você coloca algoritmos para fazer um lance, outro para fazer as peças e um diferente para escolher em qual mercado entrará, o valor gasto acaba sendo **consideravelmente** menor e o tempo otimizado. Apesar de parecer um processo bastante complexo, ao final, a agilidade e a assertividade farão a diferença na hora de mensurar resultados.

Por falar em resultados, existem plataformas que automatizam o processo de mensuração das campanhas. O gerenciador de tags do Google (GTM), por exemplo, é gratuito e bastante intuitivo para a gestão de tags. Ele permite a implementação e rastreamento de dados de marketing, adicionando combinações de código a seus sites ou aplicativos para que sejam contabilizadas as conversões, análises e ações de retargeting. Quando o pixel da DSP (voltada para compra de programática) é utilizado no site da marca via GTM, é possível enxergar as conversões atribuídas e assistidas.

A razão pela qual os visitantes de um site não concluem uma compra é um mistério que nunca será completamente desvendado pela marca. Talvez eles tenham se distraído e simplesmente saído. Talvez não tenha gostado da oferta ou estivesse fora de seu orçamento. Talvez eles estejam apenas fazendo uma pesquisa de mercado. Ou até mesmo buscando algo que planejam comprar em alguns meses. Seja qual for o motivo, o retargeting e o remarketing são ótimas maneiras de manter um negócio ou marca em primeiro plano, dando motivos para o usuário voltar, gerando leads, conversões e, consequentemente, vendas.

Ficou com dúvidas em relação a algum termo utilizado? Pois não deixaremos você com um ponto de interrogação na cabeça e você não precisará buscar no Google qualquer terminologia. Seguem abaixo alguns termos e siglas que poderão ajudá-lo no entendimento.

14.7 DICIONÁRIO RÁPIDO

- *Ad exchange*: é assim que o lado da oferta alimenta o estoque na troca de anúncios. A DSP se conecta à troca de anúncios, permitindo que anunciantes, agências, redes e publishers comprem e vendam espaço para anúncios. Os preços dos inventários podem ser negociados por leilão ou acordos chamados de **deals**.
- *Ad networks*: são agregadores de conteúdo que conectam uma rede de sites, blogs e portais a anunciantes através da venda por dois formatos, negociação direta ou através de uma DSP. Elas reúnem dados de audiência de diversos veículos pequenos, médios e grandes. Podem ser horizontais, que agrupam canais por tipo de conteúdo, ou verticais, que só comercializam um assunto.
- Cookies: os cookies são arquivos de internet que mapeiam temporariamente o comportamento do usuário da internet. Os cookies armazenam esses dados, utilizados para mapear o perfil que será oferecido no anúncio.
- Conversão assistida: são campanhas que, embora não tenham sido as responsáveis diretas pela compra, deram assistência para a campanha que converteu.

- Clusters: são diversos perfis de públicos que têm características parecidas, agrupados em um só, para o qual se pode direcionar melhor as mensagens e aumentar a relevância dos anúncios e a eficiência do marketing.
- *Customer relationship management* (CRM): software que auxilia times de vendas e marketing a entenderem seus clientes com a máxima produtividade e, consequentemente, venderem mais e melhor. Estes podem ser conectados com a mídia programática através de uma DMP, possibilitando a entrega da mensagem correta no momento certo.
- *Data marketing*: análise e entendimento de dados para compreender o perfil do cliente e prever comportamentos futuros, auxiliando na tomada de decisões por meio da personalização da experiência do consumidor.
- DSP: é um software que permite que agências e anunciantes comprem mídia de forma otimizada, com grande inventário, audiências customizadas em multiplataformas.
- DMP: permite gerir dados do cliente e de terceiros, desenhando estratégias para gerar melhorar entrega e resultados para otimizar campanhas de publicidade digital.
- DCO: é uma plataforma que possibilita a criação de banners de forma automatizada, mostrando banners customizados para os usuários, de acordo com o seu comportamento ou intenção de compra. É um sistema muito utilizado pelos e-commerces para customização de banners com cada produto.
- *First-party data*: estratégia de transformar os dados em cookies para posteriormente utilizar na mídia programática. Esses dados normalmente são do anunciante; para a captação desses dados são utilizados e-mails de clientes, CPFs. E há também captação de cookies nos ambientes proprietários do cliente, como site, aplicativo e landing pages.
- GTM: sistema que permite atualizar de forma simples e rápida códigos de acompanhamento e fragmentos de códigos relacionados (conhecidos como tags) no site ou app para dispositivos móveis.
- Inventário: o inventário de anúncios geralmente é comprado por meio de um leilão em tempo real. Usando canais programáticos, os anunciantes podem comprar por impressão, visando o público certo.
- KPI: é apenas uma sigla para definirmos o que será medido na campanha de mídia online; pode ser impressões, cliques, leads, vendas, engajamento etc. Definir um KPI para a campanha ajuda o time de *traders* a ajustar o plano de acordo com as metas definidas.
- Leads: são potenciais consumidores que já demonstraram interesse por um produto ou serviço, seja compartilhando informações pessoais em troca de conteúdo (e-books, webinars etc.) ou ofertas (cupons promocionais, por exemplo), o que significa que já buscaram saber mais sobre o assunto. Trata-se de usuários que preencheram um formulário deixando algum tipo de dado, como celular, nome e e-mail, demonstrando interesse em algum serviço, produto ou conteúdo.
- *Lookalike*: é uma modelagem estatística que tem como objetivo identificar públicos similares aos clientes já estabelecidos, criando maior segmentação e aumentando o alcance de uma audiência e campanha.

- *Match*: é uma estratégia utilizada para aumentar a base de dados de uma campanha através da DMP. Para fazer o *match* é necessário fornecer alguns dados, como lista de e-mails ou CPF, para a ferramenta encontrar esses usuários e transformá-los em cookies, ou seja, subimos uma base de e-mails com o objetivo de transformá-los em cookies para utilizarmos em uma futura campanha.
- Modelo de atribuição: é a regra, ou conjunto de regras, utilizadas para definir a qual campanha e/ou mídia uma conversão deve ser atribuída.
- Modelo de atribuição *last click*: modelo mais utilizado no mercado, trata o último clique antes da conversão como o mais importante. Dessa forma, não importa o caminho que o cliente traçou até aquele momento; o mais relevante é a estratégia que levou até a compra.
- *Media trader* ou só *trader*: fazendo um paralelo com os operadores do mercado financeiro, o *media trader* administra as campanhas publicitárias e compra, via plataformas de DSP, sempre baseado nos objetivos traçados para cada ação.
- *Native ads*: é uma forma de anúncio online que não segue o padrão utilizado na publicidade, pois, além de aparentar ser um conteúdo do próprio site onde está disposto, é voltado para um público predeterminado.
- Plataforma de venda (SSP): é um software que permite que sites, portais, blogs, aplicativos etc. vendam impressões de anúncios como banners, vídeos e áudios em tempo real. Isso inclui trocas de anúncios, redes e DSPs abaixo. Isso proporciona aos *publishers* maior controle sobre seu inventário e CPMs.
- *Real-time bidding*: RTB é uma forma de comprar e vender anúncios por meio de um leilão em tempo real. A transação, no entanto, ocorre durante o tempo que uma página leva para carregar.
- *Second-party data*: os *second-party data* são os dados compartilhados entre as marcas. Empresas que atuam em um mesmo segmento costumam trocar seus dados primários a fim de construir um perfil mais completo do seu consumidor.
- *Third-party data*: aqui as informações e as preferências de perfis vêm de fontes diferentes, geralmente provedores de dados que compartilham estatísticas sobre comportamento e hábitos. São empresas especializadas em venda de dados, normalmente já disponíveis para compra dentro das plataformas de DSP.[4]

---

[4] Informação referente ao ano de 2020.

GOOGLE ADS

15

Autor:

Eric Martins

Alavancar a sua estratégia digital e contar com ferramentas ricas em detalhes de mensuração que potencializam resultados passa, certamente, pelo tráfego pago. É por ele que grandes buscadores, redes sociais e plataformas disponibilizam seus espaços para divulgação de seus serviços ou produtos.

Enquanto este texto é escrito, existem opções em diversas ferramentas disponibilizadas para que seja desenvolvida uma estratégia de tráfego pago. Ela pode utilizar formatos variados, como pequenos textos que aparecem patrocinados em mecanismos de busca, banners e imagens em sites e blogs ainda pouco conhecidos ou até grandes portais; vídeos em plataformas audiovisuais ou sites particulares; aplicativos; áudio em plataformas de streaming; além das redes sociais e sua tendência multiformatos.

Ainda assim, dentro de cada uma das ferramentas de tráfego pago, existem objetivos disponíveis para que sua campanha seja desenvolvida, seja ela aumento de vendas diretas, captação de leads ou cadastros, reconhecimento da marca ou alcance do nome de sua empresa.

Tantas variáveis trazem possibilidades em progressão geométrica, um cenário complexo, entretanto, não tão complicado como possa parecer. O entendimento de todas as etapas de sua estratégia já explicadas em outros capítulos deste livro tende a contribuir decisivamente para que sua escolha da ferramenta ideal para o tráfego pago seja efetiva e gere resultados.

15.1 AS ESTRATÉGIAS

Antes de optar por qual tipo de campanha você irá fazer, é importante ter o maior número de dados sobre a etapa de seu negócio, benefícios do produto, persona de sua marca e de seu consumidor potencial e, principalmente, qual é o real objetivo desta campanha.

É certo que deva estar pensando agora que seu objetivo é vender mais. Mas detalhes considerados simples podem mudar significativamente o rumo das suas estratégias, como o formato de suas vendas. No seu negócio, elas são consultivas – quando é necessário que o consultor de vendas atenda individualmente e explique a oferta com mais detalhes, como em vendas de imóveis ou franquias – ou são diretas – quando o usuário pode finalizar a compra já em suas redes ou site, como em e-commerces e deliverys?

No primeiro caso, a sua campanha deve ter como objetivo aproximar o usuário de sua marca, ver as vantagens do seu produto ou serviço e abrir caminho para que se inicie o processo de vendas propriamente dito. A captação de leads no caso pode ser uma boa saída.

Já nas vendas diretas, sua campanha pode ser focada nos cliques que levam o usuário da rede para a página onde está seu produto. Lembrando que, para clicar, sua oferta deve estar bem especificada, clara e seguindo as regras de cada ferramenta.

Nos dois casos, hábitos de consumo, busca, dados demográficos como idade e sexo são fundamentais para que sua campanha tenha melhor desempenho. Caso ainda não tenha estes dados, outras etapas do tráfego podem ser desenvolvidas para consegui-los por meio das métricas disponibilizadas por cada ferramenta.

15.2 AS FERRAMENTAS

15.2.1 Google Ads

O Google Ads é a plataforma de tráfego pago disponibilizada pela maior ferramenta de busca do mundo, onde são feitas bilhões – sim, bilhões – de pesquisas por dia. Segundo a empresa alemã Cuponation, o Brasil ocupa o segundo lugar do mundo entre os países com maior percentual de buscas no Google – ficando atrás apenas da Índia. Mais de 92% das pesquisas dos brasileiros na internet utilizam a ferramenta da gigante americana para fazer suas buscas.

Com tanta informação passando por segundo, o Google torna-se uma das principais e mais poderosas opções de tráfego pago. Este potencial pode ser explorado em formatos diferentes que são disponibilizados pela ferramenta de busca para sua estratégia digital.

15.3 BUSCA POR PALAVRAS-CHAVE

Este formato é o mais conhecido e o nome é praticamente autoexplicativo. A busca por palavras-chave explora o produto inicial e ainda mais abundante do Google: as pesquisas. Por meio desta estratégia, é possível levar seu anúncio ou produto a um lugar de destaque quando um usuário pesquisar qualquer termo que tenha relação com sua oferta.

Todos os tipos de negócio, independentemente da área, podem explorar este tipo de estratégia, seja a sua intenção trabalhar no topo, no meio ou no final de funil de vendas, assim como efetuar a venda direta de produtos do seu e-commerce, loja física ou serviço.

Ao contrário de outros formatos mais tradicionais de publicidade, que exploram o recurso de interrupção, como comerciais de TV e rádio, a busca por palavras-chave tem como diferencial aparecer como solução na hora exata em que seu potencial cliente está procurando, e isto tem muito poder.

Mas aí vem aquela pergunta: basta colocar o nome do meu produto e a oferta que já funciona e vou começar a vender? A resposta é: não! Deve haver uma estratégia antes e durante este trabalho.

Em primeiro lugar, para ser encontrado, você deve saber o que e como seu potencial cliente procura. Nem sempre ele busca o produto em si; na maioria das vezes, a procura se concentra na solução. É muito provável que quem tenha um dinheiro guardado, vamos supor 20 mil reais, e deseja abrir um negócio fará busca de termos como "abrir um negócio com 20 mil", ou talvez "onde investir 20 mil", até mesmo "melhores negócios para abrir neste ano", ou seja, buscas abertas, de topo de funil.

Já alguém que esteja com fome poderá optar por pesquisas mais abertas, como "o que comer na minha cidade", "restaurante aberto agora", "onde comer na minha cidade", ou buscas mais diretas, como "hamburgueria", "pizzaria". O que percebemos, neste caso, é que existem dois momentos diferentes de um mesmo cliente, e em qual você, dono de um restaurante deveria aparecer? Nos dois, obviamente.

Saber como seu cliente pesquisa é um exercício de entendimento que passa por traçar os hábitos desta persona – conteúdo já explorado no livro – e em que momento da compra seu produto ou serviço deva aparecer. O horário e o local que este usuário está também deve ser pensado. Ao não traçar o perfil correto, você corre o risco de aparecer em busca errada, e isso pode fazer você gastar a sua verba inadequadamente.

Pensemos no exemplo do cliente com fome. Se ele buscar "onde comer na minha cidade" em uma segunda-feira pela manhã e você é dono de uma hamburgueria que funciona de quarta a sexta-feira, das 18h às 23h, qual a validade de aparecer nesta busca? Praticamente nenhuma, a não ser que sua estratégia esteja concentrada em aumentar o reconhecimento de marca na cidade; se não for o caso e o usuário clicar no link ou ligar, você pode gastar a sua verba em uma ação que não gerará resultados.

15.4 DEFININDO AS PALAVRAS-CHAVE

Após entendermos a importância de rastrear os hábitos do seu cliente e o momento em que está a sua oferta, vamos à parte prática para a definição das suas palavras-chave. O Google Ads disponibiliza uma ferramenta gratuita para auxiliar você na hora desta definição, o "Planejador de Palavras-chave", que pode ser acessado na aba de ferramentas do Google Ads pelo caminho – Painel Principal/Ferramentas/aba Planejamento/Planejamento de Palavras-chave.

Figura 15.1 Planejador de palavras-chave

Fonte: GOOGLE ADS.

Nela, você conta com dois caminhos para clicar, como visto na Figura 15.2: "descobrir novas palavras-chave" ou "ver volume de pesquisas e previsões".

Figura 15.2 Planejador de palavras-chave

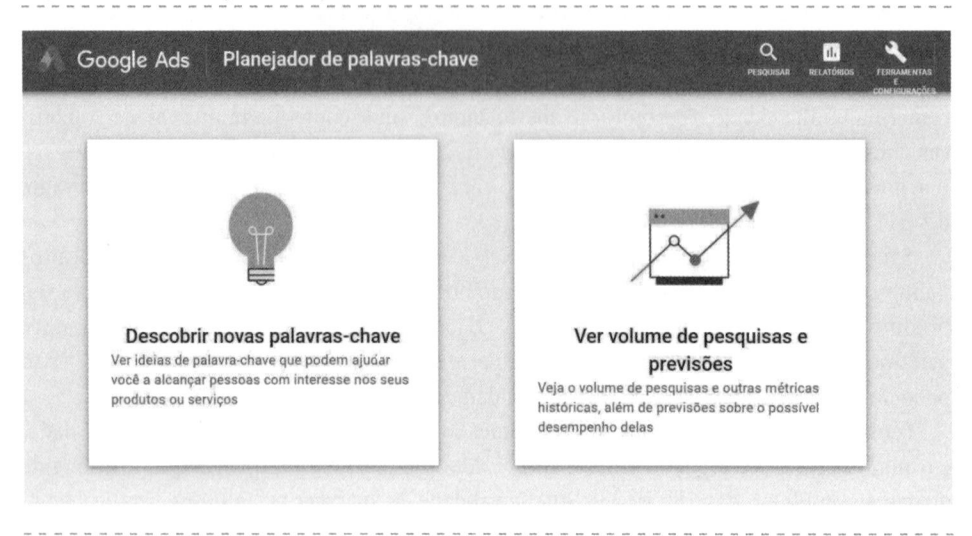

Fonte: GOOGLE ADS.

Descobrir novas palavras-chave. Nesta janela, o Google apresenta a opção para que você expanda suas ideias de palavras-chave, colocando o nome de seu produto ou serviço. Após inserir a palavra, a ferramenta irá buscar nos registros de buscas palavras ou frases semelhantes àquelas procuradas por usuários recentemente, além de apresentar estimativas de busca para o próximo período de um mês.

Você deve ter percebido que há, ainda na tela inicial, o campo para que seja colocado um site, que será usado para filtrar a sua busca. Isto quer dizer que ao colocar o seu site ou um que entregue a mesma oferta, a ferramenta fará uma busca baseada nas palavras-chave *site* usadas no site ou em produtos que tenham nela, o que é importante para que consiga maior definição.

Na tela com as palavras, é possível ver, nas colunas ao lado, a média de pesquisas mensais, o nível de concorrência, e os valores médios dos custos do leilão de cada uma delas.

Após a busca e tendo em mente a sua estratégia de entendimento de público e momento que falamos anteriormente, é hora de analisar cada uma das palavras e ver se se encaixam na sua estratégia. Você seleciona as que entender serem relevantes para sua campanha e clica em "adicionar palavras-chave para criar o plano".

É importante ressaltar que quantidade de palavras não é sinônimo de aumento de vendas, mas sim uso correto delas. Escolher aleatoriamente e indiscriminadamente pode levar sua oferta a aparecer para pessoas erradas, e isso pode gerar maior custo e conversão muito baixa.

Ver volume e previsão de pesquisas. Além da raiz da ferramenta "Planejador de palavras--chave", este item pode ser encontrado também no menu lateral do "ideia de palavras-chave", que abordamos no subitem anterior.

Neste painel, o Google traz previsões mais detalhadas de como sua campanha pode desempenhar nos próximos 30 dias, como cliques, impressões (que é o total de vezes que seu anúncio será mostrado), custo mensal, além de métricas de conversão, assunto que abordaremos mais à frente.

O botão "Criar Campanha" já o encaminha para a próxima etapa e, ao seguir estes passos de criação de um anúncio, automaticamente o Google leva você aos anúncios responsivos.

Você deve também se atentar às palavras negativas. Elas são muito importantes para que você não mostre seus anúncios a pessoas que têm menos chances de comprar a sua oferta e assim gastar sua verba com cliques sujos ou excluir o que você acredita que seja ruim para sua campanha.

Quando você aponta algumas palavras como negativas, o Google não mostrará os anúncios para pesquisas com ela. Se sua oferta é de um curso de Inglês presencial, poderia ser uma opção tirar buscas com "à distância", por exemplo.

Este menu pode ser encontrado acessando o painel de sua campanha de busca, depois o item "palavras-chave" e "palavras-chave negativas", como na Figura 15.3.

Figura 15.3 Palavras-chave negativas

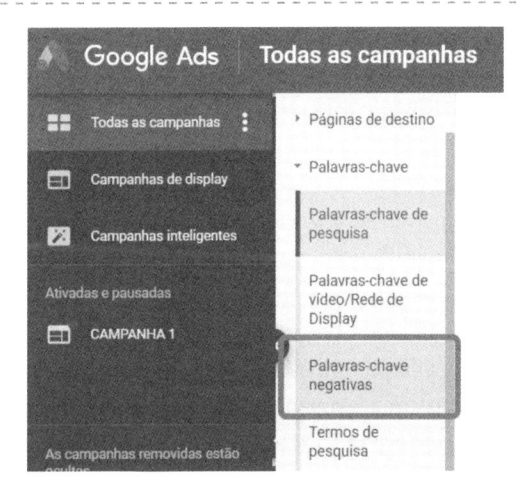

Fonte: GOOGLE ADS.

15.5 CRIANDO OS ANÚNCIOS

Os anúncios são a parte visível da sua campanha para o usuário. São eles que aparecem na página de pesquisa. Por isso, devem ser pensados de forma direta e esclarecedora para que a sua venda seja facilitada.

O Google aplica em todos os anúncios um índice de qualidade que leva em consideração a relação das frases usadas em sua oferta com o site destino – a URL final, o produto ou serviço e a busca que os usuários fazem. Muito provavelmente, este número não aparecerá automaticamente no início de sua campanha, e é fundamental acompanhá-lo. Se o índice da palavra-chave for menor que 6, repense o seu anúncio e oferta em relação a ela; busque sempre um número maior que este (a nota 8 é bastante satisfatória).

Para o melhor desempenho, é necessário que sua oferta esteja em sintonia com a busca do usuário, com textos diretos, rápidos e esclarecedores. Quando ele busca por "investir 20 mil" e você conta com uma franquia que se encaixe neste orçamento para oferecer ao cliente, o texto do anúncio deve sinalizar isso, como "invista até 20 mil reais e abra uma franquia", ou "entre para o mercado investindo até 20 mil". Com estes apontamentos, tanto a inteligência artificial do Google, quanto o próprio comportamento do consumidor vão aumentar as chances de conversão da sua oferta.

O seu site ou landing page deve também estar preparado com técnicas de SEO, tanto *on-page* (palavras-chave, metadescrições, títulos, URL, entre outros), quanto *off-page* (texto âncora, reputação em motores de busca, qualidade de *backlinks*, entre outros). Isso vai mostrar ao Google que sua oferta está de acordo com o seu site e com a palavra-chave patrocinada.

Se, ao invés de trazer o anúncio desta forma direta, ele for vago, sem ofertas diretas ao cliente, como "tenha sua franquia", ou "franquia de bolo", o usuário não vai entender de primeira que o produto que está oferecendo cabe dentro da limitação de orçamento dele. A boa notícia é que os anúncios do Google permitem e até mesmo indicam que você coloque mais títulos e descrições em cada anúncio.

A quantidade de anúncios deve estar relacionada à quantidade de palavras-chaves, ofertas e orçamento. Como dito no parágrafo anterior, com os diversos títulos e descrições em cada um, o próprio Google faz a distribuição entre os anúncios, portanto, não faz sentido criar muitos anúncios dentro de cada grupo.

Vamos entender a hierarquia do Google Ads. Como vimos, primeiro são criadas as campanhas, depois os grupos e, por último, os anúncios. Se você tem uma empresa de vender computadores, você pode fazer uma campanha para desktops e outra para notebooks. Dentro da campanha notebooks, você deve separar em grupos. Um grupo para notebooks da marca A, outros grupo para aparelhos da marca B. Dentro do grupo de marca B, o ideal é que faça anúncios para os modelos que vende, como, por exemplo: Notebook Marca B modelo XYZ, como vemos no esquema da Figura 15.4.

Figura 15.4 Hierarquia de campanha

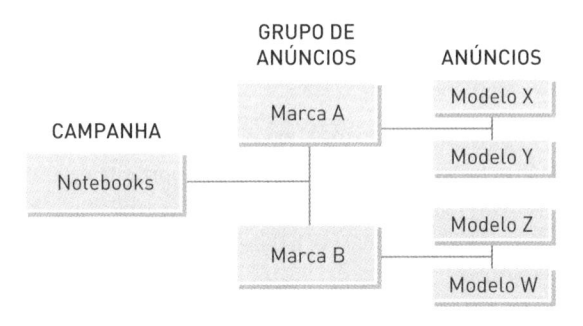

Fonte: elaborada pelo autor.

15.6 REDE DE DISPLAY

Diferentemente da rede de pesquisa, as campanhas de Display utilizam sites parceiros do Google, ferramentas da empresa, como Gmail e YouTube, e aplicativos para smartphones e tablets. A forma como a sua marca chega até o usuário é ativa, ou seja, ela não depende apenas de uma busca, se assemelhando ao estilo de publicidade mais tradicional.

Este tipo de campanha é ideal para produtos que não são buscados na rede de pesquisa ou tem pouca procura e também para fazer remarketing.

Muitos sites, inclusive portais com grande quantidade diária de acessos, cedem espaços publicitários ao Google e é nestes espaços que sua campanha pode aparecer, dependendo do público-alvo, plataforma, local ou canal que você escolheu.

É mais assertiva a estratégia quando você vai lançar uma solução inovadora. Antes de surgirem os bancos digitais, por exemplo, não existia – ou era quase irrelevante – a oferta de contas gratuitas, portanto, não havia busca deste produto no Google. Neste caso, se os primeiros bancos digitais com contas sem mensalidade optaram por tráfego pago na estratégia, certamente o tipo de campanha foi a de display.

É importante ressaltar que a sua estratégia de tráfego pode ter os dois tipos de campanha – display e rede de pesquisa – ao mesmo tempo: elas não se anulam.

Para configurar uma campanha Display, os passos iniciais são bastante semelhantes às da rede de pesquisa e a preparação prévia de entendimento de quem é seu público é fundamental, afinal, as opções de segmentação são bastante completas.

Na aba "pessoas", você encontra diversos hábitos e costumes dos usuários de internet para selecionar. É nela que você pode selecionar a área em que a pessoa atua, sua formação, se isso for importante para sua campanha, ou, por exemplo, o que ela busca. Se você for do mercado pet, é possível chegar até usuários que têm o hábito de procurar estes produtos e entrar em sites relacionados, e isso se repete em diversos mercados disponíveis.

A abrangência de segmentação não se limita a hábitos ou costumes. Em informações demográficas, você pode escolher idade, gênero, status parental e até mesmo renda. Quanto maior e mais aprofundada a segmentação, melhores as possibilidades de chegar até o seu cliente potencial.

Neste item, você vai perceber que existe a opção "desconhecido" em todas. A não ser que você queira ter maior grau de certeza do seu público, é importante deixar esta opção marcada, afinal, o Google muitas vezes não consegue identificar todas estas características nos usuários.

A segmentação por conteúdo tem três subdivisões – palavras-chave, tópicos e canais. Os canais são para que você escolha onde quer aparecer. Na busca, você pode procurar por sites específicos, canais no YouTube, vídeos específicos no YouTube, nome de aplicativos ou categorias de aplicativos. Essa opção deve ser utilizada quando se tem a percepção ou estudo de que sites e aplicativos seu cliente usa; se você ainda não tem esse dado, continue fazendo o rastreio por público-alvo, informações demográficas, palavras-chave e tópicos.

Em "Tópicos", você tem uma segmentação mais abrangente sobre os assuntos de sites, aplicativos e vídeos em que você espera aparecer. Ele vai mostrar sua publicidade em sites que contenham dentro de seu contexto os tópicos escolhidos. Se você é uma empresa de artigos esportivos, existem subtópicos para aparecer no tipo de modalidade na qual o site mostra, ou, se vende aparelhos eletrônicos, o Google disponibiliza segmentações específicas como hardwares, servidores. Há diversas áreas na ferramenta para serem trabalhadas.

Na aba "palavras-chave" dentro das campanhas de Display, você deve descrever as palavras-chave relacionadas a seu produto e não à pesquisa. Neste tipo de campanha, o Google vai rastrear os sites, vídeos e apps que utilizam estas palavras, sejam elas como assunto principal ou até metatags, que são palavras inseridas de forma "escondida" durante o desenvolvimento de site e que servem para que os mecanismos de busca entendam melhor do que se trata cada site.

Na coluna da direita da página, é possível ver as projeções de desempenho da campanha, com dados semanais de impressões.

Como são disponibilizados espaços para imagens, a parte criativa deste tipo de campanha deve estar alinhada com a sua oferta, com imagens de fácil entendimento e rápidas de leitura; se for usar vídeos, eles também devem esclarecer rapidamente para que vieram. O display, muitas vezes, é um tipo de publicidade que interrompe a experiência do usuário, por isso deve causar impacto imediato e ser agradável.

Ela permite que você coloque títulos e descrições. E neste ponto, a percepção que abordamos no tópico de "Rede de Pesquisa" na abertura deste capítulo deve ser seguida, com frases que lembrem a sua oferta e a solução que ela traz. Títulos e descrições vagas, sem foco na oferta, não irão converter corretamente.

Além de oferecer diretamente o seu produto, as campanhas de Display também podem ser grandes aliadas em estratégias de branding.

15.7 REMARKETING

Todo usuário que acessou grandes sites de compras certamente já entrou em uma segmentação de remarketing. Este tipo de campanha, como o nome já diz, leva em consideração as buscas recentes pela internet ou sites que a pessoa tenha acessado, e não são apenas os grandes sites que podem optar por esse tipo de campanha.

Ela é um passo fundamental nas suas estratégias e tende a contar com uma taxa de conversão maior que em outros tipos de campanhas por chegar a pessoas que já conhecem seu produto ou empresa.

O remarketing pode aparecer em diversos momentos da experiência do usuário e pode ser feito até mesmo na rede de pesquisa. Nela, ao buscar novamente pelo produto ou solução que você oferece, o seu anúncio aparecerá com prioridade para este usuário.

Mas o tipo de campanha mais utilizado para o remarketing e que gera bons resultados, independentemente se sua oferta é por serviços ou produtos de venda direta, é a rede de Display. Para que ela consiga alto desempenho, a percepção do momento de compra do seu cliente é fundamental.

Se nas "Redes de Pesquisa" e "Redes de Display" é hora de sua oferta ser apresentada, já no remarketing você deve entender que o momento de seu cliente é outro; existe já um nível de consciência, por parte dele, da sua marca ou produto. Por alguma razão ele não finalizou a compra, então, esta é a hora de reapresentar as vantagens ou facilidades.

O fundamental é pensar em qual página você deve fazer este remarketing. Nem sempre uma pessoa que acessou seu site está a fim de comprar seu produto, então, se você conta com uma oferta específica, faça sua campanha com a base de dados de público nesta página específica de finalização.

Para fazer a sua lista de remarketing, você deve acessar a aba ferramentas, gerenciador de públicos-alvo, e clicar no sinal de mais. Ele vai disponibilizar opções como website (que vai buscar visitantes das páginas da sua oferta), usuário de aplicativo, usuário do YouTube e lista de clientes (nesta opção, você pode subir o cadastro de seus clientes para o Google consiga rastrear quem são).

É importante salientar que as campanhas são mecanismos multidisciplinares e envolvem conhecimento de diversas áreas. Por isso, em etapas mais avançadas como esta, o ideal é procurar a ajuda de especialistas, ou estudar com mais profundidade em instituições sérias. O Google também disponibiliza a plataforma Skillshop, com cursos gratuitos, que pode ser acessada pelo site https://skillshop.withgoogle.com/.

Outro ponto a ser pensado é a janela de remarketing. Ela define por quanto tempo você quer "perseguir" aquele usuário mostrando sua oferta. Cada caso ou produto exige uma janela diferente, mas, historicamente, 95% das conversões de remarketing acontecem na primeira semana, e isso se deve a algo simples: até quanto tempo esta pessoa está pronta para ficar vendo seu produto?

Analise bem este tempo: a insistência do mesmo conteúdo por muito tempo e com uma alta frequência diária podem atrapalhar e pesar negativamente contra sua marca ou oferta.

Antes de partirmos para o próximo item, o remarketing feito pela plataforma do Google Ads não fere as exigências da Lei Geral de Proteção de Dados. Mas é indicado que consulte um advogado especializado para desenvolver a política de proteção e privacidade de dados de sua empresa e deixá-la bem clara para seus clientes e usuários.

15.8 OUTROS FORMATOS

Ainda na mesma plataforma do Google Ads, você pode encontrar outros formatos de campanha, como Discovery (o mais recente; utiliza os produtos Google para mostrar anúncios que muito se assemelham às campanhas de Display); Shopping (formato exclusivo para a venda de produtos relacionados a seu e-commerce; nele não é possível divulgar serviços); e Vídeo.

As campanhas de vídeo são muito conhecidas. Elas têm como principal objetivo divulgar seu produto no YouTube. A segmentação de público se assemelha à das campanhas de Display e funcionam bem, principalmente, em uma estratégia abrangente de remarketing.

Para o YouTube é importante salientar que, como em alguns formatos das campanhas de Display, a publicidade interrompe a experiência do usuário, aparecendo antes dos vídeos ou mesmo durante. Por isso, é fundamental que sua peça seja interessante, chame a atenção nos primeiros segundos e, principalmente, que seja relevante para aquela pessoa.

Tráfego pago, mesmo que seja impulsionado por quantias investidas nas ferramentas, não deve perder as premissas do tráfego orgânico e buscar a relevância, o local e a oferta correta, na hora ideal. Quanto maior a assertividade nestes pontos, maior a taxa de conversão e resultados melhores.

A base de campanha, o planejamento completo e pensado do ponto de vista de quem consome seu produto ou serviço, além do acompanhamento e mensuração constantes, são tão ou até mais importantes que o conhecimento da ferramenta.

O Google e suas alternativas de publicidade são para todos. O que vai diferenciar você dos demais é a estratégia: invista sempre nisso.

SOCIAL ADS – AS REDES SOCIAIS E O TRÁFEGO PAGO 16

Autor:

Eric Martins

As redes sociais apresentam muitas possibilidades para uma estratégia de tráfego pago, tanto pela quantidade disponível no mercado quanto pelas ferramentas dentro de cada uma. Elas trazem complexidade e simplicidade ao mesmo tempo. Por mais que a nossa mente consiga dizer de pronto algumas ou, talvez, uma dezena delas, existem algumas centenas de redes sociais por aí com características de uso e objetivo diferentes.

Segundo o site "We are Social", em abril de 2020, mais de 4,3 bilhões de pessoas tinham perfil em alguma rede social no mundo. No Brasil, são mais de 150 milhões, com mais de 70% deste número utilizando diariamente estas ferramentas para as mais diversas finalidades, como entretenimento, relacionamento ou até mesmo trabalho.

O universo das redes sociais está longe de ser estático. Elas continuam surgindo ano a ano, trazendo inovação e um novo jeito de interagir com a audiência. Por esta razão, a principal e mais valiosa dica que pode ser passada neste texto é que, para ter resultados consistentes e permanentes, é primordial que a atualização sobre o assunto seja constante.

As redes sociais mais utilizadas no Brasil em 2021 – sem ordem de número de usuários, porque isto pode mudar em poucos meses – são WhatsApp, YouTube, Instagram, Facebook, TikTok, Twitter, LinkedIn, Pinterest e Telegram. Outras, como Snapchat, WeChat e Reddit, são muito populares em outros lugares do mundo, mas contam com menos relevância em número de usuários aqui no país.

A grande maioria destas redes mais populares contam com ferramentas para tráfego pago. Saber onde seus clientes estão é o ponto inicial para traçar uma estratégia e este entendimento deve começar lá na hora de desenvolver a persona, com o hábito nas redes sociais traçado.

É importante ressaltar também que a grande maioria dos usuários das redes contam com mais de um perfil ativo, ou seja, muitos estão ao mesmo tempo no Instagram, no Facebook, WhatsApp, TikTok e assim por diante. Portanto, além de rastrear o local, é fundamental entender o momento do seu cliente em cada uma destas ferramentas.

A mesma pessoa pode estar no Instagram buscando entretenimento com vídeos engraçados ou informativos e no minuto seguinte acessar o LinkedIn para ler artigos sobre sua profissão ou interagir com profissionais da área em que atua. Ou seja, o cliente é o mesmo, mas saber como e quando conversar com ele é decisivo. Talvez um vídeo engraçado do seu conteúdo não tenha resultados parecidos se postado nas duas redes.

Pela variedade de que falamos nos últimos parágrafos, vamos abordar mais profundamente neste capítulo as alternativas de publicidade do Facebook.

O Facebook tem três das principais redes sociais do Brasil – WhatsApp, Facebook e Instagram – e traz ferramentas que as integram, o que potencializa suas estratégias.

16.1 IMPULSIONAMENTOS

As redes – Facebook e Instagram – disponibilizam um método simples e ágil de publicidade, popularmente conhecido como *impulsionamento*, que é ideal para quem está começando o trabalho ou até mesmo já trabalhando.

Os impulsionamentos se destacam por serem mais fáceis e rápidos de fazer, e não exigem configurações mais avançadas e técnicas. O foco maior desta categoria de anúncio é trazer excelentes alternativas de alcance para suas postagens, já que só é possível impulsionar o conteúdo que já foi postado.

Além de alcance, o impulsionamento traz a oportunidade de suas postagens receberem maior interação, como curtidas, compartilhamentos e até mesmo troca de mensagens.

Esta pode ser uma estratégia para quem está começando com trabalho de tráfego pago para a empresa, assim como buscando entender a audiência e expandir o alcance da marca inicialmente, ainda que esta seja também uma estratégia disponível em configurações mais avançadas.

Para começar uma campanha, basta entrar em seu perfil – aqui abordamos exclusivamente contas comerciais –, escolher a publicação que deseja que mais pessoas vejam e clicar em Promover (no Instagram) ou Turbinar (no Facebook) e iniciar a configuração, conforme a Figura 16.1.

Figura 16.1 Impulsionamento Instagram

Fonte: INSTAGRAM.

O processo é muito intuitivo e simples, porém a ferramenta não escolhe automaticamente as pessoas que serão alcançadas com sua campanha: é você que tem que escolher.

Você pode perceber que, ao impulsionar por este método, são disponibilizadas opções de público e localização, mas a complexidade, o acesso a métricas mais específicas e o aumento de possibilidades de anúncios podem ser obtidos apenas por meio da plataforma do Gerenciador de Negócios.

16.2 CONFIGURAR O SEU GERENCIADOR DE NEGÓCIOS

Antes de escolher qual a melhor estratégia para seu negócio, é necessário que você faça a configuração do Gerenciador de Negócios. Esta plataforma traz uma vasta quantidade de ferramentas para a realização de campanhas com os mais diversos objetivos. É nela também que a definição de públicos e cadastro de produtos é feita. O gerenciador pode ser acessado pelo endereço business.facebook.com.

As configurações de que trataremos a partir de agora podem ser feitas apenas por meio de um desktop; os aplicativos para smartphones não trazem todas as configurações disponíveis.

Caso você tenha dúvidas mais técnicas sobre as configurações iniciais do Gerenciador de Negócios, o Facebook disponibiliza um site completo com tópicos de ajuda, que pode ser acessado pelo endereço https://www.facebook.com/business.

16.3 PARTINDO PARA AS ESTRATÉGIAS

No menu sanduíche superior, entre os itens disponíveis, é hora de clicar no Gerenciador de Anúncios. Dentro da plataforma do Gerenciador de Negócios, este é o local onde você vai controlar todas as suas campanhas. O painel mostrará dados básicos de desempenho, como alcance, impressões, cliques, conversas geradas, entre outros.

Figura 16.2 Gerenciador de anúncios

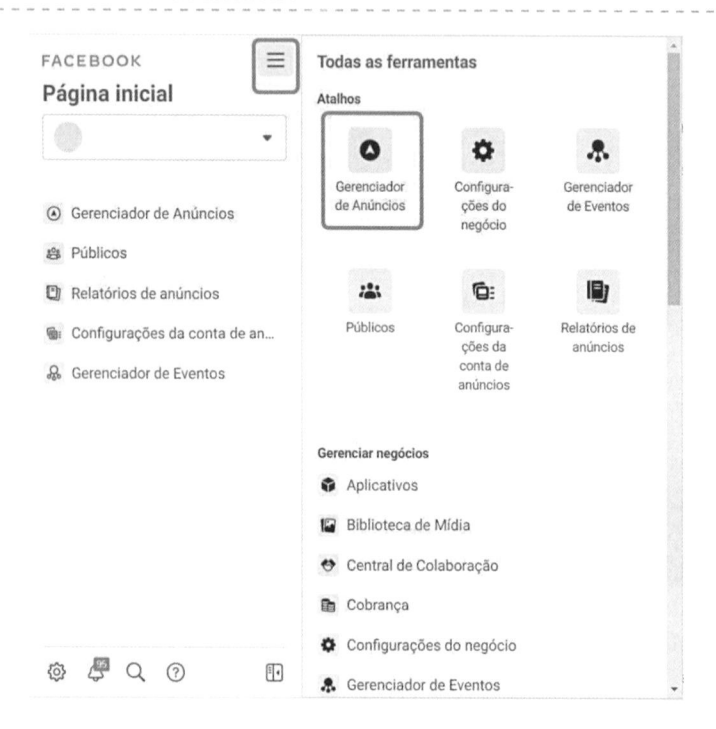

Fonte: FACEBOOK. DIsponível em: https://www.facebook.com/business.

Antes de partirmos para a próxima etapa, é importante entender algumas palavras que você encontrará sempre, em diversas mídias.

- **Impressões**: é o número de vezes que seu conteúdo foi veiculado e apareceu na conta de alguém, como no feed, por exemplo. Um mesmo conteúdo pode ter sido mostrado mais de uma vez para cada pessoa, e todas estas vezes são contadas como impressões.
- **Alcance**: é a quantidade de pessoas atingidas pelo seu conteúdo. Se a postagem aparecer três vezes para alguém, ela será contada apenas uma vez como alcance.

- **Frequência**: é a taxa de repetição de um conteúdo. Se em sua campanha parece que a frequência está em 2, isso quer dizer que o conteúdo aparece, em média, 2 vezes por pessoa.
- **Cliques**: este é autoexplicativo, irá indicar quantos cliques a sua campanha teve.
- **Resultados**: nesta coluna, o Facebook mostrará os resultados relativos ao seu objetivo de campanha. Se você fez uma campanha de tráfego, ele indicará os cliques; se foi uma de mensagens, é isso que ele mostrará.

Existem outras colunas disponíveis para você personalizar e ter uma visão mais completa e sistêmica de suas campanhas.

Ao clicar no botão "Criar,", ainda no Gerenciador de Anúncios, um novo mundo se abre. O painel com diversas opções de objetivo pode deixá-lo em desespero no começo, mas o sentimento deveria ser de alegria, afinal, opções para que sua campanha desempenhe bem não faltam!

Os objetivos estão separados em três grupos – reconhecimento, consideração e conversão –, e dentro deles há opções a serem escolhidas.

Figura 16.3 Criar nova campanha

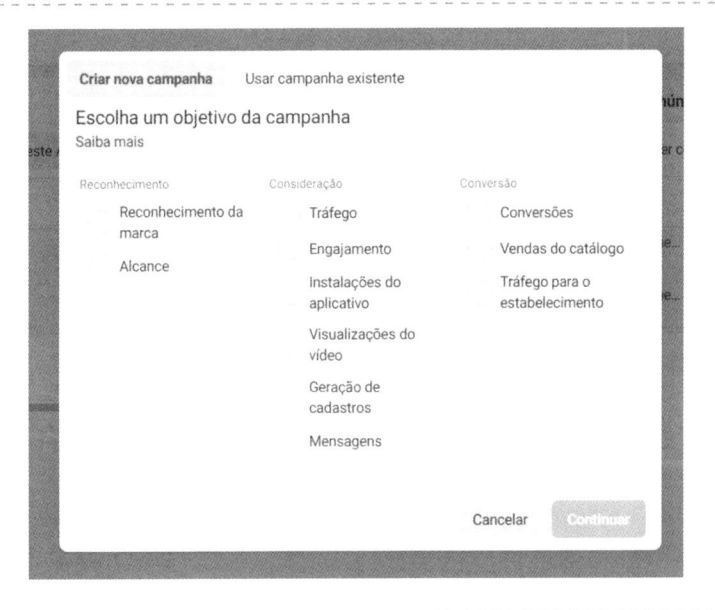

Fonte: FACEBOOK ADS.

Vamos conversar sobre cada uma delas.

16.4 RECONHECIMENTO

Reconhecimento da marca. Nesta campanha, o Facebook buscará que o seu anúncio tenha a frequência ideal para que os usuários tenham maior familiaridade com sua marca e ela passe a ser conhecida para eles.

Esta é uma ótima estratégia para topo de funil e para marcas novas, que querem expandir seu mercado e visibilidade. Vamos comparar a um estilo de anúncio tradicional: o de TV. Caso você vá lançar uma marca e exibi-la apenas uma vez para a audiência, dificilmente ela ficará marcada e será facilmente reconhecida posteriormente; isso se consegue por meio da frequência de exibição nos intervalos comerciais. Assim também é este estilo de campanha: mostrar mais vezes para aumentar a lembrança.

Alcance. Como já havíamos falado neste capítulo, alcance é o número de pessoas que viram um anúncio, não a quantidade de vezes que elas viram. Portanto, este objetivo de campanha busca alcançar o maior número de usuários na rede, não garantindo alta frequência.

O alcance também é uma campanha de topo de funil, ideal para "mostrar a cara" e apresentar suas soluções de forma inicial. Não se buscam ações ricas, como cadastro ou captação de leads por meio deste objetivo. Entretanto, este anúncio pode vir acompanhado de um link para direcionar o usuário a uma página ou um botão de ação.

16.5 CONSIDERAÇÃO

Tráfego. Talvez a mais conhecida de todas as campanhas do Gerenciador de Negócios, o tráfego, como o próprio nome já diz, tem como principal meta potencializar o direcionamento de pessoas para o destino que você definiu na sua campanha, seja ele um site, uma landing page, um aplicativo ou até mesmo seu WhatsApp Business e Messenger, opções que o Facebook disponibiliza também nesta categoria.

Diferentemente das duas opções anteriores, as campanhas de tráfego podem ser utilizadas em todas as etapas do funil, preferencialmente no meio e no fundo. E isso ocorre pela abrangência de destinos finais pelos quais você pode encaminhar esta campanha.

Como existem diversas possibilidades para sua campanha nesta categoria, é fundamental que o criativo do seu anúncio seja o mais claro e direto para que sua audiência entenda.

Engajamento. Nesta categoria, o Facebook busca engajamento – curtidas e compartilhamentos – em publicações específicas, participações em eventos que você tenha agendado ou ganhar curtidas na página. Notem bem que foi dito "página", ou seja, não funciona para perfis no Instagram. De pronto, o engajamento pode se parecer com as primeiras campanhas que nós delimitamos – reconhecimento de marca e alcance –, mas a diferença principal é que ele vai focar nas métricas do engajamento proposto, e não em números, como de usuários alcançados.

Outro ponto importante desta categoria de campanha é que ela traz dados para que você organize públicos personalizados que fizeram alguma ação específica, como, por exemplo, participação nos seus eventos propostos, assunto do próximo tópico do capítulo.

Instalação do aplicativo. Esta é uma ótima opção para quem tem um aplicativo e deseja aumentar o número de instalações dele em dispositivos móveis. Para isso, você deve registrar seu aplicativo no Gerenciador de Negócios. O acompanhamento de um desenvolvedor é indicado para esta finalidade.

Após as etapas de registro, os moldes de organizar esta campanha são parecidos com outros objetivos, como tráfego, por exemplo. Tanto da definição de público, quanto do criativo, a maior diferença é o botão de ação que chama para a instalação.

Visualização de vídeos. O nome deste objeto é um dos mais autoexplicativos do Gerenciador de Negócios. Com ele, o Facebook vai buscar pessoas – dentro do seu público estabelecido – que têm maior probabilidade de assistirem a seus vídeos.

Mas a importância deste tipo de campanha não se resume ao número de visualizações. Com ela, você tem dados que te mostrarão quão relevante é o seu vídeo para o público, com métricas de tempo de visualização. Isso se torna ainda mais relevante em relação à produção de público personalizado ou semelhante, que vai aumentar seus resultados.

Geração de cadastros. Esta é a melhor maneira de captar leads direto do Facebook e do Instagram, sem ser necessário fazer uma landing page ou ter um site pronto para a captação. A campanha disponibiliza três métodos de cadastro – formulários instantâneos, bate-papo automatizado e ligações.

Para a criação dos *formulários instantâneos*, o Facebook disponibiliza uma ferramenta que traz opções já preestabelecidas, como nome, e-mail, telefone, cidade, entre outros, e ainda traz a oportunidade de você desenvolver perguntas personalizadas. Isso traz um poder muito grande de segmentação e de leitura das oportunidades que você quer aproveitar.

Nos *bate-papos automatizados*, você também busca captar os dados dos usuários por meio de perguntas, mas elas são caracterizadas como uma conversa no Messenger. Isso traz maior interatividade, humanização e atratividade. Até mesmo nos botões de ação, você pode convidar os usuários para iniciar uma conversa. Isso costuma gerar maior interesse e taxa de conversão.

No item *ligações*, o botão de ação incentiva que a pessoa use o telefone para ligar para seu estabelecimento. Mesmo que não seja um cadastro direto, esta é uma ação mais voltada para quem tem uma equipe de vendedores ou um setor de vendas organizado.

Para facilitar o seu trabalho e organizar de maneira mais assertiva, o próprio Facebook disponibiliza integrações com ferramentas de CRM, com isso, assim que o cadastro for efetuado, os dados do cliente já serão encaminhados automaticamente para o seu CRM.

Mensagens. O envio de mensagens pode ser uma estratégia efetiva em vários momentos de seu funil. São disponibilizados dois tipos de anúncio nesta categoria: o envio de mensagens propriamente dito e as mensagens patrocinadas.

Este último exemplo só está disponível para o Facebook e tem o objetivo de enviar mensagens automáticas para o Messenger dos usuários que de alguma maneira já interagiram com sua empresa. Portanto, é uma estratégia ideal para reconectar contato, ativar vendas e até uma maneira mais direta de remarketing.

Mas a principal delas é o envio de mensagens. São três destinos – Messenger, WhatsApp Business e Instagram Direct, que em muitos aparelhos já é integrado com o Messenger. As mensagens são criadas também de forma antecipada, onde você pode criar opções de conversa para quem entrar em contato (disponível apenas para Messenger).

Um dos modelos de mensagem se assemelha com o objetivo anterior, que é a geração de cadastros. Você pode fazer uma campanha de mensagem e também gerar leads, como no tópico anterior.

16.6 **CONVERSÕES**

Chegamos aqui a um novo nível de campanha, com maior complexidade e efetividade da inteligência artificial do Facebook. O pressuposto para esta categoria de campanha é que você tenha instalado em seu site ou aplicativo o Pixel do Facebook e configurado eventos de conversão corretamente. Mais adiante vamos conversar mais sobre o Pixel.

Conversões. Aqui, conversamos diretamente para o fundo de funil. Após as instalações necessárias corretas, fazer uma campanha de conversão é potencializar o objetivo final de sua oferta, portanto, a pessoa já deve ter considerado sua oferta, entendido para que depois faça a compra ou finalização.

Caso já tenha a conversão configurada em seu site e selecionada corretamente, o Facebook escolherá as pessoas com maior probabilidade de realizar esta ação.

Você pode ainda direcionar para aplicativos, WhatsApp e Messenger, sempre com objetivos mais pontuais e de fundo de funil.

Vendas do Catálogo. Este é talvez o objetivo mais específico que é disponibilizado pelo Facebook. O pressuposto para que ela funcione é de que você tenha um catálogo de produtos cadastrado no Gerenciador de Negócios. Ele pode ser acessado pelo menu sanduíche – Gerenciador de Comércio.

Este catálogo irá possibilitar que você exponha seus produtos no Facebook e até mesmo os marque em postagens no Instagram.

A campanha especial para vendas busca levar seus produtos para que as pessoas finalizem a compra. É importante ressaltar que estes produtos devem estar vinculados a um domínio externo, preferencialmente em um e-commerce. O Facebook disponibiliza integrações com diversas plataformas de comércio eletrônico.

E, por estar dentro do guarda-chuva "Conversões", as tags devem estar instaladas para que a ferramenta consiga levar as pessoas certas a comprar seu produto.

Tráfego para estabelecimento. Este objetivo busca aumentar a percepção e levar pessoas para suas lojas físicas que estejam próximas delas. Se você conta com mais de uma loja, é importante cadastrar corretamente o endereço de cada uma delas. Você pode, inclusive, colocar o direcionamento por localização.

16.7 EXPERIÊNCIA INSTANTÂNEA

Este não é um objetivo de campanha em si, mas um formato disponibilizado para que você potencialize seus anúncios. É como se fosse uma pequena landing page, onde você pode acrescentar informações que agreguem à sua oferta.

Se sua campanha for sobre a venda de apartamentos, dificilmente você conseguirá mostrar todos os atrativos em apenas uma postagem. Você pode fazer um criativo que atraia o clique e você pode mostrar ao seu cliente fotos do decorado ou aplicações de decoração, o que agregará mais valor.

Ele está disponível para campanhas com objetivo de reconhecimento de marca, alcance, tráfego, engajamento, instalações de aplicativos, visualizações de vídeo, conversões, vendas do catálogo e tráfego para estabelecimentos.

16.8 PIXEL

O Pixel do Facebook é um código em JavaScript que é instalado em seu site ou landing page. Esta é uma etapa mais avançada de configuração e, dependendo de sua plataforma ou hospedagem, é ideal que tenha o auxílio de um desenvolvedor.

Mas, antes de procurar o auxílio de um especialista, esclareça com seu servidor, hospedagem ou plataforma de e-commerce se existe alguma integração nativa que possa facilitar o seu trabalho.

Para que você não fique preso em passos como "código" e "configuração", o mais importante é entender quais as funções do Pixel e por que, um dia, você precisará dele.

O Pixel funciona como um espião a seu favor. Ele busca entender o comportamento do usuário de seu site ou landing page e registrar os eventos dele dentro da página. Evento é como o Facebook chama todas as ações de um usuário no site, como cliques, colocar a compra no carrinho, visualizar vídeos ou preencher um cadastro.

Com estes dados, o Gerenciador de Negócios vai melhorando o entendimento sobre sua empresa e produto e compreendendo melhor o seu cliente. A correta instalação e configuração deste código vai fazer suas campanhas e segmentação de público ficarem cada vez mais eficientes.

A apresentação de métricas mais exatas também é uma vantagem do Pixel, que traz maior exatidão para que você consiga definir suas metas e desempenho de sua oferta.

16.9 IOS

Em junho de 2021, a empresa Apple mudou as políticas de privacidade em dispositivos móveis que utilizam o sistema operacional IOS, como iPhones e iPads, impedindo o acesso de dados entre aplicativos diferentes.

Para explicar de forma mais clara, ao não aceitar o aviso de permissão enviado pela Apple, os usuários que acessarem um site por meio do smartphone não serão rastreados por outras empresas, como o Facebook, ou seja, o Pixel, neste caso, perde a função.

No Brasil, em junho de 2021, apenas 13% dos celulares utilizavam o sistema IOS; mesmo assim, é importante que sua conta esteja corretamente configurada. A melhor maneira é fazer isso por meio do seu servidor; é adequado que esse processo que seja discutido com seu desenvolvedor ou plataforma de e-commerce.

Ao mesmo tempo, quando as ações são realizadas dentro do próprio Facebook ou Instagram, você não precisa se preocupar. Se o seu objetivo é captar leads, por exemplo, e fizer isto pelo gerenciador de cadastros do Facebook, de que falamos anteriormente, não é necessário que o Pixel esteja configurado, afinal, você não vai sair da plataforma.

16.10 PÚBLICO

Além do público que você pode escolher em cada uma de suas campanhas, o Facebook disponibiliza uma ferramenta para que você segmente seus públicos próprios e utilize diversas fontes para que tenha desempenho.

No mesmo menu sanduíche, você vai encontrar o ícone "Públicos", como na Figura 16.4.

Figura 16.4 Definindo públicos

Fonte: FACEBOOK ADS.

Nesta plataforma, você pode criar públicos segmentados personalizados e semelhantes, que vão ajudar a sua campanha a ter melhor desempenho por aproveitar dados que já foram adquiridos por sua conta.

Ao clicar em "Criar Público", você conta com duas opções: "Público Personalizado" e "Público Semelhante". Vamos começar pela primeira.

Figura 16.5 Criando novo público

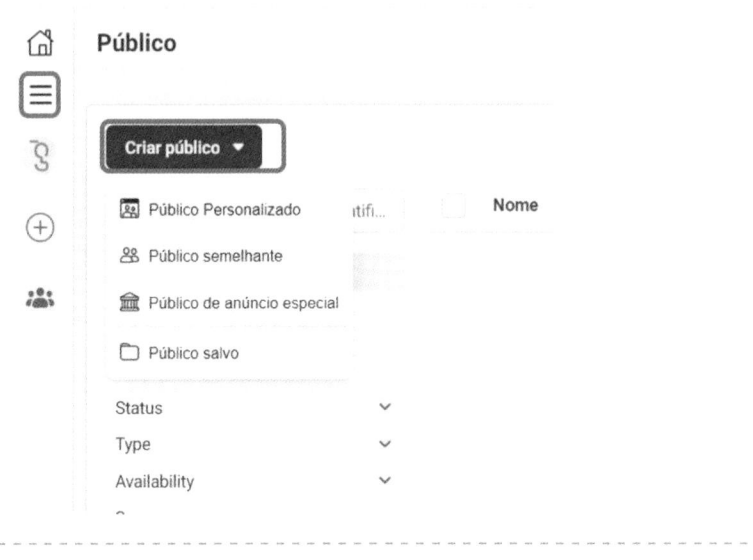

Fonte: FACEBOOK ADS.

Como se pode ver na Figura 16.5, você deve escolher a fonte dos dados que quer usar como público, divididos em dois grupos: "Suas Fontes" e "Fontes do Facebook".

Em "Suas fontes", existem opções ligadas ao Pixel – como o site, aplicativos e você também pode subir sua lista de leads. Caso tenha organizado seus clientes em uma planilha ou CRM, o Facebook permite que faça o upload deste conteúdo. Eles identificarão quais daquelas pessoas estão cadastradas nas redes para segmentar e personalizar seu público.

Já com as "Fontes do Facebook", você vai poder explorar dados provenientes de campanhas feitas por sua conta de negócios e engajamento na sua página ou perfil do Instagram.

Vamos pensar na campanha de cadastro que já foi citada neste capítulo. Você pode criar um público baseado apenas nas pessoas que responderam o seu formulário; isso é ideal para que faça uma campanha de remarketing, por exemplo.

Outra oportunidade interessante pode ser a visualização de vídeos, que também citamos. Esta é uma métrica de engajamento em que você pode selecionar pessoas que viram mais que 75% do seu vídeo e criar um público. Se alguém teve o interesse e a disponibilidade de ver o seu conteúdo até o final ou próximo dele, muito provavelmente esta pessoa dará boas respostas em outras campanhas de sua marca.

É com base nestes públicos personalizados que você pode evoluir para os "públicos seme-lhantes". Como o próprio nome indica, esta categoria utiliza os dados que você já definiu como relevantes na etapa anterior. Nesta etapa, você vai se deparar com a escolha da fonte de dados – que pode ser o público semelhante que criou, definir o país ou região deste público e selecionar o tamanho.

Este tamanho é relacionado a quanto as pessoas de seu público semelhante se parecem com o seu público segmentado. Já que se trata de algo mais específico, as boas práticas indicam que não ultrapasse os 3%, a não ser que faça parte de sua estratégia.

Há ainda a opção "público de anúncio especial", que é ligada à "categoria de anúncio especial", que engloba campanha voltadas para temas sociais, eleição e política; oportunidade de crédito; oportunidade de emprego; oportunidade de moradia ou serviço relacionado. Estas categorias têm regras especiais que podem ser acessadas diretamente na Política de Privacidade do Facebook, pelo link https://www.facebook.com/policies/ads.

Após a organização destes públicos, utilize-os em seus anúncios. É sempre bom ter em mente que o Facebook trabalha com uma complexa inteligência artificial e machine learning, que é o aprendizado de máquina, onde esta inteligência vai adquirindo conhecimento das melhores práticas, portanto, quanto mais se trabalha no Facebook Ads, maior a probabilidade de aparecerem bons resultados.

Tanto as redes sociais quanto o Google Ads, que abordamos no início deste capítulo, são grandes aliados em sua estratégia de expansão ou vendas, entretanto, dependem de um conhecimento e análise sistêmicos. É errado colocarmos toda a expectativa nestas ferramentas, afinal, elas só funcionam com estratégia, conhecimento e estudo para serem mais bem exploradas. Conte com especialistas, pesquise e aprenda constantemente.

Acredite no potencial que estas ferramentas têm com a mesma intensidade que você deve se atualizar sobre elas. Nada é mais dinâmico que o mundo online, e deixar de lado o aperfeiçoamento constante pode significar perda de vendas e dinheiro.

TECNOLOGIAS DIGITAIS, INTERATIVIDADE E CONECTIVIDADE 17

Autores:

Leandro Key Higuchi Yanaze

Edna de Mello Silva

17.1 CONCEITO DE INTERATIVIDADE E CONECTIVIDADE

A sociedade que adentrou o século XXI vivenciou, ainda em meados do século XX, as intensas mudanças de paradigmas em torno da circulação de informações, indo do padrão analógico para o digital em poucas décadas, e herdou o desafio de ampliar o acesso e a participação dos vários segmentos sociais num ambiente comunicacional cada vez mais tecnológico.

Essas mudanças desencadearam significativas transformações que influenciaram os cenários culturais, artísticos e comportamentais. Uma das facetas deste contexto pode ser observada em relação às plataformas midiáticas. Se rememorarmos o contexto da comunicação interpessoal vigente no início dos anos 90 do século XX, vamos encontrar ainda as cartas e os telefones fixos e no ambiente corporativo o envio de documentos por fax. Com a incorporação de computadores tanto no ambiente doméstico quanto no empresarial e o aprimoramento das redes de internet, tudo mudou completamente, chegando aos dias de hoje com o conceito de mobilidade, intensificado pelo uso de *smartphones*, redes sociais e conexões cada vez mais potentes que facilitam a circulação de informações em tempo real.

As inovações percebidas nos últimos vinte anos contribuem para aproximar, por meio da internet, os indivíduos separados pela distância física, armazenar dados em nuvens, e acessar diferentes conteúdos, ou seja, possibilitar o contato entre as pessoas e a circulação de conhecimentos. Em termos gerais, entendemos como conectividade essa capacidade de unir pessoas, de estabelecer elos e conexões. Na chamada **sociedade em rede**, termo cunhado por Castells[1] para falar da organização social possibilitada pelas inovações tecnológicas de comunicação

---

[1] CASTELLS, Manuel. **A sociedade em rede**. São Paulo: Paz e Terra, 2013.

e pela rede mundial de computadores (internet), a noção de espaço e tempo é diluída, tornando as conexões humanas mais rápidas e fluidas, do mesmo modo como é intensificada a exclusão dos atores sociais que ficam à margem desse processo.

Para Jenkins, Green e Ford,[2] a "cultura de conexão" engloba a lógica da circulação dos conteúdos e não mais de distribuição, pois, apesar de ainda manter um papel ativo no fluxo de informações, as grandes mídias têm enfrentado demandas de um público que, conectado em rede e fortalecido pelo grupo, busca um poder maior de produção para que também possa ter sua parcela de poder. Dessa forma, ainda que as empresas fortaleçam a atuação do consumidor como propagador de uma ideia por meio do engajamento, esse mesmo consumidor não deixa de manifestar seu próprio interesse em sua participação nesse processo. Os autores salientam ainda que a "cultura ligada em rede" são essas manifestações de trocas de informações, ou seja, a circulação de conteúdos entre os membros de uma comunidade ou grupo formado em torno dos mesmos interesses, que se constituem como um conjunto de práticas sociais e culturais.

A cultura da conexão em rede não se baseia somente nas condições técnicas de acesso e compartilhamento de dados; ela pressupõe uma ação ativa do usuário. Quando alguém lê algo e compartilha com seus seguidores ou amigos, reconhece que naquele conteúdo existe algo de valor que deseja que seus leitores também leiam. Por sua vez, o leitor que recebe um conteúdo compartilhado por alguém que ele segue ou é amigo tenta identificar o que seu amigo tentou dizer ao lhe compartilhar aquele conteúdo, ao mesmo tempo que analisa o conteúdo do material. Dessa forma, não existe um motivo isolado para a propagação de informações, mas uma tomada de decisão do usuário que decide se interage ou não com determinada postagem, se promove engajamento ou não, ou se omite algum comentário.

De forma geral, chamamos de interação esse tipo de comunicação entre as pessoas em determinado contexto. A interação pressupõe o contato, uma troca entre os indivíduos ou grupos, uma relação que pode ser estabelecida em diferentes ambientes. Thompson[3] identificou quatro tipos de interação:

- **interação face a face**: quando duas ou mais pessoas se relacionam de forma presencial. Ex.: sala de aula (professor e alunos);
- **interação mediada**: quando a interação é feita por meio de um objeto como o telefone ou o computador, ou seja, não é necessário que os indivíduos estejam no mesmo espaço;
- **interação quase mediada**: quando se consome um tipo de mídia que possua um fluxo de comunicação de um para muitos, como o criado pelas mídias tradicionais: jornais,

[2] JENKINS, Henry; GREEN, J.; FORD, S. **Cultura da conexão**: criando valor e significado por meio da mídia propagável. São Paulo: Aleph, 2014.

[3] THOMPSON, J. B. A interação mediada na era digital. **MATRIZES**, v. 12, n. 3, p. 17-44, 2018. DOI: 10.11606/issn.1982-8160.v12i3p17-44. Disponível em: https://www.revistas.usp.br/matrizes/article/view/153199. Acesso em: 26 jul. 2021.

livros, rádio e TV. Possui caráter monológico e quase sempre unidirecional e sem um destinatário único;

- **interação mediada online:** refere-se à interação nos ambientes digitais, onde é possível estabelecer uma relação dialógica ao mesmo tempo que se dirige a muitos destinatários.

Quadro 17.1 Quatro tipos de interação

Tipos de interação	Constituição espaçotemporal	Gama de pistas simbólicas	Grau de interatividade	Orientação da ação
Interação face a face	Contexto de presença	Completa	Dialógica	Outros em copresença
Interação mediada	Estendida no espaço e no tempo	Limitada	Dialógica	Um para um
Interação quase mediada	Estendida no espaço e no tempo	Limitada	Monológica	Um para muitos
Interação mediada online	Estendida no espaço e no tempo	Limitada	Dialógica	Muitos para muitos

Fonte: THOMPSON, 2018, p. 22.

É importante salientar que esses tipos diferentes de interação não são estanques entre si e podem se apresentar de maneiras complexas, de forma que os indivíduos podem transitar simultaneamente por elas, muitas vezes interagindo de diversas formas ao mesmo tempo, como no exemplo da segunda tela, onde o espectador pode assistir a um programa de televisão e interagir com seus seguidores no Twitter em grupos específicos, dialogar com alguém que esteja no mesmo ambiente e fazer sua própria transmissão por plataformas digitais ou aplicativos.

Outro termo ligado à cultura digital é o conceito de interatividade, que pode ser entendido como uma ação do usuário sobre as informações, superando a barreira inicial não somente no sentido físico, mas de interação com os conteúdos. A tecnologia digital, as interfaces gráficas, os hiperlinks são recursos que possibilitam ao usuário fazer escolhas, criar suas próprias trilhas para alcançar o conhecimento que deseja. A interatividade é um dos atributos de plataformas digitais pensados para que o usuário tenha uma experiência única e particular ao mesmo tempo que se integra ao ambiente e amplia seus horizontes por meio do compartilhamento e da colaboração. Os recursos digitais interativos ampliam as possibilidades e oferecem novos caminhos de produção de conhecimento.

17.2 REALIDADE VIRTUAL (RV) E REALIDADE AUMENTADA (RA)

Como já apresentado sucintamente no **Capítulo 12**, existem tecnologias que permitem um aprofundamento na interação mediada online dos usuários com uma marca e com seus produtos. São as tecnologias de Realidade Virtual (RV) e Realidade Aumentada (RA), que permitem uma interação com informações digitais de maneira imersiva. Para evitar confusões de entendimento, é importante apresentar algumas definições técnicas para, então, explorar as possibilidades de interação que tais tecnologias possibilitam.

Para compreender tais tecnologias imersivas interativas, é importante considerar que se trata de perspectivas técnicas diferentes. No artigo "A taxonomy of mixed reality visual displays", de Milgram e Kishino,[4] se estabelece o conceito técnico básico que diferencia as duas tecnologias. A Figura 17.1 mostra o continuum de virtualidade.

Figura 17.1 Continuum de Virtualidade

REALIDADE MISTA

Ambiente REAL — Realidade Aumentada / Virtualidade Aumentada — Ambiente VIRTUAL

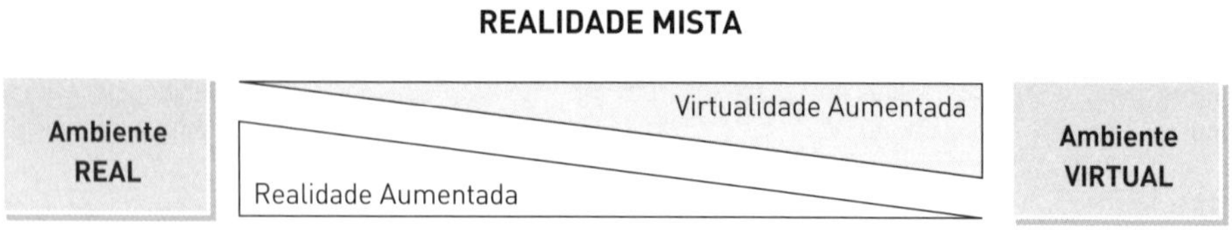

Fonte: DE MELLO SILVA; YANAZE, 2019, baseado em MILGRAM; KISHINO, 1994.

Neste conceito, o ambiente real pode ser entendido como o nosso mundo físico, tangível, desconsiderando as informações digitais. Ambiente virtual remete a realidades virtuais construídas através de processamento computacional em tempo real e acessadas por dispositivos digitais como cavernas digitais (sala com projeção nas 4 paredes e chãos e visualização com óculos 3D), console de videogames, computadores, smartphones, dispositivos de realidade virtual, entre outros. Quando existe a sobreposição entre elementos do ambiente real com informações digitais, compõe-se a realidade mista, podendo ser caracterizada como realidade aumentada (quando o ambiente real é enriquecido com informações digitais) e virtualidade aumentada (quando um ambiente virtual adiciona elementos reais).

Destes conceitos, destaca-se o uso da realidade virtual (ambientes virtuais) e realidade aumentada, que atualmente estão em evidência nas estratégias de marketing e comunicação. Existe um problema de sobreposição de tecnologias que pode incorrer na confusão entre estas duas tecnologias interativas. Os smartphones estão cada vez mais potentes em relação ao

---

[4] MILGRAM, P.; KISHINO, F. A taxonomy of mixed reality visual displays. **IEICE Transactions on Information Systems**, v. E77-D, n. 12, 1994.

processamento gráfico e, hoje, permitem a renderização em tempo real de ambientes virtuais cada vez mais sofisticados e realísticos. Ao mesmo tempo, por ter câmera e diversos sensores e, de novo, uma capacidade crescente de processamento, é muito usado para aportar aplicativos de realidade aumentada. Assim, um mesmo dispositivo permite a visualização e interação tanto de RV quanto de RA. Mas ressaltamos que se trata de tecnologias diferentes, pois a RV pressupõe a criação e renderização em tempo real de um mundo virtual enquanto a RA parte do conceito de ampliar o ambiente real com informações digitais.

Considerando as aplicações em ações de marketing e comunicação, as tecnologias de RV e RA permitem uma experiência profunda do usuário com a marca e com os produtos de maneira a propiciar uma interação online potencialmente engajadora. A realidade virtual, por ser um ambiente criado digitalmente de forma controlada, permite a criação de conteúdo rico, privilegiando a experiência do usuário com foco no reforço de atributos tangíveis e intangíveis da empresa e de seus produtos. Pode ser aplicada em:

- user experience em stands de eventos, feiras e exposições;
- passeios virtuais em fábricas, edifícios, ambientes corporativos modelados ou espaços fictícios disponibilizados em aplicativos, hotsites e/ou site institucional;
- simuladores de uso do produto;
- games para publicidade (advergames).

Há alguns anos, considerar o desenvolvimento de RV para ações de marketing significava dedicar uma grande parcela do budget para a criação de ambientes virtuais e outro tanto para disponibilizar a projeção através do aluguel de cavernas digitais e dispositivos de realidade virtual, ambos muito caros e só disponíveis em poucos lugares, como parques temáticos e centros de pesquisa.

Hoje, o desenvolvimento é facilitado e barateado por meio de *engine* de games (softwares de desenvolvimento de jogos digitais) com bibliotecas específicas para o desenvolvimento de mundos virtuais. Ao mesmo tempo, a projeção também está cada vez mais acessível através de dispositivos de RV cada vez mais potentes e baratos e também pelo smartphone encaixado em um dispositivo com lentes. O próprio smartphone tem sensores de movimento e o poder de processamento para renderizar os ambientes virtuais em tempo real. Assim, quando o usuário se movimenta, o giroscópio e acelerômetro permitem calcular o giro da cabeça, por exemplo, e renderizar o mundo virtual de forma a seguir este movimento. A sensação é de que o usuário controla o que e como quer ver o mundo virtual em uma percepção de imersão e interação naturais, apesar de o mundo ser virtual.

Na Figura 17.2, apresentamos um exemplo de ambiente virtual disponibilizado em um dispositivo de RV para fins de data comemorativa institucional.

Figura 17.2 Exemplo de aplicativo de realidade virtual para comemoração dos 25 anos da Unifesp

Fonte: YANAZE; SILVA, 2019.

Já em relação à realidade aumentada, existem dispositivos próprios com óculos especializados que já integram a projeção na lente das informações digitais, sobrepondo a visão do mundo real. Mas a popularização desta tecnologia se dá pelos smartphones que contam com diversos sensores, inclusive câmeras digitais de alta qualidade, sensores de localização e movimento e processadores gráficos. Alguns usos possíveis de RA podem ser encontrados em:

- aplicativos de geolocalização, usando a localização real e adicionando informações sobre lojas, conveniências, trânsito, outros usuários etc.;
- aumento de informações a partir de uma obra artística, uma embalagem, produto, flyer etc.;
- vídeo de apresentação sobre um cartão de visitas;
- manual de uso, manutenção e conserto sobre o próprio produto;
- efeito de raio-x.

Muitas vezes, a RV é confundida com vídeos 360°, pois ambas as tecnologias podem partir da experiência de o usuário ter o controle da visualização. Nos dois casos, a imagem gerada pelo dispositivo móvel ou pelos óculos de RV acompanha o movimento de rotação do usuário, naturalizando a sensação óptica de imersão. Na tecnologia de RV, o ambiente virtual é renderizado em tempo real para ser projetado. No caso dos vídeos e fotos 360°, a renderização não é em tempo real, mas é uma imagem que já contém todo o conteúdo a ser projetado que é recortado de acordo com o direcionamento dado pelo usuário. Vale destacar que, pelo fato de a RV ser um processamento em tempo real, permite interação com elementos do mundo virtual como ocorre nos simuladores e games. Nos vídeos 360°, é preciso inserir elementos como botões e controladores (adicionar informações digitais) para permitir uma interação para além do controle da projeção.

No caso da RA, a câmera do smartphone pode capturar imagens da realidade e, por reconhecimento espacial de imagens, calcular como posicionar um modelo tridimensional na tela e já renderizar, seguindo pontos de ancoragem. A percepção é de que existe um objeto de fato sobrepondo o espaço capturado pela câmera. Na Figura 17.3, feita para uma exposição de arqueologia, os visitantes podem levar um cartão em formato de mão que faz aparecer o modelo tridimensional de uma das peças expostas.

Figura 17.3 Exemplo de aplicativo de realidade aumentada para exposição arqueológica

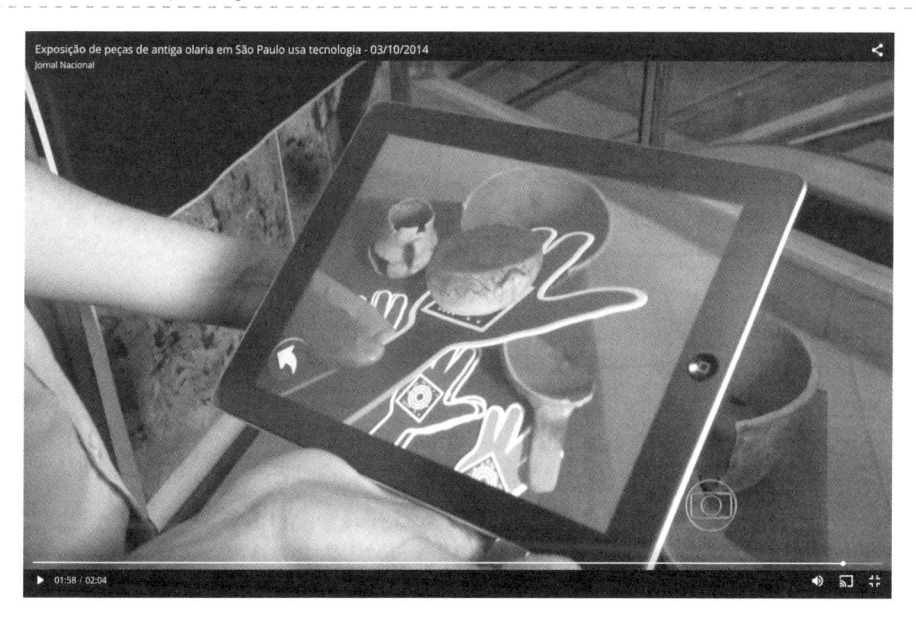

São tecnologias cada vez mais acessíveis em relação a custo de produção e de disponibilização e que potencializam a interatividade de uma empresa com o seu público-alvo. Podem ser usadas como conteúdo rico em estratégias de *inbound* e para fortalecer a presença digital e criação de autoridade em determinados assuntos.

17.3 METAVERSO: UNIVERSOS VIRTUAIS

Por conta do avanço das tecnologias de computação gráfica empregadas em produções audiovisuais, games, simuladores e instalações interativas, a possibilidade de criar ambientes virtuais complexos e com qualidade gráfica realista está cada vez mais acessível e comum. Ao mesmo tempo, o acesso a esses mundos virtuais, que antes era restrito a alguns consoles de videogames, computadores super potentes ou instalações como cavernas digitais, hoje está cada vez mais fácil, sendo possível usar até os smartphones e até o navegador web comum.

Aproveitando este poder computacional e o avanço da cultura digital de interação e sociabilidade virtual disseminadas pelas redes sociais, o conceito de metaverso procura unir a criação de ambientes de realidade virtual com a ação social das pessoas na internet. Simulando a realidade e até criando novas dinâmicas sociais, o metaverso promove espaços virtuais de interação, trocas e atuações.

É importante salientar que este conceito já podia ser encontrado em ambientes como o Second Life, criado em 2003 pela Liden Lab. Neste ambiente, os usuários criam seus avatares e interagem com outros usuários, em diversos espaços. Inclusive, podem comprar terrenos virtuais e criar ambientes, sendo possível também criar, comprar e vender objetos como vestuários, veículos, eletrodomésticos etc.

Diversos filmes também se basearam no conceito de ambientes virtuais de interação em suas narrativas, indo desde um enredo apocalíptico como *The Matrix* (1999) até filmes de família como *Free Guy* (2021). Isso indica que, socialmente, existe uma aceitação (ou, pelo menos, uma conformação) de que é possível interagir em ambientes virtuais com impactos diretos no mundo real com a compra de recursos digitais.

O termo Metaverso foi apresentado na obra de ficção científica *Nevasca* (1992) de Neal Stephenson, do gênero cyberpunk. Hoje o termo foi apropriado por diversas empresas que estão investindo fortemente em tecnologias de realidade virtual e realidade aumentada, como a global empresa de redes sociais Facebook, que mudou o nome da empresa guarda-chuva para Meta Platforms Inc. em 2021. O Facebook já estava investindo fortemente em tecnologias de realidade virtual quando adquiriu em 2014 a Oculus VR, empresa especializada na criação de dispositivos de realidade virtual. Com esta aquisição disponibilizou e popularizou o Oculus Quest e também a rede social em realidade virtual Horizon Worlds. Agora está investindo para se firmar como a principal referência de Metaverso.

O Metaverso está se consolidando e ainda existe muito espaço de especulação sobre as suas implicações para as empresas. No início dos anos 2000, já era anunciado que toda empresa precisaria comprar um espaço no Second Life, o que acabou não se concretizando. A diferença, desta vez, é que players gigantescos das tecnologias e das redes sociais, já tão disseminadas e necessárias, estão liderando a hibridização com os mundos virtuais. Outro fator essencial é que a sociedade já está muito mais acostumada, inserida e atuante nas redes sociais, já sendo até parte da sua essência cultural. Assim, os mundos virtuais não chegarão como uma novidade atraente somente para os amantes de tecnologia, mas para todo mundo que tem um smartphone.

Este alcance implica em diversas questões éticas e legais, pois nestes mundos virtuais será possível investigar e analisar todas as ações dos usuários. Tem a questão da alienação dos participantes que poderão substituir quase todas as suas ações no mundo físico para o virtual. Como o metaverso está em construção, cabe aos gestores de marketing e comunicação ajudar a construir ambientes virtuais que promovam o uso equilibrado e ético, combatendo a invasão de privacidade e a alienação do usuário.

17.4 APLICATIVOS E WEB APPS

Quando pensamos em interatividade digital, é essencial tratarmos do dispositivo computacional mais presente em nosso dia a dia, que é o smartphone. Cada vez mais potentes e aliados com a crescente velocidade de conexão com a internet, os smartphones se tornam o principal computador que usamos para realizar diversas interações com produtos e serviços dos mais variados tipos. Desde fazer compras, realizar webconferências, contratar um serviço de transporte, assistir vídeos, jogar online e, de vez em quando, realizar chamadas pela rede de telefonia.

Para que essas funcionalidades interativas possam ser aproveitadas plenamente, o smartphone oferece um sistema operacional que faz o diálogo direto entre os processadores, sensores e atuadores físicos (hardware) com a interface dos aplicativos (software). Sobre os aplicativos, estes podem ser definidos como um conjunto de ferramentas que objetivam realizar tarefas programadas específicas. Assim, existem aplicativos específicos para realizar operações bancárias, para mostrar o melhor caminho entre dois locais, para pedir uma refeição etc. Cada aplicativo é um série de instruções que aciona e recebe as ações do usuário através de dados emitidos e assimilados pelo dispositivo e pré-interpretados pelo sistema operacional.

No mercado atual, temos dois principais sistemas operacionais para dispositivos móveis: o iOS, exclusivo para aparelhos da Apple (iPhone e iPad), e o Android, disponível para ser customizado e funcionar em dispositivos de diversos fabricantes. Cada sistema operacional tem uma linguagem nativa de desenvolvimento diferente com bibliotecas e linguagem de programação específicas. Isso exige que os aplicativos sejam compilados de forma a dialogar especificamente com cada conjunto de linguagem de programação específica do sistema operacional. Na prática, um mesmo aplicativo precisa ser desenvolvido para iOS e para Android para funcionar de maneira nativa e otimizada nos principais dispositivos móveis.

Com esse trabalho dobrado, e, portanto, custo adicional de desenvolvimento, é muito importante averiguar a real importância estratégica de se implementar e disponibilizar um aplicativo para o negócio da empresa e para a sua interação com o cliente. Percebe-se que, por conta do crescente número de produtos disponíveis nas lojas de aplicativos, cresce também a rejeição por instalar novos aplicativos se estes não tiverem um motivo engajador e de longa duração de uso que justifique a sua instalação. Mesmo que o usuário se convença a instalar o aplicativo, se este não tiver uso constante e/ou uma funcionalidade considerada essencial, no momento em que a memória do dispositivo estiver cheia, provavelmente será a primeira opção para ser desinstalado e rejeitado permanentemente.

Para um aplicativo ser considerado essencial e de uso recorrente, precisa ter um ou mais dos seguintes objetivos:

- entregar conteúdo relevante de forma constante para o usuário, reforçando a reputação e a autoridade da sua marca;
- oferecer serviços que otimizem a experiência do usuário com a empresa através da disponibilização de manuais, videoaulas e treinamento e outros conteúdos ricos;
- usar recursos nativos do dispositivo móvel, como GPS, sensores de movimento, câmera, reconhecimento de QR Codes, reconhecimento espacial etc. para oferecer experiências como realidade virtual, realidade aumentada, vídeos 360º, ações por geolocalização, entre outros;
- estar integrado às demais ações de marketing, seja para explorar com mais detalhes um produto, oferecer oportunidades de customização e até permitir a compra ou contratação;
- valer-se das facilidades de interface para simplificar e intensificar as interações com o usuário no pós-vendas, diminuindo os custos com atendimento telefônico ao cliente e reduzindo o estresse e potencial rejeição por parte do cliente;
- ser um canal que intensifique e melhore a relação com o cliente, permitindo que ele registre e acompanhe chamadas de atendimento, sinta-se escutado e valorizado pela empresa e permita um aprofundamento no conhecimento de suas necessidades e expectativas até como pesquisa de mercado;
- se bem avaliado, pode ser uma forma de publicidade dentro da loja de aplicativos, pois existem estratégias de App Store Optimization (ASO) para dar visibilidade ao aplicativo no motor de busca das lojas e que pode incrementar o *awareness* de uma marca.

Conforme já foi defendido, é muito importante que o aplicativo tenha um uso intenso para convencer o usuário a instalá-lo. Em campanhas de marketing e comunicação digital que são mais pontuais, o custo de desenvolvimento de aplicativos nativos para os dois sistemas operacionais pode resultar em grande investimento para uma adesão abaixo das expectativas.

Nestes casos, ainda é possível oferecer uma experiência mobile de uma forma mais barata e pontual através de web apps, que são, tecnicamente, sites responsivos acessíveis por todos os sistemas operacionais, através do navegador padrão. Um web app segue a mesma lógica de desenvolvimento de um site, mas faz a verificação se a página está sendo acessada por um dispositivo móvel e, em caso afirmativo, permite o uso de bibliotecas web que permitem usar as funcionalidades móveis como GPS, sensores de movimentos etc.

Por ser mais genérico (para ser abrangente), acaba não sendo possível explorar a fundo todo o potencial das funcionalidades nativas do dispositivo móvel, mas já permite criar experiências interativas, com uma parcela do investimento em tempo de desenvolvimento. Ao mesmo tempo que não ocupa espaço permanente no dispositivo móvel, por ser uma solução online, exige conexão com a internet para ser acessado e funcionar adequadamente.

Assim, os aplicativos nativos e os web apps são recursos importantes na estratégia de marketing digital, pois potencializam a interação com o usuário e, como consequência, apoiam na presença digital da marca e na construção da sua reputação e autoridade digital.

17.5 TECNOLOGIAS CONECTIVAS (IOT)

Outro conceito tecnológico que tem grande potencial de impulsionar a interação entre empresas e públicos-alvo é a internet das coisas (*internet of things* – IoT). Neste conceito, considera-se que diversos objetos e ambientes do cotidiano comum estão recebendo componentes computacionais e estão sendo aprimorados ao se conectarem à internet. Tais objetivos permitem o povoamento de dados sobre o seu uso e também que empresas conheçam cada vez mais os seus clientes e possam automatizar processos para otimizar a experiência de compra e de uso de seus produtos e serviços.

Nossa conexão com a internet acontece por meio do smartphone, do computador e da televisão para acessar as plataformas de streaming de vídeos. Mas também temos um smartwatch monitorando os nossos passos, pressão arterial e batimentos cardíacos e reservando esses dados na nuvem. Estão sendo vendidas geladeiras que identificam o que está sendo consumido e já ajudam a criar uma lista de compras. Alguns hotéis estão guardando informações sobre a experiência de climatização dos seus clientes para já oferecer um quarto na temperatura de preferência, na próxima acomodação.

Os exemplos acima indicam um potencial enorme de dados que podem ser coletados e revertidos em aprimoramento em serviços e também em estratégias de marketing. Já existem experiências em que embalagens de produtos perecíveis "se comunicam" de forma digital com a gôndola e com a planilha de preços para reduzir o preço do produto conforme estiver mais próximo da sua data de validade, inclusive já permitindo uma conexão com o e-commerce e aplicativos de compra.

Em áreas estratégicas, como saúde, educação e lazer, a IoT já tem permitido a personalização de produtos, serviços e experiências para oferecer soluções customizadas, mais relevantes e assertivas de acordo com o conjunto de dados fornecidos pelos diversos dispositivos que fazem parte do cotidiano do target. De fato, o incremento de dados que são produzidos pelos diversos aparelhos conectados à internet precisa ser acompanhado por sistemas de inteligência artificial que permitam extrair informações estratégicas de big data (obtenção, tratamento e análise de grande volume de dados) para a elaboração de estratégias assertivas de marketing.

A automatização de processos por IoT também pode significar considerar novos produtos e serviços que atendam às demandas contemporâneas e agilizem com soluções interativas de alto impacto. Alguns carros inteligentes, por exemplo, já estão configurados para solicitar via internet um resgate em caso de identificação de acidente grave. De acordo com as preferências de comportamento e consumo identificados por sistemas diferentes, uma pessoa pode receber ações promocionais de compras casadas. Ao mesmo tempo, a forma como o cliente usa um produto pode resultar em um feedback valioso para a empresa para aprimorar a sua solução e inovar na sua interação com o seu público-alvo.

Na realidade, muitos dados sobre o nosso comportamento online, nas redes sociais e na nossa navegação web já estão sendo produzidos, tratados e traduzidos em informação estratégica pelas redes sociais, plataformas de análises, cookies etc. Este grande volume de dados que permitimos que sejam gerados pelos nossos comportamentos online são tratados através de inteligência artificial, ou seja, por meio de softwares de análise que procuram compreender tendências, probabilidades e correlações para oferecer ofertas e produtos que tenham maior chance de converter em venda. E tais softwares de inteligência artificial vão se aprimorando ao se basearem no machine learning (aprendizado da máquina), pois vão adquirindo relevância estatística e capacidade preditiva conforme o volume de dados cresce e as correlações ficam mais evidentes.

Com a internet da coisas, a quantidade de dados crescerá exponencialmente, pois os nossos dados de comportamento e consumo não serão gerados somente quando paramos para usar o computador ou o smartphone para fazer uma compra online, mas acontecerá até sem a nossa presença física (exemplo da geladeira que automaticamente cria a lista de compras). Com tantos dados, será possível identificar de uma forma muito mais precisa como está a interação da empresa com o seu target, inclusive permitindo enxergar claramente o momento da jornada do cliente e a assertividade da estratégia do funil de vendas (**Capítulo 2**).

Neste conceito de muitos dados (big data) sendo obtidos e tratados por inteligência artificial que se autoaprimora (machine learning) para o marketing, surge o conceito de *data driven marketing*, traduzido como marketing dirigido por dados. Nesta abordagem, os dados gerados pelo comportamento online e por IoT são a base das decisões estratégicas de marketing, pois são trabalhados como base estatística sólida para direcionar os meios, os conteúdos e as abordagens para trabalhar cada canal. O desafio é como obter esses dados de forma direta ou terceirizada e como tratá-los para obter a melhor base de inteligência possível que permita o aprimoramento da interação com o seu target.

Case ABRADi	Agência	Cliente	Período	Categoria
Aplicativo Refriplay	VitaminaWeb	Grupo Macari Braga	Desde 2020	Aplicativo

CLIENTE

A Refriplay Marketing e Tecnologia conta com aproximadamente 50 mil usuários no Brasil e está presente em mais de 14 países. O projeto Refriplay é um aplicativo voltado a profissionais de refrigeração e climatização.

Sendo um grande sucesso entre os refrigeristas, pretende profissionalizar o trabalho por meio de ferramentas de inteligência.

O aplicativo conecta mecânicos, técnicos, marcas e em breve o consumidor final.

Atualmente, o Brasil possui cerca de 500 mil profissionais envolvidos direta ou indiretamente com a área de refrigeração e climatização.

PROBLEMA

Quando foi lançada, a Refriplay não possuía um aplicativo confiável, pois ele constantemente apresentava problemas no desenvolvimento e nas ferramentas lançadas.

Havia muitas críticas dos consumidores sobre os problemas do aplicativo e em seu uso em campo. Devido a isto, o volume de usuários caía drasticamente e, consequentemente, a avaliação nas lojas Google Play (Android) e APP Store (Apple) seguia na mesma queda.

Números de performance da época eram de 400 a 500 novas instalações de aplicativo contra 1.000 a 1.500 remoções do aplicativo.

A Refriplay já estava na terceira empresa de desenvolvimento.

SOLUÇÃO E RESULTADOS

A VitaminaWeb iniciou um primeiro aplicativo chamado de **Refricode** para testar o *minimum viable product* ou mínimo produto viável (MVP). O projeto foi realizado em 90 dias sem atrasos, utilizando a metodologia ágil para gestão do projeto SCRUM, com entregas a cada 15 dias.

Este aplicativo tinha por objetivo principal escanear um QR Code, chamado de Refricode, e possibilitar que o usuário do aplicativo (o técnico) pudesse criar um histórico de instalação e manutenção dos seus atendimentos.

Este aplicativo obteve ótimas avaliações nas lojas de aplicativo. Assim, houve a fusão dos apps Refriplay com o Refricode, criando apenas um único aplicativo: o Refriplay.

Com esta fusão, novas funcionalidades foram agregadas ao aplicativo, tais como:

- ferramenta de credenciamento com empresas;
- ferramenta de treinamento;
- sistema de orçamentação;
- guia para códigos de erros e manuais;
- sistema de chamados;
- sistema de gestão de pós-venda e garantia;
- busca de lojas próximas;
- seguro;
- plano de manutenção, operação e controle.

A VitaminaWeb criou junto com a Refriplay uma rotina mensal de publicação de novos recursos, o que fez com que os resultados fossem fantásticos, com 150 a 200 novos usuários por dia contra 10 desinstalações por dia, além de ganhar notoriedade entre grandes companhias do segmento.

E, por conta do sucesso, a Refriplay já planeja abrir mercados externos, transformando o projeto em multi-idioma e chegar a 1.000.000 de usuários ativos em nível da América Latina.

TELAS DO APLICATIVO

Fonte: GOOGLE PLAY. Disponível em: https://play.google.com/store/apps/details?id=com.br.refriplay.app. Acesso em: 28 jan. 2022.

DEPOIMENTO DO CLIENTE

"Para toda grande ideia é preciso de grandes parceiros, especializados, para que o projeto cresça de forma sustentável e que você tenha sempre respaldo de quem realmente conhece do assunto."
Rafael Macari, CEO da *Refriplay*.

INFOPRODUTO

18

Autor:

Edgar Almeida

18.1 CONCEITO HISTÓRICO

18.1.1 2005

O exercício de olhar o histórico é uma virtude em marketing, pois permite compreender padrões comportamentais e criar cenários futuros com menor risco, mesmo em um mundo extremamente volátil como o dos dias atuais.

Então, voltemos algumas décadas, até o ano de 2005. Neste ano, iniciei meu trabalho como tutor eletrônico para uma das universidades pioneiras no país na modalidade Ensino à Distância, a Universidade Norte do Paraná (Unopar), hoje pertencente ao grupo Cogna Educação.

Nesta época, a diretoria nos informou que a instituição já tinha cerca de 150 mil alunos matriculados. Para nós, professores, tutores, era algo disruptivo, porque olhávamos para as universidades com campus físicos gigantescos cercados de muita natureza e concreto e elas possuíam muito menos alunos, um número limitado por paredes e cadeiras. Como poderia este ambiente online suportar tantos alunos? A educação estava chegando onde antes era impossível, uma democratização da educação. O Gráfico 18.1 ilustra o número de cursos de graduação EaD até o ano de 2020.

Claro que a tecnologia ainda estava nos estágios iniciais. O atendimento para tirar dúvidas aos alunos, por exemplo, ainda era restrito a e-mail e telefone. Sim, recebíamos ligações de várias regiões do país para tirar dúvidas por telefone. Foi um aprendizado e tanto ensinar por telefone.

Observe o crescimento expressivo no Gráfico 18.1, sobretudo entre 2018 e 2019, isso é, **antes da pandemia já estava em curso este fenômeno.** Este olhar para trás tem como objetivo, nesta introdução, apenas fazer uma ponte para os dias atuais e criar uma conexão com o conceito de ciclo de vida do produto mais adiante.

Gráfico 18.1 Evolução do número de cursos de graduação EaD – Brasil 2000-2019

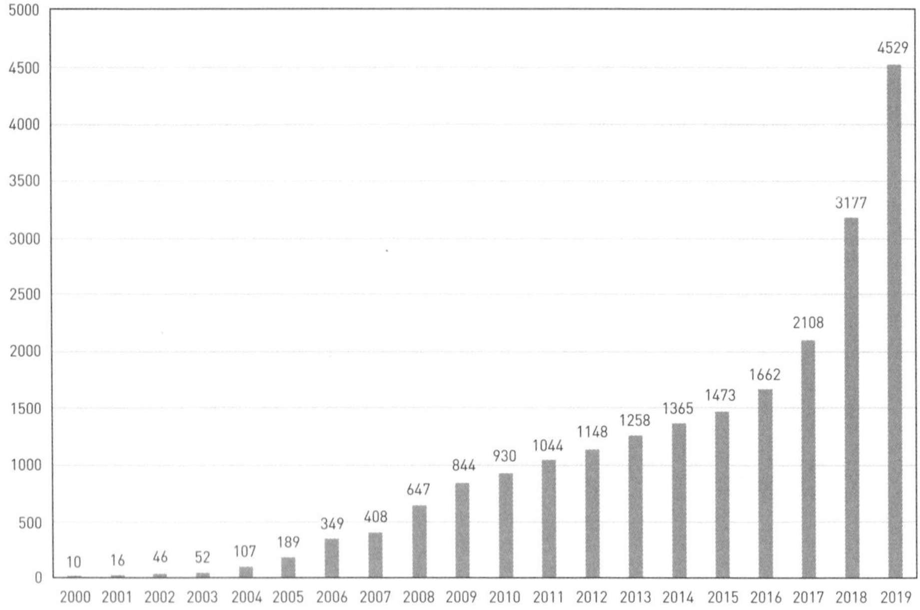

Fonte: INEP, 2019.

18.1.2 2021

As notícias sobre a explosão do mercado digital estão em todos os lugares. Isso é fato. Porém, quando olhamos o segmento de educação à distância de forma isolada, temos outra leitura.

Este mercado sofreu uma aceleração, mas não partiu do ponto zero ou estágios iniciais como muitos outros segmentos. O mercado de educação à distância, essencialmente um serviço, já era um mercado bilionário há muitos anos.

Isto é importante para chegarmos ao conceito de infoproduto. Afinal, o que é um infoproduto?

Segundo a Eduzz, plataforma para vendas de produtos digitais, infoproduto é um conteúdo em formato digital que pode ser acessado em diversos dispositivos, tais como computadores ou smartphones. Os tipos mais comuns de infoprodutos são: e-books (livros digitais), cursos online, manuais, apostilas, vídeos e músicas.

Para Giovane Calabrese CEO, da HubEAD[1], outra empresa especialista na venda produtos digitais, o infoproduto pode ser categorizado como "o conhecimento distribuído de forma paga ou gratuita através dos meios digitais, consumindo as mais variadas formas de apresentação, vídeos, e-books, podcasts etc."

---

[1] Entrevista cedida ao autor. HubEAD e EADSimples são empresas do mesmo grupo e possuem atualmente 2.000 infoprodutores e 6.000 afiliados ativos.

Marketing Digital

Com as conceituações acima, podemos entender que os cursos EaD dos anos 2000 já eram infoprodutos. Claro que, como em qualquer mercado em evolução, houve muitas mudanças até então, o que será mais bem detalhado no tópico Marketing de Afiliados.

Calabrese complementa que este mercado de infoproduto ainda está em franca expansão e que parte deste sucesso está nas diversas estratégias de monetização (muito além da clássica venda direta) e tem muito espaço para inovação, principalmente na maneira/tecnologia/ferramenta como será apresentado/consumido pelo público.

Viveiros[2] traz uma contribuição adicional ao conceito já descrito, ao dizer que infoprodutos "possuem riscos e custos baixos, tendo, portanto, um alto potencial de lucro e escala".

Note que Viveiros diz que, apesar de baixos, ainda existem riscos e custos. É importante não restringir o termo *custo* a moeda financeira. Uma pessoa, por exemplo, pode se interessar em criar algum produto digital, o que certamente levará horas para criação, produção e distribuição. Entendemos este empenho também como custo.

Então como reduzir ao máximo possível o risco e custos e aproveitar este mercado promissor? Existe uma teoria já validada por anos nas escolas de marketing a respeito de desenvolvimento e lançamento de novos produtos e serviços.

Este é um caminho que futuros empreendedores, ou produtores de infoproduto, devem percorrer para ser o mais assertivo possível sob a ótica do marketing, o que será exposto a seguir.

18.2 DESENVOLVIMENTO DE INFOPRODUTOS

Há um costume, no dia a dia dos profissionais de marketing, de usar a terminologia *produto* e *serviço* como sinônimos quando dizem respeito à criação e desenvolvimento de novas soluções (produtos ou serviços). Apesar de haver diferenciações entre os produtos e serviços, o processo de desenvolvimento e lançamento para ambos é basicamente o mesmo, talvez por isso o vício de linguagem.

Neste sentido, usaremos aqui o termo *infoproduto*, já conceituado no tópico anterior, pois, da mesma forma que descrito acima, entende-se que o processo já estudado e validado mundo afora nas principais escolas de negócios é muito similar.

Apesar de as ideias não seguirem exatamente uma ordem lógica e linear na cabeça do empreendedor disposto a criar um infoproduto, é interessante a visão dos pesquisadores Lamb, Hair e McDaniel,[3] que apresentam um processo sistemático com os seguintes passos para o desenvolvimento de um novo produto:

1) **estratégia do novo produto**: um novo produto a ser desenvolvido deve fazer parte da estratégia macro da empresa, ou seja, precisa estar relacionado com os objetivos de marketing;

[2] VIVEIROS, Alexandre. Tendência: conheça o mundo dos infoprodutos, que têm conquistado todas as gerações. **Techtudo**. Disponível em: https://www.techtudo.com.br/noticias/2021/04/tendencia-conheca-o-mundo-dos-infoprodutos-que-tem-conquistado-todas-as-geracoes.ghtml. Acesso em: 6 jul. 2021.

[3] LAMB, Charles W.; HAIR, Joseph F. Jr.; MCDANIEL, Carl. **MKTG**. 5. ed. São Paulo: Cengage, 2013.

2) **geração de ideias**: ideias relacionadas a novos produtos podem vir de muitas fontes, como consumidores, funcionários, distribuidores, fornecedores e até concorrentes;

3) **triagem de ideias**: primeiro filtro no processo de desenvolvimento de produtos; essa etapa elimina ideias inconsistentes com a estratégia da empresa ou que são inapropriadas por alguma razão;

4) **análise de mercado**: segundo estágio do processo de triagem em que se calculam as demandas, custos, vendas e lucratividades;

5) **desenvolvimento**: processo do desenvolvimento do produto em que se desenvolvem um protótipo e uma estratégia de marketing;

6) **teste de marketing**: introdução de um produto e de um programa de marketing para determinação dos consumidores potenciais, dentro de uma situação de mercado a fim de testar sua viabilidade;

7) **comercialização**: decisão de comercializar um produto;

8) **novo produto**: produto novo criado, deve-se seguir o ciclo de vidas dos produtos apresentados adiante.

Figura 18.1 Processo de desenvolvimento de novos produtos

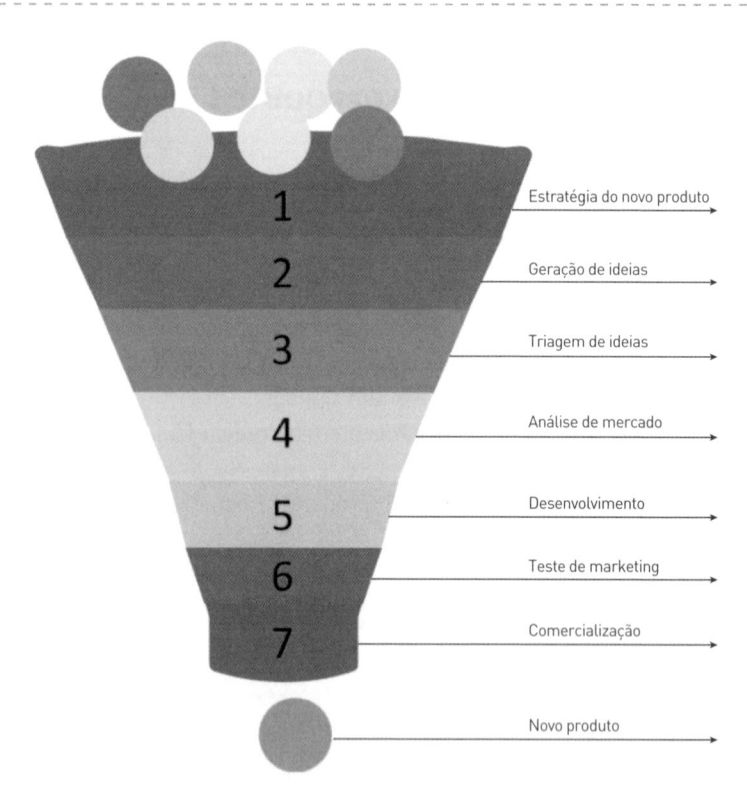

Fonte: adaptada de LAMB; HAIR; MCDANIEL, 2013.

Mesmo com o processo descrito anteriormente, é muito comum que algumas perguntas fiquem no ar, tais como: Quantas unidades vou vender? Qual o preço ideal? No caso de um e-book, quantas páginas? Ou um curso online: quantas aulas/horas são necessárias? Enfim, são várias dúvidas que a grande maioria das empresas no Brasil terão dificuldade em responder, justamente por não ter um departamento de marketing estruturado, ou seja, micro e pequenas empresas. Portanto, segue uma proposta enxuta mais aderente a micro e pequenas empresas da realidade brasileira.

18.2.1 Processo básico de lançamento de um infoproduto para micro e pequenas empresas

Todo processo tem o momento zero. No caso de infoprodutos, é comum alguma habilidade pessoal vir à tona associada ao pensamento de monetizar este conhecimento em larga escala.

Como passo seguinte, deve-se buscar todos os dados secundários já disponíveis no mercado, porque não tem custo para sua obtenção, além do tempo gasto para pesquisa. As plataformas de comercialização de infoprodutos são uma boa fonte de informação. Há várias no mercado: Hotmart, Eduzz, HubEAD, Udemy, entre outras.

Um bom exemplo é este curso gratuito da Hotmart, com link no QR Code.

https://www.hotmart.com/desafio30dias

Realizar um benchmarking[4], isto é, conversar com outros produtores de infoprodutos, pode trazer insights valiosos para seu negócio. Este processo às vezes é difícil, pois alguns produtores ainda possuem uma visão limitada do mercado online e podem enxergá-lo como um concorrente. Uma alternativa é buscar produtores que não tem concorrência direta ou em alguns casos até mesmo contratar uma mentoria, consultoria com algum especialista na área.

Com todos os dados em mãos, o ideal é criar uma matriz que permita ajudá-lo a identificar o seu grau de competitividade, isto é, o quanto o novo infoproduto tende a ser viável. Esta matriz inicial deve conter atributos relevantes ao seu negócio.

---

4 Benchmarking, segundo Rockt Content, é uma análise estratégica das melhores práticas usadas por empresas do mesmo setor que o seu. Benchmarking vem de "benchmark", que significa "referência", e é uma ferramenta de gestão que objetiva aprimorar processos, produtos e serviços, gerando mais lucro e produtividade.

Tabela 18.1 Matriz decisória para um curso online de marketing para MEI (microempreendedor individual)

Atributos	Sua empresa	Curso X	Curso Y	Curso Z
Preço – peso 1,3	3	1	2	5
Comissão afiliado[5]	5	2	5	5
Avaliação de ex-alunos	0	3	4	0
Divulgação	4	0	1	0
Qualificação	5	3	5	3
Site em geral	4	1	5	1
Horas curso	3	5	3	5
Autoridade digital 1,2	2	3	5	1
Conteúdo programático 1,5	5	5	5	1
SOMA	34,8	26,4	39,1	23,2

Fonte: elaborada pelo autor.

Talvez você esteja imaginando como é possível até agora tratarmos do desenvolvimento de novos produtos sem citar uma palavra mágica – cliente. Sim, ele é o mais importante e faz parte de todo o processo, mas deixamos para dar o destaque agora.

Vamos compreender esta matriz decisória. Ela possui notas de 0 a 5, sendo cinco a nota mais positiva e zero o oposto. O ideal é atribuir as notas com base em dados levantados nas etapas anteriores. Por exemplo, porque o atributo *preço* de um curso foi bem avaliado com nota 5? Justamente porque na pesquisa foi identificado, nos comentários do curso nas plataformas que comercializam os cursos, o preço como sendo um diferencial e os reviews dos ex-alunos corroboram esta afirmação. Além disso, para o perfil deste público, microempreendedores individuais (MEI), o preço tem um grande apelo. Como saber?

Pesquisa de mercado é outra etapa fundamental que obtém muitas respostas e reduz as incertezas. Uma pesquisa de mercado quantitativa foi conduzida usando formulários online enviados via rede social LinkedIn (adendo: veja que rede social não serve apenas para vender produtos e serviços), que permitiu identificar o que os possíveis clientes mais valorizam na hora de escolher um infoproduto semelhante ao que estava sendo desenvolvido; em outras palavras, quais seriam os atributos mais relevantes para tomada de decisão entre comprar um curso online ou outro.

---

[5] Como será explanado em marketing de afiliados, algumas pessoas ganham um percentual sobre as vendas para divulgar e comercializar infoprodutos. Essas pessoas são chamadas de afiliados. O percentual é definido pelo produtor do infoproduto.

O resultado da pesquisa gerou os atributos na primeira coluna, isto é, o que é mais importante para este público específico e os respectivos pesos que permitem fazer uma média ponderada. Por que inserir pesos nos atributos? Por que alguns atributos têm mais relevância para o cliente segundo dados da pesquisa. O conteúdo programático, por exemplo, é 50% mais importante do que muitos outros atributos que estão sem peso neste exemplo real. Parece estranho, mas o currículo do professor ou instrutor, nos moldes tradicionais, apresentou baixa relevância para os entrevistados, tanto que não fez parte da matriz apresentada na Tabela 18.1, talvez porque a própria legislação permite o arrependimento de uma compra online em sete dias. Logo, se o curso não for bom o suficiente, o cliente desiste e pede reembolso do valor. Desta forma, o mais importante é o conteúdo programático prometido e outros fatores. Este contexto também será mais bem abordado em marketing de afiliados.

Neste estágio já é possível tomar uma decisão de criar o infoproduto ou não. Em caso positivo, recomenda-se a criação do MVP para iniciar as vendas e os testes de mercado.

Com um novo produto em mãos, é necessário que o produtor conheça o ciclo de vida de um produto, pois certamente seu infoproduto passará por estas fases, o que exige estratégias distintas, conforme abordado a seguir.

Para compreender este ciclo de vida, ilustrado no Gráfico 18.2, vamos usar como exemplo a rede social ClubHouse, já abordada no **item 4.1**. Possivelmente, a empresa passou inicialmente pela fase de planejamento e ideação do novo produto. Com o planejamento pronto, chegou o momento de lançar o produto no mercado (introdução) e alguns influenciadores digitais e *early adopters*[6] começaram a usar (introdução). Seus amigos contaram para você e muita gente correu atrás e até comprou convite para participar da nova rede social (crescimento). E chegará determinado momento, ainda não sabemos, em que haverá uma estabilidade no número de usuários, faturamento etc. (maturidade) e, caso o produto não sofra inovações, pode ir para o declínio, como a rede social Orkut.

Gráfico 18.2 Ciclo de vida de um produto

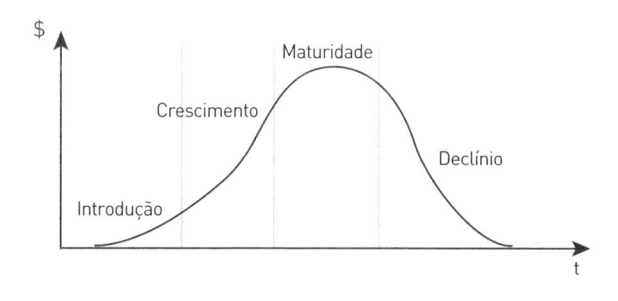

Fonte: WIKIPEDIA.

---

[6] Pessoas mais dispostas a usar primeiro novas tecnologias.

Como o mercado é dinâmico, obviamente os concorrentes respondem, tornando o jogo mercadológico ainda mais competitivo. O Spotify, por exemplo, lançou o app Greenroom para concorrer com o Clubhouse. Logo, fatores internos e externos influenciam neste ciclo de vida do produto.

Um ponto de observação extremamente importante para produtores que forem desenvolver um infoproduto é compreender que cada fase exige estratégias distintas, como será visto a seguir.

18.2.2 Etapas do ciclo de vida de um produto

Conforme o ciclo de vida representado acima, vemos que cada etapa compreende uma função.[7]

- **planejamento:** momento de preparação de *inputs* e *throughputs,* como visto no **Capítulo 1**, visando *outputs* adequados (produtos e serviços). Esta fase exige muito levantamento de dados, como, por exemplo, pesquisas de mercado;
- **lançamento/introdução:** momento de disponibilização do produto no mercado. É o estágio que exige maior investimento financeiro em comunicação e distribuição, afinal o produto precisa primeiramente tornar-se conhecido e estar disponível para a compra. Neste estágio os lucros, quando existem, são menores devido ao alto investimento;
- **crescimento:** momento de distribuição feita para impulsionar o produto. Aqui os investimentos em comunicação ainda continuam altos, mas a tendência é começar a apresentar resultados positivos. Esta distribuição de um infoproduto pode ser potencializada com o uso de afiliados ou plataformas especializadas em comercialização de infoprodutos;
- **maturidade:** momento em que a concorrência está acirrada, afinal muitos competidores entram no jogo, como no exemplo citado anteriormente do Clubhouse *versus* Spotify (Greenroom). Estágio em que as margens financeiras são maiores, afinal o produto já possui sua fatia de mercado e posicionamento estabelecido. O cuidado necessário é olhar para tendências de mercado e inovações para o produto não seguir para a fase de declínio. É comum produtores criarem novos produtos adicionais que possam fazer uma venda cruzada. Por exemplo, ao vender um e-book, o produtor pode inserir um código de desconto para a compra de um curso online;
- **declínio:** momento de reavaliação do produto, onde se analisa se o produto ainda é viável, e as mudanças necessárias para reverter o quadro. Ou, em caso de inviabilidade, o produto é descontinuado.

---

[7] Adaptado de YANAZE, 2021.

MARKETING DE AFILIADOS

19

Autor:

Alexandre Balaguer Abramo

19.1 **2011**

É difícil cravar quando nasceu o mercado de afiliados no Brasil, ou até mesmo o de produtos digitais. O de afiliados, propriamente dito, nasceu no dia em que a primeira pessoa pegou um produto que não havia sido produzido por ela e saiu de porta em porta para vender em troca de uma comissão. Eu sinto muito se você acreditava que o mercado de afiliados era uma coisa muito mais complexa do que isso, mas é daí que ele veio.

A diferença do caixeiro viajante, ou do corretor de imóveis, para um afiliado digital é só a forma como ele faz a venda. Nós estamos falando de quem vende um produto digital que ele não criou em troca de uma comissão. E aí vêm os tais produtos digitais, ou infoprodutos, como muitas pessoas gostam de falar. E que tipo de produto é esse? Simples: Tudo o que pode ser entregue pela internet pode ser um produto digital. E qual mercado é esse? E por que eu coloquei na abertura deste capítulo o ano 2011? Basicamente em função de ser um mercado tão jovem que dados consolidados de todo o mercado são praticamente impossíveis, então eu posso entregar os que eu sei.

Como diretor da Hotmart, eu consigo dizer que nós somos hoje uma empresa global de tecnologia, criada em 2011, em Belo Horizonte, pelos amigos João Pedro Resende e Mateus Bicalho. Líder em produtos digitais, a proposta da plataforma é oferecer uma solução gratuita com soluções completas para produtores, afiliados e compradores de todo o mundo. Para produtores, cobra-se uma taxa de 9,99% + R$ 1 a cada venda realizada.

A sede hoje é em Amsterdã, na Holanda, e a sua presença cobre 188 países, com transações em 13 moedas. Se fosse uma nação independente, sua comunidade ocuparia o 54º lugar no mundo. O potencial de crescimento ainda é imenso e os números, superlativos. São eles que eu quero trazer para que a nossa conversa tenha uma base em dados.

1) São mais de 370 mil produtos cadastrados.
2) +26 MM de usuários.
3) Mais de US$ 1 bi em vendas.
4) Mais de 1.000 colaboradores (os *troopers*) espalhados pelo mundo.
5) +160% de crescimento no faturamento em 2020.

Pensa em uma pessoa conhecida? Está lá. Pensa em um curso? Tem. Os nichos mais procurados estão ligados a temas como negócios e carreira; esportes e bem-estar; educação; finanças, relacionamento e desenvolvimento pessoal.

Além da presença festejada das estrelas e sua fenomenal audiência, as conquistas das pessoas comuns são as histórias que geralmente quem não conhece esse mercado mais celebra. Há quem fature milhões e milhões de reais por ano . Há quem tenha mais de 100 mil alunos em diversos países. Há quem transforme vidas dando cursos profissionalizantes de manicure ou manutenção de máquinas de lavar. Ou de educação sexual, se me permitem compartilhar essa curiosidade!

O sucesso da Hotmart é o sucesso de seus produtores. Mas por que essa revolução não é do conhecimento da grande maioria dos brasileiros? Essa é a minha missão neste capítulo: apresentar esse mercado e mostrar por que o seu caminho estrondoso de sucesso não tem volta. Nele você aprende, ensina e empreende online.

19.2 VOCÊ SABE O QUE É A ECONOMIA DA PAIXÃO?

Quando me formei em Comunicação, em 2005, era praticamente impossível uma pessoa se tornar uma marca. Ainda que isso acontecesse, era bem raro. Dependíamos demais da televisão e do poder de influência dos seus principais canais abertos. No momento em que a internet entra para o cenário, não mais como uma vitrine acessória, mas com a exposição individual potencializada pelas redes sociais, acontece o impensável: qualquer pessoa pode pegar o seu celular, gravar um conteúdo e ensinar algo para outra pessoa. Esse movimento inédito e inegavelmente mais democrático virou a semente do segmento de produtos digitais.

Não é sempre que alguém vê, durante a sua vida, o nascer de algo com potencial para se tornar uma nova indústria totalmente original, cheia de profissionais que não existiam há 10 anos. Somos privilegiados por estarmos acompanhando esse jeito novo de fazer as coisas. A *creator economy* ou economia dos criadores vem de mãos dadas com a *passion economy* (ou economia da paixão). É difícil dizer exatamente o momento em que essa economia nasceu, mas isso não diminui a admiração por quem a criou, porque a ideia é genial: possibilitar que empreendedores usem plataformas tecnológicas para gerar conteúdo e monetizar suas marcas pessoais.

Qual a consequência prática disso? A transformação objetiva da vida dessas pessoas a partir da produção ou absorção do conhecimento. É o corte do intermediário. A distância que havia dos ídolos para a audiência nas últimas décadas vira pó, e eles passam a se conectar diretamente com seus seguidores através de redes sociais. Estamos falando de milhões de alunos em todo o mundo e de um volume financeiro de bilhões que passa a circular em novas mãos.

Mas como o produtor se remunera? De diversas formas. Sua renda vem de cursos, e-books, palestras, podcasts, assinaturas, eventos, uma mistura criativa de entregas, que fideliza seus seguidores e contribui para o aumento da boa repercussão do seu trabalho. Novas vozes encontrando suas audiências. O que começa como uma boa ideia, um reforço de renda, pode virar um negócio digital. O que era hobby passa a ser "negócio" e pode trazer novas oportunidades que ajudem a reverter a instabilidade do cenário atual.

Milagre? Não, pelo contrário, muito trabalho, planejamento, constância, resiliência, teste. Amar o que faz é só o primeiro passo de muitos outros. Empreender é errar todo dia e seguir adiante. Mas os movimentos não precisam ser empíricos. Tem muita leitura de qualidade à disposição e ferramentas que transformam paixão em entrega.

Quando alguém nos procura dizendo que tem um novo projeto e não sabe como começar, o que dizemos? "Comece!" Talvez a ideia vá se tornar um enorme sucesso ou não. Não saberemos jamais se não começarmos. E momento certo, já aprendemos que não existe. Então? Simplesmente dê o primeiro passo. E seja bem-vinda(o) à economia da paixão. Temos aqui um monte de gente pronta para trocar experiências com você!

19.3 O CONTEXTO, A IDEIA DOS FUNDADORES

A Hotmart começou como uma startup em 2011 e trouxe uma solução inovadora para um nicho que ainda estava engatinhando na época: criação e comercialização de produtos digitais. A união de dois amigos e sua paixão pelo empreendedorismo foram o ponto de partida para a criação do que é hoje uma das *50 maiores empresas de educação online do mundo*.

O Jota e o Mateus se conheceram na faculdade e trabalharam juntos na MobWorks, uma empresa criada por eles em 2004 para desenvolver aplicativos para telefone celular. Em 2006, quando a empresa foi encerrada, eles seguiram por caminhos diferentes. A ideia de uma nova plataforma veio em 2007, quando Jota criou um e-book sobre tráfego pago, mas não encontrou nenhum canal ou ferramenta que o ajudasse a levar o material até potenciais compradores.

Se esse canal não existia, por que não criar um? Em 2010, os amigos se reencontraram e iniciaram a programação da plataforma da Hotmart. Em fevereiro de 2011, a empresa tinha faturado R$ 180, o suficiente para os dois verem potencial no negócio e se dedicarem a ele em tempo integral.

A primeira rodada de investimento aconteceu através de um concurso organizado pelo Buscapé, o desafio "Sua ideia vale um milhão". De lá para cá já ocorreram outras rodadas com importantes investidores internacionais. Eles foram fundamentais para o crescimento da marca no Brasil e no exterior.

Hoje, ela tem sede na Holanda, escritórios na Espanha, México, Holanda, Colômbia, Reino Unido e Estados Unidos, além de colaboradores na França. Virou global, mas continua respeitando as características de cada país. A Espanha foi seu grande teste na internacionalização. Essa experiência moldou toda a estratégia para os outros países.

19.4 VALORES DESSE MERCADO

Em um estudo publicado pelo Google em março de 2020, lemos que

> o momento pede colaboração não apenas entre as pessoas, mas também entre as indústrias para que fortaleçam suas estratégias não a partir do que querem oferecer, mas principalmente a partir do que as comunidades precisam agora e vão continuar precisando daqui pra frente: identificar seus consumidores, mapear suas necessidades e prover mais dos produtos e soluções é o que fará a diferença.[1]

- Parece uma afirmação óbvia, mas não é e infelizmente está longe de ser praticada pela grande maioria das marcas. No caso do nosso mercado, não há escapatória, ou criamos ferramentas e facilidades para a nossa base de clientes ou simplesmente não teremos a adesão que queremos. Ao refletir sobre os atributos de nosso ecossistema, destaco as seguintes características:
  - flexibilidade: liberdade na criação e venda do conteúdo próprio;
  - variedade: acervo rico em opções para os usuários;
  - disponibilidade: arquitetura tecnológica forte e estável;
  - estrutura: plataforma completa *all-in-one* e oferta de meios de pagamento para facilitar as transações;
  - confiança: valores cobrados dos produtores de forma clara;
  - rapidez no atendimento;
  - proximidade no relacionamento.

Agora, imagine essa lista aplicada à realidade de uma comunidade com milhões de participantes. Como conquistar a confiança de um colombiano, a atenção de um inglês, a simpatia de uma americana, a inspiração de um jovem morador da periferia em São Paulo ou de uma senhora holandesa?

O desafio é imenso. Para sermos bem-sucedidos, precisamos estar dentro dessas culturas de forma genuína e entender o que suas comunidades produzem e buscam; nos posicionar como uma ponte que estimula propósitos, desperta interesses, gera encantamento e transformação.

---

[1] PIRES, Marina; BERNARDES, Thaís Brum. Da incerteza às novas formas de viver: uma análise sobre o novo cotidiano. **Think with Google**, jul. 2020. Disponível em: https://www.thinkwithgoogle.com/intl/pt-br/tendencias-de-consumo/tendencias-de-comportamento/da-incerteza-as-novas-formas-de-viver-uma-analise-sobre-o-novo-cotidiano/. Acesso em: 13 jan. 2022.

19.5 APRENDA O QUE QUISER, ENSINE O QUE SOUBER

Em outro estudo chamado Futuro do Trabalho, organizado pelo Fórum Econômico Mundial em 2020, descobrimos que, "em média, as Empresas estimam que cerca de 40% dos trabalhadores precisarão de requalificação e que 94% dos líderes empresariais relatam que esperam que os funcionários adquiram novas habilidades no trabalho".[2]

Novas habilidades no trabalho, novas habilidades na vida. A descoberta de novos talentos. Produtos digitais nos dão esse acesso. Podemos aprender coisas novas com criadores que admiramos. Das coisas mais simples até as mais complexas. E a gente vê isso o tempo todo. Por exemplo, eu sempre quis desenhar, mas nunca tive talento pra isso. A Hotmart me permitiu que eu aprendesse com o Ivan Querino. Um hobby, que pode ser bobo pra muita gente, mas que pra mim era um sonho antigo. A mesma coisa aconteceu com minhas aulas de guitarra com o Marcelo Barbosa, guitarrista do Angra. No lugar de estudar com o professor que é possível, no seu bairro, você escolhe o melhor professor do país naquele tema.

Esse mercado também permite que pessoas transformem suas vidas com informações que serão muito úteis no dia a dia do seu trabalho. Aprender inglês para aumentar as possibilidades da carreira ou fazer algo relacionado ao próprio desenvolvimento pessoal.

Essa democratização do saber através dos cursos livres é bem potente. Eles desenvolvem, profissionalizam, transformam vidas e abrem muitas possibilidades para o novo: seja no trabalho, em uma nova atividade, no aumento da qualidade da sua vida.

Como contei no início do capítulo, os conteúdos são variados, com destaque para:

- finanças;
- idiomas;
- desenvolvimento pessoal;
- carreira;
- marketing digital;
- nutrição ou alimentação saudável;
- exercícios;
- espiritualidade.

Você pode comprar um produto diretamente de seu criador ou através de um afiliado, que ganha comissão a cada negócio fechado. Produtores e afiliados trabalham juntos. Um cria, o outro distribui. Quem se destacar nesse cenário conquistará:

- reconhecimento;
- credibilidade;

---

[2] WORLD ECONOMIC FORUM. **Top Skills of 2025**. Disponível em: https://www.weforum.org/agenda/2020/10/top-10-work-skills-of-tomorrow-how-long-it-takes-to-learn-them/. Acesso em: 11 nov. 2020.

- relevância;
- autoridade

Esse é um círculo virtuoso que gera resultado e renda para todas as pontas envolvidas. E novas experiências e conhecimento para quem adquire os produtos.

2021

2021, ano 2 da pandemia. O "novo normal" nasceu velho e acabou virando um termo que nem de perto descreve tudo o que vem acontecendo em nossas vidas e nos mercados de trabalho brasileiro e mundial. A grande maioria das pessoas foi afetada pela insegurança em seu emprego ou negócio. Um exemplo dos efeitos colaterais da pandemia foi o quase desaparecimento do mercado de eventos presenciais. Segundo uma matéria do portal G1,[3] chamada "A crise do entretenimento na pandemia: 350 mil eventos adiados ou cancelados e R$ 90 bilhões 'perdidos'", 33% das empresas ligadas ao segmento fecharam suas portas. Os profissionais liberais, que atendiam seus clientes em salas alugadas, também foram profundamente afetados.

O Instituto de Pesquisa Econômica Aplicada (Ipea) aponta que o formato home office tem potencial de ser adotado para sempre por 22,7% das profissões no Brasil, alcançando mais de 20 milhões de pessoas. Sem encontros presenciais ou dinheiro para pagar por espaços profissionais, como ajudar organizadores de workshops e palestras, terapeutas, coaches, personal trainers e professores na transição do off para os serviços online?

Diante dessa necessidade de reinvenção urgente, o mercado de produtos digitais fortalece a sua presença, criando novas e potentes ferramentas que atraiam, envolvam, gerem valor e mais negócios para produtores e afiliados, durante e depois da pandemia.

19.6 A ESPECIALIZAÇÃO E O AUMENTO DA PERFORMANCE DOS PRODUTORES E AFILIADOS

Quem pode ser dono de sua própria marca? Teoricamente, todo mundo pode ensinar o que quiser e apresentar seu conteúdo nos canais que julgar mais estratégicos. Esse empoderamento aconteceu, de forma ainda mais acelerada, nos últimos cinco anos. O produtor agora tem um novo nome: *creator*. Ele ganhou força diante das grandes marcas e redes sociais, que concorrem para chamar a sua atenção, seguidores e investimento.

Existem três figuras básicas nesse mercado. O primeiro, e mais óbvio, é o *produtor/creator*, o grande representante da economia da paixão; sem ele não há os outros atores.

---

[3] NEVES, Marília. A crise do entretenimento na pandemia: 350 mil eventos adiados ou cancelados e R$ 90 bilhões 'perdidos'. **G1**, 17 fev. 2021. Disponível em: https://g1.globo.com/pop-arte/noticia/2021/02/17/a-crise-do-entretenimento-na-pandemia-350-mil-eventos-adiados-ou-cancelados-e-r-90-milhoes-perdidos.ghtml. Acesso em: 13 jan. 2022.

A segunda figura é o *afiliado*. Como já disse anteriormente, é quem vende o produto do *creator* em troca de uma comissão. Mas, dentro desse universo, costumamos dividir as atuações entre dois tipos específicos de afiliado.

19.6.1 O Afiliado Árbitro

Esse nome curioso foi criado pelo JP, CEO e fundador da Hotmart. Ele descreve os afiliados focados em tráfego online. São grandes especialistas nas ferramentas de anúncios das grandes redes sociais disponíveis no mundo. Eles usam seu conhecimento em Facebook ads, Google ads, redes de display para *arbitrar* o tráfego que passa por elas, buscando uma conversão em venda.

19.6.2 O Afiliado Autoridade

São os bloggers, youtubers, instagramers, ou mesmo um grande portal de notícias. Como não têm um produto próprio para oferecer, eles se aliam a um produtor que ofereça algo que interesse à audiência desse criador de conteúdo e assim é remunerado pelas vendas. Nós temos visto nos últimos cinco anos um crescimento cada vez mais acelerado desse tipo de afiliado no mercado.

19.6.3 O Coprodutor

Depois dos produtores e dos afiliados, nós temos uma figura ainda pouco conhecida do grande público, que é o coprodutor. Quando os criadores de conteúdo começaram a vender os próprios produtos, foi muito rápido para que surgissem figuras especialistas em marketing digital e produção para desenvolverem esses produtos por trás das câmeras. Podemos chamá-los de *agências de produtos digitais*, ou simplesmente *coprodutores*. É um negócio já gigantesco e absolutamente rentável (é comum casos de agências que operam com margens de lucro de 50%). É um mercado tão interessante que as melhores agências do país negam trabalho de grandes criadores de conteúdo todos os dias, já que não conseguem mais suportar o volume da demanda. Existem mais criadores de conteúdo dispostos a lançar um produto hoje que coprodutores capazes de fazer isso de uma forma profissional.

19.7 E AS PESSOAS, O QUE BUSCAM?

O mercado de produtos digitais cresceu a partir dos cursos livres, que são complementares às grandes áreas do conhecimento, sejam profissionalizantes ou hobbies. Esses cursos não são de graduação ou pós-graduação, mas até mesmo esse tipo de ensino tem sido repensado de forma digital e em escala. Pós-graduação à distância não é uma coisa nova, mas em grande escala é. Este tipo de especialização, infelizmente, ainda é para poucos e restrita a quem tem graduação. Quando falamos de cursos livres, estamos incluindo a grande maioria das pessoas; o acesso é exponencial.

Alguns mercados cresceram de maneira intensa em 2020?

1) Autoconhecimento e Espiritualidade: Meditação, Religiosidade, Teologia e Astrologia;
2) Moda e Beleza: Estética, Maquiagem, Cabelo e Unhas, Barbearia e Costura;
3) Música e Artes: Instrumentos Musicais, DJ e Edição musical, Canto, Pintura e Desenho, Esculturas e Artesanato;
4) Culinária e Gastronomia: Confeitaria e Chocolates, Gastronomia e Receitas, Cerveja Artesanal, Churrasco e Drinks;
5) Tecnologia e Desenvolvimento de Software: Linguagens de Programação, Segurança da Informação e Privacidade, Excel e Power BI e Data Science;
6) Relacionamentos: Conquista e Paquera, Casamento, Terapia de Casal e Sexualidade;
7) Engenharia e Arquitetura: Construção Civil, Decoração e Design de Interiores, Segurança do Trabalho, Projetos de Engenharia e Softwares de Engenharia;
8) Design e Fotografia: Fotografia Profissional, Filmagem e Edição, Edição de Imagens, Design Gráfico e Product Design e UX.

Uma curiosidade: mais de 50% dos usuários que compram um produto na Hotmart compram o segundo. Quando uma pessoa aprende que pode aprender alguma coisa online, ela tende a voltar e continuar o próprio desenvolvimento. Isso quer dizer que um curso ligado ao cultivo de horta caseira pode ser a porta de entrada para um de meditação ou de idiomas.

Quando compro uma calça jeans pela primeira vez, viro um potencial comprador de outras calças jeans, de outras cores, mas de tipos parecidos. No mercado de produtos digitais, quando você compra alguma coisa, há a possibilidade de voltar e consumir coisas diferentes a partir das milhares de novas possibilidades que estão à sua disposição.

19.8 A FORÇA DAS COMUNIDADES

19.8.1 Os *Masterminds* dos Produtores

Quando vim para o mercado de produtos digitais, o que mais me chamou a atenção foi a sua capacidade de gerar alto volume de vendas e valor de receitas. Depois, a capacidade desses empreendedores em quebrar conceitos de comunicação e marketing que eu havia estudado na faculdade e que os grandes especialistas costumavam dizer verdade absoluta.

Mas foi quando percebi a capacidade do mercado em compartilhar experiências que eu comecei a entender o que moldava as bases dessa nova economia que imergia. A primeira vez que eu fui a um encontro de *mastermind*, eu descobri que o silêncio era um defeito, e não uma qualidade para esses empreendedores.

Antes de falar mais, um pouco de contexto. Há algumas discussões sobre quem criou e de onde vem a origem do termo *mastermind*, mas a versão mais consolidada é que o escritor Napoleon Hill trouxe a ideia da origem da formação dos Estados Unidos para o mundo dos negócios e afirmou que quando mentes estão reunidas em função de solução de problemas comuns, a chance de sucesso alcança índices exponenciais.

Voltando para 2021, o conceito é aplicado por empreendedores que estão mais ou menos no mesmo momento de negócio e se reúnem para trocar informações e crescer juntos. O que me surpreendeu foi que esses grupos, em geral com 40 a 50 empreendedores, aceitavam concorrentes na roda. Um desses grupos tem cinco produtores da área financeira, e eles trocam as próprias experiências, para que um aprenda com o outro a melhor forma de agir.

Eu não sei você, que lê agora essas linhas, o que acha de concorrentes que trocam estratégias de produção e marketing. Eu, particularmente, nunca tinha visto algo do gênero, e suponho que não verei. Eles acreditam que, quando o mercado cresce, ele cresce para todos. Então não faz sentido guardar para si as estratégias.

19.9 **NEUTRA, ABERTA, SEM CURADORIA: COMO LIDAR?**

O que diferencia as plataformas de produtos digitais também as coloca em situação de vulnerabilidade. Encontrar o equilíbrio que atenda e agrade a todos os envolvidos requer atenção e gestão delicada. Listo aqui pontos importantes de observação e aprendizado diário.

Superficialidade: "Qualquer pessoa pode ler três livros e ensinar qualquer coisa na internet." Pode, mas os compradores estão protegidos pela legislação, pela desistência da compra. O conteúdo não é bom o suficiente? Pegue seu dinheiro de volta em um prazo de até sete dias, sem ter que justificar a sua decisão. Essa é uma premissa de qualquer compra online; é também dos produtos digitais, portanto.

Materialismo: "Nesse mercado só se pensa em dinheiro." O ensino no Brasil é vinculado diretamente à vocação, ao dom de quem o pratica. E, por ser vinculado à vocação, as pessoas o associam a pouco dinheiro. Isso não é verdade. Ensinar tem muito valor e tem gente disposta a pagar bem por isso e de um jeito novo.

Presencial × digital: "Não há nada como o ensino presencial." Estar presente na sala de aula não te faz, necessariamente, aprender melhor. O que faz a gente aprender é professor competente. Quando eu tinha aula presencial com professor ruim, eu não aprendia nada. E eu não tinha sete dias para desistir da minha compra. O que faz ensino de qualidade é metodologia e professor. E o professor capaz, mesmo com metodologia ruim, às vezes vai bem.

Outro ponto importante é a democratização do conteúdo. Eu morei em uma cidade onde as pessoas precisavam viajar horas de ônibus para fazer graduação e pós-graduação. Tradicionalmente, o ensino de alto padrão ainda é focado em grandes centros urbanos ou em grandes centros de ensino. A internet diminui essas barreiras e redesenha o acesso ao bom conhecimento.

Neutralidade: Moderação de conteúdo, responsabilidade de quem? Essa questão está aberta, porque ainda não temos resposta para isso. Como criar premissas objetivas de qualificação para o que é universalmente bom? Será que isso existe? O que é bom para um é bom para todos? Sabemos que não. Ainda precisamos de muita discussão para descobrirmos o caminho correto. Não são as plataformas que darão essa resposta, mas a sociedade.

19.10 **HISTÓRIAS DE TRANSFORMAÇÃO**

Em todo esse cenário que estamos vivendo, destacar histórias de transformação que geram novas oportunidades é o que de mais bonito pode existir. Vou deixar que as próprias pessoas falem um pouco das suas experiências no QR Code a seguir.

https://somos.in/MDCPS1

19.11 **2031**

Drones entregadores, democratização da inteligência artificial, deep learning, Marte ocupado, implantes cibernéticos, roupas com poderes super-humanos, realidade virtual ligada à educação, carros autônomos, casas construídas em 3D, robôs domésticos. Não estamos nem no começo de tudo o que o futuro nos trará!

Mas e o nosso mercado?

O comprador de verdade ainda não entrou nele. Quando vou defender esse ponto, costumo usar meu sobrinho como exemplo. O Henrique, meu sobrinho, 18 anos, que cresceu vendo youtubers. A vida adolescente dele foi assistir conteúdo digital. Essa não foi a minha história. A minha geração, quando vai comprar um produto digital, é chata, exigente, e reclamona. Nós achamos tudo pobre, ruim e torcemos o nariz para quem diz que pode nos ensinar alguma coisa. No dia em que meu sobrinho for consumir, ele vai consumir muito mais do que eu que estou perto dos 40 anos.

Eles já cresceram aprendendo desse jeito. Eles aprenderam a jogar o jogo antes de ter o jogo. Eles se interessam por um youtuber gamer que fala sobre o jogo, aprendem sobre o jogo e só depois jogam. O caminho é inverso.

O mercado tem uma curva de crescimento acelerada por muitos anos ainda, até entrar em uma lógica de crescimento convencional, como qualquer outro mercado.

O produtor do futuro é aquele que já está conversando com outras pessoas pela internet. Daqui a 15 anos, a gente vai ter muito mais professores *creators*. Quando a nova geração escolher sua profissão, quase certamente vai passar pelo digital. O menino que será um grande comprador também será o produtor. Ele também vai querer ser professor nas redes sociais. Ele cresceu compartilhando. Pouco provável que seja nas redes que estão aqui hoje, talvez em novas redes, mais complexas, mais sofisticadas.

O professor do futuro, a gente já está vendo um pouquinho dele, mas acredito que a tendência vai se intensificar. Com professor de nicho e democratização. Eu acredito muito no caminho dos nichos. Hoje, nós temos professores de português na internet. Daqui a oito, dez anos, esse professor de português vai ser um professor de português especializado em... alguma coisa bem específica. É um mercado que não tem medo do subnicho, porque vende em escala, para o Brasil inteiro, para o mundo inteiro.

Como estamos testando a futurologia, compartilho algumas tendências que já têm se mostrado e tendem a se intensificar.

19.11.1 Personalização

Cada vez mais, as pessoas buscarão aprender de PESSOAS específicas, mais que de marcas. Ou seja, o curso de inglês do professor X será tão grande quanto a maior escola de inglês do país. Perceba: eu não disse que um irá acabar com o outro. Acredito que essas estruturas serão cada vez mais paralelas e as marcas perceberão, com o tempo, a necessidade de personificar suas marcas.

19.11.2 Interações digitais mais humanizadas

A experiência de atendimento por robôs ainda é uma grande barreira para a escala, especialmente quando falamos de suporte. É bastante frequente sairmos absolutamente frustrados de um atendimento automatizado, dizendo a frase: "eu só queria falar com uma pessoa de carne e osso". O nível de sofisticação desses robôs avançou mais de 2019 a 2021 do que em todo o período desde que eles foram criados. A tendência é essa relação avançar muito na próxima década, ao ponto de um atendimento automático tornar-se mais eficiente e personalizado, quase em níveis pessoais.

Com isso, teremos muito mais tempo para as pessoas de carne e osso focarem seus talentos em atividades mais criativas e menos padronizadas.

19.11.3 As discussões éticas

Eu não tenho nenhuma dúvida de que a sociedade ainda não sabe lidar com as questões que o acesso às redes sociais e ferramentas de mensagem em massa trouxeram. O que é bom e o que é ruim? O que é verdadeiro e o que é mentiroso? Crescemos acreditando que a verdade e a mentira são absolutas, mas quando colocamos em perspectiva as questões de crenças, fé ou mesmo o direito em acreditar na influência dos astros para as nossas vidas, entramos em campo minado. A grande verdade é que não sabemos ainda o que fazer.

Será necessário um novo conjunto de princípios éticos que estabeleça as bases para a convivência e garanta os direitos de todos nós, cidadãos digitais.

Case ABRADi	Agência	Cliente	Período	Categoria
Curso online de Cone Hindu	Beetube	Dra. Emilyn Hasbeni	2020-2021	Infoproduto

Como já visto neste capítulo, o mercado de infoprodutos apresenta números gigantescos e por conta desse enorme potencial de mercado ele é caracterizado por uma importante variável competitiva: baixa barreira de entrada[4], que será explicada em detalhes adiante.

Ao cruzar a baixa barreira de entrada com enorme potencial de mercado, empresas de todos os tamanhos e muitos profissionais (autônomos ou CLT) identificaram oportunidades como expandir seu mercado de atuação; criar nova fonte de receita; desenvolver novos negócios; realizar uma transição de carreira; ou simplesmente concretizar um sonho de trabalhar com algo que sempre desejou.

É nesse cenário que o marketing digital vem ganhando força e abrindo um leque de ramificações e oportunidades. Uma dessas é a agência de lançamentos de infoprodutos.

> Uma agência de lançamentos de infoprodutos é uma empresa que proporciona para qualquer indivíduo, que tenha um método e bons resultados, a oportunidade de ser professor e transmitir seu conhecimento para outras pessoas. Foi nesse intuito que em 2019 criou-se a agência de lançamento de infoprodutos Beetube. Vencedora do Prêmio R2X da FL, Prêmio R2X da Agência Vê.
>
> (Daniela Campanholo, CEO Beetube)

Neste estudo de caso, ou *case*, será apresentada uma das clientes da Beetube, Dra. Emilyn Hasbeni, fisioterapeuta especialista em acupuntura, que desenvolveu seu próprio método de terapia, com resultados comprovados, e decidiu compartilhar, digitalmente, seu conhecimento com outros terapeutas através do lançamento de um infoproduto.

Ao construir este estudo de caso[5], o pesquisador buscou primeiramente compreender o funcionamento do mercado na visão da agência de lançamentos e, num segundo momento, adentrou de forma mais específica no *case* acima citado.

Como este mercado funciona na visão da agência Beetube

Como já informado, este mercado possui uma baixa barreira de entrada, o que pode ser traduzido em baixa necessidade de investimento financeiro inicial, o que facilita a entrada de muitos produtores de conteúdo, ou *experts*, como são chamados no dia a dia esses empreendedores.

Para compreender melhor essa variável, podemos dividi-la em duas partes: produção do infoproduto e divulgação/comercialização.

---

[4] Barreiras de entrada são os fatores que tornam mais difícil a uma organização começar a atuar em determinado segmento ou mercado. As principais barreiras de entrada são: *financeiras* – altos custos iniciais; *técnicas* – bens ou serviços que requerem muito conhecimento tecnológico. Fonte: Wikipedia.

[5] Julia Lemes, graduanda em Letras, colaborou na transcrição e revisão do estudo de caso.

Na etapa de produção, atualmente os smartphones com uma boa câmera e outros acessórios com custos razoavelmente acessíveis permitem a criação de videoaulas, por exemplo, de forma profissional, sem a necessidade de usar um estúdio de gravação. Segundo Daniela Campanholo[6], hoje é financeiramente muito mais acessível começar a produzir infoprodutos com qualidade aceitável no mercado com o uso recursos básicos e, à medida que as vendas crescerem, investir em edições mais sofisticadas, para gerar maior valor agregado ao infoproduto.

Em relação à divulgação, Campanholo afirma que é possível iniciar com R$ 2.000,00 mensais, mais os honorários da agência de lançamento escolhida. Para ilustrar melhor, é possível segmentar o infoproduto em três portes distintos. É preciso considerar que os números apresentados a seguir não são tabelas, ou seja, há variações regionais e conforme o projeto em questão.

Segmentação de clientes Beetube:

- Pequeno porte: investimento de R$ 2.000,00 em divulgação (tráfego pago) para o primeiro lançamento e mais R$ 2.000,00 mensais de honorários da agência.

- Médio porte: investimento de R$ 5.000,00 em divulgação (tráfego pago) para o primeiro lançamento e mais R$ 2.000,00 mensais de honorários da agência.

- Grande porte: investimento de R$ 25.000,00 em divulgação (tráfego pago) para o primeiro lançamento e mais R$ 2.000,00 mensais de honorários da agência.

Em todos os casos acima, ocorre uma divisão 50%/50% sobre faturamento e divisão 50%/50% do valor de investimento em divulgação (tráfego pago). Após o primeiro lançamento, o reinvestimento e a verba para a escalada do negócio são decididos em conjunto.

Uma prática comum neste mercado e seguida pela Beetube é a celebração de contratos vitalícios após um período de testes, isto é, a agência de lançamentos recebe um percentual sobre as vendas do infoproduto ad eternum. Percebe-se que, neste modelo de negócio, a agência assume parcialmente os riscos do negócio, por isso é comum a agência selecionar os *experts* que irão atender, sendo um dos principais critérios ter uma oferta validada.

Oferta validada pode ser entendida como alguns indicadores que comprovem a eficiência ou aplicabilidade do conhecimento do expert, como no caso da Dra. Emilyn, que já possuía um curso presencial "validado" ao longo de 10 anos por inúmeros clientes. O período não precisa necessariamente ser tão longo, mas é importante ter em mente que a agência de lançamento possivelmente buscará por "vestígios" que indiquem a capacidade de transformação do conhecimento na prática pelos alunos ou clientes.

Ainda falando sobre o investimento financeiro em cada tipo de segmentação, Campanholo é taxativa ao dizer: "eu gosto de iniciar bem baixo mesmo, porque é um teste". Ela se refere ao primeiro lançamento do infoproduto, isto é, mesmo que a empresa tenha condições financeiras para começar investindo grandes valores em divulgação, é preferível iniciar um piloto com investimentos menores e, se tudo correr conforme o planejamento, expandir o investimento em divulgação após todos os ajustes necessários, levantados na fase PL, conforme descrito a seguir.

A Beetube segue a metodologia de lançamento de um infoproduto em quatro fases, conforme descreve Campanholo a seguir:

---

[6] Entrevista cedida via Zoom no dia 23 jul. 2021.

1. PPL – Pré-pré-lançamento

É a fase de aquecimento do público. É quando você distribui conteúdo de alto valor para ajudar o prospect a resolver uma dor ou a despertar o desejo.

O ideal é que seja algo já relacionado ao seu produto. Para dar um gostinho e sentimento de que tem algo a mais. Mas não é a hora de aprofundar, ou fazer a promessa para direcionar para a venda. É o início do relacionamento.

Nesse momento já acontecem pequenas transformações e a pessoa deve pensar: "Ah, que interessante!"; "Ah, que conexão com o que eu penso/acredito"; "Quero saber mais... será que tem mais?"

2. PL – Pré-lançamento

É o momento de aumentar o nível de engajamento, aquecer ainda mais o relacionamento e dizer para a audiência: "Vem novidade por aí..."

Geralmente, acontece entre 7 e 15 dias antes do lançamento (pode até ser um pouco mais, dependendo do produto e audiência).

Aqui, você gera grande expectativa para preparar a pessoa para o lançamento.

Geralmente, o evento de pré-lançamento gera muitíssimo valor para a pessoa, a ponto de fazê-la decidir passar o cartão na hora em que abre o carrinho.

Existem vários tipos de lançamento, mas no geral o PL pode ser feito:

Em uma masterclass/aula ao vivo – lançamento-semente.

Em uma Semana de Desafio/Conteúdo/Maratona/Jornada – com uma sequência de aulas ao vivo que vão despertando mais e mais o desejo de compra do produto.

Em uma semana de aulas gravadas (geralmente, o lançamento interno contém uma sequência de três vídeos + vídeo de vendas).

3. L – Lançamento

- É a hora de abertura do carrinho.

- Pode durar horas ou geralmente até sete dias.

- Nesse momento, as vendas podem ser ainda mais impulsionadas por uma boa copy e estratégia de tráfego

- Durante a abertura de carrinho (geralmente próximo do fechamento) é possível também fazer recuperação de vendas – entrar em contato com os prospects que se interessaram, emitiram boleto ou simplesmente entraram na página para saber mais.

4. Pós-L

É quando se analisam todos os dados para avaliar o que deu certo ou errado no processo de lançamento.

Todos os detalhes são analisados: estratégia, copy, tráfego, conteúdo etc.

Busca-se compreender o que levou a pessoa a tomar a decisão de compra ou não.

Nesse momento, levantam-se todos os dados para o chamado de briefing (número de leads, investimento, resultados, faturamento etc.).

Outro ponto interessante diz respeito ao tempo médio de maturação[7] de um infoproduto, que na experiência da Beetube indica algo em torno de sete lançamentos ou 14 meses para obter resultados significativos, ao longo do aumento gradativo de investimento a cada lançamento.

Obviamente, como qualquer produto, o sucesso é relativo ao que se espera *versus* a média do mercado, que é traduzido em métricas. A Beetube usa como técnica a engenharia reversa para comparar quão bem suas métricas estão performando.

Por fim, nesta parte, Campanholo destaca que a importância de o expert contratar uma agência de lançamentos consiste em permitir que ele mantenha o foco na evolução do seu conhecimento, aprimorando suas técnicas e habilidades, e no atendimento ao cliente. Isso se mostra importante, uma vez que os concorrentes apresentam frequentemente inovações em seus infoprodutos para torná-los mais competitivos.

Em suas palavras, Daniela diz que "expert não é a pessoa certa para desenvolver o trabalho de lançamento, porque possui uma formação distinta e o fato de parar para organizar equipe de vídeo, arte, copys[8] de redação etc. vai tirar totalmente o foco do seu negócio, que é realmente criar um produto de qualidade nesse mercado digital em constante renovação".

- **Caso Dra. Emilyn Hasbeni**

A Dra. Emilyn Hasbeni é fisioterapeuta especialista em acupuntura e trabalha com terapias holística nos tratamentos de seus pacientes.

Com mais de 10 anos de estudos teóricos e práticos com atendimento em consultório, desenvolveu seu próprio método de terapia.

O problema

Com todo seu conhecimento, método próprio e excelentes resultados em seus pacientes, a Dra. Emilyn identificou a necessidade de passar seu conhecimento para os demais terapeutas, para que mais pessoas se beneficiassem com o seu método.

Então, em 2016, a Dra. Emilyn Hasbeni criou um curso presencial para que fosse possível desenvolver novos terapeutas na técnica, porém o curso presencial não alcançava todo o público que queria aprender e agregar a terapia no consultório.

A agenda de cursos era apenas presencial e com poucas datas no ano, pois esse projeto de curso era realizado paralelamente ao trabalho de atendimento em consultório e a locomoção, além de um custo alto, também gerava um desgaste físico.

Devido a essa locomoção e a esse desgaste físico, o curso também possuía uma carga horária de apenas 8 horas e a Dra. Emilyn sentia a necessidade de passar mais conhecimento e oferecer um acompanhamento para o contínuo aprendizado dos alunos.

---

[7] Etapa do ciclo de vida do produto, apresentada neste capítulo.

[8] Segundo Neil Patel, uma copy é um texto que tem um único objetivo: a conversão.

A solução

A Agência Beetube, em suas análises de mercado, identificou o potencial de trabalho da Dra. Emilyn Hasbeni com seu método e construiu toda a análise de estratégias para quebrar as barreiras físicas e geográficas e levar o conteúdo transformador para o maior número de terapeutas possíveis. Foi então que, em 2019, propôs uma parceria para levar o curso presencial para o digital através do lançamento de um infoproduto.

Com essa parceria, iniciou-se seu trabalho no digital, focado em gerar autoridade que ela ainda não tinha no âmbito digital, branding, consistência em geração de conteúdo, tráfego orgânico e pago.

O primeiro lançamento ocorreu após dois meses de parceria e já se provou válido após um retorno financeiro maior que o curso presencial e com abrangência nacional.

Todo o conteúdo e a gestão das redes sociais são realizados pela Agência Beetube, que, em menos de um ano, gerou um aumento de 800% de seguidores qualificados, proporcionando também um aumento na agenda de pacientes bem como na venda de produtos físicos de fabricação própria da Dra. Emilyn Hasbeni.

Com ótimos resultados de transformação nos alunos vindos pelo online, foi realizada uma agenda de lançamentos de cursos que possibilitou em menos de dois anos atingir o marco de 1.035 alunos, com um faturamento expressivo de aproximadamente 1,3 milhão de reais.

Levar o ensino do método para o online, além de possibilitar atingir todo o território nacional (e até internacional), deu a oportunidade de ofertar um curso com uma carga horária maior, um conteúdo mais detalhado, acesso por maior tempo e acompanhamento de perto da Dra. Emilyn.

Por fim, a terapeuta traz, em seu depoimento, que "a Agência Beetube não só me ajudou tirar do papel um projeto desafiador; ela também mostrou a importância de tudo isso para o mundo e como é possível fazer sem perder a parte humana no processo".

Emilyn Hasbeni – CEO Cone Hindu Emilyn Hasbeni

DATA-DRIVEN MARKETING NO NOVO CONTEXTO DA PROTEÇÃO DOS DADOS PESSOAIS (LGPD) – ABRADI

20

Autores:

Vitor Andrade Morais – Sócio da Morais Andrade Advogados

Carolina Morales – Presidente da ABRADi

Marcelo Sousa – Diretor da ABRADi

20.1 A LEI GERAL DE PROTEÇÃO DE DADOS

Ao pensar no que escrever neste capítulo, lembrei de um livro importante a respeito do mundo tecnológico. O livro, chamado *Apocalípticos e Integrados*, escrito por Umberto Eco em 1964, reuniu uma série de ensaios que discutiam a cultura de massas na era tecnológica.

A ideia central do livro era que, ao se deparar com o novo mundo que surgia, os intelectuais se dividiam em duas categorias básicas: os apocalípticos, que viam as inovações tecnológicas como algo negativo, um instrumento de manipulação e autoritarismo restrito a poucas empresas detentoras da informação e poder econômico; e os integrados, que, com um certo otimismo, acreditavam no progresso e no desenvolvimento social por meio da renovação da cultura e de suas práticas.

Analisando com um olhar atual, talvez os dois lados tivessem razão: ao mesmo tempo que a cultura de massas aliena as pessoas, permite a democratização das informações, acesso a produtos e serviços, o que possibilita uma melhoria na qualidade de vida destas pessoas.

Este contexto está muito presente nos debates que envolvem a proteção de dados e a evolução do seu uso em atividades de marketing. No referido contexto, os integrados e apocalípticos presentes ora enxergam os benefícios na utilização de dados, que permitem uma comunicação mais assertiva e direcionada ao interesse dos consumidores, com redução do custo de transação e benefício para toda sociedade e, muitas vezes, veem nesta possibilidade uma restrição de bens e serviços de acordo com o interesse das indústrias, com possibilidade de manipulação dos interesses dos consumidores e segmentações que podem esbarrar em discriminações ilegítimas.

Por isso, é importante trazermos nas páginas iniciais um panorama geral da proteção de dados, o âmbito de aplicação da LGPD e os princípios e direitos dos titulares de dados pessoais.

20.1.1 Proteção de Dados – Panorama Geral

Para pensarmos em proteção de dados pessoais é importante analisarmos interesses aparentemente opostos: a privacidade e a tutela dos direitos fundamentais e os novos modelos de negócio propiciados pelo big data.

A ideia de um sistema de proteção de dados pessoais começa a ganhar corpo a partir de fatos terríveis acontecidos na Segunda Guerra Mundial, especialmente pela incrível facilidade com que Adolf Hitler conseguiu identificar e perseguir algumas minorias. Tudo isso foi possível com a realização de um grande censo (um de seus primeiros atos após chegar democraticamente ao poder), onde questionavam assuntos como religião, cor de pele, dentre outros.

As informações preenchidas pelo povo alemão foram então processadas pelas chamadas **máquinas de holerite**, que possuíam um sistema pré-informático que permitia em poucos dias mapear por completo a população alemã (o que era impensável até alguns anos antes). Essa tecnologia depois foi exportada para outros países, que acabaram contribuindo ainda que indiretamente com a identificação de grupos submetidos a atos genocidas.

Superada a Segunda Grande Guerra, começam a surgir e a proliferar os computadores, tendo sido o primeiro deles criado pelo matemático inglês Alan Turing ainda durante a guerra, para decifrar o código de comunicação nazista.[1] O desenvolvimento de máquinas capazes de pensar[2] permitiu o surgimento de um novo mundo, de uma nova sociedade, marcando a chamada **Terceira Revolução Industrial**.

A preocupação concreta da União Europeia com o tema da privacidade remonta aos anos 50,[3] quando da aprovação em Roma do Convênio Europeu de Direitos Humanos, que previa (art. 8º, inciso 1) que toda pessoa tem direito a ter respeitada sua vida privada, familiar, seu domicílio e sua correspondência.

Na década de 1970, um escândalo veio à tona na França, com os meios de imprensa do país denunciando aquilo que foi conhecido como o Projeto Safari, iniciado em 1973 sem o conhecimento da população francesa. Esse projeto consistia no desenvolvimento de um sistema automatizado que visava indexar os indivíduos a partir do número de segurança social e a partir disso centralizar a base de dados a ser utilizada pelos poderes e órgãos públicos.

---

[1] Para mais informações sobre o tema, assista ao filme *O jogo da imitação*, premiado com o Oscar de Melhor Roteiro Adaptado, dirigido por Morten Tyldum, 2015.

[2] TURING, Alan M. **Puede pensar una máquina?** Oviedo: KRK, 2012.

[3] DELGADO, Lucrecio Rebollo; PÉREZ, María Mercedes Serrano. **Manual de protección de datos.** Madrid: Dykinson, 2019. p. 43.

A ideia era permitir e facilitar a circulação de informações dos indivíduos entre as diferentes administrações.

Quando o jornal *Le Monde* publicou a matéria, em 1974, as críticas da opinião pública desestabilizaram o governo e o fizeram desistir do projeto. Além disso, fizeram com que o governo criasse um comitê autônomo e independente para debater os riscos do desenvolvimento informático, o que culminou com criação da Lei "Informatique et Libertés" em 1978.

No ano seguinte, em 1979, o governo francês criou um órgão independente e autônomo para fiscalizar e conscientizar a população sobre essa nova lei. Nascia assim a "Comission Nationale de l'Informatique et des Libertés" (CNIL), uma das principais autoridades globais sobre a temática de privacidade e proteção de dados pessoais.

Especificamente em relação ao tema da proteção de dados pessoais, a tutela jurídica europeia parece remontar ao Convênio do Conselho da Europa nº 108 de 1981, sobre a proteção das pessoas relativamente ao tratamento automatizado de dados de caráter pessoal.

A normativa possui 27 (vinte e sete) artigos destinados a tutelar a coleta e o tratamento de dados pessoais no âmbito europeu, e serve de base até hoje para as legislações de boa parte do mundo. Merecem destaques os princípios elencados, tais como o princípio da finalidade do tratamento, da lealdade, da publicidade, da segurança, da acessibilidade, dentre outros. Também merece destaque a criação do Comitê Consultivo Europeu sobre a temática, tudo isto ainda na década de 1980.[4]

Em 1983, um importante caso estourou na Alemanha. O Estado alemão, por meio da Lei do Censo (*Volkszählungsgesetz*) de 1983, determinou o recenseamento geral da população. A ideia era colher dados sobre profissão, moradia, local de trabalho, dentre outros, para fins estatísticos. "O objetivo declarado da lei era reunir, por meio de levantamentos feitos por pesquisadores credenciados, dados sobre o estágio do crescimento populacional, a distribuição espacial da população no território federal, sua composição segundo características demográficas e sociais, assim como também sobre sua atividade econômica".[5]

A população alemã, receosa com o censo e com as experiências pretéritas, ingressou com várias Reclamações Constitucionais, a fim de que a lei fosse declarada inconstitucional por violação dos direitos fundamentais, notadamente o direito ao livre desenvolvimento da personalidade.

---

[4] "Con el contenido del Convenio que analizamos, quedaba ya en 1981 establecido el marco genérico de protección de la persona frente a las posibles intromisiones en su intimidad, o la lesión de derechos de la personalidad de forma más genérica, por parte de la informática. Pese a todo, la evolución en este aspecto tan significativo de las relaciones sociales, y capital en la evolución tecnológica y las posibilidades que se abren a partir de la generalización del uso de internet, harán necesarios otros desarrollos normativos, tanto en el ámbito europeo, como nacional. Pero como hemos manifestado, Europa se constituye en vanguardia normativa en la regulación de la protección de datos de carácter personal" (DELGADO; PÉREZ, 2019, p. 46).

[5] MARTINS, Leonardo. **Tribunal Constitucional Federal Alemão:** decisões anotadas sobre direitos fundamentais. Volume 1: Dignidade humana, livre desenvolvimento da personalidade, direito fundamental à vida e à integridade física, igualdade. São Paulo: Konrad-Adenauer Stiftung – KAS, 2016. p. 55.

O Tribunal Constitucional julgou parcialmente procedentes as Reclamações,[6] pontuando que a lei era Constitucional, mas declarando nulo alguns "dispositivos sobre a comparação e trocas de dados e sobre a competência de transmissão de dados para fins de execução administrativa".[7]

Seguindo a linha temporal, a União Europeia sancionou, em 1995, a Diretiva 95/46/CE, relativa à proteção das pessoas humanas no que diz respeito ao tratamento de seus dados pessoais e à livre circulação desses dados.

A regulamentação europeia do tema da proteção de dados pessoais se fez presente – e não poderia ser diferente – na Carta de Direitos Fundamentais da União Europeia[8] (2000/C 364/01), especialmente no art. 8º, assim redigido:

> Artigo 8º.
>
> Protecção de dados pessoais
>
> 1. Todas as pessoas têm direito à protecção dos dados de carácter pessoal que lhes digam respeito.
>
> 2. Esses dados devem ser objecto de um tratamento leal, para fins específicos e com o consentimento da pessoa interessada ou com outro fundamento legítimo previsto

---

[6] "Ementa. 1. Tendo em vista as condições do moderno processamento de dados, a proteção do indivíduo contra levantamento, armazenagem, uso e transmissão irrestritos de seus dados pessoais é abrangida pelo direito geral da personalidade previsto no Art. 2 I GG c.c. Art. 1 I GG. O direito fundamental garante o poder do indivíduo de decidir ele mesmo, em princípio, sobre a exibição e o uso de seus dados pessoais. As restrições desse direito à 'autodeterminação sobre a informação' são permitidas somente em caso de interesse predominante da coletividade. Tais restrições necessitam de uma base legal constitucional que deve atender ao mandamento da clareza normativa próprio do Estado de Direito. O legislador deve, além disso, observar, em sua regulamentação, o princípio da proporcionalidade. Também deve tomar precauções organizacionais e processuais que evitem o risco de uma violação do direito da personalidade.

3. No que tange às exigências constitucionais para essas restrições, deve se distinguir entre dados pessoais que são levantados e manipulados individualmente, não anonimamente, e aqueles que são destinados a objetivos estatísticos. No levantamento de dados para propósitos estatísticos, não se pode exigir uma vinculação estrita e concreta de propósito dos dados. Mas, dentro do sistema de informação, devem existir respectivas barreiras para compensação, em contraposição ao levantamento e manipulação da informação. 4. O programa de levantamento de dados da Lei de Recenseamento de 1983 (§ 2, I a VII, §§ 3 a 5) não leva a um registro e a uma catalogação da personalidade incompatíveis com a dignidade humana; ele atende também aos princípios da clareza normativa e da proporcionalidade. Contudo, são necessárias, para a garantia do direito à autodeterminação sobre informação, medidas adicionais processuais em prol da realização e organização da pesquisa. 5. A regulamentação sobre comunicação prevista no § 9, I a III, da Lei do Recenseamento de 1983 (entre outros, atualização do registro de moradores) infringe o direito geral de personalidade. A comunicação dos dados para fins científicos (§ 9, IV, da Lei do Recenseamento de 1983) é compatível com a Grundgesetz. (...)

Dispositivo da decisão. 1. Os § 2, I a VII, e §§ 3 a 5 da Lei do Recenseamento de População, Profissão, Moradia e Trabalho (Lei do Recenseamento de 1983), de 25 de março de 1982 (BGBl. I, p. 369), são compatíveis com a Grundgesetz, mas o legislador deve providenciar uma regulamentação complementar sobre a organização e procedimento do recenseamento. 2. O § 9, I a III, da Lei do Recenseamento de 1983 é incompatível com o Art. 2, I, c.c. Art. 1, I, G G, e, assim, é nulo. 3. Os direitos fundamentais dos reclamantes, decorrentes dos Art. 2, I, e Art. 1, I, GG, foram violados pela Lei do Recenseamento de 1983 em seus números 1 e 2. De resto, as Reclamações Constitucionais são improcedentes. 4. A República Federal da Alemanha deve reembolsar aos reclamantes as despesas necessárias" (MARTINS, 2016, p. 56-59).

[7] MARTINS, 2016, p. 55.

[8] Também conhecida como Carta de Nice, cidade na França onde ela foi promulgada.

por lei. Todas as pessoas têm o direito de aceder aos dados coligidos que lhes digam respeito e de obter a respectiva rectificação.

3. O cumprimento destas regras fica sujeito a fiscalização por parte de uma autoridade independente.

Proteção de Dados Pessoais foi novamente objeto de tutela no Tratado de Lisboa (Tratado de Funcionamento da União Europeia) de 2007. Tudo isso caminhou para a criação de uma regra única sobre a tutela de proteção de dados no âmbito europeu, incentivado obviamente pelo avanço tecnológico e pelos cada vez mais crescentes e agressivos modelos de negócio baseados em coleta e tratamento de dados pessoais. Isso veio a se concretizar com uma normativa bastante eficiente e completa, chamada de **Regulamento Geral de Proteção de Dados Pessoais** (RGPD em português ou GDPR em inglês). Trata-se do Regulamento n. 679/2016 da União Europeia, que entrou em vigor em maio de 2018 e tem como objetivo defender os direitos e as liberdades fundamentais das pessoas naturais, principalmente o direito à proteção dos dados pessoais.

Por fim, em 2018, foi sancionado o Regulamento n. 1.725/2018 da União Europeia, que, cumprindo uma determinação do próprio RGPD, regula o direito à proteção dos dados pessoais na atividade das instituições e organismos da própria União Europeia.

Fora da União Europeia, é necessário destacar a legislação do Estado da Califórnia (California Consumer Privacy Act – CCPA), sancionada em 2019 e que entrou em vigor em 2020.

20.1.2 A Lei Geral de Proteção de Dados do Brasil (LGPD)

A Lei Geral de Proteção de Dados Pessoais (Lei n. 13.709/2018) é uma norma construída de forma democrática, com participação de toda a sociedade e setores empresariais, que de modo geral refletiu o equilíbrio entre os direitos dos titulares de dados pessoais e a livre circulação dos dados, diretamente relacionada à livre iniciativa e à livre concorrência. Dessa forma, a lei tratou dos direitos e deveres de todos os sujeitos envolvidos no tratamento de dados pessoais – titulares de dados e agentes de tratamento de dados.

20.1.2.1 Aplicação

A aplicação da LGPD vem definida em seus arts. 3º e 4º, e se aplicam a tratamentos de dados pessoais, seja este online ou offline, realizado por agentes públicos ou privados. Segundo a LGPD, dados pessoais são qualquer *informação relacionada a pessoa **natural** identificada ou identificável* (art. 5º, inciso I, da LGPD). Ou seja, qualquer dado que remete a alguém, como nome, RG, CPF, carteira profissional, ou mesmo aqueles que, de forma indireta, possam identificar alguém, endereço, IP, cookie, perfil único.

Da mesma forma, não podem ser categorizados como dados pessoais aqueles dados denominados pela própria legislação como **dados anonimizados**, ou seja, "dado relativo a titular que não possa ser identificado, considerando a utilização de meios técnicos razoáveis e disponíveis na ocasião de seu tratamento".[9] No entanto, em relação a esta categoria, vale destacar que, se a reversão da anonimização for viável ou acabar por ocorrer, a LGPD volta a ser aplicável a determinado tratamento (art. 12, da LGPD).

Considerando o conceito de dados pessoais, a legislação se aplica a todo tratamento (*toda operação realizada com dados pessoais*[10]) de dados pessoais realizado em território nacional ou que seja referente a dados de titulares localizados no território nacional, ou ainda ao tratamento que tenha por objetivo a oferta de bens e serviços de pessoas localizadas no território nacional (art. 3º da LGPD). Assim, se uma empresa estrangeira sem sede no Brasil coletar dados de pessoas residentes neste território, com a finalidade de ofertar-lhes produtos, este tratamento de dados deverá cumprir com as obrigações da LGPD, de modo que, assim como o RGPD (GPDR), a legislação brasileira de proteção de dados pessoal igualmente prevê uma aplicação que poderá se mostrar extraterritorial.

Tratado do escopo desta legislação, convém destacar, também, as exceções de aplicação, isto é, ainda que o tratamento se encaixe nas hipóteses acima, a LGPD não se aplicará a este, caso tenha como finalidade: (i) particular, não econômica e for realizado por pessoa natural; (ii) jornalística, artística ou acadêmica; (iii) de segurança pública, de defesa nacional, de segurança do estado ou de atividade de investigação ou repressão de infração penal.

Igualmente, não está adstrito à LGPD o tratamento de dados pessoais cuja coleta tenha se dado fora do território nacional, necessariamente em país que proporcione grau de proteção de dados pessoais adequado ao previsto na LGPD, sendo certo que estes dados não poderão ser compartilhados com outros agentes de tratamento brasileiro ou estrangeiro, de origem distinta da proveniência dos dados pessoais.

Em síntese, para aplicação da LGPD a um tratamento de dados pessoais, este deverá (i) ser realizado em território nacional ou ser referente a pessoas localizadas em território nacional ou ter como objetivo a oferta de bens e serviços em território nacional; (ii) além de não estar elencado nas exceções ou ser referente a dados anonimizados.

20.1.2.2 Princípios fundamentais da LGPD

A Lei Geral de Proteção de Dados Pessoais é uma norma calcada em 10 (dez) princípios que acabam por nortear todo o texto legislativo, de modo que a parte restante da LGPD consiste em uma delimitação do anunciado pelo art. 6º por meio dos seguintes princípios: (i) finalidade; (ii) adequação; (iii) necessidade; (iv) livre acesso; (v) qualidade de dados; (vi) transparência; (vii) segurança; (viii) prevenção; (ix) não discriminação; (x) responsabilização e prestação de contas.

O princípio da finalidade determina que todo tratamento de dados deva ter um motivo, uma finalidade a este vinculada e divulgada ao titular de dados pessoais, de forma que não é mais possível a realização de tratamento de dados pessoais por mera expectativa de

---

[9]   Art. 5º, III, da Lei Geral de Proteção de Dados Pessoais (Lei n. 13.709/18).

[10]   Art. 5º, X, da Lei Geral de Proteção de Dados Pessoais (Lei n. 13.709/18).

utilização destes dados. Por exemplo, uma área de marketing de determinada empresa não pode coletar com a expectativa de utilizá-los em eventual campanha futura. A finalidade deve ser certa.

Junto a este princípio, encontra-se o princípio da adequação, segundo o qual o tratamento não poderá se dar por finalidade distinta da declarada ou divulgada ao titular. Caso haja alteração da finalidade, a nova finalidade deverá ser divulgada e, se a base legal que fundamentar o tratamento for o consentimento, deverá ser solicitado novo consentimento, como se verá a seguir.

O princípio da necessidade é o chamado pela RGPD (GDPR) como *princípio da minimização dos dados pessoais*. De acordo com este, não devem ser coletados dados que excedam os necessários à persecução da finalidade divulgada. A coleta de dados desnecessários representa elevação no risco de danos aos titulares de dados em caso de incidente de segurança, assim, não devem ser mantidos dados pessoais que não sejam estritamente necessários às razões do tratamento.

O princípio do livre acesso está diretamente atrelado aos direitos dos titulares de dados garantidos pelo art. 18 da LGPD. Considerando este princípio, os titulares possuem direito a saber sobre a existência de eventual tratamento de seus dados pessoais, bem como ter acesso aos dados coletados, a forma e duração do respectivo tratamento.

O princípio da qualidade, por sua vez, está relacionado ao direito à retificação dos dados pessoais. Conforme estipulado por este princípio, ao titular deve ser dada a garantia de exatidão, clareza e atualização dos dados para a consecução da finalidade.

O princípio da transparência consiste no fornecimento de informações claras e precisas, bem como acessíveis. Deve haver transparência para com o titular de dados em relação a todo o ciclo de vida dos dados pessoais (coleta, armazenamento, manutenção, compartilhamento e exclusão). Um exemplo comum de violação a este princípio são as Políticas de Privacidade demasiadamente longas e não assertivas, podendo ser enquadradas como não transparentes pela Autoridade Nacional de Proteção de Dados (ANPD).

Os princípios de segurança e prevenção consistem na adoção de medidas técnicas e administrativas aptas a tutelar dados pessoais de situações acidentais e ilícitas, além de prevenir danos destas decorrentes.

De acordo com o princípio da não discriminação, não é lícito realizar tratamento de dados pessoais para fins discriminatórios. Neste contexto, surge a discussão acerca da possibilidade de revisão das decisões automatizadas, realizadas por algoritmos.

Por fim, os princípios da responsabilização e prestação de contas determinam que o agente deve comprovar por meio de medidas adotadas e registros realizados o cumprimento das obrigações criadas pela Lei Geral de Proteção de Dados Pessoais. Não basta, por exemplo, informar que determinados dados foram coletados mediante consentimento: faz-se necessário apresentar à autoridade o registro válido daquele consentimento.

20.1.2.3 Bases Legais – Requisitos para Tratamento de Dados Pessoais

Outro importante aspecto trazido pela Lei Geral de Tratamento de Dados Pessoais é o requisito para a licitude deste tratamento: a base legal. A LGPD enumera, em seu art. 7º, 10 bases legais, sendo certo que, se o tratamento não estiver fundamento em uma destas, será ilícito e representará uma infração à norma. Faz-se importante destacar não haver hierarquia entre as bases legais. Cada qual pode vir a se mostrar como mais adequada a depender da situação em análise. São elas:

I.   consentimento;
II. cumprimento de obrigação legal ou regulatória. Neste caso, pode-se citar como exemplo a guarda de registros de aplicação e conexão, previstas nos arts. 13 e 15 da Lei n. 12.965/14 (Marco Civil da Internet);
III. tratamento pela administração pública, para o uso compartilhado de dados necessários à execução de políticas públicas;
IV. para a realização de estudos por órgãos de pesquisa;
V.   quando necessário para execução de contrato ou procedimentos preliminares relacionados a contrato;
VI. para exercício regular de direitos em processo judicial, administrativo ou arbitral;
VII. para proteção da vida ou incolumidade física do titular ou de terceiro;
VIII. para a tutela da saúde ou por entidades sanitárias;
IX. quando necessário para atender aos interesses legítimos do controlador ou de terceiros, exceto no caso de prevalecerem direitos e liberdades fundamentais do titular que exijam a proteção de dados pessoais;
X.   proteção ao crédito.

Referente às bases legais, merecem comentários mais detalhados o consentimento e legítimo interesse, principalmente, pela evidente necessidade de regulamentação de ambas, e a tutela da vida e saúde, em virtude do momento histórico vivenciado relacionado à pandemia causada pelo COVID-19.

No tocante ao consentimento, o art. 7º, em seus parágrafos, evidencia que o consentimento será dispensado quando os dados foram tornados manifestamente públicos pelo titular (ex. Conta de Facebook Pública, sem restrição de acesso, desde que resguardados os direitos do titular, os princípios da lei). Ademais, para dados de acesso público, destaca-se a necessidade de observância da finalidade pela qual o dado foi cedido, da boa-fé e do interesse público envolvido.

O consentimento, por vezes, é tido como uma base que representa maior segurança jurídica, tendo em vista a facilidade acerca da guarda de registros, todavia, a sua utilização em demasia e de forma inadequada poderá levar à sua invalidade, de modo que o tratamento possa ser interpretado como não fundado em uma base legal, revelando-se ilícito.

Para que o consentimento seja válido (art.7º, inciso I, da LGPD), este deve ser livre, informado e inequívoco. Estas são características que a LGPD adotou, considerando o posicionamento sobre esta base legal do Grupo de Trabalho do art. 29, instituído pela antiga Diretiva 95/46/CE. Embora a diretiva tenha sido revogada pelo RGPD (GDPR), os posicionamentos e pareceres do seu Grupo de Trabalho ainda se mostram atuais e em uso.

O parecer referente ao consentimento é o Parecer n. 15/2011, do respectivo Grupo de Trabalho, o qual define como "livre" o consentimento em que "(...) a pessoa em causa puder exercer uma verdadeira escolha e não existir nenhum risco de fraude, intimidação, coação ou consequências negativas importantes se o consentimento for recusado. Se as consequências do consentimento comprometerem a liberdade de escolha da pessoa, o consentimento não será livre".[11]

À luz desse entendimento, a Autoridade Nacional de Dados Holandesa entendeu, por exemplo, como não livre o consentimento dado pelo usuário para cookies de forma genérica, sem graduação por tipos de cookies, principalmente, quando esta prática vem atrelada a bloqueio do acesso ao site, em caso de recusa. Segundo a referida autoridade, este tipo de conduta estaria em dissonância com o GDPR.

Além de livre, o consentimento, para a LGPD, deve ser informado, ou seja, o consentimento dado após apreciação e compreensão dos fatos e implicações da ação pelo titular dos dados. O consentimento, igualmente, deve se mostrar como inequívoco, não podendo dar azo a qualquer dúvida quanto à intenção da pessoa de dar o seu consentimento.

Diante disso, ganha relevância a base legal do legítimo interesse, a qual, apesar de demandar regulamentação por parte da Autoridade Nacional de Proteção de Dados, poderá ser utilizada nas seguintes hipóteses: (i) apoio e promoção de atividades do controlador (aquele que possui poder de decisão sobre o tratamento); (ii) para a proteção do titular de dados pessoais e prestação de serviços que beneficiem, desde que respeitadas as legítimas expectativas do titular, seus direitos e garantias fundamentais.

A Data & Marketing Association (DMA), Associação de Marketing e Dados do Reino Unido, trouxe algumas diretrizes sobre parâmetros para a adoção do legítimo interesse, que podem ser utilizadas como boas práticas a conceder mais segurança a esta base legal, enquanto não for regulamentada:

i.   relacionamento prévio com o titular de dados pessoais;
ii. não infração aos direitos e garantias individuais do titular;
iii. previsibilidade (se o tratamento de dados pessoais for previsível pelo titular de dados);
iv. disponibilização de opção para o cancelamento do tratamento de dados pessoais.

Estas diretrizes da DMA foram sedimentadas a partir dos considerandos 47 e 48 do GDPR. Além de estes trazerem os parâmetros acima, já classificam como legítimo interesse o tratamento realizado para fins de: (i) fraude; (ii) comercialização direta; e (iii) compartilhamento de dados pessoais entre empresas de um mesmo grupo para fins administrativos internos.

---

[11] GABINETE PARA A PROTEÇÃO DE DADOS PESSOAIS. MACAU. Disponível em: https://www.gpdp.gov.mo/uploadfile/others/wp187_pt.pdf. Acesso em: 1 maio 2020.

No mais, ainda nestes considerandos, há a indicação da necessidade de realização de "avaliação cuidada", quando for adotada a base legal do legítimo interesse.

Dando sequência à análise das bases legais, a pandemia do COVID-19, decretada pela Organização Mundial da Saúde em 2020, tem chamado a atenção do mundo às bases legais de tutela da vida e saúde, diante das novas implicações e soluções a respeito da temática de proteção de dados pessoais.

20.1.2.4 Categorias especiais de Dados Pessoais

A LGPD concede tratamento especial a duas categorias distintas de dados pessoais: dados sensíveis (art. 11 da LGPD) e dados de crianças (art.14 da LGPD).

Dados sensíveis, para esta legislação, consistem em um rol restrito de dados, descrito no art. 5º, II, da LGPD, e referentes a "(...) origem racial ou étnica, convicção religiosa, opinião política, filiação a sindicato ou a organização de caráter religioso, filosófico ou político, dado referente à saúde ou à vida sexual, dado genético ou biométrico, quando vinculado a uma pessoa natural".

Pelo rol, pode-se perceber que tais dados estão atrelados a traços de nossa personalidade, identidade, intimidade e, pela importância atribuída a estes pela LGPD, demandam cuidados redobrados em seu tratamento, visto que eventual incidente ou violação de dados pessoais que os atinja possui potencial danoso mais elevado.

Desta forma, assim como os dados de crianças, os dados sensíveis requerem dos agentes de tratamento controles de segurança mais rigorosos, além de o tratamento dever estar fundamentado no consentimento específico e destacado do titular ou responsável legal.

Assim, neste caso, a utilização da base legal para o consentimento é a regra, que comporta as seguintes exceções: (a) cumprimento de obrigação legal ou regulatória pelo controlador; (b) tratamento compartilhado de dados necessários à execução, pela administração pública, de políticas públicas previstas em leis ou regulamentos; (c) realização de estudos por órgão de pesquisa, garantida, sempre que possível, a anonimização dos dados pessoais sensíveis; (d) exercício regular de direitos, inclusive em contrato e em processo judicial, administrativo e arbitral, este último nos termos da Lei n. 9.307, de 23 de setembro de 1996 (Lei de Arbitragem); (e) proteção da vida ou da incolumidade física do titular ou de terceiro; (f) tutela da saúde, exclusivamente, em procedimento realizado por profissionais de saúde, serviços de saúde ou autoridade sanitária; ou (g) garantia da prevenção à fraude e à segurança do titular, nos processos de identificação e autenticação de cadastro em sistemas eletrônicos, resguardados os direitos mencionados no art. 9º desta lei e exceto no caso de prevalecerem direitos e liberdades fundamentais do titular que exijam a proteção dos dados pessoais (art. 11, da LGPD).

Em relação aos dados de crianças, estes somente poderão ser tratados mediante consentimento específico e destacado de um dos pais ou responsável legal, sendo certo que esta regra comporta uma única exceção: tratamento de dados pessoais para contatar os pais ou responsável legal ou para a proteção da criança, não podendo haver compartilhamento de dados pessoais sem o consentimento.

20.1.2.5 Direitos dos Titulares

O controlador de dados, agente de tratamento que exerce decisão sobre o tratamento de dados pessoais, é quem tem o dever de garantir o rol de direitos previstos na LGPD, em seu art. 18, a saber: (i) confirmação sobre a existência do tratamento; (ii) acesso aos dados; (iii) correção de dados incompletos, inexatos ou desatualizados; (iv) anonimização, bloqueio ou eliminação de dados desnecessários, excessivos ou tratados em desconformidade com a LGPD; (v) eliminação dos dados pessoais tratados com o consentimento do titular; (vi) informação sobre as entidades públicas e privadas com as quais o controlador realizou uso compartilhado de dados; (vii) informação sobre a possibilidade de não fornecer consentimento e sobre as consequências da negativa; (ix) revogação do consentimento.

O titular de dados pessoais ainda tem o direito de solicitar a revisão das decisões automatizadas, caso estas afetem os seus interesses. Todos estes direitos serão viabilizados mediante requerimento expresso do titular ou responsável legal sem custo.

Este panorama nos dá as bases para que possamos tratar a seguir das atividades de marketing e privacidade de dados.

20.1.3 Como a LGPD afeta a comunicação entre marcas e consumidores

A sociedade da quarta revolução industrial vive um cenário de "desproteção de dados". A LGPD, que entrou em vigor em 2020 no Brasil, veio a impor limites e reflexões sobre o uso de dados pessoais entre empresas, cidadãos e governos. Mas talvez você esteja pensando: por que é tão importante obter essas informações? Na visão do marketing e da comunicação, é na privacidade que a personalidade do indivíduo se desenvolve. Assim, é nela que é possível alcançar informações preciosas, como desejos e sonhos de consumo.

Sistemas bancários, negócios digitais, processos eleitorais, serviços de entretenimento e mídia e de comércio eletrônico produzem diariamente milhares, milhões até bilhões de transações online de informações, produtos e serviços. Por sua vez, as empresas (anunciantes) que performam nesse ambiente, para obter mais faturamento, buscam ampliar seus resultados, utilizando a inteligência de dados.

Assim, o tratamento de dados passa a ser uma atividade cotidiana dos agentes digitais e empresas, que consideram esse ambiente seu habitat. A utilização do dado pessoal pode estar, por exemplo, apenas na coleta, transmissão e distribuição, ou até no processamento, arquivamento e armazenamento. Seja qual for a linha estratégica do uso do dado pessoal, é importante seguir as diretrizes da legislação e manter a equipe preparada.

20.1.4 As responsabilidades e papéis na LGPD

20.1.4.1 Controlador e Operador

No âmbito da LGPD, o tratamento dos dados pessoais pode ser realizado por dois "agentes de tratamento", o controlador e o operador. Dentro do cenário do marketing digital, o controlador é definido como o anunciante, empresa pública, mista ou privada a quem competem as decisões referentes ao uso de dados pessoais. A identificação desse agente é transparecida quando o usuário de internet estabelece uma relação com a marca. O indivíduo navega em um site, e-commerce ou portal e, naquele ambiente proprietário, realiza a declaração dos seus dados. Naquele ato é estabelecida a relação entre as partes, fomentada por algum princípio, como o consentimento ou finalidade etc. Ressalta-se que é o controlador a pessoa jurídica sujeita à maioria das penalidades previstas na lei.

Já o operador é o fornecedor que, sob o comando do controlador, atua operacionalizando a obtenção dos dados pessoais. Esse agente é tão importante na relação quanto o primeiro, mesmo que ele tenha juridicamente menos responsabilidades. Esses fornecedores, pessoas naturais ou jurídicas, de direito público ou privado, podem ser no contexto do mercado de comunicação: agências digitais, consultorias de marketing, produtoras de sites e aplicativos, entre outros.

Importante destacar que se o operador transferir dados pessoais originados em bancos de dados de clientes para um parceiro por determinação do cliente, em razão de a terceira ser sua parceira, nesse caso, se ocorrer um vazamento, não há corresponsabilidade, pois o agente será classificado como operador e terá agido segundo as instruções do controlador. Todavia, se a decisão de compartilhar os dados com empresa terceira for tomada pelo operador, ele será classificado como controlador e responderá solidariamente, isto é, será corresponsável em relação à reparação de eventuais danos sofridos pelos titulares dos dados.

20.1.4.2 O Encarregado de Dados (DPO)

O *Data Protection Officer* (DPO) ou Encarregado de Dados é o profissional responsável pelo alinhamento entre os titulares de dados, empresa e autoridades. Mas não se desespere: se você tem uma estrutura enxuta, essa figura não precisa necessariamente ser um empregado, já que a função pode ser exercida por pessoa jurídica.

Outra solução é o acréscimo de função junto a um profissional do jurídico ou de tecnologia. As empresas que optarem por ter um encarregado de dados integrante de seus quadros deve ter uma preocupação com o nível de independência desse profissional para que sua atuação não seja comprometida.

Nos termos do art. 41, parágrafo 2º, da LGPD, cabe ao encarregado: (i) aceitar reclamações e comunicações dos titulares, prestar esclarecimentos e adotar providências; (ii) receber comunicações da ANPD e adotar providências; (iii) orientar os empregados e os contratados a respeito das práticas a serem tomadas em relação à proteção de dados pessoais; e (iv) executar as demais atribuições determinadas pela empresa ou estabelecidas em normas complementares.

E atenção: devido às alterações promovidas pela Lei n. 13.853/2019, proveniente da Medida Provisória n. 869/2018, publicada em 09 de julho de 2019, o encarregado poderá ser necessário para a empresa classificada como "Operador". Por isso, é importante que tanto controlador quanto operador mantenham esse profissional em suas estruturas.

20.1.4.3 Stakeholders

Definidos quem são os agentes de tratamento, as empresas devem convocar todos os seus stakeholders – clientes, fornecedores, colaboradores e parceiros – para alinhamento das responsabilidades da lei. Assim, haverá a compreensão de corresponsabilização no uso dos dados pessoais.

20.1.4.4 As penalidades previstas na Lei

Conforme dito acima, operadores e controladores estão sujeitos a penalidades previstas em lei. O que temos verificado é que, mesmo antes da constituição da ANPD, órgãos competentes do executivo e do judiciário já estão realizando prescrições desde a entrada em vigor, baseadas nas indicações do art. 52. Traremos abaixo as principais observâncias quanto às penalidades:

Martorano »» Law   Art. 52 – Sanções LGPD

Advertência — Eliminação dos Dados

Multa Simples — Suspensão parcial do funcionamento do banco da dados

Multa Diária — Suspensão do exercício da atividade de tratamento

Publicização — Bloqueio dos Dados — Proibição total ou parcial do exercício da atividade de tratamento

Quadro 20.1   Observâncias

• Advertência, com indicação de prazo para adoção de medidas corretivas.	• Eliminação dos dados pessoais a que se refere a infração.
• Multa simples, de até 2% (dois por cento) do faturamento da pessoa jurídica de direito privado, grupo ou conglomerado no Brasil no seu último exercício, excluídos os tributos, limitada, no total, a R$ 50.000.000,00 (cinquenta milhões de reais) por infração.	• Suspensão parcial do funcionamento do banco de dados a que se refere a infração pelo período máximo de 6 (seis) meses, prorrogável por igual período, até a regularização da atividade de tratamento pelo controlador.
• Multa diária, observado o limite total a que se refere o inciso anterior.	• Suspensão do exercício da atividade de tratamento dos dados pessoais a que se refere a infração pelo período máximo de 6 (seis) meses, prorrogável por igual período
• Publicização da infração após devidamente apurada e confirmada a sua ocorrência.	• Proibição parcial ou total do exercício de atividades relacionadas a tratamento de dados.
• Bloqueio dos dados pessoais a que se refere a infração até a sua regularização.	

Vale ressaltar que as sanções serão aplicadas após procedimento que permita à empresa o exercício de seu direito de ampla defesa, levando-se em conta as peculiaridades do caso em questão e determinados critérios. São eles:

- a gravidade e a natureza das infrações e dos direitos pessoais afetados;
- a boa-fé do infrator;
- a vantagem auferida ou pretendida pelo infrator;
- a condição econômica do infrator;
- a reincidência;
- o grau do dano.

20.1.4.5 Quem é o responsável pelo monitoramento e cumprimento da lei?

Em 09 de julho de 2019, foi publicada a Lei n. 13.853, proveniente da Medida Provisória n. 869/2018, que criou a ANPD. Ela foi instituída como órgão da administração pública federal, integrante da Presidência da República, e possui a competência para fiscalizar e monitorar o cumprimento da LGPD, cabendo a esta a aplicação de sanções.

20.1.5 Passo a passo para estar em Compliance com a lei

A Lei Geral de Proteção de Dados traz importantes transformações quanto à privacidade individual, incluindo todas as relações envolvidas no âmbito do marketing e comunicação. De que forma é possível então harmonizar todos os processos que envolvem o uso de dados, sejam pessoais ou sensíveis? Não existe "receita de bolo" para isso, mas apresentamos aqui um passo a passo que pode ser estabelecido nas empresas.

20.1.5.1 Comitê Técnico

A primeira providência para os agentes de tratamento é a criação de um grupo de trabalho que tratará da implantação do Projeto de Compliance com a LGPD na empresa. Atenção! Ele não deve ser formado exclusivamente por profissionais de tecnologia da informação (TI) e segurança de dados. A recomendação é que esse comitê seja multidisciplinar e envolva todas as áreas que lidam com dados: administrativo, financeiro, jurídico, marketing, recursos humanos e a própria tecnologia, com a supervisão atenta dos principais gestores da instituição.

Assim, ocorre a divisão de responsabilidades de acordo com a natureza de cada expertise. Por exemplo, a avaliação da maturidade dos controles de segurança da informação é da alçada da tecnologia; a revisão de contratos fica com o jurídico; a comunicação com os titulares e com a Autoridade Nacional de Proteção de Dados é papel do encarregado; e assim por diante.

20.1.5.2 Premissas

A criação das premissas do projeto é fundamental para guiar toda a construção do trabalho. Com elas estabelecem-se a divisão das atividades, as responsabilidades e a autonomia de decisão de cada membro do comitê. É desejável destacar um líder do projeto, que por muitas vezes é o próprio encarregado de dados.

20.1.5.3 Diagnóstico

Estabelecido o Comitê Técnico, suas atividades, direitos e deveres, agora é partir para a "mão na massa". A primeira reunião de trabalho tem o desafio de estabelecer o diagnóstico atual da empresa quanto à lei. O inventário compreende a identificação das necessidades e gaps de cada área. Como dica, pode-se utilizar uma lista de perguntas:

- Quais são os dados que a empresa coleta e por quê?
- Todos os dados coletados são necessários?
- Quais são armazenados? Tais dados são compartilhados? Se sim, com quais empresas?
- Existem nos contratos com os fornecedores cláusulas de responsabilidades quanto à LGPD?
- Onde os dados são armazenados? Quais são as medidas de segurança da informação dos atuais ambientes digitais da empresa?
- Quais são as bases legais que justificam a coleta de dados?

Atenção! A descrição e a análise desses insumos vão ajudar a mostrar quão perto ou distante a organização está do ideal.

20.1.5.4 Projeto de Compliance

Uma vez estabelecido o diagnóstico, é necessário criar o Projeto de Compliance com a LGPD. Esse documento deve guiar o negócio rumo à adequação e manutenção das regras exigidas na legislação. Cada membro do Comitê Técnico deve estabelecer um cronograma de atividades de implementação das regras em seu setor. Já o encarregado de dados deve ficar responsável pela fiscalização e auditoria de todas as atividades. O documento deve, entre outras informações, conter:

- descrição da necessidade de coleta de dados da empresa;
- descrição dos tipos de dados a serem coletados;
- metodologia que será empregada na coleta dos dados;
- metodologia que será utilizada para garantir a segurança das informações;
- revisão de contratos de clientes e fornecedores e inclusão de cláusulas normativas;
- treinamento das equipes que tratam dados pessoais, além de conscientização em Segurança da Informação e Proteção de Dados Pessoais;
- elaboração de um cronograma geral com todas as fases de adequação à LGPD.

20.1.5.5 Implementação

Essa fase é quando a empresa coloca em prática o Projeto de Compliance desenvolvido pelo Comitê Técnico. Importante ressaltar que mesmo vulnerabilidades não identificadas no momento do diagnóstico e do projeto podem e devem estar em conformidade com a lei. Portanto, ser corrigidas em paralelo aos passos de implementação do Projeto de Compliance com a LGPD. Um exemplo de providência seria a correção de bugs ou deficiências no banco de dados, ineficiente por não atender às seguranças necessárias.

20.1.5.6 Revisão

Como a ideia de estar em compliance com a lei é uma atividade nova nas empresas, sugerem-se reavaliações periódicas dos processos e etapas do projeto, de modo a garantir uma gestão eficiente e protegida de possíveis incidentes.

20.1.5.7 Prevenção

Em caso de questionamento – que consiste em desde uma apuração de rotina do órgão fiscalizador até uma perícia determinada pela Justiça – sugerem-se boas práticas para demonstração de boa-fé:

- demonstrar que a organização possui um Projeto de Compliance em andamento;
- detalhar as medidas de segurança dos dados coletados;
- exibir a estrutura física e digital que envolve o armazenamento dos dados;
- informar com quem os dados e informações são compartilhados;
- exibir as cláusulas contratuais, com os fornecedores do tipo operador, que versam sobre a previsão de proteção de dados pessoais.

20.1.6 Dicas rápidas sobre LGPD[12]

20.1.6.1 O que acontece diante da ocorrência de um incidente de segurança da informação?

Em caso de ocorrência de qualquer incidente de segurança, o Agente Digital, caso opere como controlador, deverá notificar a Autoridade Nacional de Proteção de Dados, em tempo razoável. A LGPD não determina prazo certo – diferentemente do GDPR, que fixou o parâmetro de 72 horas, o qual poderá ser utilizado como orientador diante da atual lacuna de regulamentação nesse sentido.

Caso o Agente Digital atue como operador e detecte um incidente de segurança, deverá notificar o controlador a respeito, documentando devidamente essa notificação para eventual prestação de contas à Autoridade Nacional de Proteção de Dados. A Autoridade Nacional de

---

[12] Cartilha ABRADi.

Proteção de Dados averiguará a gravidade do incidente, podendo determinar ao controlador a ampla divulgação do fato em meios de comunicação e medidas para reverter ou mitigar os efeitos do incidente.

20.1.6.2 Quais são as certificações de segurança da informação que atendem a lei?

Em relação à temática da segurança, a LGPD exige que os Agentes Digitais façam uso de medidas técnicas e administrativas aptas a proteger os dados pessoais de acessos não autorizados e de situações acidentais ou ilícitas de destruição, perda, alteração, comunicação ou difusão. Isso significa que, em todo o fluxo de dados pessoais, não pode haver falhas de segurança que possibilitem acesso não autorizado. As licenças devem ser válidas, os softwares devem ser atualizados, os funcionários devem ser conscientizados acerca das medidas de segurança etc.

Apesar de a legislação não exigir certificações, a ISO 27001 – padrão para gestão da segurança da informação – tem sido muito utilizada para o cumprimento deste requisito da LGPD.

Além disso, há certificações específicas para cumprimento dos requisitos exigidos pela LGPD, como por exemplo a norma técnica oferecida pela ABRADi em parceria com o Bureau Veritas (https://abradi.com.br/wp-content/uploads/2021/02/norma-abradi_bureau-veritas_novembro_2019.pdf).

20.1.6.3 Quais são as informações obrigatórias que devem constar dos termos de consentimento do usuário?

Deste termo deverão constar: a finalidade específica do tratamento; com quem eventualmente aquele dado pessoal será compartilhado; qual será o período de duração do tratamento; a informação da possibilidade de não fornecer o consentimento; e quais seriam as consequências da negativa. Além disso, o termo deverá consistir em manifestação livre (verdadeira escolha, decisão voluntária), informada (informação completa, exata, disponibilizada de forma clara e compreensível) e inequívoca (o procedimento para a obtenção do consentimento não pode dar margem a dúvida quanto à intenção da pessoa em dar o seu consentimento). Diante disso, não são mais aceitos ou vistos como manifestação de consentimento válido comportamentos de omissão (opt-out), como caixas previamente assinaladas.

20.1.6.4 Será possível usar dados de geolocalização dentro dos critérios da lei para realizar campanhas de marketing digital?

Da mesma forma como as demais práticas, a realização de campanhas por dados de geolocalização não foi inviabilizada pela LGPD. Se os dados estiverem anonimizados, ou seja, se o seu titular não puder ser identificado por esforços técnicos razoáveis, não há impedimento, visto que dados anonimizados não são considerados dados pessoais, de forma que a LGPD não se aplica a eles. Por outro lado, caso seja possível a identificação do indivíduo, os dados de geolocalização estarão sob o manto da LGPD e a eles deverão ser destinados os mesmos cuidados que aos demais dados pessoais.

20.1.6.5 Dados capturados em redes sociais, como WhatsApp e Facebook, são considerados pessoais?

Dados pessoais são informações relacionadas à pessoa natural identificada ou identificável. Assim, o meio pelo qual são capturados não altera a sua natureza, pois os dados continuam sendo pessoais e de titularidade da pessoa a que se referem. No caso do WhatsApp, os dados são veiculados em conversas privadas ou para grupos de pessoas; ainda que se verifique certa publicidade dos dados, ela é limitada. Assim, uma eventual utilização desses dados deve enquadrar-se em uma das bases legais; do contrário, será indevida. Em relação ao Facebook, se os dados estiverem abertos a todos e a informação tiver sido publicada pelo titular, configurará a hipótese da coleta de dados tornados manifestamente públicos pelo titular, sendo possível a sua utilização para novas finalidades, desde que observados os propósitos legítimos e específicos para o novo tratamento de dados, e desde que preservados os direitos do titular. Se os dados não foram divulgados com esse intuito, esse tipo de tratamento não estaria sob o manto da boa-fé.

20.1.6.6 Cookies e IPS de máquina são considerados dados pessoais perante a lei?

Os dados pessoais são informações que possibilitam a identificação de um indivíduo. Assim, pensando nesse conceito – embora a LGPD não defina expressamente o número do IP e do cookie como dado pessoal –, o GDPR traz a interpretação de que, pela natureza identificadora do IP e do cookie, eles podem ser usados como ferramentas para definição de perfis e identificação de pessoas – o que se encaixa no conceito de dado pessoal. Sobre o IP dinâmico, existem pareceres emitidos pelo Grupo de Trabalho de Proteção de Dados Pessoais do art. 29 e o Parecer n. 4/2007, que, em resumo, define: ao registrar sistematicamente data, hora, duração e IP, mesmo que dinâmico, é possível identificar o usuário, utilizando meios razoáveis. Por isso, também é enquadrado como dado pessoal.

20.1.6.7 Posso continuar a comprar dados externos para enriquecimento?

A LGPD não faz nenhuma restrição expressa no tocante à utilização de bancos de dados externos; entretanto, caso se opte por esta possibilidade, deve-se tomar alguns cuidados: certificar-se de que a coleta dos dados externos esteja fundamentada em uma das bases legais previstas na LGPD; exigir do fornecedor os registros de coleta; averiguar se a finalidade divulgada ao titular de dados é compatível com o tratamento que será destinado aos dados; certificar-se de que o compartilhamento dos dados foi devidamente informado e consentido (caso essa seja a base legal utilizada) pelo titular de dados pessoais.

20.1.6.8 Ainda posso fazer Mídia Programática utilizando DMPs?

A LGPD não veio para pôr fim às ferramentas de marketing digital, mas será necessário que os Agentes Digitais, ao utilizá-las, tomem algumas precauções e respeitem os limites legais. Dessa forma, como as DMPs envolvem coleta e tratamento de dados pessoais, elas deverão respeitar o *privacy by design*, consistindo em plataformas que cumpram os requisitos legais impostos pela LGPD para tratamento de dados pessoais. É necessário sempre questionar e exigir comprovações acerca da origem dos dados coletados e oferecidos.

20.1.7 A evolução do uso de dados em marketing

Há várias décadas, as estratégias de marketing e de comunicação têm se beneficiado da utilização de dados de consumidores. O marketing direto foi uma das primeiras disciplinas a utilizar métodos de segmentação de bases de dados para o envio de comunicações dirigidas e personalizadas, e a implantar recursos de mensuração do retorno financeiro das ações em termos de ROI, cruzando os dados de retorno das campanhas com os registros dos clientes existentes nos bancos de dados.

Já no início da década de 1990, o surgimento do CRM concedeu um status ainda mais estratégico à necessidade de captura de dados de clientes pelas empresas, chamados de **First Party Data**. Idealizado por Don Peppers e Martha Rogers, a estratégia de CRM defende a necessidade de se identificar os clientes, a partir da captura de seus dados, e de classificá-los de acordo com suas preferências e com retorno financeiro que eles potencialmente podem gerar para a empresa. Dessa forma, os profissionais de marketing podem desenhar estratégias segmentadas para interagir individualmente e atender a necessidades específicas de cada grupo de clientes.

Nos últimos 10 anos, a digitalização das relações de consumo e o crescimento exponencial dos dados têm tornado o marketing totalmente dependente do uso de dados e de tecnologia, exigindo que as empresas construam plataformas de dados eficientes e seguras, permitindo que os dados estejam democraticamente disponíveis para apoiar o processo de conhecimento e relacionamento com clientes, garantindo que os fluxos da informação sejam bem governados e rastreáveis.

Figura 20.1 Evolução do uso de dados em marketing e comunicação

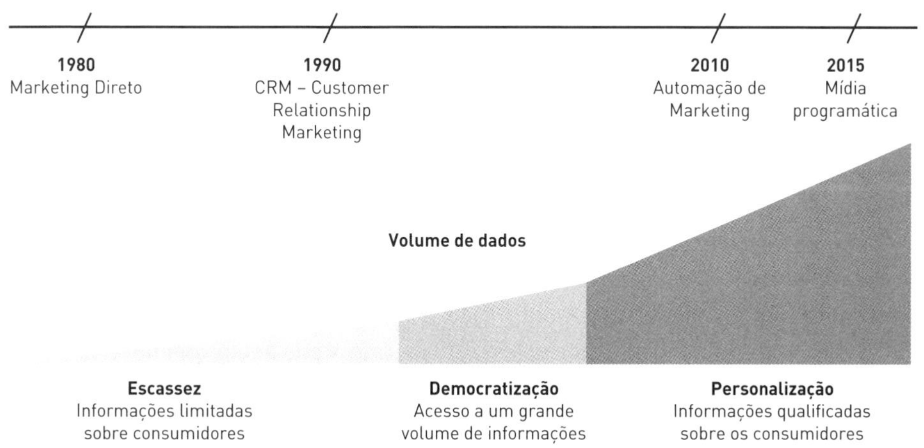

1980	1990	2010	2015
Marketing Direto	CRM – Customer Relationship Marketing	Automação de Marketing	Mídia programática

Volume de dados

Escassez	Democratização	Personalização
Informações limitadas sobre consumidores	Acesso a um grande volume de informações	Informações qualificadas sobre os consumidores

Fonte: Cartilha ABRADi.

20.1.7.1 A importância dos dados em marketing

O uso correto dos dados permite que as empresas identifiquem seus clientes, diferenciando-os de acordo com seus padrões individuais de comportamento e potencial de consumo, e permitindo o desenho de estratégias e ofertas segmentadas. Aliados ao emprego de modernas soluções de automação de marketing, os dados possibilitam a personalização em escala das abordagens de comunicação a partir da entrega de mensagens e ofertas altamente personalizadas e com conteúdo individualizado e relevante. Os consumidores, por sua vez, reconhecendo a relevância e o valor dessas interações, tendem a se engajar mais intimamente com as marcas e a serem mais fiéis e rentáveis a longo prazo.

Figura 20.2 As três principais funções dos dados em marketing

1	2	3
Segmentar	**Personalizar**	**Viabilizar**
e otimizar o público/audiência	a oferta (produto, preço, canal e momento)	o relacionamento multicanal (SMS, e-mail, mídia digital, push etc.)

Fonte: Cartilha ABRADi.

Conscientes da crescente importância dos dados para a longevidade de seus negócios, empresas têm investido em diferentes estratégias de captura de informação, sejam dados pessoais e transacionais, estes oriundos das próprias transações realizadas por seus clientes, ou outras informações decorrentes da navegação no website da empresa ou mesmo comentários nas redes sociais. Enfim, todo fragmento de dados pode ser valioso para a reconstrução e o entendimento da jornada de compra do consumidor, que compreende o processo de compra, desde o instante em que ele tomou conhecimento da marca ou de um seus produtos ou serviços, passando pelo momento de pesquisa e levantamento de informações, até a escolha e fechamento da compra.

Como já dito anteriormente, graças ao advento da internet e mais atualmente à proliferação das iniciativas de e-commerce que são responsáveis pela produção de uma volume de dados de consumo sem precedentes e, por outro lado, ao barateamento dos custos de armazenagem de processamento de dados, as empresas atualmente possuem um volume de dados sem precedentes, geralmente superior à sua própria capacidade de manipulação, visando à geração de maior conhecimento e valor para a companhia ou para seus clientes, em forma de descontos personalizados, ofertas segmentadas, melhores produtos e serviços etc. Uma pesquisa recente realizada pela consultoria Forrester apontou que cerca de 2/3 das informações capturadas pelas empresas jamais serão utilizadas, ou seja, convertidas em maior conhecimento dos clientes ou criação de produtos ou benefícios mais personalizados e exclusivos.

Assim, o amplo acesso a um grande volume de dados por parte das empresas, potencializado muitos vezes pela falta de transparência em relação a como elas armazenam e com que finalidade fazem uso desses dados, têm trazido à tona uma série de preocupações por parte dos consumidores e mais amplamente da sociedade, como, por exemplo, vulnerabilidade à fraude, vazamentos, uso não autorizado e intrusivo em ações de marketing ou mesmo a restrição ao acesso a produtos ou serviços devido ao emprego de segmentações ou modelos estatísticos cujos critérios não podem ser demonstrados, o que tem culminado na criação de mecanismos legais de proteção, mais especificamente em leis que versam a respeito dos direitos e das responsabilidades que envolvem a manipulação de dados pessoais. Especificamente no Brasil, a LGPD – Lei Geral de Proteção de Dados –, que foi sancionada pelo Presidente da República em 14 de setembro de 2020.

20.1.7.2 Estratégia de dados corporativa

Dada a relevância do emprego dos dados para o marketing e a comunicação atuais, é fundamental que as empresas tenham uma estratégia corporativa para uso dos dados, levando-se em conta os seguintes pilares fundamentais:

A privacidade de dados como uma estratégia de negócios

O advento da LGPD é apenas o início de uma longa jornada. Da mesma forma que o Código de Defesa do Consumidor na década de 1990 representou o início de uma nova era nas relações entre empresas e consumidores, inaugurando várias conquistas para os consumidores, entre elas a obrigatoriedade dos SACs e o fortalecimento dos órgãos de defesa do consumidor, e, mais do que isso, despertando os próprios consumidores a respeito de seus direitos individuais, a LGPD, bem como as demais questões regulatórias e todo o amplo debate em relação à proteção de dados pessoais, estão construindo uma nova cultura mundial de proteção de dados.

Diante desse novo cenário, a adaptação dos processos e sistemas internos de segurança é apenas um primeiro passo necessário para atender aos requisitos impostos pela lei. Pois, compreendendo que a transparência no tratamento de dados será uma nova demanda dos consumidores, e de uma forma mais ampla da sociedade, as empresas devem ter uma visão mais estratégica e de longo prazo, o que em outras palavras significa estabelecer que o respeito à privacidade de dados passa a ser um atributo da própria marca.

Essa visão tem o poder de transformar a maneira com que a empresa lida internamente com a questão da privacidade. Ao invés de encarar o processo de auditoria e compliance apenas como o preenchimento burocrático de um checklist de segurança da informação, ou um trabalho do departamento jurídico para diminuir a exposição da empresa a processos que podem levar ao pagamento de altas multas, toda a organização passa a enxergá-la como um esforço corporativo crítico para estabelecer relações de confiança com seus clientes, proporcionando maior engajamento, e relações lucrativas e de longo prazo.

Inspiradas por essa estratégia, as políticas de privacidade serão escritas de forma clara e de fácil entendimento, não visando reduzir a exposição da empresa, mas para que elas sejam realmente lidas e compreendidas por seus clientes; os dados internos serão auditados não apenas para atender aos requisitos de segurança, mas para garantir o direito de alteração e deleção quando solicitados pelos clientes, e os sistemas serão construídos com a utilização das melhores práticas de segurança para proteger a informação.

O valor de troca dos dados

As mesmas forças que proporcionaram a grande explosão do volume de dados, como a internet, a ampliação do poder computacional e a ampliação dos aparelhos conectados, também foram responsáveis pela elevação das expectativas dos consumidores por melhores produtos e serviços. O acesso praticamente ilimitado às informações que lhes permite comparar em tempo real marcas diferentes, sem praticamente quaisquer barreiras geográficas ou físicas, tem elevado suas expectativas em relação a ter experiências de compra únicas e altamente personalizadas.

Diversos estudos acadêmicos têm indicado que os consumidores, agora mais informados e potencializados pelo uso da tecnologia, esperam receber algum valor em troca dos dados que foram cedidos às empresas na forma de produtos adequados às suas necessidades, ofertas personalizadas, tratamento diferenciado, benefícios gratuitos ou até mesmo compensação financeira.

Várias pesquisas têm apontado que as pessoas valorizam esses serviços e que são altamente propensas a ceder seus dados em troca deles. Uma pesquisa publicada pela Merkle em 2019 classificou os consumidores em três principais grupos de acordo com a predisposição a ceder seus dados às empresas: 25% disseram que não cederiam seus dados em nenhuma hipótese, ainda que recebessem algo benefício em troca; outros 25% cederiam suas informações sem quaisquer exigências ou expectativa de retorno; e a maioria, 50% dos entrevistados, não se oporia a compartilhar seus dados desde de que recebessem algum benefício em troca.

Diante desse cenário, é importante que as marcas estabeleçam uma estratégia de uso dos dados pessoais e que comuniquem de forma transparente e clara quais serão os benefícios que os consumidores receberão em troca da informação, em termos de produtos, serviços ou experiências exclusivas.

Uma boa estratégia de uso de dados pessoais deverá considerar:

- evitar a captura de dados que não serão utilizados, a fim de não gerar expectativas nos consumidores que não serão cumpridas. Isso exige que a empresa tenha antecipadamente uma visão muito clara dos dados que ela precisará capturar para cumprir seus objetivos de negócio;
- informar em sua política corporativa de uso de dados com quais finalidades os dados serão utilizados;

- garantir a existência dos recursos tecnológicos e, principalmente, humanos necessários para a exploração dos dados e, consequentemente, sua utilização no desenvolvimento de produtos e serviços mais relevantes e personalizados.

A comunicação corporativa na era pós-privacidade

Como já dito anteriormente, o uso de dados é intrínseco às atividades de marketing e de comunicação. Portanto, para se estar em compliance com a LGPD, é importante que as empresas revisitem seus processos de tratamento de dados em todo o ciclo da informação: captura, armazenamento, transformação e consumo. Segue abaixo um *checklist* com as principais atividades:

- mapeamento interno das bases de dados e integração em um único repositório central, garantindo que a empresa tenha uma visão única de todos os fragmentos de dados dos clientes;
- implementação de soluções para a gestão do consentimento;
- implantação de processos de tratamento e qualidade de dados, garantindo a entrega de comunicações certas para as pessoas certas e o respeito às solicitações de *opt-out*;
- implantação de ferramentas de automação de marketing que permitam a seleção de público para ações ou campanhas sem a necessidade de acesso direto aos dados pessoais;
- criação de ambientes com dados anonimizados para realização de estudos, análises e algoritmos;
- treinamento contínuo da equipe em boas práticas de proteção de dados.

O novo marketing: menor volume e maior engajamento

Nos últimos anos, as empresas construíram bancos de dados com grandes volumes de informações de clientes e prospects a partir da unificação de bases internas oriundas dos sistemas transacionais internos, como, por exemplo, as plataformas de cadastro, faturamento, cobrança e atendimento, por meio do cadastro em eventos e formulários de ações promocionais, através da compra de listas ou mailings de fornecedores externos e, mais recentemente, por meio do tagueamento de suas plataformas digitais, especialmente o website da empresa. Tais informações, geralmente consolidadas em um único banco de dados, são utilizadas para a realização de campanhas multicanais, principalmente por e-mail marketing, SMS, push em aplicativos e mídia programática e redes sociais.

Parte das informações, em especial as que foram capturadas ou adquiridas sem uma base legal, como o consentimento ou a execução de um contrato de serviços, não deve mais ser utilizada para a comunicação de clientes após o vigência da LGPD, sob o risco de a empresa sofrer sanções ou aplicação das multas previstas na lei. Além disso, a lei garante ao consumidor o direito de solicitar a exclusão de seus dados dos sistemas da empresa para o recebimento e comunicações futuras (*opt-out*). Consequentemente, tais mudanças estão reduzindo os volumes de dados de clientes que as empresas possuem, e, consequentemente, o volume de disparos ou abordagens de comunicação realizados.

Efeito semelhante tem ocorrido no universo da mídia digital, em especial na mídia programática. O volume de audiências disponibilizado pelas DMPs deve diminuir significativamente, uma vez que no processo de captura de dados de navegação nos sites de seus parceiros elas deverão necessariamente informá-los a respeito do compartilhamento e obterem o consentimento previsto na lei. E, ainda mais importante do que isso, os principais browsers do mercado estão proibindo a inclusão de ferramentas de tagueamento de terceiros.

Essa redução das audiências disponíveis pode potencialmente restringir a cobertura ou o volume de mídia em determinada campanha digital.

Entretanto, temos visto que a redução do volume de abordagens proporcionou em contrapartida um aumento expressivo nas taxas de conversão; isso porque as empresas passaram a se comunicar somente com indivíduos com maior relacionamento com a marca, sejam eles clientes com um comportamento de consumo ativo ou pessoas que fizeram o *opt-in*, autorizando a envio da comunicação; são naturalmente mais propensos a fazerem negócios com a empresa e a manterem o engajamento de longo prazo. Esse efeito tem sido comprovado tanto no Brasil, a partir de dados mais recentes, como na Europa, que teve sua lei de proteção de dados (GDPR) aprovada em 2015.

De forma geral, a LGPD e, mais amplamente, o movimento de proteção de dados pessoais são uma grande oportunidade para sermos ainda mais eficientes em nossas estratégias de marketing. O nosso acesso ao grande volume de dados de clientes dependerá da nossa capacidade de demonstrarmos segurança e transparência no tratamento de suas informações e, mais do que isso, da troca de valor, onde eles percebam benefícios tangíveis que os convençam a continuar compartilhando conosco suas informações.

A principal mensagem para as empresas é que os dados pertencem aos clientes e que eles continuarão a compartilhá-los conosco enquanto estivermos oferecendo comunicação mais relevante, melhores produtos e serviços e atendimento mais rápido, personalizado e conveniente.

MÉTRICAS DE MARKETING ONLINE E OFFLINE

21

Autor:

Edgar Almeida

Com o surgimento do marketing digital, criou-se uma falsa percepção de que com ele surgiram as métricas de marketing, o que não era possível até então. Segundo Powell et al. (2011),[1] "o marketing começa pelo desenvolvimento de uma estratégia baseada na estratégia financeira e corporativa para a marca, focada no cliente, nos concorrentes, nos fatores externos e nos recursos da empresa".

Antes de mais nada, é válido ressaltar que o objetivo deste capítulo não é tratar de forma profunda o tema, apenas evidenciar a importância e as principais métricas de forma resumida. Sugerimos, para uma leitura completa sobre o tema, o livro *Retorno de investimento em comunicação*,[2] resultado de pesquisas do CEACOM, e o Capítulo 22 do livro *Gestão e marketing e comunicação*, lançado em 2021, também pela editora Saraiva Uni e do professor Dr. Mitsuru Higuchi Yanaze, coordenador do CEACOM-ECA/USP.

As métricas de marketing existem muito antes do surgimento do marketing digital e, sem dúvida, a internet facilitou, e muito, o levantamento de dados para sua composição e importância, já que são capazes de definir os melhores indicadores para atender um objetivo específico e averiguar os esforços que geraram bons resultados, tornando-se, assim, fundamentais para uma performance financeira melhor.

Neste sentido, um passo importante é compreender o que são metas, métricas e KPIs. Metas são a pretensão daquilo que se pretende alcançar, considerando o volume, valor e

---

[1] POWELL, Guy *et al*. **Retorno sobre o investimento em mídias sociais**: como definir, medir e avaliar a eficácia das redes sociais. Rio de Janeiro: Elsevier, 2011.

[2] YANAZE, Mitsuru H. **Retorno de investimentos em comunicação**: avaliação e mensuração. 2. ed. São Caetano do Sul: Difusão; Senac-RJ, 2013.

tempo. Métricas, por sua vez, são a mensuração quantitativa dos resultados. E KPIs, por fim, são consideradas métricas capazes de medir o desempenho de uma ação ou estratégia.

Outro adendo importante diz respeito a uma visão míope do mercado, que muitas vezes busca utilizar somente as métricas já conhecidas. Entretanto, as métricas devem ser individualizadas, de forma que é possível, e até recomendável, que a empresa crie suas próprias métricas ou faça ajustes nas fórmulas já existentes para atender às necessidades corporativas.

21.1 PRINCIPAIS MÉTRICAS OFFLINE

- **Share of voice:** participação de empresas em processos de comunicação, como veiculação paga ou espontânea.
- **Share of mind:** destaque no mercado em determinadas categorias de produtos e serviços.
- **Share of needs:** destaque na participação do atendimento às necessidades dos consumidores.
- **Share of heart:** participação afetiva com os consumidores, estabelecendo afeição e simpatia.
- **Share of power:** poder que a empresa possui no mercado de atuação.
- **Share of market:** participação de mercado – pode ser em unidades, faturamento, região etc.
- **Share of pocket:** o quanto o seu negócio capta do orçamento do cliente.
- **Share of value:** valorização da empresa no mercado, seja na percepção de valor de diferentes públicos ou ação de valor.
- **Customer lifetime value:** estimativa de lucro obtido ao longo de todo o relacionamento comercial com seu cliente em um período.

Para calcular o valor do *lifetime value*, será necessário considerar outras três métricas: ticket médio, média de compras por cliente por ano e média da longevidade do relacionamento com o cliente:

$$LTV = \text{ticket médio} \times \text{média de compras por cliente ao ano} \times \text{média da longevidade do relacionamento com o cliente.}$$

Por fim, antes de avançarmos para métricas online, vamos falar de ROI. Podemos arriscar dizer que, em geral, a métrica mais importante para ambos os ambientes (on e off) é o ROI, que se aplica ao orçamento de marketing como um todo, cuja estimativa se dá pelo sucesso esperado de um esforço em marketing, levando em consideração as projeções de curto e/ou longo prazo.

21.1.1 ROI – Retorno sobre os investimentos em marketing

ROI NA PRÁTICA

Imagine que uma atividade de marketing que custa R$ 10 mil tenha gerado dois mil seguidores no Instagram. Ao longo dos próximos 12 meses, um em cada dez desses seguidores adquiriu uma média de R$ 1.500 em produtos com uma margem de lucro de 33,3%. Com esses números, chegamos a um total de investimento de R$ 10 mil e um total de receita gerada pelos novos clientes ao longo dos próximos 12 meses (considerando que não houve nenhum outro custo de marketing aplicado a esses clientes) de 2.000 × 10% × R$ 1.500 = R$ 300.000. O lucro total obtido foi de R$ 300.000 × 33,3% = R$ 100.000. Com isso, chega-se a um ROI de 900%.

Fonte: adaptado de POWELL, 2011.

21.2 PRINCIPAIS MÉTRICAS ONLINE

21.2.1 CAC

O custo de aquisição por cliente (CAC) indica o quanto custou para adquirir um novo cliente usando a fórmula abaixo, considerando determinado período:

$$CAC = \frac{(INVESTIMENTOS^1 \; EM \; MARKETING)}{(CLIENTES \; NOVOS)}$$

[1] Desde mídia até o salário do time de vendas e marketing.

21.2.2 Taxa de Conversão

Capaz de mostrar o desempenho dos conteúdos, através da seguinte fórmula:

$$TAXA \; DE \; CONVERSÃO = \left(\frac{QUANTIDADE \; DE \; CONVERSÕES}{AUDIÊNCIA} \right) \cdot 100$$

21.2.3 Taxa de Rejeição

Quantidade de usuários que não exerceram nenhuma ação sobre o site, apenas visualizaram, dada pela fórmula abaixo:

$$TAXA \; DE \; REJEIÇÃO = \frac{SESSÕES \; ÚNICAS}{(TODAS \; AS \; SESSÕES \; DO \; SITE \times 100)}$$

21.2.4 Ticket Médio

Métrica utilizada para calcular a média de quanto cada cliente gasta na sua empresa, em determinado período. Caso calcule mensalmente, poderá utilizar a seguinte fórmula:

$$\text{TICKET MÉDIO} = \frac{\text{RECEITA DO MÊS}}{\text{CLIENTES QUE FIZERAM COMPRAS}}$$

21.2.5 Custo por Lead

São chamados de **lead** os visitantes que possuem interesse por seu conteúdo, representando as pessoas com quem você pode iniciar um relacionamento no funil de vendas, para, posteriormente, realizar ofertas de produtos ou serviços. Calcule essa métrica conforme a fórmula abaixo:

$$\text{CPL} = \frac{\text{INVESTIMENTO TOTAL NA CAMPANHA}}{\text{LEADS GERADOS}}$$

21.2.6 Custo por Mil

Métrica capaz de identificar o gasto de um serviço/produto disponibilizado para mil pessoas, calculado pela fórmula abaixo:

$$\text{CPM} = \frac{\text{CUSTO TOTAL}}{\text{VISUALIZAÇÕES}} \times 100$$

21.2.7 Custo por Clique

Custo por clique refere-se à cobrança de anúncios pagos realizada através do número de cliques efetuados. Para calcular essa métrica, basta seguir a fórmula abaixo:

$$\text{CPC} = \frac{\text{CUSTO TOTAL}}{\text{NÚMERO DE CLIQUES}}$$

21.2.8 Custo por Dia

Taxa fixa por dia atribuída ao anúncio, independentemente da quantidade de cliques ou visualizações.

21.2.9 Alcance

Importante métrica para as redes sociais, capaz de mensurar a quantidade de pessoas que estão recebendo o conteúdo divulgado.

21.2.10 Engajamento

Métrica que envolve a interação dos clientes com o perfil, levando em consideração a soma dos comentários, curtidas, salvamentos e compartilhamentos nas postagens, de acordo com cada rede social.

21.2.11 Seguidores

Número de pessoas interessadas em acompanhar as publicações do perfil.

21.2.12 Tráfego

Representado pela quantidade de visitantes no site com origem nas redes sociais.

21.2.13 Menções à marca

Comentários feitos nas redes sociais a respeito de uma marca.

MARKETING PESSOAL DIGITAL

22

Autor:

Felipe Chibás Ortiz

22.1 PALAVRAS PRELIMINARES

Crescem hoje exponencialmente novos ecossistemas e canais digitais com novas e ultra-velozes formas de se relacionar, trabalhar e agir, possibilitadas pela banda larga de internet e potencializadas pela utilização profícua das novas tecnologias, sendo que algumas delas se utilizam para elaborar novas estratégias de marketing pessoal.

Hoje, especialmente com os impactos causados pela pandemia do COVID-19, que levaram ao incremento da utilização da telefonia móbil, o *home office*, teletrabalho etc., vislumbra-se o novo contexto de uma sociedade em transição onde a nova economia, associada a novas tecnologias de internet, é já parte do dia a dia de grandes camadas da população. Nesse contexto, muitas pessoas se veem impelidas, por causa do desemprego, da diminuição da renda, a empreender novos negócios e a utilizar para isto estratégias de marketing pessoal empregando blogs, redes sociais, e-mails e sites, dentre outros, para oferecer seus serviços profissionais, às vezes de forma amadora, outras de forma mais profissional.

O marketing pessoal, utilizando os recursos digitais, já está acontecendo, só que na maioria dos casos de forma naife, sem um plano ou estratégia, de forma espontânea e não profissional.[1] Assim, este estudo objetiva contribuir para ajudar os profissionais liberais ou mesmo aqueles que integram uma organização, empreendedores, consultores, pesquisadores, professores e estudantes de entidades diversas de todos os segmentos a entender primeiro e logo fazer a construção e promoção de si próprios, assim como da sua imagem pessoal e profissional de forma científica.

Por isso, torna-se imprescindível não apenas estar, mas também estar da forma adequada na internet e saber utilizar as novas tecnologias em função disto.

---

[1] LABRECQUE, L.; MARKOS, E.; MILNE, G. Online personal branding: processes, challenges, and implications. **Journal of Interactive Marketing**, v. 25, n. 1, p.37-50, 2011.

Um capítulo como o presente está direcionado a responder à crescente necessidade de as pessoas mostrarem quem são para se tornar empreendedoras, procurar novas colocações no mercado de trabalho, clientes ou outro tipo de relacionamentos na sociedade atual, utilizando essas novas tecnologias de forma adequada e ética, sem exageros, e lembrar que mostrar-se de forma errada nas redes sociais pode ser contraproducente. Lembremos a febre de selfies (fotos de si mesmo feitas com os novos dispositivos eletrônicos, como celulares ou smartphones, tablets, laptops etc.) em posturas bizarras que se convertem em virais na web.

O processo de escolha de novos aplicativos e estratégias de comunicação e marketing pessoal está diretamente associado a questões culturais, normalmente por indicações vindas de pessoas próximas, relações sociais preestabelecidas. Identificamos uma espécie de "teia" de indicações em que os indivíduos, ao "descobrirem" um novo aplicativo ou forma de comunicação por meio de indicação, acabam por testar e verificar sua pertinência para a solução que buscam, passando a recomendação a outras pessoas.

Segundo as entrevistas realizadas por Scherrer,[2] pode-se observar que alguns exploram os repositórios online atrás de soluções, outros buscam por atualização puramente, mas isso depende da confiança que se tem em suas próprias capacidades de operar o aparelho. Trata-se de uma questão identitária, a de conseguir utilizar o dispositivo com destreza, o que está associado também com a questão da posse: não basta possuir para pertencer, deve-se conseguir operar suficientemente bem.

22.2 DEFINIÇÕES DE MARKETING PESSOAL

De acordo com os resultados de pesquisa de Labrecque, Markos e Milne,[3] as pessoas tentam fazer sua marca pessoal (*personal branding*), mas apesar de seus esforços são muitas vezes mal orientados ou insuficientes. Eles consideram que a construção de uma marca pessoal (*online personal branding*) é extremamente desafiadora, especialmente durante as mudanças de estilo de vida, função, cargo ou quando devem gerenciar vários públicos, seja na empresa ou na vida familiar no convulso momento atual.

O marketing pessoal é parte de uma reflexão acerca da própria imagem e da sua relação com quem realmente somos. Por isso, resulta necessário reavaliar elementos como: valores, competências, aparência, forma de utilizar o uniforme, relações interpessoais (network), presencial e na net, público-alvo, o ambiente físico e o da web que rodeiam o profissional (equipe, balcão da organização, jardins, mesa de trabalho, sofá para receber visitas, site, forma de relacionamento nas mídias sociais etc.); vida emocional (nível de exposição da vida particular e familiar durante as conversas com clientes e colegas), tanto em âmbitos presenciais como nos diretórios, portais, sites e mídias sociais (tais como Facebook, Twitter, blogs etc.), pontualidade,

---

[2] SCHERRER, R. **Comunicação e constituição identitária**: inter-relações com os sentidos atribuídos a práticas de consumo de aplicativos para smartphones. Tese (Doutorado). São Paulo: ESPM, 2020.

[3] LABRECQUE; MARKOS; MILNE, 2011.

capacidade de expressar ideias tanto de forma escrita como oral, ou utilizando fotos, vídeos etc. Todos esses elementos contribuem para a formação da imagem do profissional.

Marketing pessoal não é somente aparência ou embalagem externa da pessoa.[4] É isso, mas é também uma pesquisa sobre a imagem que projetamos e a que desejamos projetar, plano de desenvolvimento estratégico, mudança real de aspectos negativos do nosso comportamento, procurar coaching e assessoria para essa mudança, entre outros fatores. Marketing pessoal se refere ao eu interior e a tudo o que diz respeito a quem somos, sem precisar "falar" explicitamente.

Na atualidade, marketing pessoal consiste, portanto, na utilização de todas as descobertas e ferramentas do marketing empresarial aplicadas numa pessoa, utilizando quando possível as ferramentas das novas tecnologias no âmbito individual ou das relações interpessoais mais próximas, sejam estas de trabalho, pessoais, de amizade ou familiares.

Analisemos algumas definições de marketing pessoal para entendermos melhor do que esta disciplina trata.

> Marketing Pessoal é uma nova disciplina que utiliza os conceitos e instrumentos do marketing em benefício da carreira e da vida pessoal dos indivíduos, valorizando o ser humano em todos os seus atributos, características e complexa estrutura.

Além da intenção de esclarecer o escopo do marketing pessoal, essa definição destaca como se tenta mostrar que se trata de uma disciplina científica e não como alguns autores o tratam, apenas como um conjunto de opiniões embasadas na sua própria experiência ou na de outras pessoas bem-sucedidas, sem um aprofundamento na utilização das pesquisas e das ferramentas de marketing existentes.

Outra definição interessante é a proporcionada por Rein, Kotler e Stoller,[5] que observaram que o marketing pessoal é frequentemente um instrumento da promoção do indivíduo, mas também das próprias organizações. Nessa definição, destaca-se o papel da imbricação do marketing pessoal do líder com o marketing da organização. Se analisarmos o caso de Steve Jobs com a Apple, podemos ver que existe uma relação muito forte entre ambas as imagens, tanto é que, quando ele foi separado da diretoria da empresa, a venda dos produtos Apple caiu.[6]

Suas ferramentas são constante e amplamente utilizadas por celebridades, por pessoas que querem se tornar celebridades, por políticos e por qualquer pessoa que tenha, que queira ter ou que precise ter uma vida e imagem pública do ponto de vista profissional e pessoal – pois no marketing pessoal as esferas pública e privada da vida do indivíduo se misturam, mesmo sem seu consentimento.

---

[4] BIDART, Lucia de. **Marketing pessoal**: manual prático. São Paulo: Fundo de Cultura, 2006.

[5] REIN, Irving, KOTLER, Philip; STOLLER, Martin. **Marketing de alta visibilidade**. São Paulo: Makron Books, 1999.

[6] ISSACSON, Walter. **Steve Jobs por Walter Isaacson**. São Paulo: Companhia das Letras, 2011.

Marketing pessoal pode ser descrito como o processo, encetado por um indivíduo ou uma organização, envolvendo a concepção, planejamento e execução de ações que contribuirão para: a formação profissional e pessoal de alguém; a atribuição de um valor, que não necessita ser exclusivamente monetário, justo e compatível com o posicionamento de mercado que se queira adquirir; a execução de ações promocionais de valorização pessoal.

Marketing pessoal tem por objetivo passar ou transmitir a imagem, o diferencial e o posicionamento que se pretende do profissional e, por outro lado, que esta imagem corresponda à expectativa do público-alvo, seja ele o gestor de uma empresa, seus colaboradores, sua família, o esposo ou esposa, amigos etc.

De acordo com Kotler,[7] podemos definir as bases da necessidade do marketing pessoal nestes itens:

- confiabilidade da fonte-pessoa;
- associação de imagens, pessoas a ideias.

Do ponto de vista do marketing pessoal, resulta conveniente associar a imagem do produto-pessoa a ideias, diferenciais e necessidades que deseja para satisfazer o cliente ou público-alvo. Assim, por exemplo, um palhaço profissional que trabalha como autônomo para festas infantis terá seu público-alvo em crianças e seus familiares, portanto, ele deve associar sua imagem à alegria, entusiasmo, divertimento, espontaneidade e simplicidade. Para isso, as roupas, maquiagem e fotos que ele poste no seu blog, site ou nas redes sociais deverão passar essa ideia. Por outro lado, um executivo, se deseja vender seus serviços, deverá associar sua imagem a ideias tais como seriedade, ética, responsabilidade, inteligência etc.

Mas marketing pessoal nos tempos atuais é também saber utilizar os TICs ou ferramentas da comunicação e novas tecnologias para se autopromover e mostrar a qualidade de seu serviço profissional individual. Os 4 Ps do Marketing adotam uma forma bem específica na internet.

De forma resumida, podemos dizer que marketing pessoal hoje é:

1) **pesquisa e conhecimento de mercado;**
2) **autoconhecimento;**
3) **plano estratégico de mudança individual;**
4) **networking** e
5) **novas tecnologias da informação e comunicação (NTCI)[8].**

[7] KOTLER, Philip *et al.* **Marketing 4.0**. Rio de Janeiro: Elsevier, 2010.

[8] CHIBÁS ORTIZ, Felipe. **Marketing pessoal.com**: sua marca e estratégia dentro e fora de internet. São Paulo: Atlas, 2015.

Esses são os cinco fatores ou forças que potencializam o sucesso do marketing pessoal na atualidade. É claro que para cada personalidade essas forças se manifestam diferente. Mas resulta positivo tentar ter um modelo ou paradigma norteador.

Construir seu próprio storytelling, isto é, saber contar histórias hoje e sua própria história com uma narrativa nas redes sociais digitais ou pessoalmente de maneira atraente, pode virar uma forte estratégia de marketing digital, segundo revela Joe Pulizzi.[9] Para isto deve-se identificar o nicho de conteúdo, estabelecer um processo para criar conteúdo épico e medir performance.[10]

22.3 DEFINIÇÃO DO MARKETING PESSOAL DIGITAL

Por um lado, temos as definições de marketing pessoal e, por outro, temos as definições de marketing digital, que é entendido como a aplicação das técnicas e métodos do marketing no ambiente digital.[11]

O marketing digital é utilizado pelas empresas e pessoas como uma nova fonte de inovação e ações de marketing através de ferramentas da internet, como, por exemplo, envio de mensagens via e-mail, relacionamento nas redes e mídias sociais e uso da telefonia celular. O novo modelo de marketing baseia-se na utilização da tecnologia da informação, de forma estratégica, mais econômica e operacional, adaptada aos meios digitais, com a maior eficácia do marketing tradicional, potencializando o fortalecimento e a comunicação com os clientes.

As ferramentas digitais que se utilizam são a internet, websites, blogs, mídias sociais, e-commerce, mobile marketing, e-mail, e outros formatos. O foco do marketing digital é desenvolver estratégias de marketing através da internet, em que organizações e consumidores tenham maior interatividade, com uma troca de informação rápida, personalizada e dinâmica.

> Com a evolução da tecnologia da informação e da comunicação, especialmente a internet, o marketing evoluiu para o chamado **marketing eletrônico**, e-marketing ou marketing digital, conceito que expressa o conjunto de ações de marketing intermediadas por canais eletrônicos como a internet, em que o cliente controla a quantidade e o tipo da informação recebida.[12]

Mas o marketing digital tem como foco, sempre, a pessoa, o consumidor. Como afirmam Ryan e Jones:

---

9   PULIZZI, J. **Epic content marketing**: how to tell a different story, break through the clutter, and win more customers by marketing less. [S.l.]: McGraw Hill Professional, 2014.

10   PULIZZI, 2014.

11   YANAZE, 2021.

12   LIMEIRA, Tania Maria Vidigal. **E-Marketing**: o marketing na internet com casos brasileiros. São Paulo: Saraiva, 2003. p. 9.

> Marketing Digital não é acerca de compreender as novas tecnologias, senão trata sobre compreender como as pessoas utilizam as novas tecnologias e como conseguir que elas se comprometam mais efetivamente nesse processo de trocas.[13]

Assim, é necessário um bom planejamento e estratégia de marketing para conseguir engajar o público que se pretende atingir com as ações de marketing pessoal.

A partir do surgimento da internet, e mais recentemente com a chamada **web 4.0** (a internet mais interativa e que utiliza profusamente as redes sociais) e também **baseada em intercâmbio de dados em larga escala entre objetos**), a banda larga de internet (conexão de internet que permite ao usuário navegar em alta velocidade e com estabilidade) se reforçou. A internet móvel, o universo digital são inseridos cada vez mais no cotidiano das pessoas, trazendo facilidades na comunicação a distância, comércio eletrônico, operações bancárias, pesquisas, relacionamentos etc.[14] e também na forma de se fazer o marketing pessoal. Isso não só trouxe novas possibilidades de comunicação, senão também maior proximidade do público-alvo e personalização dos produtos, sendo que "os perfis de público-alvo ganham-se contornos mais individualizados do que a antiga publicidade de caráter massivo".[15] Surge assim a possiblidade da publicidade individual ou de marketing pessoal. Por preços acessíveis, pode-se fazer um anúncio ou link patrocinado de seus serviços no Google, Facebook ou Instagram, Youtube, Google, por exemplo. Ou ainda, sem pagar absolutamente nada, qualquer pessoa pode divulgar numa rede social seu currículo, o que ela sabe fazer ou seus serviços.

Nesse complexo contexto, o surgimento do smartphone e de outras tecnologias móveis, como laptops e tablets, entre outras, trouxe a oportunidade de desenvolvimento de novos aplicativos, que realizam melhor a função de personalização entre o indivíduo interessado em oferecer seus serviços e o público desejado.[16]

Telefone celular, tablet, laptops e outros dispositivos móveis são das ferramentas mais importantes de convergência midiática na atualidade.[17] Elas passaram a ser um aparelho multimídia, com diversas funções. O smartphone é muito utilizado e bastante acessível, estando presente na vida de grande parte dos consumidores no Brasil.[18]

Essas ferramentas trazem uma nova experiência entre os consumidores e as marcas, colocando-as muito mais perto deles. Assim, o uso destas novas tecnologias da comunicação

---

[13] RYAN, Damian; JONES, Calvin. **Understanding digital marketing**: marketing strategies for engaging the digital generation. London: Kogan Page, 2012.

[14] LAS CASAS, Andre Luzzi. Do marketing tradicional ao novo marketing. *In*: LAS CASAS, Andre Luzzi (org.) **Marketing móvel**: tendências e oportunidades no marketing eletrônico. São Paulo: Saint Paul, 2009.

[15] GARCIA, Maria Tereza; BARBOZA, Valdemirson Alves. Segmentação e nichos de mercado. *In*: LAS CASAS, Andre Luzzi (org.). **Marketing móvel**: tendências e oportunidades no marketing eletrônico. São Paulo: Saint Paul, 2009.

[16] GABRIEL, Martha; KISO, Rafael. **Marketing na era digital**: conceitos, plataformas e estratégias. São Paulo: Atlas, 2020.

[17] LAS CASAS, 2009.

[18] CGI. **Relatório de internet, desinformação e democracia**. 2020. Disponível em: https://www.cgi.br/media/docs/publicacoes/4/20200327181716/relatorio_internet_desinformacao_e_democracia.pdf. Acesso em: 22 jul. 2020.

móveis interfere, como todas as anteriores mídias, na gestão do espaço e do tempo,[19] mudando a lógica do contato entre quem envia e recepciona a comunicação, fazendo que ambos sejam sujeitos ativos da comunicação, emissores e receptores de mensagens. Dessa forma ressurge o marketing pessoal de forma volumétrica, às vezes até de maneira inconsciente, não planejada. Assim, tem fotos, vídeos, postagens que viram febre viral na internet, reproduzidas por milhares de pessoas, cujos autores não eram celebridades e de repente se transformam em pessoas famosas, por tocar às vezes, sem querer ou saber, numa necessidade do mercado.

Além disso, os usuários internautas podem "curtir", "compartilhar", "comentar" e "alterar", "recriar" e "criar" aquilo que acharem interessante, de modo a, sem intenção, divulgar a seus amigos a marca, que pode ser de uma empresa ou de um colega ou pessoa que oferece seus serviços como palestrante, consultor advogado, vendedor, dentista, mecânico de autos, digitador de trabalhos escritos, tradutor, médico, ator, DG, cantor, cientista de dados, criador de conteúdos web, entre outros profissionais liberais. Nesse sentido, é necessário dizer, como já foi ressaltado por outros autores, que o objetivo da utilização das mídias sociais não é a venda direta de serviços, senão criar um vínculo com o consumidor. As postagens nesta mídia "devem se caracterizar por serem divertidas, alegres e simpáticas, fazendo referência indiretas aos produtos e serviços".[20]

Dessa forma, observamos que os smartphones, por trazer maior interação dos usuários com as redes sociais, maior conectividade e diversas funções que até então não existiam, contribuem para consolidar uma grande proximidade consumidor/marca, seja para uma empresa ou para um indivíduo que está tentando fixar seu nome ou produto-pessoa no mercado. Isso traz uma gama de possibilidades para as estratégias de marketing e de comunicação nos dias atuais.

Hoje, sabe-se que os usuários de redes digitais, mesmo que de forma autodidata, utilizam as redes sociais digitais para se "autopromoverem", divulgarem e dessa forma se tornarem pessoas bem-sucedidas ou mostrar essa imagem para os outros, tanto é que o dicionário Oxford incorporou a expressão *selfie*, segundo o qual a palavra reúne o substantivo *self* (eu, a própria pessoa) e o sufixo *ie*. Eis sua definição: "Fotografia que alguém tira de si mesmo, em geral com smartphone ou webcam, e carrega em uma rede social".[21]

Mas, se desejamos realizar um marketing pessoal bem-sucedido, não podemos partir apenas da base de divulgar quem somos. É preciso ter outros alicerces. Alguns desses elementos fundamentais na prática do marketing pessoal digital atual são: a qualidade do posicionamento; possuir um diferencial; uma boa comunicação interpessoal na web; a montagem de uma network ou rede de relacionamentos inserida no meio digital; o correto e verdadeiro posicionamento da imagem do produto-pessoa, de acordo com o que dele

---

[19] FELICE, Massimo Di. **As formas digitais do social e os novos dinamismos da sociabilidade contemporânea.** 2012. Disponível em: http://www.abrapcorp.org.br/anais2007/trabalhos/gt3/gt3_felice.pdf Acesso em: 4 jun. 2014.

[20] CHIBÁS ORTIZ, Felipe. **Estrategias y métodos de creatividad e innovación, educación, ética y barreras culturales a la comunicación en la era póshumana.** La Habana: Pueblo y Educación, 2018. 241 p.

[21] DICIONÁRIO DE OXFORD. Selfie. Oxford: Universidade de Oxford, 2013.

espera o público-alvo; e a prática de ações de responsabilidade social na net, isto é, ações de apoio, ajuda e incentivo para com os demais.

Resumindo, o marketing pessoal digital seria a confluência do marketing pessoal com o marketing digital e pode ser definido, de forma sintética, como as práticas de marketing pessoal adaptadas ao cenário e às ferramentas do mundo digital.[22]

22.4 DEFINIÇÃO DAS BARREIRAS CULTURAIS À COMUNICAÇÃO

Vivemos na atualidade um momento crucial da humanidade, no qual as novas tecnologias da comunicação facilitam os contatos e trocas comerciais, individuais e de todo tipo com pessoas do mundo inteiro. Por essa razão, ressurgem antigos problemas sobre como lidar com o "outro", com quem é diferente de nós. E para encontrar esses problemas basta entrar na internet e tentar vender um projeto, serviço ou produto para alguém que está distante não apenas porque geograficamente, ou seja, está em outro espaço e fala outra língua, senão também porque essa pessoa, às vezes, até mesmo falando nossa língua e compartilhando nosso espaço, pensa diferente. Se não estivermos preparados para identificar essas barreiras, contatar pessoas com diferentes valores, formação, história de vida, línguas e formas de pensar e sentir, podemos sem querer criar uma fonte de conflitos, mais ainda se essas pessoas estão distantes geograficamente e nos comunicamos apenas via web.

Também quando participamos de uma reunião ou entrevista no mundo físico, às vezes podemos enfrentar barreiras que nos impedem de nos comunicar adequadamente com os públicos que desejamos. Algumas dessas dificuldades se devem precisamente a termos origens culturais diversas. Essas dificuldades são as chamadas **barreiras culturais à comunicação**, que devemos conhecer para saber contorná-las e fazer um bom marketing pessoal no nosso setor.

Entendemos por barreiras culturais à comunicação o conjunto de fatores, de ordem simbólica ou concreta, de origem cultural (compreendendo a cultura como uma rede de significados que contribui para construir um estilo de vida), que vão além das diferenças idiomáticas e que podem dificultar a comunicação e as relações entre pessoas, grupos, redes ou organizações de diferentes valores, costumes, etnias, idade, gênero, países, regiões, religiões, nível educacional, informação, acesso às tecnologias, entre outras.[23]

As barreiras culturais à comunicação podem estar na cabeça das pessoas que querem oferecer seus serviços utilizando as ferramentas do marketing pessoal ou na cabeça das pessoas que este deseja abordar como público-alvo. Ambos os tipos de barreiras devem ser diagnosticadas, para serem minimizadas ou contornadas.

---

[22] RITOSSA, Claudia Monica. **Marketing pessoal**: quando o produto é você. Curitiba: IBPEX, 2009.
[23] CHIBÁS ORTIZ, 2018, p. 49.

22.5 BARREIRAS CULTURAIS À COMUNICAÇÃO E MARKETING PESSOAL DIGITAL

Em geral, as barreiras apresentam dois polos em contínuo relacionamento dialético – por exemplo, forte e fraco, ou explícito e implícito –, entre os quais se encontra todo um continuum de comportamentos. Muitas vezes, a manifestação numa pessoa ou grupo social de um dos lados ou polos da barreira cultural estimula, no outro, a manifestação do polo ou comportamento contrário. Assim, por exemplo, quando um colaborador expressa de alguma maneira etnocentrismo, valorizando demais sua terra de origem, isto pode provocar, no cliente, a manifestação do etnocentrismo ao contrário, fazendo com que ele valorize e expresse, por sua vez, etnocentrismo com respeito a sua terra de origem, isto é, que pense ou fale que ter nascido na sua região o faz melhor do que o outro. Como se pode imaginar, isto pode provocar que um dos lados da comunicação se feche à comunicação de marketing pessoal que o outro deseja passar. Isso acontece também com outras modalidades de barreiras culturais à comunicação. Esses fenômenos acontecem demais na comunicação digital e presencial.

A seguir serão apresentadas as barreiras culturais à comunicação que estudamos. Sua formulação deriva de pesquisas anteriores realizadas por Hofstede[24] e outros autores. Essas barreiras culturais à comunicação estudadas foram formatadas na Metodologia das 20 Barreiras Culturais à Comunicação, que hoje é recomendada pela UNESCO[25] e que também pode ser aplicada para a análise do marketing pessoal. Essas barreiras são as seguintes.

1) Etnocentrismo (valorização extrema da origem do país ou estado de origem *versus* não valorização). Assim, por exemplo, tem pessoas que se dizem paulistas e acham que São Paulo é o estado mais importante da nação e podem por causa disso menosprezar pessoas de outros estados, o que pode influenciar na comunicação, contratação ou promoção com pessoas de outros estados ou países, que podem não gostar dessa postura.

2) Tendência ao individualismo/coletivismo (valorização extrema do pensamento e bem-estar individual *versus* valorização do pensamento e bem-estar coletivo). Se tiver pessoas muito individualistas que só fazem uma comunicação de marketing muito individualizada, sem mencionar o papel dos colegas, equipe e organização nas suas vitórias individuais, pode resultar que suas postagens na web não sejam tão acessadas.

3) Distância hierárquica (valorização excessiva dos cargos e hierarquia organizacional *versus* não valorização desse fator). Tem pessoas que valorizam muito o status e a posição que ocupam e com quem tratam, assim, quem não tiver uma posição elevada na sociedade pode sentir rejeição por parte deles.

---

[24] HOFSTEDE, Geert. **Cultura e organizações**. Lisboa: Silabo, 2003.

[25] UNESCO. Belgrade recommendations on draft global standards for media and information. **Literacy Curricula Guidelines**. Belgrado, 2019. Disponível em: https://en.unesco.org/sites/default/files/belgrade_recommendations_on_draft_global_standards_for_mil_curricula_guidelines_12_november.pdf. Acesso em: 22 fev. 2020.

4) Controle de incertezas (tendência a tentar planejar e controlar os fatos e a incerteza *versus* deixar acontecer). Existem culturas, como a alemã ou inglesa, em que a tendência é ter baixa incerteza ou ter as coisas mais planejadas que na nossa cultura. Se vamos fazer nosso marketing pessoal para pessoas dessas culturas, devemos levar isso em conta. Também não planejar o nosso marketing pessoal pode ser uma barreira para nos comunicar efetivamente com o público-alvo. Não adianta, por exemplo, fazer muitas postagens num único dia, sendo que em outro não se posta nada. Outro erro comum é postar numa determinada rede social porque está na moda sem saber se seu público-alvo está nela.

5) Sexismo (tendência a valorizar mais determinado gênero em detrimento de outros). Infelizmente, ainda há pessoas que subvalorizam as mulheres e a população LGBTi. Se, por exemplo, uma mulher for fazer seu marketing pessoal com um público-alvo assim, deverá montar uma estratégia para contornar essa barreira. Também exteriorizar comportamentos e postagens na web de subvalorização de determinado gênero pode dificultar a comunicação de marketing pessoal.

6) Sensualismo (explícita ou implícita valorização de um belo corpo *versus* a não valorização de um belo corpo como fator de sucesso). Tem pessoas e organizações que procuram contratar apenas aquelas pessoas que são "bonitas" segundo determinado padrão, por isso é preciso saber se entre nosso público-alvo existe esta barreira.

7) Religiocentrismo (tendência a achar que só a minha religião está certa e as demais erradas *versus* tendência a aceitar a religião dos outros). Tem pessoas e organizações que não contratam alguém que não pratica a mesma religião dela. Por isso, na hora de fazer uma entrevista de trabalho, é importante conhecer a cultura organizacional e valores religiosos que a organização possui. Por exemplo, uma organização onde os fundadores são de cultura judaica funciona diferente de uma organização onde seus fundadores são de cultura católica.

8) Internalidade/externalidade (tendência a pensar que a causa do sucesso ou insucesso é interna e está em mim *versus* tendência a achar que a causa do sucesso é externa, está fora, ou nos outros). Quando se pensa que a causa do sucesso está nos outros como tendência, a comunicação de marketing pessoal do indivíduo geralmente é mais confiante. Quando não é assim, acontece o contrário. Isto, é claro, influencia o resultado final do marketing pessoal.

9) Supervalorização do urbano ou do rural (ter uma origem urbana é melhor que ter nascido num ambiente rural *versus* ter uma origem rural é melhor que ter nascido num ambiente urbano). Da mesma forma que nas barreiras antes comentadas, esta barreira pode se manifestar tanto num extremo como no outro. Isto é, como uma máxima rejeição a origem rural e hipervalorização da origem urbana ou como uma supervalorização da origem rural em detrimento da origem urbana.

10) Relação distorcida com a ética (tendência a ter um respeito rígido pelas regras *versus* tendência a não respeitar as regras). Na atualidade, cada vez mais se procura ter pelos

clientes e as empresas, startups, instituições públicas e cidadãos um relacionamento ético, transparente. Quem não segue este cânon pode ter dificuldades em sedimentar sua marca pessoal na web ou no mundo físico.

11) Supervalorização ou a não valorização da idade (ter mais idade é melhor que ter menos *versus* ter menos idade é melhor que ter mais). Ter posturas que discriminem ou critiquem **per se** pessoas de determinada faixa etária, como idosos ou jovens, pode criar dificuldades para comunicar sua marca pessoal com esses públicos. As empresas fazem cada vez mais programas específicos de contratação para integrar esses públicos. Por outro lado, pessoas que fazem parte desses grupos devem saber que existem outras pessoas que possuem essa limitante ou barreira quando procuram emprego ou abrem um negócio e devem montar em consequência estratégias para ultrapassar essas situações.

12) Adoção de estilos de comunicação autocráticos ou excessivamente **laissez-faire** (tendência a tomar todas as decisões autoritariamente *versus* deixar a equipe tomar as decisões e o líder deixar fazer tudo o que a equipe quiser). Se o estilo de comunicação é muito autoritário e duro na comunicação, isto pode trazer dificuldades para se comunicar, por exemplo, com um público jovem, de pessoas criativas e inovadoras. Também, se não existe uma comunicação clara e ela pende para um lado e outro, sem uma liderança e escolha de uma linha de publicação de conteúdos clara, as pessoas podem se decepcionar e deixar de seguir um perfil. Assim, se o perfil na rede social é declaradamente sobre moda, não deve postar ou falar sobre viagens turísticas e vice-versa.

13) Imediato *versus* mediato (tendência a querer os resultados imediatamente *versus* tendência a querer os resultados a longo prazo). Esta barreira é frequentemente encontrada nas novas gerações, que muitas vezes acham que poderão enriquecer da noite para o dia abrindo um canal no YouTube; pode ser fonte de decepção de muitos e a causa de não fazer uma comunicação adequada da marca individual, quando se faz muita ênfase em ter resultado imediato e ele não é conseguido.

14) Barreiras tecnológicas (entendidas não só como a falta de acesso a determinado recurso tecnológico de comunicação, equipamento, canal, rede, veículo web ou internet lenta etc., senão como obstáculo psicológico que dificulta ou impede algumas pessoas do uso pleno dessas tecnologias, seja por desconhecimento ou por outra razão).

15) Tendência ecológica *vs* não ecológica (entendida como a dificuldade de algumas pessoas, empresas, startups e organizações públicas de fazer uso verdadeiramente responsável dos recursos naturais do local no qual estão inseridos). As pessoas que tenham esse perfil terão dificuldade para comunicar e estabelecer sua marca pessoal com uma boa parte do público atual, que tem cada vez mais um perfil ecológico.

16) Rejeição de deficientes físicos (percebe-se, ainda, em algumas organizações e pessoas, uma forte resistência a admitir funcionários portadores de deficiência física ou diversidade funcional). As pessoas com diversidade funcional enfrentam essa barreira.

Mas também as pessoas que possuem essa forma de pensar preconceituosa podem ter dificuldades para firmar sua marca pessoal na sociedade atual, se a exteriorizam nos seus comentários e postagens.

17) Diferentes posturas jurídicas. Envolve os aspectos culturais da regulamentação jurídica e condições legais de um estado, país ou legislações internacionais que devem ser respeitadas por determinados setores, como, por exemplo, as empresas do setor farmacêutico e médico. As leis e regulamentações de um país e estado se fundamentam na sua ética e cultura. Por exemplo, sabe-se que o que é considerado delito num país em outro não o é. Também as normas jurídicas e medidas punitivas que eventualmente se tomam variam de um país para outro. Assim, em alguns países do Oriente Médio até hoje se corta a mão da pessoa condenada por roubo, enquanto no Ocidente esta medida é considerada um ato bárbaro. Pessoas físicas ou jurídicas, que representam culturas diferentes podem ter neste elemento fontes de conflito, se tiverem que conviver num mesmo espaço físico ou virtual, ou fazer negócios ou outras atividades conjuntas. As leis trabalhistas e sobre negócios são diferentes em cada país. Mais ainda numa empresa multinacional, como, por exemplo, a empresa de viagens de cruzeiro Royal Caribbean, que tem funcionários de mais de 70 países; seus navios transportam turistas do mundo todo e param em portos de países do mundo inteiro,[26] devendo respeitar a todos esses públicos e as leis de cada país onde param seus cruzeiros. Essa barreira tem particular importância também nos países confederados, como o Brasil, onde existem 26 estados e 1 distrito federal, cada um com regulamentações próprias. Quem quiser trabalhar numa companhia dessas ou, sendo de um estado no Brasil, deseja trabalhar em outro deverá conhecer algo de suas regulamentações laborais e superar essa e outras barreiras culturais à comunicação.

18) Bullying. É um termo utilizado para descrever atos de violência física ou psicológica, geralmente acompanhados do escárnio e humor mal-intencionados, praticados de forma repetida por um indivíduo ou grupo de indivíduos, causando dor e angústia, sendo executadas dentro de uma relação desigual de poder. Quem faz essa prática pode estar criando um distanciamento com o público que é objeto delas.[27]

19) Financeira. Envolve discriminações, ganhos ou expectativas que recaem sobre as pessoas em função de sua condição financeira, sendo que os mais abastados levam maiores vantagens em relação àqueles com menores condições financeiras.[28]

20) Língua. Diz respeito à dificuldade de comunicação pela não compreensão do idioma adotado no meio de convivência, seja profissional, social, educacional, religioso etc.

---

[26] ROYAL CARIBBEAN. Disponível em: http://www.royalcaribbean.com.br/allaboutcruising/behindTheSmiles/home.do?cS=NAVBAR&pnav=1&snav=11. Acesso em: 9 fev. 2014.

[27] CHIBÁS ORTIZ, 2018.

[28] CHIBÁS ORTIZ, 2018.

Refere-se também à discriminação do indivíduo ou grupo social a que pertence, se o mesmo não domina bem a língua ou tem uma pronúncia ou sotaque diferente ao predominante em determinado ambiente cultural.[29]

Como pode ser apreciado, as barreiras culturais à comunicação têm dois polos. Do que se trata não é de derrubar as barreiras ou eliminá-las, passando por cima da cultura do outro, senão de achar o seu ponto de equilíbrio. Por exemplo, na barreira tendência ao imediato *versus* tendência ao mediato, o que seria uma tentativa de solucionar essa barreira não é ter um comportamento de um extremo ou outro, ou seja, nem muito imediatista, nem muito demorado na hora de planejar e fazer acontecer. Trata-se de achar o ponto intermediário para nós e para o cliente ou público-alvo, ou seja, agir na hora certa, segundo cada caso.

O nível de expressão das barreiras culturais à comunicação refere-se ao grau em que elas se expressam: baixo, médio e alto. Esses são os dois polos aos quais nos referimos acima. Esse grau será avaliado a partir do número ou da frequência simples e do percentual com o qual foram mencionadas as barreiras culturais à comunicação pelos entrevistados. A metodologia das 20 Barreiras Culturais à Comunicação é recomendada pela UNESCO para o diagnóstico de problemas de comunicação individual, em equipes, organizacionais e de cidades inteiras, integrando o enfoque de Alfabetização Midiática e Informacional.[30]

Como se vê, cada uma dessas barreiras pode dificultar as ações de marketing pessoal se estiverem presentes em nós ou no nosso público-alvo. Pense, por exemplo, que seu mercado-alvo é dominado por mulheres e você tem preconceito contra elas, ou vice-versa, que você é mulher e está oferecendo seus serviços para um público masculino com posições rígidas.

Outro exemplo refere-se à cultura chinesa, que está cada vez mais presente com seus produtos e serviços no nosso dia a dia. As pessoas desse maravilhoso país têm por costume não reter suas necessidades e impulsos naturais, dado que acreditam que fazê-lo faz mal para a saúde. Assim, determinados costumes que são vistos como desagradáveis no ambiente ocidental, como soltar gases ou cuspir no chão, comer carne de cachorro e alguns insetos, são perfeitamente naturais em algumas regiões da China. Imagine que você tem essas pessoas como público-alvo para oferecer seus serviços ou que eles oferecem seus serviços para você num negócio financeiramente muito atraente para ambas partes. Ou que terá uma reunião ou um jantar com um alto executivo chinês, mas seu olhar está impregnado dessas barreiras culturais. Em ambos os casos precisará montar uma estratégia de marketing pessoal para contornar essas barreiras culturais à comunicação se deseja ser bem-sucedido.[31]

Por isso, é necessário conhecê-las para poder elaborar uma estratégia e contorná-las ou superá-las. Essas barreiras se manifestam tanto no ambiente físico como no ambiente virtual e abrangem na sua manifestação a comunicação verbal, escrita e não verbal.

---

[29] CHIBÁS ORTIZ, 2018.

[30] UNESCO, 2019.

[31] CHIBÁS ORTIZ, 2015.

Então, resulta impossível pensar e fazer o marketing pessoal como no passado. Precisa-se, para contornar ou ultrapassar as barreiras culturais à comunicação, seduzir ou encantar esses novos públicos, de prospects e clientes, estratégias e recursos que utilizem, em tempo real, tanto a "realidade virtual" como a "ampliada" e se integrem com a própria vida real no mundo físico. Mesmo assim, muitos profissionais ainda se restringem ao uso dos meios tradicionais de se fazer o marketing pessoal, focando apenas uma boa apresentação em público, analisando as figuras da linguagem verbal e a vestimenta utilizada. Não se deve negar a importância desses fatores ainda vigentes na época atual, mas deve-se unir esses fatores, já considerados tradicionais na formação da imagem do profissional, às novas demandas do público atual e às possibilidades e recursos que oferecem as Tecnologias da Informação e da Comunicação, também chamadas de **TICs**.

Dessa forma, valoriza-se cada vez mais a opinião, os desejos e as vontades das pessoas, bem como sua criatividade e poder de mudança na compra. Emergindo finalmente um novo cliente e com ele novos mercados-alvo.[32]

Este é o consumidor-emissor ou tecno-consumidor, também chamado de **tecno-cliente** e **cliente 4.0**, que utiliza com frequência as novas tecnologias da comunicação e redes sociais para se comunicar e consumir; está em permanente conectividade, online e em tempo real;[33] utiliza e cria linguagens inéditas (símbolos, emoticons, aplicativos, blogs, rituais e ritos); procura a autoexposição individual e corporativa na rede; possui outro imaginário social com ênfase na transparência individual e é capaz de cobrá-la das empresas (ex.: popularidade das autofotos publicadas nas redes, também chamadas de **selfie**); num âmbito relacional entre iguais (empresa-consumidor); com cocriação; coparticipação e copropriedade; entregues ao chamado **wellness** ou tendência para a procura do bem- estar com saúde física e psicológica, proporcionada pelos produtos e serviços que adquire; assim como está preocupado com o meio ambiente e a responsabilidade social; que integra tribos urbanas diversas, algumas tradicionais (ex.: skinheads, góticos etc.), que migraram para a internet, e outras que surgiram como produto das necessidades da web. Temos aqui também as novas gerações e atores tecno-sociais (ex.: nativos digitais, geração Y e Z etc.). E se o perfil das pessoas para as quais fazemos nosso marketing pessoal tem que mudar, também o têm suas estratégias e veículos que usa para atingi-las.

A partir do momento em que o nível profissional do mercado começou a ficar bastante semelhante e a se ter mais disponibilidade de técnicos e graduados universitários no mercado, tornou-se necessário não só realizar com êxito as tarefas, mas também mostrar sua eficácia e produtividade em nível individual.[34]

---

[32] GABRIEL; KISO, 2020; FELICE, 2012.

[33] EXAME.COM. Conheça 8 profissões promissoras na área de tecnologia. **Exame**, 26 dez. 2013. Disponível em: http://olhardigital.uol.com.br/pro/noticia/39514/39514. Acesso em: 21 fev. 2014.

[34] BENDER, Arthur. **Personal branding**: construindo sua marca pessoal. São Paulo: Integrare editora, 2009.

O marketing pessoal atual não exclui aspectos mais tradicionais como o currículo, o cartão de visitas, o boca a boca, as formas de comportamento social, aparência pessoal, posturas e gestos, indumentária etc. Assim, é necessário levar em conta como e quando falamos, a voz, o vocabulário, a linguagem, as habilidades de comunicador, a argumentação de nosso discurso, a capacidade de persuasão, entre outros elementos que devem fazer parte de nosso leque de competências para contribuir na formação da nossa imagem. Todos esses aspectos têm também hoje um desdobramento na internet. Assim, por exemplo, hoje temos o chamado **cartão de visitas virtual** mencionado acima; pode-se manter contatos online utilizando câmeras e áudio com prospects, clientes, colegas, empresários etc. através de sistemas como o SMN ou Skype, que nos permitem oferecer uma entrevista, videoconferência ou até uma palestra na rede.

Muito conhecido hoje sobretudo no meio empresarial, o marketing pessoal tem o intuito de fortalecer e desenvolver habilidades e características pessoais que, às vezes, são tidas como detalhes nas relações de trabalho, mas que garantem a construção de uma imagem profissional sólida diante de colegas, clientes, fornecedores, concorrentes e superiores hierárquicos, assim como relacionamentos profissionais e de negócio duradouros.

Por um baixíssimo custo, as pessoas hoje podem divulgar sua imagem profissional utilizando não apenas currículos ou outros textos, senão diversos canais e veículos. Na atualidade e mais ainda após estourar no ano 2019 a pandemia do COVID-19, viraram comuns vídeos caseiros que podem postar, por exemplo, no Youtube; fazer fotos profissionais que também podem postar nessa ou em outras mídias sociais e redes sociais (Facebook, Instagram, LinkedIn, TikTok etc.); conversas, lives, webinars em tempo real via chat individuais e em salas de reunião de redes sociais ou plataformas como Zoom, Google Meets, dentre outras, utilizando câmeras web; entre outras novas maneiras de se promover a imagem pessoal.

Mesmo assim, não deixa de ser necessário ter uma clareza de objetivos, metas a serem atingidas, assim como um diagnóstico, plano e estratégias claras para se atingir adequados resultados, oferecendo nossos serviços profissionais.

22.6 O CICLO DO MARKETING DIGITAL: FERRAMENTA PARA A CONSTRUÇÃO DA MARCA INDIVIDUAL

Hoje em dia, é pouco provável ser uma pessoa pública sem utilizar as ferramentas das redes e mídias sociais digitais. Não há como ficar de fora delas caso queira ser visto. De acordo com Braga e Carlomagno,[35] o Brasil é um dos países que possuem maior

---

[35] BRAGA, S.; CARLOMAGNO, M. Eleições como de costume? Uma análise longitudinal das mudanças provocadas nas campanhas eleitorais brasileiras pelas tecnologias digitais (1998-2016). **Revista Brasileira de Ciência Política**, n. 26, p. 7-62, 2018.

número de usuários de redes sociais. A comunicação online tornou-se uma ferramenta fundamental de interação.

Assim, a importância do marketing pessoal digital na construção da imagem e reputação de candidatos majoritárias nas campanhas eleitorais no Brasil no ano de 2020 parece ser indiscutível, tratando-se de mais uma ferramenta que amplia a opção de comunicação e fortalece o entendimento entre o poder político e a população, entre o candidato e o eleitor, tornando real uma maior interatividade, inclusive direta, entre os concorrentes e os cidadãos brasileiros.

Uma pesquisa realizada pela empresa TechTrends,[36] em 2017, indicou as principais ferramentas de marketing digital utilizadas hoje pelas empresas. E destacou a **landing page**, com o objetivo de coletar o contato; o e-mail marketing como forma de criar relacionamento; as plataformas para controlar e documentar a produção de conteúdo online como busca para otimização do processo de criação e produção; o SEO, que visa melhorar o ranqueamento dos sites nos buscadores, como o Google; o Google Analytics, como plataforma para análise de dados; o Wordpress para gerenciamento e publicação de conteúdos em sites e blogs; e os softwares de monitoramento de redes sociais, que auxiliam nas ações nas redes, de acordo com resultados digitais.

As inovações introduzidas por meio da internet resultam em novas dinâmicas de comunicação que precisam ser incorporadas pelos profissionais que desejem fazer seu marketing pessoal e assumir uma postura de acordo com aquilo que o seu eleitorado espera. Um bom exemplo disso foi a corrida presidencial de 2018 no Brasil, que ficou marcada por ter sido a primeira a utilizar em larga escala os meios digitais para influenciar o voto num candidato específico, seja por aplicativos de mensagens, como o WhatsApp, seja por meio das redes sociais.

O exemplo na campanha de Barack Obama, em 2008, foi a primeira a se destacar pelo uso das ferramentas digitais. De acordo com Prade, em artigo publicado no **Migalhas**,

> A primeira campanha que chamou a atenção foi a de Barack Obama em 2008, na qual o candidato do Partido Democrata angariou fundos e reuniu grande grupo de correligionários através do Twitter. Aqui no Brasil, as eleições realizadas em 2018 ficaram marcadas pelo poder de disseminação em massa das informações através de redes sociais e aplicativos de mensagens.[37]

---

[36] A TechTrends é uma empresa de investimentos no mercado de tecnologia.

[37] PRADE, Cheui. O poder decisivo do direito eleitoral digital nas eleições 2020. **Migalhas**, 24 jul. 2020. Disponível em: https://migalhas.uol.com.br/depeso/331153/o-poder-decisivo-do-direito-eleitoral-digital-nas-eleicoes-2020. Acesso em: 18 nov. 2020.

Casos como a disputa americana entre Barack Obama e John McCain ou a mais recente entre Donald Trump e Joe Biden mostraram como o marketing pessoal transformou-se em uma importante ferramenta para aqueles que procuram aproximar-se estrategicamente do seu público-alvo, sobretudo para empreendedores e profissionais autônomos, além de políticos e gestores de empresas.[38]

O sistema do mix de marketing dos 4 Ps (Produto, Preço, Promoção e Praça) proposto por Jerome McCarthy[39] se mostra, por vezes, incompleto quando se trata de trabalhar com as ferramentas digitais e por isso é mais associado ao marketing offline.

Quantas vezes o leitor pensou em começar a fazer seu marketing pessoal no ecossistema digital e se perguntou: como iniciar o trabalho no meio digital? Como divulgar meus produtos e serviços de forma organizada? Em quais ferramentas da web investir mais, no Facebook, Instagram, Linkedin ou no TikTok? É só necessário estar nas redes sociais digitais? Devo ter um site ou um blog? Não uso mais os disparos de e-mail? E se eu uso, como os uso? Como aproveitar de maneira sistêmica para as finalidades do Marketing Pessoal todas as possibilidades que me oferece a web hoje?

Um instrumento que pode ajudar neste sentido pode ser o conhecido como **ciclo do marketing pessoal digital**, entendido como uma ferramenta metodológica que ajuda a diagnosticar, planejar e integrar os diversos esforços de marketing e comunicação digital e presencial num plano único. Sem ser uma camisa de força, essa ferramentas propõem um roteiro geral a ser seguido para organizar e planejar de forma estratégica as atividades de marketing individuais ou corporativas nos ambientes de internet integradas ao mundo físico.

Nas pesquisas realizadas na Universidade de São Paulo, sendo algumas delas sob a orientação de Chibás Ortiz, destacam-se as aplicadas no campo do marketing pessoal digital realizadas por Gisele Silva Gomes,[40] direcionadas ao mercado dos **personal trainers**; e a realizada em 2020 por Lucas Cabral Maia,[41] que apresenta quais etapas do ciclo do marketing pessoal digital são as mais utilizadas para fins de marketing pessoal pelos **marketers** políticos realizada com uma amostragem de 70 experts, no Brasil de hoje, com seus candidatos.

A seguir, mostramos no Quadro 22.1, "Ciclo do marketing pessoal digital para o produto-pessoa", de forma resumida, suas etapas, assim como os recursos web mais utilizados com foco no marketing pessoal digital.

---

[38] CHIBÁS ORTIZ, 2015.

[39] McCARTHY, Jerome; PERREAULT, William. **Marketing essencial**. São Paulo: Atlas, 1997.

[40] CHIBÁS ORTIZ, Felipe; GOMES, Gisele. O produto-pessoa em ecossistemas virtuais à luz do ciclo do marketing digital: um estudo multicaso. **RIT – Revista de Inovação Tecnológica**, v. 7, n. 2, 2017.

[41] MAIA, Lucas. **As estratégias e ferramentas de marketing digital mais utilizadas pelos marketers políticos, no Brasil, atualmente**. Monografia (Especialização). Piracicaba: USP/ESALQ, 2020.

Quadro 22.1 Ciclo do marketing pessoal digital para o produto-pessoa.

Etapas	Resumo de recursos utilizáveis	Ações por etapas para o produto pessoa
1. Pesquisa	• Benchmarking • Questionários /Enquetes/ Formulários • Páginas e Postagens + visitadas • Influenciadores digitais • Eventos digitais • Google Marketing Platform • Inteligência artificial • Robôs/chatbot • Big data • Data mining • Geolocalização	Realização de pesquisa através do Google Analitycs para identificação e aprimoramento de suas páginas mais visitadas, curtidas e compartilhadas. As pesquisas aumentarão o conhecimento dos públicos que se deseja atingir
2. Planejamento	• Matriz SWOT • Marketing • PMO – Plano de Mídia Online • Geolocalização • Inteligência artificial • Mudanças culturais • Consumidor digital	Planejar e definir quais serão as estratégias e ações realizadas nas redes onde estão inseridos
3. Endomarketing	• Intranet • Gerenciador de tarefas • Mídias sociais • Treinamento (presencial e *E-learning*) • Eventos	Fazer com que a família, amigos e colegas mais próximos apoiem o projeto e comprem a ideia
4. Disparo de e-mails	• Reputação • Newsletter • Datas comemorativas • Responsabilidade social • E-mail marketing produtos • Promoções/Prêmios • Teasers	Fazer disparo de e-mails para o público-alvo evitando a venda agressiva, criando relacionamento com o público
5. Redes sociais digitais	• Links patrocinados • Enquetes • Eventos • Prêmios • Compartilhamento • Postagens diárias • Geolocalização • Inteligência artificial	Criação de conteúdos interessantes para o público-alvo, assim como de novos relacionamentos através de postagens divertidas, interessantes e que chamem a atenção do público. É importante a frequência a manutenção do contato
6. Blogs	• Portais • Diretórios • Plataformas • Revistas/Jornais virtuais • Hot site • Outros blogs	Criação de conteúdo relevante relativo ao produto-pessoa e de interesse para o público-alvo. Recomenda-se incentivar o público que já teve contato com seu perfil ou página nas redes sociais para seu blog, que deve ter uma estrutura profissional, mas que aproxime o público.

Etapas	Resumo de recursos utilizáveis	Ações por etapas para o produto pessoa
7. Site/ Loja virtual/ Plataformas digitais	• Links patrocinados • Autogerenciável • SEO • Vendedor • Chatbot • Adword • Keywords • Promoções • Postagens de frequência diversa	São ferramentas mais formais, que possuem uma estrutura mais sólida, com arquitetura que possui mais páginas e transmite uma imagem institucional da marca pessoal. Aqui já se oferece, de maneira mais direta, os produtos e serviços do indivíduo
8. Outros sites	• Links • Autogerenciável • SEO • Interativo • Vendedor • Adword • Keywords • Promoções • Streaming • Marketing place • Postagens de frequência diversa • Inteligência artificial	Inscrição em sites de busca, portais, plataformas e diretórios, blogs e sites de parceiros. É possível direcionar o cliente para seu site ou blog através de links
9. Arremate final opcional	• Cursos/palestras • SMS • Rádio • Revistas/Jornais físicos • Telemarketing • Eventos • Geolocalização • Gamification • Cursos, palestras, lives e webinars • Drones • Assistente virtual • Reconhecimento facial	Reforços através de mensagens oferecidas em anúncios veiculados em meios físicos tradicionais como TV, rádio, revista, jornais, visitação física do próprio professional em questão ou de um representante, abordagem pessoal pelo chat, entre outros
10. Resultado	• Compra ou acesso ao produto-pessoa e os serviços que oferece • Questionários/enquetes • Reavaliação de resultados e metas e autodiagnóstico • Geolocalização • Inteligência artificial • ROI e indicadores • CRO – Conversion Rate Optimization • Pós-venda • Fidelização • Branding digital • KPI • Métricas de TI • Técnicas para SEO	Nesse estágio, se o resultado não for o que se espera, é necessário reavaliar o processo e recomeçar todo o ciclo. Ainda que o resultado seja bom, é necessário repetir o ciclo acompanhando as métricas, tais como o número de visitantes, curtidas, comentários, comunidades criadas sobre os temas e diferenciais que aborda o produto pessoa, seguidores das páginas digitais utilizadas, taxa de conversão (número de clientes que efetivamente compraram o produto ou serviço oferecido *versus* o número de visitantes da página) etc.

Fonte: CHIBÁS ORTIZ, 2015.

Como se pode observar, todas as fases buscam uma projeção de comunicação integrada com as outras etapas, não apenas com foco na comunicação estritamente mercadológica. Outra vantagem da utilização deste esquema de análise é a agilidade que ele propicia à identificação e visualização dos problemas, bem como das respectivas possíveis soluções evidenciadas. Também facilita pensar de forma multidisciplinar as abordagens de solução.

22.7 **CONSIDERAÇÕES**

Fazer o marketing pessoal profissional não é só ser percebido, vestir-se bem, falar de forma sedutora ou transmitir uma imagem positiva; é fundamentalmente ser aquilo que se pretende "vender", que a imagem se corresponda com a performance real, sendo realmente alguém confiável, sério e excelente na profissão, que tem um diferencial ou um algo a mais que fará com que as pessoas e empresas procurem seus serviços.

Para isso, é necessário saber o que espera o público-alvo desse profissional, assim como definir os pontos a melhorar da nossa identidade, se for necessário, lembrando que fazer marketing pessoal não é mentir propositalmente sobre o potencial, fabricando fake news (notícias falsas com informação manipulada para distorcer a realidade) ou exagerar sobre as características pessoais, senão divulgar e propagar aquilo que realmente se é para o público-alvo, dado que é isso que eles esperam encontrar quando nos procuram.

É necessário levantar as barreiras culturais à comunicação que o público-alvo possa ter, adquirir consciência sobre como se comporta o segmento no qual se atua, as formas como tradicionalmente se faz o marketing pessoal nesse setor de atuação, qual é o diferencial que de tanto ser utilizado já não é mais diferencial, e procurar outros. Com isso, a competitividade cresce e o que vai segurar os clientes e garantir o emprego, ou a contratação dos serviços do profissional em questão, é ter uma adequada postura, iniciativas e imagem perante os colaboradores, funcionários, colegas, fornecedores, chefes e clientes/prospects. Esse diferencial deve ser transmitido presencial e virtualmente de forma coerente. Para esse autodiagnóstico inicial, uma ferramenta que pode ajudar é o modelo das 5 Forças do Marketing Pessoal.

O tema de pesquisa **marketing pessoal** presta-se muito ao empirismo e charlatanismo de pessoas que oferecem dicas e conselhos, sem um embasamento teórico, partindo da sua própria experiência. Menos frequentes ainda são as pesquisas utilizando metodologia científica. Por essa razão realizamos neste capítulo um esforço por mostrar diversas definições de marketing digital e pessoal, assim tratando de graficar nossas ideias e sintetizá-las, mas partindo de determinado modelo, aquele que chamamos de **5 Forças do Marketing Pessoal**.

REFERÊNCIAS

57 SEO statistics that will impact your business in 2021. **Safari Digital 2021**. Disponível em: https://www.safaridigital.com.au/blog/seo-statistics-2019/. Acesso em: 21 jun. 2021.

AGRAWAL, A. K.; GANS, J. S.; GOLDFARB, A. What to expect from artificial intelligence. **MIT Sloan Management Review**, v. 58, n. 3, p. 23-26, 2017.

AMA. **Brand and branding strategy definitions at American Marketing Association**. 2010. Disponível em: htpp: //www.marketingpower.com/_layout/Dictionary.aspx?dLetter=B. Acesso em: 3 abr. 2011.

ANATEL. **Panorama setorial de telecomunicações**. Jun. 2020. Disponível em: https://sei.anatel.gov.br/sei/modulos/pesquisa/md_pesq_documento_consulta_externa.php?eEP-wqk1skrd8hSlk5Z3rN4EVg9uL-JqrLYJw_9INcO5c6m8YIr5m_UPvSrtzaVDjs3Uu0Pe2yoxhOsooGY9zUNkcAMGQpo1nU7s_4N-G38U0_9sLJ_WXAb9LWP4RCPAeD. Acesso em: 1 set. 2020.

ANDRONOVA, Darina. 6 steps to attracting paid traffic that converts. **Semrush**, 9 jun. 2020. Disponível em: https://www.semrush.com/blog/paid-traffic/. Acesso em: 5 nov. 2020.

APPADURAI, A. **Fear of small numbers**. Georgia: Duke University Press, 2006.

BALLBACK, J; SLATER, J. **Marketing Pessoal**: como orientar sua carreira para o sucesso. 2. ed. Tradução Eduardo Lasserre. São Paulo: Futura, 2000.

BARAN, Paul. **On distributed communications**, 1964. Disponível em: www.rand.org/publications/RM/RM3420/RM3420.chapter1.html. Acesso em: 24 jan. 2022.

BARNEY, J. B. *et al.* Management and organization review special issue "coopetition and innovation in transforming economies". **Management and Organization Review**, v. 13, n. 1, p. 201–204, 2017. Disponível em: https://doi.org/10.1017/mor.2017.22. Acesso em: 24 jan. 2022.

BENDER, Arthur. **Personal branding**: construindo sua marca pessoal. São Paulo: Integrare editora, 2009.

BIDART, Lucia de. **Marketing pessoal**: manual prático. São Paulo: Fundo de Cultura, 2006.

BORDIN FILHO, Sady. **Marketing pessoal**: 100 dicas para valorizar. 14. ed. Rio de Janeiro: Record, 2009.

BRAGA, S.; CARLOMAGNO, M. Eleições como de costume? Uma análise longitudinal das mudanças provocadas nas campanhas eleitorais brasileiras pelas tecnologias digitais (1998-2016). **Revista Brasileira de Ciência Política**, n. 26, p. 7-62, 2018.

BHARGAVA, Rohit. **5 Rules of Social Media Optimization (SMO)**, 10 out. 2010. Disponível em: https://www.rohitbhargava.com/2006/08/5_rules_of_soci.html. Acesso em: 13 jan. 2022.

BRANDÃO, Ana Laura. O que é um infoproduto digital e como cadastrar? **Eduzz**, 1 jul. 2021. Disponível em: https://ajuda.eduzz.com/hc/pt-br/articles/4403015162139-O-que-%C3%A9-um-infoproduto--digital-e-como-cadastrar-. Acesso em: 24 jan. 2022.

BUCHHOLZ, Katharina. The influence of influencers. **Statista**, 27 maio 2021. Disponível em: https://www.statista.com/chart/24933/share-of-respondents-saying-they-purchased-something-because-of-influencers/. Acesso em: 8 jun. 2021.

CANALTECH. **Internet alcança 74% dos brasileiros e 58% utilizam a rede apenas pelo celular.** 2020. Disponível em: https://canaltech.com.br/internet/internet-alcanca-74-dos-brasileiros-e-58-utilizam-a--rede-apenas-pelo-celular-165851/. Acesso em: 20 maio 2020.

CARVALHO, Pedro; MOTTA, Layla. Quanto vale a sua influência? **Revista Pequenas Empresas & Grandes Negócios**, Rio de Janeiro, n. 356, p. 46-63, set. 2018.

CASAGRANDE, Erich. Marketing de influência: o que é e como criar uma estratégia eficiente em 6 passos. **Semrush**, 1 out. 2020. Disponível em: https://pt.semrush.com/blog/marketing-de-influencia/?kw=&cmp=BR_POR_SRCH_DSA_Blog_Core_BU_PT&label=dsa_pagefeed&Network=g&Device=c&utm_content=485541499897&kwid=dsa-897840244969&cmpid=9874598594&agpid=102029997244&BU=Core&extid=&adpos=&gclid=EAIaIQobChMItt2-zczP9QIVwq6GCh1MdgDGEAAYASAAEgJc3_D_BwE. Acesso em: 25 jan. 2022.

CASAGRANDE, Erich. O checklist definitivo de SEO em 2021: as melhores práticas de otimização. **Semrush**, 19 jan. 2021. Disponível em: https://pt.semrush.com/blog/checklist-de-seo-melhores-praticas/. Acesso em: 26 jan. 2022.

CASTELLS, Manuel. **A sociedade em rede**. São Paulo: Paz e Terra, 1999.

CASTELLS, Manuel. **Networks of outrage and hope**: social movements in the internet age. Cambridge: Polity Press, 2012.

CASTELO-BRANCO, I.; CRUZ-JESUS, F.; OLIVEIRA, T. Assessing industry 4.0 readiness in manufacturing: evidence for the European Union. **Computers in Industry**, n. 107, p. 22-32, 2019. Disponível em: https://doi.org/10.1016/j.compind.2019.01.007. Acesso em: 24 jan. 2020.

CASTRO, Ivan. O que é benchmarking e qual a sua importância para o marketing digital. **Rock Content**, 2020. Disponível em: https://rockcontent.com/br/blog/benchmarking/. Acesso em: 24 jan. 2022.

CERANTOLA, William A. Comunicação interna: conceitos, liderança e alternativas de gestão. *In*: KUNSCH, Margarida K. (org.). **Comunicação organizacional estratégica**: aportes conceituais e aplicados. São Paulo: Summus, 2016.

CERANTOLA, William A.; ALMEIDA, Alessandra. **A reinvenção do trabalho na era da comunicação em rede**. São Paulo: Corall Comm; Facebook, 2017.

CGI. **Relatório de internet, desinformação e democracia.** 2020. Disponível em: https://www.cgi.br/media/docs/publicacoes/4/20200327181716/relatorio_internet_desinformacao_e_democracia.pdf. Acesso em: 22 jul. 2020.

CHAIM MATTOS, Carmen Lucia. **Marketing pessoal e etiqueta**. Curitiba: IESDE, 2011.

CHEN, Jenn. **What is influencer marketing**: how to develop your strategy. Disponível em: https://sproutsocial.com/insights/influencer-marketing. Acesso em: 7 jun. 2021.

CHIBÁS ORTIZ, Felipe. **Estratégias y métodos de creatividad e innovación, educación, ética y barreras culturales a la comunicación en la era póshumana**. La Habana: Pueblo y Educación, 2018. 241 p. ISBN: 9789591335203.

CHIBÁS ORTIZ, Felipe. **Marketing pessoal.com**: sua marca e estratégia dentro e fora da internet. São Paulo: Atlas, 2015.

CHIBÁS ORTIZ, Felipe; GOMES, Gisele. O produto-pessoa em ecossistemas virtuais à luz do ciclo do marketing digital: um estudo multicaso. **RIT – Revista de Inovação Tecnológica**, v. 7, n. 2, 2017.

CHUI, M. J. M.; BROWN, B.; BUGHIN, J.; DOBBS, R.; ROXBURGH, C.; BYERS, A. Big data: the next frontier for innovation, competition, and productivity. **Seattle Tech. Rep**, McKinsey Global Institute, 2011.

CILETTI, Dorene. **Marketing pessoal**. São Paulo: Cengage, 2010.

COMO fazer parcerias no Instagram. **Gerar.me**. Disponível em: https://gerar.me/blog/como-fazer-parcerias-no-instagram. Acesso em: 23 jun. 2021.

CONAR. **Guia de publicidade influenciadores 2021**. Disponível em: http://conar.org.br/pdf/CONAR_Guia-de-Publicidade-Influenciadores_2021-03-11.pdf. Acesso em: 8 jun. 2021.

CORALL CONSULTORIA. **A reinvenção do trabalho na era da comunicação em rede**. Disponível em: youtube.com/watch?v=WOZx1Ic-AfU. Acesso em: 11 nov. 2020.

CÔRTE-REAL, N.; RUIVO, P.; OLIVEIRA, T. Leveraging internet of things and big data analytics initiatives in European and American firms: is data quality a way to extract business value? **Information and Management**, v. 57, n. 1, p. 103-141, 2020. Disponível em: https://doi.org/10.1016/j.im.2019.01.003. Acesso em: 24 jan. 2020.

CÔRTE-REAL, N. *et al*. Unlocking the drivers of big data analytics value in firms. **Journal of Business Research**, v. 97 (June 2018), p. 160-173, 2019. Disponível em: https://doi.org/10.1016/j.jbusres.2018.12.072. Acesso em: 24 jan. 2022.

CORTEZ, Edmundo Vieira. **A magia do marketing pessoal**. São Paulo: Alaúde, 2012.

CRUZ, Francesca. Influencers: micro & macro. **Tapinfluence**, 16 maio 2018. Disponível em: https://www.tapinfluence.com/influencers-micro-macro/. Acesso em: 23 jun. 2021.

CRUZ-JESUS, F. *et al*. Using artificial intelligence methods to assess academic achievement in public high schools of a European Union country. **Heliyon**, v. 6, n. 6, 2020, e04081. Disponível em: https://doi.org/10.1016/j.heliyon.2020.e04081. Acesso em: 25 jan. 2022.

DATA FOLHA INSTITUTO DE PESQUISA. **Avaliação da presidente Dilma Rousseff**. PO813694 27 e 28/06/2013. Disponível em: http://media.folha.uol.com.br/datafolha/2013/07/01/avaliacao-dilma.pdf. Acesso em: 13 out. 2013.

DE MELLO SILVA, E.; KEY HIGUCHI YANAZE, L. Narrativas jornalísticas com vídeos 360: aspectos históricos e conceituais do telejornalismo imersivo. **Lumina**, [s.l.], v. 13, n. 1, p. 29-46, 2019. DOI: 10.34019/1981-4070.2019.v13.26057. Disponível em: https://periodicos.ufjf.br/index.php/lumina/article/view/26057. Acesso em: 27 jul. 2021.

DELGADO, Lucrecio Rebollo; PÉREZ, María Mercedes Serrano. **Manual de protección de datos**. Madrid: Dykinson, 2019. p. 43.

DEVELOPERS. **Princípios básicos de como a pesquisa funciona**. Disponível em: https://developers. google.com/search/docs/basics/how-search-works?hl=pt-br. Acesso em: 14 out. 2021.

DI FELICE, Massimo. **Paisagens pós-urbanas**: o fim da experiência urbana e as formas comunicativas do habitar. São Paulo: Annablume, 2009.

DICIONÁRIO DE OXFORD. **Selfie**. Oxford: Universidade de Oxford, 2013.

DRAFT outline for WP29 opinion on "consent". Disponível em: https://www.gpdp.gov.mo/uploadfile/ others/wp187_pt.pdf. Acesso em: 1 maio 2020.

DURAN, Fábio. **Marketing de conteúdo na prática**. Entrevista concedida a Edgar Almeida, via Zoom, 27 jul. 2021.

DUROV, Pavel. **400 milhões de usuários, 20.000 stickers, quizzes 2.0 e € 400 mil para criadores de testes educacionais**. Telegram, 2020. Disponível em: https://telegram.org/blog/400-million/pt-br?ln=a. Acesso em: 17 jun. 2021.

EXAME.COM. 20 profissões com futuro. **Exame**, 13 set. 2016. Disponível em: https://exame.abril.com. br/carreira/20-profissoes-do-e-com-futuro-segundo-especialistas/. Acesso em: 21 fev. 2018.

EXAME.COM. Conheça 8 profissões promissoras na área de tecnologia. **Exame**, 26 dez. 2013. Disponível em: http://olhardigital.uol.com.br/pro/noticia/39514/39514. Acesso em: 21 fev. 2014.

FACEBOOK Reports Fourth Quarter and Full Year 2020 Results. **Investor**. Disponível em: https://investor.fb.com/investor-news/press-release-details/2021/Facebook-Reports-Fourth-Quarter-and-Full-Year--2020-Results/default.aspx. Acesso em: 8 jun. 2021.

FARIA, Isadora Toledo de. **Marketing de conteúdo na prática**. Entrevista concedida a Edgar Almeida, via Zoom, 27 jul. 2021.

FAYVISHENKO, D. Formation of brand positioning strategy. **Baltic Journal of Economic Studies**, v. 4, n. 2, p. 245-248, 2018. Disponível em: https://doi.org/10.30525/2256-0742/2018-4-2-245-248. Acesso em: 25 jan. 2022.

FELICE, Massimo Di. **As formas digitais do social e os novos dinamismos da sociabilidade contemporânea**. 2012. Disponível em: http://www.abrapcorp.org.br/anais2007/trabalhos/gt3/gt3_felice.pdf. Acesso em: 4 jun. 2014.

GABRIEL, Martha; KISO, Rafael. **Marketing na era digital**: conceitos, plataformas e estratégias. São Paulo: Atlas, 2020.

GARCIA, Maria Tereza; BARBOZA, Valdemirson Alves. Segmentação e nichos de mercado. *In*: LAS CASAS, Andre Luzzi (org.). **Marketing móvel**: tendências e oportunidades no marketing eletrônico. São Paulo: Saint Paul, 2009.

GILMORE, James H.; PINE, B. Joseph. **Autenticidade**: tudo o que os consumidores realmente querem. Rio de Janeiro: Elsevier, 2008.

GLOBOPLAY. Exposição de peças de antiga olaria em São Paulo usa tecnologia. **Jornal Nacional**, 3 out. 2014. Disponível em: https://globoplay.globo.com/v/3673046/. Acesso em: 27 jan. 2022.

GOMES, Acsa. Rival do TikTok, Likee chega a 150 milhões de usuários ativos no mundo. **Olhar Digital**, 30 abr. 2020. Disponível em: https://olhardigital.com.br/noticia/rival-do-tiktok-likee-chega-a-150-milhoes-de-usuarios-ativos-no-mundo/105135. Acesso em: 25 jan. 2022.

GOMES, Wilson *et al*. Politics 2.0: a campanha online de Barack Obama em 2008. **Rev. Sociol. Polit.**, Curitiba, v. 17, n. 34, out. 2009. Disponível em: http://www.scielo.br/scielo.php?pid= S0104-44782009 000300004&script=sci_arttext. Acesso em: 15 out. 2013.

GRAY, Dave. Empaty Map. **Gamestorming**, 12 nov. 2009. Disponível em: https://gamestorming.com/empathy-map/. Acesso em: 24 jan. 2022.

GROWTH of TikTok usage worldwide excluding China from Q3 2019 to Q2 2020, by region. **Statista**, 2020. Disponível em: https://www.statista.com/statistics/1233753/tiktok-usage-growth-worldwide-by--region/. Acesso em: 21 jun. 2021.

GUNELIUS, Susan. **Marketing nas mídias sociais em 30 minutos**. São Paulo: Cultrix/Meio & Mensagem, 2012.

HARTMANN, P.; APAOLAZA IBÁÑEZ, V.; FORCADA SAINZ, F. J. Green branding effects on attitude: functional versus emotional positioning strategies. **Marketing Intelligence & Planning**, v. 23, n. 1, p. 9-29, 2005. Disponível em: https://doi.org/10.1108/02634500510577447. Acesso em: 25 jan. 2022.

HASEEB, M. *et al*. Role of social and technological challenges in achieving a sustainable competitive advantage and sustainable business performance. **Sustainability (Switzerland)**, v. 11, n. 14, 2019. 11143811. Disponível em: https://doi.org/10.3390/su11143811. Acesso em: 25 jan. 2022.

HINE, Christine. **Virtual Ethnography**. London: Sage, 2000.

HITT, M. A.; IRELAND, R. D.; HOSKISSON, R. E. **Administração estratégica**. São Paulo: Cengage, 2019.

HOFSTEDE, Geert. **Cultura e organizações**. Lisboa: Silabo, 2003.

IABAL, M. Facebook revenue and usage statistics. **Business of App**, 2021. Disponível em: https://www.businessofapps.com/data/facebook-statistics/. Acesso em: 10 jun. 2021.

IBGE. **Acesso à internet e à televisão e posse de telefone móvel celular para uso pessoal**, 2017. Disponível em: https://agenciadenoticias.ibge.gov.br/agencia-detalhe-demidia.html?view=mediaibge&catid=2103&%20id=2598. Acesso em: 22 jul. 2020.

INEP. **Censo da Educação Superior 2019**. Brasília, out. 2020. Disponível em: https://download.inep.gov.br/educacao_superior/censo_superior/documentos/2020/Apresentacao_Censo_da_Educacao_Superior_2019.pdf. Acesso em: 24 jan. 2022.

INFLUENCER marketing market size worldwide from 2016 to 2021. **Statista**, 2021.Disponível em: https://www.statista.com/statistics/1092819/global-influencer-market-size/. Acesso em: 11 jun. 2021.

INFLUENCER marketing. **Tapinfluence**, 2 jun. 2015. Disponível em: https://www.tapinfluence.com/blog-what-is-influencer-marketing/. Acesso em: 10 jun. 2021.

INSTAGRAM business. Disponível em: https://business.instagram.com/creators/igtv. Acesso em: 7 jun. 2021.

INSTITUTO QUALIBEST. **O post é pago e aí?**, 2019. Disponível em: https://www.institutoqualibest.com/download/influenciadores-digitais-o-post-e-pago-e-ai/. Acesso em: 11 mar. 2022.

INTERNET WORLD STATS. **Top 20 countrys in internet users vs. rest of the world**, 31 dez. 2020. Disponível em: https://www.internetworldstats.com/top20.htm. Acesso em: 1 set. 2020.

IPA (INSTITUTE OF PRACTITIONERS IN ADVERTISING). **Briefing an agency**: the best practice guide to briefing communications agencies. 2011. Disponível em: https://ipa.co.uk/knowledge/documents/briefing-an-agency-best-practice-guide/. Acesso em: 7 mar. 2019.

ISSACSON, Walter. **Steve Jobs por Walter Isaacson**. São Paulo: Companhia das Letras, 2011.

JAIN, Asheesh Mani. Are you contemplating using paid traffic sources for your website? **Relevance**, 2020. Disponível em: https://www.relevance.com/are-you-contemplating-using-paid-traffic-sources-for--your-website/. Acesso em: 5 nov. 2020.

JENKINS, Henry. **Cultura da convergência**. São Paulo: Aleph, 2008.

JENKINS, Henry.; GREEN, J.; FORD, S. **Cultura da conexão**: criando valor e significado por meio da mídia propagável. São Paulo: Aleph, 2014.

JESUS, Sergio de. **O que é marketing pessoal?** 2012. Disponível em: http://www.mulherdeclasse.com.br/O%20que%20e%20marketing%20pessoal.htm. Acesso em: 15 out. 2013.

KEMP, Simon. Digital 2021. **We are social**, 27 jan. 2021. Disponível em: https://wearesocial.com/uk/blog/2021/01/digital-2021-the-latest-insights-into-the-state-of-digital/. Acesso em: 25 jan. 2022.

KOTLER, Philip. **Administração de marketing**: análise, planejamento, implementação e controle. 12. ed. São Paulo: Prentice Hall, 2006.

KOTLER, Philip. **Marketing de A a Z**: 80 conceitos que todo profissional precisa saber. Rio de Janeiro: Elsevier, 2003.

KOTLER, Philip. *et al.* **Marketing 4.0**. Rio de Janeiro: Elsevier, 2010.

KOTLER, Philip *et al.* **Marketing 4.0**. Rio de Janeiro: Elsevier, 2017. p. 215.

KOTLER, Philip; KELLER, Kevin. **Administração de marketing**. 12. ed. São Paulo: Prentice Hall, 2007.

KUNSCH, Margarida. M. Krohling (org.). **Comunicação organizacional estratégica**: aportes conceituais e aplicados. São Paulo: Summus, 2016.

LAMB, Charles W.; HAIR, Joseph F. Jr.; MCDANIEL, Carl. **MKTG**. 5. ed. São Paulo: Cengage, 2013.

LABRECQUE, L.; MARKOS, E.; MILNE, G. Online personal branding: processes, challenges, and implications. **Journal of Interactive Marketing**, v. 25, n. 1, p. 37-50, 2011.

LAS CASAS, Andre Luzzi. Do marketing tradicional ao novo marketing. *In*: LAS CASAS, Andre Luzzi (org.). **Marketing móvel**: tendências e oportunidades no marketing eletrônico. São Paulo: Saint Paul, 2009.

LAUTERBORN, Robert. New marketing litany: four Ps passé: C-words take over. **Advertising Age**, v. 61, n. 41, p. 26, 1990.

LEMOS, André. **Anjos interativos e retribalização do mundo**: sobre interatividade e interfaces digitais. Disponível em: https://facom.ufba.br/ciberpesquisa/lemos/interativo.pdf. Acesso em: 26 jul. 2021.

LÉVY, Pierre. **As tecnologias da inteligência**: o futuro do pensamento na era da informática. Trad. Carlos Irineu da Costa. São Paulo: Editora 34, 2004.

LÉVY, Pierre. **Cibercultura**. São Paulo: Editora 34, 1999.

LICHTENTHALER, U. Beyond artificial intelligence: why companies need to go the extra step. **Journal of Business Strategy**, v. 41, n. 1, p. 19-26, 2020. Disponível em: https://doi.org/10.1108/JBS-05-2018-0086. Acesso em: 25 jan. 2022.

LIMEIRA, Tania Maria Vidigal. **E-Marketing**: o marketing na internet com casos brasileiros. São Paulo: Saraiva, 2003.

LIPINSKI, Jéssica. Ferramentas de marketing digital: as mais usadas, porque integrá-las + dicas de ferramentas. **Resultados Digitais**, 2018. Disponível em: https://resultadosdigitais.com.br/blog/ferramentas-de-marketing-digital/. Acesso em: 1 jul. 2020.

LIPMANOWICZ, Henri; MCCANDLESS, Keith. **The surprising power of liberating structures**: simple rules to unleash a culture of innovation. Seattle: Liberating Structures Press, 2013.

LIU, L.; SHONG, Y. C. Study on innovation performance of big data and artificial intelligence listed companies. **ACM International Conference Proceeding Series**, p. 57-62, 2018. Disponível em: https://doi.org/10.1145/3305275.3305287. Acesso em: 25 jan. 2022.

LOMAS, Natasha. Cookie walls don't comply with GDPR, says Dutch DPA. **Tech Crunch**, 8 mar. 2019. Disponível em: https://techcrunch.com/2019/03/08/cookie-walls-dont-comply-with-gdpr-says-dutch-dpa/. Acesso em: 1 maio 2020.

LONGO, Walter. **Marketing e comunicação na era pós-digital**: as regras mudaram. São Paulo: HSM do Brasil, 2014.

MACCEDO, Paulo. **Copywriting**: o método centenário de escrita mais cobiçado do mercado americano. São Paulo: DVS Editora, 2019.

MAESTROVIRTUALE. **As 50 melhores frases de Simon Sinek**. Disponível em: https://maestrovirtuale.com/as-50-melhores-frases-de-simon-sinek/. Acesso em: 14 out. 2021.

MAIA, Lucas. **As estratégias e ferramentas de marketing digital mais utilizadas pelos marketers políticos, no Brasil, atualmente**. Monografia (Especialização). Piracicaba: USP/ESALQ, 2020.

MANIFESTO Harley Davidson Believe. Disponível em: https://www.youtube.com/watch?v=y--heS38dw8&t=46s. Acesso em: 25 jan. 2022.

MARKETING de conteúdo. **Resultados digitais**. Disponível em: https://resultadosdigitais.com.br/especiais/marketing-de-conteudo/#. Acesso em: 25 jan. 2022.

MARSTON, S. *et al*. Cloud computing: the business perspective. **Decision Support Systems**, v. 51, n. 1, p. 176-189, 2021. Disponível em: https://doi.org/10.1016/j.dss.2010.12.006. Acesso em: 25 jan. 2022.

MARTINS, Leonardo. **Tribunal Constitucional Federal Alemão**: decisões anotadas sobre direitos fundamentais. Volume 1: Dignidade humana, livre desenvolvimento da personalidade, direito fundamental à vida e à integridade física, igualdade. São Paulo: Konrad-Adenauer Stiftung (KAS), 2016.

MARTINS, R. *et al*. Firms' continuance intention on SaaS use: an empirical study. **Information Technology and People**, v. 32, n. 1, p. 189-216, 2019. Disponível em: https://doi.org/10.1108/ITP-01-2018-0027. Acesso em: 25 jan. 2022.

MARVIN, Carolyn. Your smartphones are hot pockets to us: context collapse in a mobilized age. **Mobile Media & Communication**, v. 1, n. 1, p. 153-159, 2013.

McCARTHY, Jerome; PERREAULT, William. **Marketing essencial**. São Paulo: Atlas, 1997.

McDANIEL, C. D.; GATES, R. **Pesquisa de marketing**. São Paulo: Thomson Learning, 2006.

MCLUHAN, Marshall. **Os meios de comunicação como extensões do homem (understanding media).** 4. ed. São Paulo: Cultrix, 1974.

MILGRAM, P.; KISHINO, F. A taxonomy of mixed reality visual displays. **IEICE Transactions on Information Systems**, v. E77-D, n. 12, 1994.

MORIN, E. **Ensina a viver**: manifesto para mudar a educação. Porto Alegre: Sulina, 2015a.

MORIN, E. **Introdução ao pensamento complexo.** Porto Alegre: Sulina, 2015b.

MOURTZIS, D.; VLACHOU, E.; MILAS, N. Industrial big data as a result of IoT adoption in manufacturing. **Procedia CIRP**, v. 55, p. 290-295, 2016. Disponível em: https://doi.org/10.1016/j.procir.2016.07.038. Acesso em: 24 jan. 2022.

NAZIR, MOBBIE. Think Forward Report 2021: the social reset. **We are social**, 5 nov. 2020. Disponível em: https://wearesocial.com/blog/2020/11/think-forward-2021-the-social-reset. Acesso em: 25 jan. 2022.

NETFLIX. **Netflix fecha parceria com Barack e Michelle Obama para produção de conteúdo.** Disponível em: https://media.netflix.com/pt_br/press-releases/netflix-to-partner-with-barack-and-michelle-obama. Acesso em: 5 jun. 2018.

NEVES, Marília. A crise do entretenimento na pandemia: 350 mil eventos adiados ou cancelados e R$ 90 bilhões 'perdidos'. **G1**, 17 fev. 2021. Disponível em: https://g1.globo.com/pop-arte/noticia/2021/02/17/a-crise-do-entretenimento-na-pandemia-350-mil-eventos-adiados-ou-cancelados-e-r-90-milhoes-perdidos.ghtml. Acesso em: 13 jan. 2022.

NIELSEN CATALINA SOLUTIONS (NCS). **Sales effect study:** influencer marketing, 2016. Disponível em: https://cdn2.hubspot.net/hubfs/1882019/TapInfluence/Resources/1009%20-%20Nielsen_Study_Case_Study.pdf. Acesso em: 11 mar. 2021.

NUMBER of monthly active WhatsApp users worldwide from april 2013 to march 2020. **Statista**, 2020. Disponível em: https://www.statista.com/statistics/260819/number-of-monthly-active-whatsapp-users/. Acesso em: 17 jun. 2021.

NUMBER of Spotify ad-supported monthly active users (MAUs) worldwide from 1st quarter 2015 to 2nd quarter 2021. **Statista**, 2021. Disponível em: https://www.statista.com/statistics/813787/spotify-ad-supported-monthly-active-users/ Acesso em: 21 de jun. de 2021.

OFFICIAL Journal of the European Union. Disponível em: https://eur-lex.europa.eu/legal-content/PT/TXT/?uri=celex%3A32016R0679. Acesso em: 1 maio 2020.

OLIVEIRA, Felipe. Profissionais abrem empresa sem largar emprego e tem "vida dupla". **Folha de S.Paulo**, São Paulo, 20 jul. 2014.

OLIVEIRA, T. *et al.* Understanding SaaS adoption: the moderating impact of the environment context. **International Journal of Information Management**, v. 49, p. 1-12, fev. 2019. Disponível em: https://doi.org/10.1016/j.ijinfomgt.2019.02.009. Acesso em: 25 jan. 2022.

OLIVEIRA, T.; THOMAS, M.; ESPADANAL, M. Assessing the determinants of cloud computing adoption: an analysis of the manufacturing and services sectors. **Information & Management**, v. 51, p. 497-510, 2014. Disponível em: https://doi.org/10.1016/j.im.2014.03.006. Acesso em: 25 jan. 2022.

PATEL, Neil. **Copy:** entenda o que é e veja 8 dicas para criar textos que vendem. Disponível em: https://neilpatel.com/br/blog/copy-o-que-e/. Acesso em: 26 jul. 2021.

PATEL, Neil. **Marketing de conteúdo**: o que é e como fazer em 2021. Disponível em: https://neilpatel. com/br/o-que-e-marketing-de-conteudo-o-guia-passo-a-passo/. Acesso em: 14 out. 2021.

PATEL, Neil. **SMO (social media optimization)**: o que é e como fazer. Disponível em: https://neilpatel. com/br/blog/smo-o-que-e/. Acesso em: 28 jun. 2021.

PEÇANHA, Vitor. O que é Marketing de Conteúdo? Tudo que você precisa saber para se tornar um especialista no assunto. **Rockcontent**, 7 abr. 2020. Disponível em: https://rockcontent.com/br/blog/marketing-de-conteudo/. Acesso em: 13 jan. 2022.

PEREIRA, Marcos. Conheça as profissões do futuro que já são tendência no mercado de trabalho! **Hotmart**, 16 jun. 2021. Disponível em: https://blog.hotmart.com/pt-br/profissoes-do-futuro/. Acesso em: 25 jan. 2022.

PIJL, Patrick van der; LOKITZ, Justin; SOLOMON, Lisa Kay. **Design a Better Business**. New Jersey: Wiley, 2016. Disponível em: https://designabetterbusiness.com/. Acesso em: 24 jan. 2022.

PIRES, Marina; BERNARDES, Thaís Brum. Da incerteza às novas formas de viver: uma análise sobre o novo cotidiano. **Think with Google**, jul. 2020. Disponível em: https://www.thinkwithgoogle.com/intl/pt-br/tendencias-de-consumo/tendencias-de-comportamento/da-incerteza-as-novas-formas-de-viver-uma-analise-sobre-o-novo-cotidiano/. Acesso em: 13 jan. 2022.

PLATÃO. **Diálogos**. Madrid: Editorial Gredos, 2004. (Biblioteca Clásica Gredos).

PORTER, Michael E. **Vantagem competitiva**. Rio de Janeiro: Campus, 1992.

POWELL, Guy *et al*. **Retorno sobre o investimento em mídias sociais**: como definir, medir e avaliar a eficácia das redes sociais. Rio de Janeiro: Elsevier, 2011.

PRADE, Cheui. O poder decisivo do direito eleitoral digital nas eleições 2020. **Migalhas**, 24 jul. 2020. Disponível em: https://migalhas.uol.com.br/depeso/331153/o-poder-decisivo-do-direito-eleitoral-digital-nas-eleicoes-2020. Acesso em: 18 nov. 2020.

PRAHALAD, C. K.; RAMASWAMY, Venkat. **O futuro da competição**. Rio de Janeiro: Campus, 2004.

PULIZZI, J. **Epic content marketing**: how to tell a different story, break through the clutter, and win more customers by marketing less. [S.l.]: McGraw Hill Professional, 2014.

QIN, S. J.; CHIANG, L. H. Advances and opportunities in machine learning for process data analytics. **Computers and Chemical Engineering**, v. 126, p. 465-473, 2019. Disponível em: https://doi.org/10.1016/j.compchemeng.2019.04.003. Acesso em: 25 jan. 2022.

REDDIT. Disponível em: https://www.redditinc.com/. Acesso em: 21 jun. 2021.

REDDY, Joel; SHULLO, Shauna. **Marketing eletrônico**: integrando recursos eletrônicos ao processo de marketing. 2. ed. São Paulo: Thomson Learning, 2007.

REIN, Irving; KOTLER, Philip; STOLLER, Martin. **Marketing de alta visibilidade**. São Paulo: Makron Books, 1999.

RESULTADOS DIGITAIS. **Funil de vendas**: o que é, para que serve, como montar um e quais insights ele oferece, 2016. Disponível em: https://resultadosdigitais.com.br/blog/o-que-funil-de-vendas/. Acesso em: 25 jan. 2022.

REVELX. **Persona canvas**. Disponível em: https://www.revelx.co/canvases/persona-canvas/. Acesso em: 24 jan. 2022.

REZ, R. **Marketing de conteúdo**: a moeda do século XXI. São Paulo: DVS, 2017.

RICHERS, Raimar. **Marketing**: uma visão brasileira. São Paulo: Negócio, 2000.

RITOSSA, Claudia Monica. **Marketing pessoal**: quando o produto é você. Curitiba: IBPEX , 2009.

RIZZO, Claudio. **Marketing pessoal no contexto pós-moderno**. 3. ed. São Paulo: Trevisan, 2011.

ROBERTSON, Charlie. *In*: COOPER, Alan. **Como planejar a propaganda**. São Paulo: Talento/GP – Grupo de Planejamento, 2006.

RODRIGUES, Bruno. **Webwriting**: redação para a mídia digital. São Paulo: Atlas, 2014.

ROYAL CARIBBEAN. Disponível em: http://www.royalcaribbean.com.br/allaboutcruising/behindThe Smiles/home.do?cS=NAVBAR&pnav=1&snav=11. Acesso em: 9 fev. 2014.

RYAN, Damian; JONES, Calvin. **Understanding digital marketing**: marketing strategies for engaging the digital generation. London: Kogan Page, 2012.

SAAD, Beth. **Estratégias para a mídia digital**. São Paulo: Senac, 2003.

SAIMA & KHAN, Mohammed. Effect of social media influencer marketing on consumers' purchase intention and the mediating role of credibility. **Journal of Promotion Management**, v. 27, p. 1-22, 2020. 10.1080/10496491.2020.1851847. Disponível em: https://www.researchgate.net/publication/347789 353_Effect_of_Social_Media_Influencer_Marketing_on_Consumers'_Purchase_Intention_and_the_Mediating_Role_of_Credibility. Acesso em: 25 jan. 2022.

SAMPAIO, Rafael. **Propaganda de A a Z**. 4. ed. Rio de Janeiro: Elsevier, 2013.

SANCHEZ, A.; GRANADO, A.; ANTUNES, J. **Redes sociais para cientistas**. Lisboa: Nova Escola Reitoria da Universidade Nova de Lisboa, 2014.

SANTOS, Celia Retz Godoy dos; SUSIGAN, Cristina; BRESSAN, Danilo; CORONEL, Gabriela; SARAIVA, Luiziane; GUARALDO, Tamara; GOSCIOLA, Vicente (org.). **Novos meios, novas linguagens, novos mercados**. Aveiro: Ria Editorial, 2019. p. 267-285.

SCHERRER, R. **Comunicação e constituição identitária**: inter-relações com os sentidos atribuídos a práticas de consumo de aplicativos para smartphones. Tese (Doutorado). São Paulo: ESPM, 2020.

SCHIERING, Mark. Brad Pitt's newest role? Brand Pitt. (Top of mind: Perspectives and Commentary). **Brandweek**, 11 set. 2006, v. 47, n. 32, p. 24(1), 2006.

SEIBEL, Gleice. The impact of influencer marketing on destination choice: a quantitative study among Brazilian and German millennials. **Revista Científica Multidisciplinar**, v. 3. Disponível em: https://revistacientificaosaber.com.br/ojs/envieseuartigo/index.php/rcmos/article/view/42 . Acesso em: 6 jun. 2021.

SEMRUSH. **Tendências de marketing nas mídias sociais 2019**: mesa redonda. Disponível em: https://www.youtube.com/watch?v=fcIBke7AWXc&t=3225s. Acesso em: 25 jan. 2022.

SEO TRENDS 2020 Brasil e América Hispânica. **HubSpot**, 2020. Disponível em: https://cdn2.hubspot.net/hubfs/355484/Ebooks%20MKTC/SEO%20Trends%202020_PT.pdf?utm_medium=email&_hsmi=85375786&_hsenc=p2ANqtz--8jeqEKhibghzRx1ZUOafYTyi827zhY97GZFDtt6dUZbDOPHgVJ1pEU-

X5rlM8T3rK48FNBXaH7Er7qZdl1jv6c5xdvGw&utm_content=85375786&utm_source=hs_automation. Acesso em: 1 jul. 2021.

SEO Statistics that will change the way you look at digital marketing 2022. **Safari Digital**. Disponível em: https://www.safaridigital.com.au/blog/seo-statistics-2019/. Acesso em: 25 jan. 2022.

SICREDI. Disponível em: https://www.sicredi.com.br/site/sobre-nos/. Acesso em: 24 jun. 2021.

SLOTERDIJK, Peter: O regresso à frivolidade não vai ser fácil. **El País**, 8 maio 2020. Disponível em: https://brasil.elpais.com/ideas/2020-05-09/peter-sloterdijk-o-regresso-a-frivolidade-nao-vai-ser-facil. html. Acesso em: 25 jan. 2022.

ŚMIGIELSKA, G.; STEFAŃSKA, M. Innovative positioning as a marketing tool of retailers on the food market. **Entrepreneurial Business and Economics Review**, v. 5, n. 1, p. 77-90, 2017. Disponível em: https://doi.org/10.15678/EBER.2017.050105. Acesso em: 25 jan. 2022.

SOLOMON, Michael R. **O comportamento do consumidor**: comprando, possuindo e sendo. 9. ed. Porto Alegre: Bookman, 2011.

STORIES e formatos. **Facebook Business.** Disponível em: https://www.facebook.com/business/ads/stories-ad-format. Acesso em: 10 jun. 2021.

STORIES para pages. **LinkedIn Business.** Disponível em: https://business.linkedin.com/pt-br/marketing-solutions/linkedin-pages/organic-stories. Acesso em: 25 jan. 2022.

STRAVA Business. Disponível em: https://business.strava.com/. Acesso em: 21 jun. 2021.

TAPINFLUENCE. **Influencer Marketing**, 2 jun. 2015. Disponível em: https://www.tapinfluence.com/blog-what-is-influencer-marketing/. Acesso em: 24 jan. 2022.

TAPSCOTT, D.; WILLIAMS, D. **Wikinomics**. New York, Atlantics Books, 2011.

TECH trends. Disponível em: https://ttrends.com.br/empresa/. Acesso em: 31 jul. 2020.

TERRA, Carolina Frazon. **Mídias sociais...e agora?** Rio de Janeiro: Difusão/Senac, 2011.

THE ULTIMATE guide to influencer marketing. **HubSpot**. Disponível em: https://offers.hubspot.com/influencer-marketing-guide. Acesso em: 16 jun. 2021.

THOMPSON, J. B. A interação mediada na era digital. **MATRIZes**, v. 12, n. 3, p. 17-44, 2018. DOI: 10.11606/issn.1982-8160.v12i3p17-44. Disponível em: https://www.revistas.usp.br/matrizes/article/view/153199. Acesso em: 26 jul. 2021.

TIKTOK Business. Disponível em: https://www.tiktok.com/business/en-US/apps/tiktok. Acesso em: 21 jun. de 2021.

TORRE, S. **A adversidade esconde um tesouro**: outra maneira de enxergar a adversidade e a crise. São Paulo: Madras, 2012.

TORRES, C. **A bíblia do marketing digital**. São Paulo: Novatec, 2018.

TURCHI, Sandra. **Estratégias de marketing digital e e-commerce**. São Paulo: Atlas, 2012.

TURING, Alan M. **Puede pensar una máquina?** Oviedo: KRK, 2012.

TWITTER Business. Disponível em: https://business.twitter.com/pt.html. Acesso em: 14 jun. 2021.

UNESCO. Belgrade recommendations on draft global standards for media and information. **Literacy Curricula Guidelines**. Belgrado, 2019. Disponível em: https://en.unesco.org/sites/default/files/belgrade_recommendations_on_draft_global_standards_for_mil_curricula_guidelines_12_november.pdf. Acesso em: 22 fev. 2020.

UNESCO. **Unesco interview on racism**, 2020. Disponível em: https://en.unesco.org/news/experts-south-africa-and-brazil-speak-.media-and-information-literacy-against-racial. Acesso em: 22 ago. 2020.

URDAN, Flávio Torres; URDAN, André Torres. **Gestão do composto de marketing**. 2. ed. São Paulo: Atlas, 2013.

VELOCIDADE do seu site. **Google Page Speed Insights**. Disponível em: https://developers.google.com/speed/pagespeed/insights/. Acesso em: 25 jan. 2022.

VIEIRA, Maria Christina de Andrade. **Marketing pessoal**: das ideias aos projetos. Curitiba: IBPEX, 2009.

VIVEIROS, Alexandre. Tendência: conheça o mundo dos infoprodutos, que têm conquistado todas as gerações. **Techtudo**. Disponível em: https://www.techtudo.com.br/noticias/2021/04/tendencia-conheca-o-mundo-dos-infoprodutos-que-tem-conquistado-todas-as-geracoes.ghtml. Acesso em: 6 jul. 2021.

WDI (WORLD DEVELOPMENT INDICATOR). Disponível em: http://data.worldbank.org/sites/default/files/wdi-2012-ebook.pdf. Acesso em: 12 abr. 2014.

WE ARE SOCIAL. **Digital 2020**: world's internet users pass the 4 billion mark. Disponível em: https://wearesocial.com/digital-2020. Acesso em: 5 jul. 2020.

WE ARE SOCIAL. Disponível em: https://wearesocial.com/blog/2020/10/social-media-users-pass-the--4-billion-mark-as-global-adoption-soars. Acesso em: 7 jun. 2021.

WHAT is marketing? AMA, 2017. Disponível em: https://www.ama.org/the-definition-of-marketing--what-is-marketing. Acesso em: 5 jun. 2021.

WIENER, Norbert. O homem e a máquina. *In*: CUNHA, F.; FELIX, M. (org.). **O conceito de informação na ciência contemporânea**: colóquios filosóficos internacionais de Royaumont. Tradução de Maria Helena Kühner. Rio de Janeiro: Paz e Terra,1970. p. 69-76.

WIKIPEDIA. **Marketing de influência**. Disponível em: https://pt.wikipedia.org/wiki/Marketing_de_influ%C3%AAncia. Acesso em: 3 jan. 2022.

WORLD ECONOMIC FORUM. **Top Skills of 2025**. Disponível em: https://www.weforum.org/agenda/2020/10/top-10-work-skills-of-tomorrow-how-long-it-takes-to-learn-them/. Acesso em: 11 nov. 2020.

YANAZE, L. K. H.; SILVA, E. M. Desenvolvimento do Aplicativo Imersivo em Realidade Virtual e Vídeo 360° "Unifesp 25 Anos". *In*: CAMINOS *et al.* (orgs.). **Novos Meios, Novas Linguagens, Novos Mercados**. São Paulo: Ria Editorial, 2019. p. 267-285

YANAZE, Mitsuru H. **Gestão de marketing e comunicação**: avanços e aplicações. 3. ed. São Paulo: Saraiva Uni, 2021.

YANAZE, Mitsuru H. **Retorno de investimentos em comunicação**: avaliação e mensuração. 2. ed. São Caetano do Sul: Difusão; Senac RJ, 2013.

ZIMMERMAN, Jan. **Marketing digital para leigos**. 3. ed. Rio de Janeiro: Alta Books, 2014.

338   Marketing Digital